Le français pour chacun

Grammaire *interactive* de la phrase & du texte

4e édition, mise à jour

Alain Braun
Jean-François Cabillau

Plantyn

Cet ouvrage a été imprimé sur du papier d'origine responsable

Les auteurs :

Alain Braun
Agrégé de l'Enseignement secondaire supérieur
Docteur en Sciences de l'éducation
Membre du Conseil supérieur de la langue française
Président honoraire de la Fédération internationale des professeurs de français

Jean-François Cabillau
Licencié en philologie romane
Agrégé de l'Enseignement secondaire supérieur

Graphisme de couverture : David Courtois
Graphisme intérieur : Graphic Mouse sprl
Photo de couverture : Christophe Tumbarello

ISBN 978-2-8010-5462-8 LFPCOOL/004-05 D2014/0120/201

Plantyn

Waterloo Office Park, Drève Richelle 161, bât. L, 1410 Waterloo
T 02 427 42 47
F 02 425 79 03
editions.plantyn@plantyn.com
www.plantyn.com

Introduction

Le français est un patrimoine commun dont la jouissance ne prend sa pleine dimension que quand on en possède la maîtrise▼. La seule connaissance ou l'usage correct du code ne permettent pas une possession active : comprendre la langue et son fonctionnement, grâce à une approche tant réflexive que normative est le meilleur moyen de donner une conscience linguistique forte et stable. Sans prétendre à l'exhaustivité, nous souhaitons, par ce livre, permettre à chacun d'accéder aux faits langagiers courants et à la production d'énoncés clairs et élégants. C'est pourquoi nous privilégions des exemples créés ou extraits du langage d'aujourd'hui.

Dans une perspective communicative, nous avons cru bon d'inclure dans le sens traditionnel de la grammaire une série de notions propres au texte, mais actualisant des aspects de la grammaire de la phrase.

Afin de relier entre elles chaque fois que possible les notions présentées dans l'ouvrage, le lecteur trouvera en tête de chapitre les prérequis utiles à la compréhension de ce dernier, ainsi que les aboutissements possibles. Procéder de la sorte semble bien un moyen efficace de lutter contre le sentiment d'atomisation engendré par la nécessité de la description de la langue. De plus, c'est une réponse à la demande répétée des apprenants quant à l'utilité des connaissances grammaticales que d'indiquer les interactions entre les différentes composantes de l'ouvrage.

Une enquête menée auprès des lecteurs nous a amenés à quelques amendements :

- *mieux correspondre aux programmes actuels des études,*
- *permettre d'aller plus vite à l'essentiel grâce à des synthèses en fin de certaines parties,*
- *rajeunir certains exemples,*
- *intégrer des citations émanant d'auteurs belges ou extraits de B.D. ou encore de chansons,*
- *donner une vision plus souple de l'usage.*

Enfin, cette grammaire se voulant un outil de référence, mais aussi un élément de l'apprentissage pour la consultation de références, le lecteur trouvera à la suite de cette introduction un guide d'utilisation transférable à l'emploi d'autres grammaires.

La présentation et les choix de contenus permettent également une ouverture au F.L.E. (français langue étrangère).

En outre, nous restons conformes au code de terminologie de 1986, actuellement en vigueur en Belgique, et continuons d'intégrer sous forme de remarques les rectifications orthographiques de 1990, ceci en fonction des attentes des utilisateurs.

* * *

▼ maitrise.

Remerciements

À l'heure de cette nouvelle édition, nous gardons une pensée émue pour MM. G. Barbier, J. Charue, R. Delronche qui, lors de la première édition, nous ont épaulés grâce à une lecture minutieuse et encouragés dans notre projet.

Ils avaient raison : plusieurs dizaines de milliers d'utilisateurs ont employé cet outil de référence. Nous remercions les enseignant(e)s pour leurs remarques et commentaires qui nous ont aidés dans notre tentative pour améliorer cette publication.

Notre reconnaissance va aussi à M. André Goosse, professeur émérite de l'Université de Louvain, vice-président du Conseil supérieur de la langue française et président du Conseil international de la langue française, pour les conseils qu'il nous a prodigués au niveau de l'application des rectifications orthographiques de 1990.

L'affinement progressif d'un nouvel outil ne peut se réaliser que grâce aux remarques des utilisateurs. Que ceux-ci ne se privent donc pas de communiquer leurs observations à l'éditeur. Il en sera tenu compte dans la mesure du possible en cas de réédition.

Nous espérons contribuer quelque peu à rendre plus proches des apprenants des matières qu'ils maîtrisent▼ souvent avec difficulté et qu'ils n'abordent généralement pas avec beaucoup de spontanéité. Mais le secret de la motivation finale sera toujours détenu par le professeur de français qui seul peut donner le goût▼ de la langue correctement maniée aux apprenants, à quelque milieu qu'ils appartiennent.

Alain Braun
Jean-François Cabillau

▼ maitrisent.
▼ gout.

À tous ceux qui partagent l'usage de la langue française.

Liste des sigles et abréviations utilisés

Adj.	adjectif
CC	complément circonstanciel
CD	complément direct de verbe
CI	complément indirect de verbe
CP	complément de phrase (= CC de [GNS + GV])
E.M.	élément modificateur
Gadj.	groupe adjectival
Gadv.	groupe adverbial
GN	groupe nominal
GNP	groupe nominal prépositionnel
GNS	groupe nominal sujet
GV	groupe verbal
M.P.	moment de la parole
M.R.	moment de référence
P	phrase
PPé	participe passé
S.F.	situation finale
S.I.	situation initiale
Tr.	transformation (dans un récit)
T.Inf.	texte informatif
T.Inj.	texte injonctif
V	verbe

Ø	« rien » ou inexistant
$\sum$	information
*	précède un terme ou une phrase incorrects
$\sqrt{}$	radical
▼	[Ce signe désigne toute notion ou tout terme concerné par les « ***Rectifications de l'orthographe de 1990*** ». Les rectifications sont présentées en bas de page sous le même signe.]

Quelques définitions utiles

actualisation opération consistant à donner à un mot le sens particulier qu'il doit avoir dans le contexte selon l'intention du locuteur.

base élément autour duquel se construit un groupe (par exemple : *Le beau* ***livre*** *de jardinage. – J'****aperçois*** *un livre.*).

enchâssée (ou P enchâssée) phrase introduite dans une autre phrase (dite matrice), soit en expansion du nom, soit à la place d'un GN, d'un GNP ou d'un Gadv.

figurément en ayant un sens figuré, c'est-à-dire un sens différent du sens habituel (un mot concret peut prendre figurément un sens abstrait).

matrice (ou P matrice) phrase dans laquelle s'insère(nt) une ou plusieurs phrases.

modalité
1) marque(s) de l'intention du locuteur (affirmer, interroger, ordonner, nier...).
2) manière de donner au verbe la personne, le nombre et l'intention du locuteur.

morphologique relatif à la morphologie (étude de la FORME des mots et de leurs variations).

procès sens véhiculé par le verbe (action, état, relation entre deux termes).

sémantique relatif à la sémantique (étude systématique du SENS des mots, et des autres unités exprimant un sens).

syntaxique relatif à la syntaxe (étude des COMBINAISONS de mots en groupes et en phrases).

translation passage d'un mot de sa classe grammaticale d'origine à une autre classe (par exemple : *manger* [verbe] > *le manger* [nom]).

Guide d'utilisation

Afin de trouver une solution à un problème grammatical, il importe d'identifier la nature du mot et du problème.

Un mot appartient toujours à une *classe grammaticale* (nom, déterminant, adjectif, verbe, adverbe, pronom ou mot de liaison), c'est sa **nature**.

Les situations à résoudre peuvent être diverses : accord du mot, pluriel ou féminin d'un mot, fonction d'un mot, choix d'une préposition, construction d'une phrase, construction d'un adverbe... La **nature** et le **cas** sont les **DEUX MOTS-CLÉS** qui permettent d'ouvrir la grammaire à la bonne page.

Ceux-ci identifiés, il suffit :

1°- de se reporter à **l'index** figurant en fin de livre

2°- de rechercher l'un des mots-clés (ils sont classés par ordre alphabétique)

3°- de rechercher parmi les mots qui figurent sous cette rubrique le deuxième mot-clé

4°- de se reporter au(x) paragraphe(s) figurant à droite de celui-ci

Toutefois, pour certains termes (figures de style, grammaire de texte...), si la terminologie n'est pas connue, il vaut mieux se référer à **la table des matières** qui permet de mieux situer la réponse à la question que l'on se pose.

De même, **la table des matières** est utile pour tout autre abord dans le cadre d'une vision d'ensemble.

Voici quelques ***EXERCICES*** (les réponses figurent page 12 sous le numéro correspondant) :

1 *Soit la phrase suivante :*

Ces oiseaux qui chantent le matin éveillent les occupants de la maison de Pierre.

Ces	oiseaux	qui	chantent	le	matin	éveillent	les	occupants	de	la	maison	de	Pierre.
1	2	3	4		5	6		7	8	9	10		11

*Quelle est la **nature** de chaque mot souligné ?*

1°- Le premier mot-clé est **nature**. Il fait référence aux classes de mots. Chaque classe de mots est définie par des propriétés. En se référant à celles-ci, on constate que les mots :

Ces, la font partie de la classe des ______________________ 1

matin, Pierre, oiseaux, occupants, maison font partie de la classe des __________ 2

chantent, éveillent font partie de la classe des ______________________ 3

qui, de font partie de la classe des ______________________ 4

2°- Chaque classe devient à son tour un mot-clé qui permet de définir la sous-classe :

Ces : déterminant ____________ 5

la : déterminant ____________ 6

matin, oiseaux, occupants : nom ____________ 7

Pierre : nom ____________ 8

chantent : verbe ____________ 9

éveillent : verbe ____________ 10

qui : ____________ 11

de : ____________ 12

2 *Dans la phrase suivante, quelle est la* ***fonction*** *de chacun des groupes ?*
Les enfants donnent du pain d'épices à leurs amis le matin.

1°- délimiter les groupes par « c'est... qui », « c'est... que », « ce sont... qui », « ce sont... que »...

____________ 13

2°- une fois les groupes identifiés, leur attribuer une fonction [mot-clé : fonction]

____________ 14

3°- dans chaque groupe, identifier la base

____________ 15

4°- identifier selon le cas la classe ou la fonction des autres mots

____________ 16

3 *Choisir le temps du verbe dans la phrase suivante :*
Je savais que tu (venir) demain.
(Il s'agit de choisir le temps en fonction de « savais ». Mot-clé : ____________ 17)

4 *Transformer une phrase de base en phrase interrogative ou impérative.*
Mot-clé : ____________ 18

5 *Quel est le sens de* ***hypo-*** *dans hypoglycémie ?*
Mot-clé : ____________ 19

6 *Quelle fonction du langage concerne principalement les tracts politiques ?*
Si les mots « tracts politiques » figurent dans l'index, pas de problème. Si non, le mot-clé sera :

____________ 20

7 *Puis-je utiliser* ***heureusement*** *comme organisateur textuel pour développer la fonction émotive du langage ?*

Mots-clés : ______________________ [21]

8 *Le tableau de conjugaison du* ***V être*** *(§ 347) n'indique ni les temps composés ni les temps surcomposés. Ces derniers existent-ils pour ce verbe ? Où l'apprendre ?*

Mot-clé : ______________________ [22]

Pourquoi les temps composés ne sont-ils pas indiqués ?

Mot-clé : ______________________ [23]

9 *Comment savoir si, dans telle phrase, je dois écrire* ***quand*** *ou* ***quant*** *?*

Si je connais la nature de ces mots, les mots-clés seront : ______________________ [24]

Si je ne connais pas la nature de ces mots qui se prononcent de la même façon, le mot-clé sera :

______________________ [25]

10 *Comment vérifier si j'écris correctement la finale du mot* ***« quincaillier »*** *?*

a) mot-clé : ______________________ [26]

b) Il s'agit d'une orthographe liée au son « **i** » en situation interne ou intérieure. Je trouverai donc la solution dans l'ordre alphabétique à la lettre « **i** » en position **(I)** : ______________________ [27]

11 *De quel genre est le mot «* ***anagramme*** *» ?*

Mot-clé : ______________________ [28]

Mais ce mot ne figure pas dans le tableau de formation du féminin. Je consulte les rubriques en fin de chapitre : ______________________ [29]

12 *Pourquoi le PPé est-il invariable dans la phrase suivante ?*

- *Nous adorons les fleurs de sorte que nous nous en sommes* ***offert*** *avec notre argent de poche.*

Il n'est pas sorcier de savoir qu'il faut consulter le chapitre concernant l'accord du PPé. Mais il est très vaste.

De quel type de PPé s'agit-il ?

Mot-clé : ______________________ [30]

Les trois grandes séries de cas ne répondent pas de façon précise à mon problème. À leur suite, je trouve une rubrique intéressante :

Mot-clé : ______________________ [31]

Le 2e ❖ de cette rubrique me renvoie immédiatement au cas et à la page qui me donnent le fin mot de l'histoire :
Mot-clé : ________________ 32

13 ▸ *Manipulant mieux ma grammaire, je gagnerai du temps.*
Ce début de phrase me paraît▾ inélégant. Par quelle technique le modifier ?
Je constate que le mot principal qui crée la lourdeur est un participe (présent).
Mot-clé : ________________ 33
Ce mot me renvoie aussi dans l'index à : ________________ 34
À cette rubrique, le tableau comparatif m'apprend que le participe présent fonctionne comme ***réduction d'enchâssée*** relative ou circonstancielle.
Je tiens donc mon mot-clé définitif : ________________ 35

14 *Outre la richesse de leurs nuances au niveau du lexique, à quoi peuvent aussi servir les* ***synonymes*** *?*
Mot-clé : ________________ 36
Je ne trouve pourtant pas l'information attendue. Je retourne alors à l'index pour vérifier s'il n'y a pas d'autres chapitres où le mot « synonyme » intervient, mais de manière plus accessoire. L'une des pages mentionnées me renvoie alors à : ________________ 37

15 *Comment appelle-t-on une question à laquelle on répond soi-même, dans le propre texte que l'on rédige ?*
Mots-clés : ________________ 38
Mais ces mots me renvoient à de nombreux endroits du livre. Je dois donc mieux cerner mon problème. On me parle d'un ***texte***. Je sors donc de la grammaire de phrase. Je consulte la table des matières. La ***grammaire de texte*** ne m'apporte rien de plus; par contre la partie ***questions de sens*** contient une rubrique intéressante, la question oratoire, qui précède elle-même un paragraphe au titre mystérieux.
Réponse : ________________ 39

▾ parait.

RÉPONSES :

1 déterminants, v. §§ 45 à 69.
2 noms, v. §§ 42 à 44.
3 verbes, v. §§ 98 à 111.
4 mots de liaison, v. §§ 118 à 131.
5 démonstratif, v. §§ 50 et 62.
6 article défini, v. §§ 47 et 59.
7 commun, v. § 42.
8 propre, v. § 43.
9 intransitif ici, mais pouvant être transitif mixte (ex. : chanter quelque chose à quelqu'un), v. §§ 105-106.
10 transitif direct, v. § 105.
11 pronom relatif, v. §§ 93 à 95.
12 préposition, v. §§ 121 à 124.
13 *Les enfants / donnent / du pain d'épices / à leurs amis / le matin.*
14 GNS V CD CI CP : v. §§ 139 à 147.
15 *enfants / pain / amis / matin.*
16 *Les / du / leurs / le* : déterminants - *d'épices* : complément du nom - *d' / à* : prépositions. v. §§ 45 à 69, 154, 121 à 124.
17 concordance des temps (*viendrais*), v. §§ 211 à 212.
18 constituant, v. §§ 133, et 161 à 168.
19 affixe (préfixe), v. §§ 378-379.
20 fonction du langage, v. §§ 230 à 237.
21 organisateur textuel, v. §§ 238 à 244 et fonction émotive, v. § 232.
22 temps surcomposés, v. § 351.
23 temps composés, v. § 350 (car il suffit d'appliquer la formule !).
24 conjonction de subordination, §§ 125 à 127, et locution prépositive, v. §§ 120 à 122.
25 homophones (grammaticaux), v. § 272.
26 orthographe d'usage, v. § 271.
27 v. § 271, lettre i.
28 féminin des noms, v. § 273.
29 féminins mal maîtrisés▼, v. § 278.
30 PPé des V pronominaux, v. § 320.
31 V pronominaux et autres règles d'accord, v. § 320.
32 PPé précédé de **en**, v . § 312.
33 participe présent, v. § 209.
34 adjectif verbal (accord de l' ~), v. § 330.
35 réductions d'enchâssées, v. § 192.
36 synonyme, v. § 383.
37 champ lexical et champ sémantique, v. §§ 387 à 389.
38 question ou interrogation, v. §§ 15, 51, 63, 92, 163...
39 la subjection, v. § 412.

▼ maitrisés.

Première partie

Le schéma de la communication

Le schéma de la communication

Prérequis	**Utilisations**
• Ø	• les fonctions du langage, §§ 230 à 237 • les constituants, §§ 133, et 161 à 168

§1

Écrire ou parler, c'est communiquer, transmettre des informations. La représentation suivante symbolise l'acte de communication.

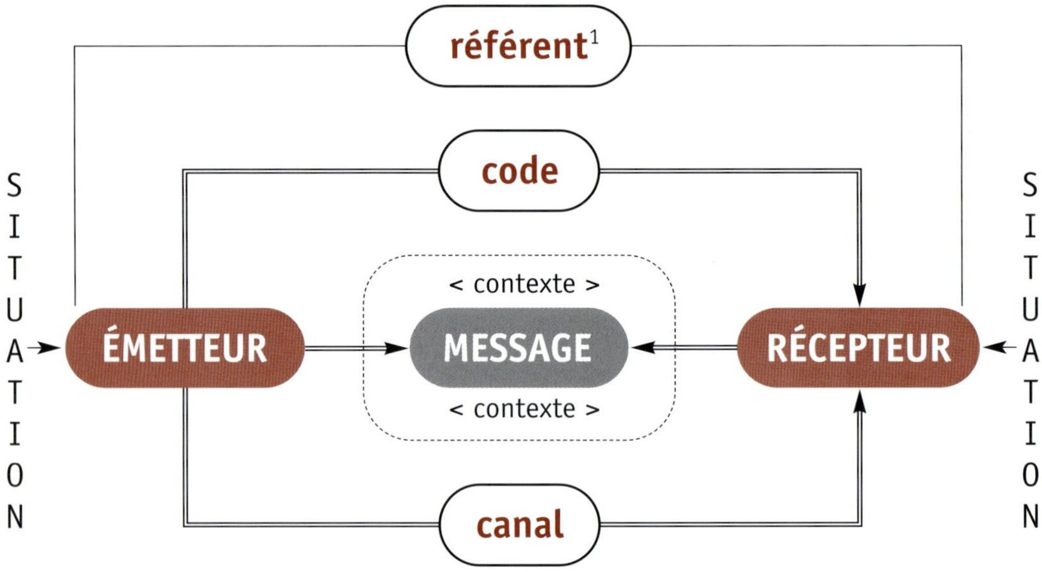

Les informations transmises forment le **message**. Celui-ci est émis par un locuteur (***l'émetteur***) à destination d'un interlocuteur (***récepteur*** ou destinataire). Plusieurs cas peuvent se présenter :

- 1 émetteur et 1 récepteur
  - *Quelqu'un téléphone à un ami.*
- 1 émetteur et plusieurs récepteurs
  - *Quelqu'un fait une conférence face à un public.*
- plusieurs émetteurs et un seul récepteur
  - *Plusieurs personnes crient pour avertir quelqu'un qu'il est en danger.*
- plusieurs émetteurs et plusieurs récepteurs
  - *Une chorale chante devant un public.*

1 Le référent tient compte à la fois de la situation de communication et de la contextualisation. Voir aussi §§ 230 et 231.

§2

Afin que le message soit compris, il faut que l'émetteur et le récepteur emploient une manière de s'exprimer commune, un **code** commun (une même langue, par exemple). Il existe de nombreux moyens différents pour exprimer une idée :

- ***des gestes*** (mettre le doigt devant la bouche pour demander le silence)
- ***des couleurs*** (la couleur rouge pour l'amour, le noir pour le deuil...)
- ***des signaux sonores*** (sonnerie de téléphone, indicatif radio...)
- ***des dessins*** ( signifie « virage » dans le code de la route)
- ...

Un code peut utiliser simultanément plusieurs de ces moyens.

Exemples :
- code de la route ▸ couleurs, dessins, chiffres...
- langue ▸ dessins, sons...
- code des fleurs ▸ couleurs, odeurs...
- ...

§3

Ce code commun doit être actualisé par un **canal** commun. Ce peut être le support de l'écriture, une ligne téléphonique, un faisceau hertzien...

§4

Ces différentes composantes de la communication se mettent toutes en œuvre à chaque **situation** de communication. On entend par **situation** l'ensemble des ***éléments non linguistiques*** qui entourent la communication :

▸ *Qui parle ? À qui ? Où ? Quand ? Pour quoi ? Quel est le problème ?*

Le mot « problème » peut, selon la situation, signifier *un ennui, un exercice mathématique...*

§5

On distingue la situation (extra-linguistique) du **contexte linguistique**. Celui-ci est l'ensemble des ***éléments linguistiques*** qui entourent un mot ou un groupe de mots :

▸ *J'espère qu'il viendra.*
Je souhaite qu'il vienne.

Les formes *vienne* et *viendra* dépendent du contexte. Le mode est lié aux verbes des matrices et les temps sont en relation avec les modes.

§6

La **langue** est un **code** constitué de ***phonèmes*** [1] qu'elle combine pour former des ***mots*** [2]. Elle combine ensuite les mots pour former des ***phrases*** et des phrases pour former des ***textes***. En langue écrite, les ***phonèmes*** sont transcrits par des ***graphèmes*** [3].

1 ***phonèmes*** : unités minimales et distinctives dénuées de sens mais s'associant pour former des unités signifiantes : [a], [ɑ], [ɔ], [p], [v], [z]...

2 ***mot*** : la plus petite unité associant un sens (signifié) à une forme (signifiant) ***et*** pouvant exercer une fonction grammaticale.

3 ***graphème*** : unité graphique (c'est-à-dire écrite) minimale.

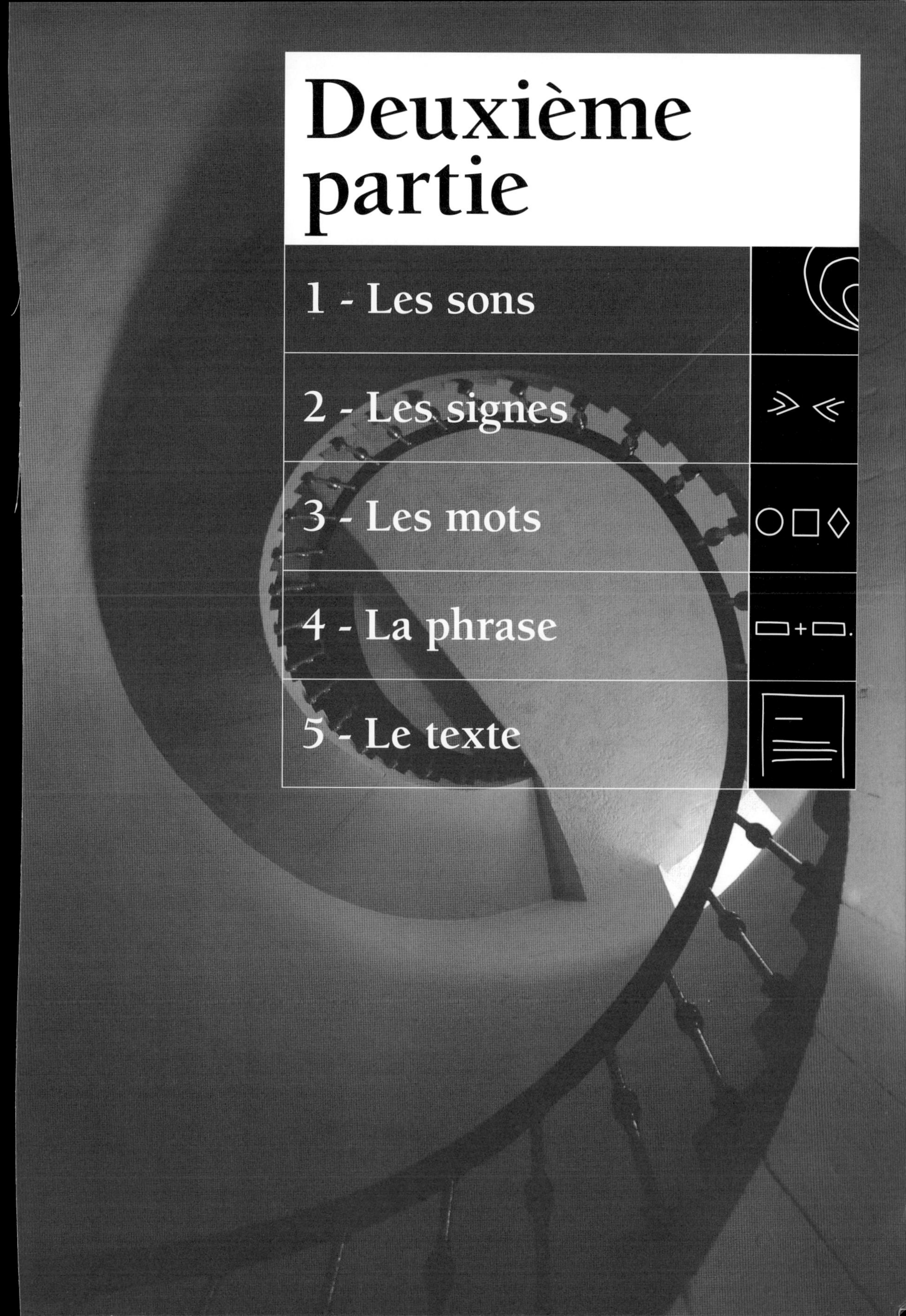

Deuxième partie

1 - Les sons

2 - Les signes

3 - Les mots

4 - La phrase

5 - Le texte

1 - Les sons

Prérequis	Utilisations
• Ø	• prononcer correctement un mot, une phrase • reproduire phonétiquement des mots • pratiquer la liaison • pratiquer l'élision

§7 Les sons

En français écrit, la relation entre les lettres et les sons est assez irrégulière :

❖ Certaines lettres s'écrivent et ne se prononcent pas :

- *une **h**aie* [1] *- un recour**s** - il**s** mang**ent***

❖ Certaines lettres se prononcent différemment selon leur position dans le mot :

- *ré**s**erver - e**s**poir*

❖ Certains sons s'écrivent de manières différentes :

- ***teint** - **lin** - **pain***

Pour transcrire les sons, on peut faire appel à l'alphabet phonétique international (API).
Le français compte 36 sons (36 phonèmes) :
- 16 voyelles
- 3 semi-voyelles
- 17 consonnes

1 Dans certaines régions de Belgique, le **h** est tellement aspiré qu'il s'entend !

Alphabet phonétique international

Voyelles

[a]	crabe, papa, nappe, tache.
[ɑ]	âne, pâle, tâche.
[e]	fermer, nagerai, blé.
[ɛ]	allégresse, riais, guet, merci.
[ə]	le, monsieur, demain.
[i]	ami, bille, cygne.
[o]	gauche, rose, dôme.
[ɔ]	pomme, donner, corps.
[ø]	deux, vœu, peu, œufs.
[œ]	meuble, heure, œuf.
[u]	doux, genou, roue.
[y]	mue, connu, ils eurent.
[ɑ̃]	vent, sans, paon, temps.
[ɛ̃]	plein, lin, pain.
[ɔ̃]	nom, ombre, bon, pont.
[œ̃]	lundi, brun, opportun, parfum.

Consonnes

[b]	bien, abbaye, abri.
[d]	demi, édifice.
[f]	frein, photo, affreux.
[g]	gamin, dogue, seconde.
[k]	cou, que, képi, sacoche.
[l]	lire, alto, malle.
[m]	maman, femme.
[n]	bonbonne, âne, navet.
[p]	poire, appartement, apéritif.
[ʀ]	renard, finir, barre.
[s]	silence, cela, hameçon, attention, passer.
[t]	torchon, serviette, tram, mite.
[v]	vin, ravin.
[z]	rose, zébu, maison.
[ʃ]	choix, tache, shérif.
[ʒ]	âge, jus, geôle, gendarme.
[ɲ]	ignoble, digne, bagne.

Semi-voyelles

[j]	pied, œil, yeux, paille, bille.
[w]	oui, loin, alouette, ouest.
[ɥ]	huile, nuit, lui, situé.

Une **voyelle** est un son produit suite à la vibration des cordes vocales au moyen de l'air expiré par les poumons (sans rencontre d'obstacles).
Selon leur articulation, les voyelles se classent en :

- **voyelles *antérieures* ou *postérieures*** (articulées à l'avant ou à l'arrière du palais)
- **voyelles *écartées* ou *arrondies*** (prononcées lèvres rétractées ou arrondies)
- **voyelles *orales* ou *nasales*** (dont l'air sort par la bouche uniquement, ou par la bouche et le nez)
- **voyelles *ouvertes* ou *fermées*** (prononcées avec un espace large ou étroit entre la langue et le palais)

	Antérieures				Postérieures	
	Écartées		Arrondies		Arrondies	
	orales	*nasales (~)*	*orales*	*nasales (~)*	*orales*	*nasales (~)*
Fermées	[i] vit	–	[y] dur	–	[u] doux	–
Mi-fermées	[e] pré	–	[ø] jeu	–	[o] pose	–
Mi-ouvertes	[ɛ] mère	[ɛ̃] main	[ə] te [œ] leurre	[œ̃] brun	[ɔ] morte	[ɔ̃] pont
Ouvertes	[a] latte	–	–	–	[ɑ] lâche	[ɑ̃] danse

Remarque : Le son [ə] est parfois muet :

a) en général, s'il est situé en fin de mot (ex. : *ell**e** march**e***)

b) plus souvent en langue courante, le [ə] se prononce surtout quand :
- il correspond à l'accent tonique[1] (ex. : *donne-l**e***)
- sa chute provoquerait la rencontre de plusieurs consonnes (ex. : ***re**prendre*)

Une **consonne** est un bruit provoqué par l'explosion ou le frottement de l'air expiré des poumons par la bouche et ayant rencontré différents obstacles.
On les classe en :
- **consonnes *occlusives* ou *constrictives*** (selon que les organes vocaux *arrêtent* ou *freinent* le passage de l'air)
- **consonnes *liquides*** (si les organes vocaux se resserrent en créant un *écoulement* d'air des deux côtés de la langue)
- **consonnes *labiales*** (si elles s'articulent sur les *lèvres*)
- **consonnes *dentales*** (si elles s'articulent sur les *dents*)
- **consonnes *prépalatales*** (si elles s'articulent sur l'*avant du palais)*
- **consonnes *postpalatales*** (si elles s'articulent sur l'*arrière du palais*)
- **consonnes *sonores*** (si elles font vibrer les cordes vocales)
- **consonnes *sourdes*** (si elles ***ne*** font ***pas*** vibrer les cordes vocales)

1 Voir § 12.

			labiales	dentales	prépalates	postpalatales
occlusives	orales	*sourdes*	[p] père	[t] temps	–	[k] coup
		sonores	[b] bol	[d] dur	–	[g] goutte
	nasales		[m] mal	[n] nuée	[ɲ] vigne	– [ŋ] camping[1]
liquides			–	[l] lire	–	[ʀ] rue
constrictives	*sourdes*		[f] fille	[s] soin	[ʃ] chemin	–
	sonores		[v] vie	[z] pose	[ʒ] joue	–

Remarque : La lettre ***h*** ne correspond à aucun son.

Une **semi-voyelle** est un son articulé au même endroit que la voyelle correspondante, mais avec une expiration continue.

Antérieures		Postérieures
Écartées	**Arrondies**	**Arrondies**
[j] pied	[ɥ] nuit	[w] **oui**

§8 | Les sons dans la langue

Une syllabe est une unité phonique groupant des consonnes autour d'une voyelle ou constituée d'une voyelle seule :

- *four - dé/li/cat - ca/so/ar*

Remarques :

1- Un mot peut être • ***monosyllabique*** (constitué d'une seule syllabe) :

- *houx - coin - à - de*

ou • ***polysyllabique*** (constitué de plusieurs syllabes) :

- *an/ti/con/sti/tu/tion/nel/le/ment*

2- Certaines onomatopées ou interjections monosyllabiques ne contiennent pas de voyelle :

- *Brrr ! - Psst !*

3- On appelle ***syllabe ouverte*** celle qui se termine par une *voyelle* (pa/pa).
On appelle ***syllabe fermée*** celle qui se termine par une *consonne* (por/tail).

4- La ***coupe syllabique*** peut être ***phonétique*** ou ***graphique***. Les deux cas sont parfois différents :

- farandole : coupe graphique : fa/ran/do/le
  coupe phonétique : fa/rɑ̃/dol

1 Le son [ŋ] n'est pas français d'origine, mais anglais.

§9 | La liaison

Quand un mot se termine par une consonne finale et qu'il est suivi d'un mot commençant par une voyelle, cette consonne finale se prononce ordinairement :

- *fort~intelligent* - *fort~élevé*

Remarque : En cas de liaison,

- -s ou -x finals se prononcent [z] :
  - *les~oies* = [lɛ(z)wa] - *un curieux~éléphant* = [œ̃kyʀjø(z)elefɑ̃]
- -d final se prononce [t] :
  - *un grand~homme* = [œ̃grɑ̃(t)ɔm]
- -f final se prononce [v] :
  - *neuf~idiots* = [nœ(v)idiɔ]
- les voyelles nasales deviennent orales (comme si le mot était féminin), sauf *mon, ton, son.*
  - *un bon~hôtel* = [œ̃bɔnotɛl] , mais : *mon~âge* = [mɔ̃(n)ɑʒ]

Les principales liaisons se font :

• entre le déterminant et le nom	*Ces~oiseaux.*
• entre le déterminant et l'adjectif	*Ces~élégants vêtements.*
• entre l'adjectif et le nom	*De grands~oiseaux.*
• entre le pronom sujet et le verbe	*Vient~on ?* - *Vous~écoutez.*
• entre le pronom sujet et le pronom complément	*Vous~en parlerez.*
• entre le verbe et le pronom complément	*Je les~apprends.*
• entre le verbe *être, c'est* et leur complément	*Il est~ébahi.* - *C'est~élégant.*
• entre certaines prépositions (*dans, chez, dès, en, sans, sous*) et l'élément qui suit	*Chez~eux.* - *Dans~un jour.*

La liaison est interdite dans les cas suivants :

• après un nom singulier dans le groupe nominal	*Un palais/élégant.*
• entre un groupe nominal sujet et le verbe	*Un enfant/écoute.*
• entre le verbe et un pronom complément d'un verbe suivant à l'infinitif	*Allons/en manger.*
• entre ***et*** et l'élément qui suit	*Il part et/il vient.*
• entre la préposition et le nom propre qui suit	*Chez/Isabelle.*
• quand les mots sont détachés par une ponctuation	*Désormais,/il écouterait.*
• en cas d'hiatus[1]	*Les/haies* - *Les/Hollandais.*

Remarque : Les mots terminés par ***-rs*** ou ***-rt*** n'entraînent▾ jamais de liaison :

- *Il part/à Rome.* - *... à travers/un bois.*

1 Voir § 10.

▾ entraìnent.

§10 | L'hiatus

Un hiatus consiste en la succession de deux voyelles contiguës▾ dans un même mot ou entre deux mots. L'hiatus empêche toute liaison ou élision :

- *les / haies* - *un caso/ar*

Entraînent▾ l'hiatus entre deux mots :

- ***les mots commençant par h aspiré***[1] (hache, haïr et dérivés, halte, hérisser et dérivés...). On dit donc :
  - *la hache, la haine, la halte, le hérisson...*

  Remarque :
  Les mots commençant par h aspiré sont signalés dans les dictionnaires soit par l'astérisque (*) (*Larousse*) soit par une apostrophe dans la transcription phonétique (ʼ) (*Robert*).

- les mots commençant par une semi-voyelle, pour autant que celle-ci fonctionne comme une consonne (hiérarchie, yoga, oui, watt, huit...).
  - *la hiérarchie, le yoga, le oui...*

§11 | L'élision

Élider, c'est taire les voyelles ***a***, ***e***, ***i*** [a , ə , i] situées à la fin d'un mot et suivies d'un mot commençant par une voyelle ou un h muet. À l'écrit, l'élision se marque par l'apostrophe (ʼ)[2]:

- *J'ai faim.* - *L'heure.*

- ***élision du « a »***

  S'élident :
  - le déterminant ***la*** devant un nom ou un adjectif
    **La amitié* ▸ *L'amitié* - **La élégante robe* ▸ *L'élégante robe*
  - le pronom personnel ***la*** devant un verbe
    **Il la aspire.* ▸ *Il l'aspire.*
  - le pronom personnel ***la*** devant ***en*** ou ***y***
    **Il la en dissuade.* ▸ *Il l'en dissuade.*
    **Je la y ai vue.* ▸ *Je l'y ai vue.*

  Remarque : Si ***la*** suit un verbe à l'impératif, il ne s'élide pas :
  - *Envoie-la ouvrir.* - *Observe-la étudier.*

- ***élision du « e »***

  Le « e » s'élide dans les cas suivants :
  - dans ***le*** et ***de***
    - ***L'****habit.* - *Je* ***l'****écoute.* - *Les mœurs* ***d'****Émile.* - *Beaucoup* ***d'****oiseaux.* - ***D'****innombrables efforts.*

1 Voir § 271, lettre H.
2 Voir § 35.

▾ contigües.
▾ Entrainent.

- dans ***je***, ***me***, ***te***, ***se*** devant ***en***, ***y*** ou un ***verbe*** les suivant immédiatement
  - *J'écoute. - J'en vois. - J'y vais. - Il **s**'en moque.*
- dans le pronom ***ce*** devant ***en***
  - *C'en est fini.*
- dans le pronom ***ce*** devant ***e*** ou ***a*** d'une forme conjuguée du verbe ***être***
  - *C'est... - Ç'a été...*
- dans ***ne***, ***que***, ***jusque*** et les ***locutions conjonctives*** composées de ***que*** (lorsque, puisque, quoique...)
  - *Il **n**'écoute pas. - **Jusqu**'à demain, je resterai ici. - **Avant qu**'il vienne...*
- dans les mots suivants
  - *Pres**qu**'île - Quel**qu**'un(e)*

Remarques :

1- Le pronom personnel ***le*** ne s'élide pas après un verbe à l'impératif :
  - *Observe-**le** étudier. - Attends-**le** au bar. - Vois-**le** étudier à longueur de journée.*

2- Le pronom démonstratif ***ce***, s'il n'est pas sujet ou s'il forme un relatif nominal, ne s'élide pas :
  - *Sur **ce**, il rentre. - Voici **ce** à quoi je m'attends.*

3- En cas d'hiatus[1], il n'y a pas d'élision :
  - *Le hall - La houille*

4- On n'élide jamais devant ou derrière un déterminant, un pronom, une conjonction à ***valeur nominale*** :
  - *Le **un** est mon chiffre préféré. - Ces nombreux **lorsque e**nlaidissent votre texte.*

❖ ***élision du « i »***

Le « i » s'élide uniquement dans la conjonction ***si*** devant ***il(s)*** :

- ***S**'il écoute... - **S**'ils écoutent... - Écoute-le, **s**'il le veut.*

§12 | L'intensité

En fonction de l'appui particulier de la voix sur une des syllabes d'un mot ou d'une phrase, on distingue :

❖ *les syllabes toniques* (celles sur lesquelles il y a un appui de la voix)

❖ *les syllabes atones* (celles sans appui de la voix)

En français, la syllabe tonique est la dernière d'une phrase ou d'un groupe de mots, sauf si cette syllabe contient un *e muet* : ▸ *Ce soir, il faut écouter.*

1 Voir § 10.

2 - Les signes

I - LA PONCTUATION

« Fermer la porte sur soi en entrant dans un appartement en hiver et ponctuer en écrivant, c'est la même vertu. »
(Victor Hugo, cité dans : Blois et Bar, *Notre langue française*)

Prérequis	**Utilisations**
• la phrase, § 132 • les groupes de mots, § 134 • les constituants, §§ 133, et 161 à 168	• l'emphase, §§ 166 et 423 • découpage et organisation d'un texte, grammaire de texte, §§ 217 à 266 • les phrases juxtaposées ou coordonnées, §§ 171 à 179 • l'énonciation, § 228 • le discours rapporté, §§ 213 et 214

§13 | En langue écrite, la ponctuation est l'ensemble comprenant :

- **les signes de ponctuation :** le point (**.**), le point d'interrogation (**?**), le point d'exclamation (**!**), les points de suspension (**...**), la virgule (**,**), le point-virgule (**;**), les deux points (**:**) et l'alinéa.
- **les signes typographiques :** les majuscules (**A, B, C...**), les parenthèses (**()**), les crochets (**[ ]**), les tirets (**– –**), les guillemets (**« »**), l'astérisque (*), la barre oblique (/)...

A- LES SIGNES DE PONCTUATION

§14 | Le point

Il s'agit d'une ***ponctuation forte*** employée pour marquer la fin d'une phrase *énonciative* ou *impérative* :

- *Je vis de mes émotions dont je ne pourrais me séparer.* (J. Dumortier.)
- *Cessez ce chant.* (M. Joiret.)

Le point est aussi employé :

- pour ***mettre en évidence*** un mot, un groupe de mots ou une enchâssée dans une phrase (On obtient ainsi une ***phrase disloquée***.)
  - *Il portait un chapeau. Un beau chapeau. Avec un ruban et un nœud.*
  - *Achetez des conserves. Parce qu'elles garantissent la fraîcheur▼ des aliments.*
- pour ***marquer l'abréviation*** d'un mot (où il remplace presque toujours une voyelle) qui ne comprend pas la dernière lettre du mot
  - *M.*[1] (Monsieur) - *Ex.* (Exercice)

  Mais : *Mme* ou *Mme* (Madame) - *n°* (numéro) - *D^r^* (Docteur)

  Remarques :

  1) Le point marquant l'abréviation se confond avec le point final si le mot abrégé termine la phrase :
     - *Vous savez ce que signifie M.*
  2) Les ***symboles*** qui représentent un mot de mesure, un élément chimique..., ne sont pas suivis d'un point :
     - + , *ha* , *kg* , *Hg* , *Na* , *P...*
  3) Certaines abréviations consistent en une ***réduction de mots*** par suppression des syllabes finales. Ces mots ne prennent pas de point :
     - *un cinéma* (tographe) - *une télé* (vision)
- pour séparer les différentes lettres d'un ***sigle*** :
  - *U.S.A.* - *C.E.E.* - *U.N.E.S.C.O.*

  Remarques :

  1) La création d'un sigle consiste en la réduction aux initiales de mots :
     - soit le sigle est prononcé lettre par lettre, et chaque lettre est séparée par un point:
       - *un ou une H.L.M.* (habitation à loyer modéré)
     - soit le sigle est senti comme un mot et prononcé comme tel (on l'appelle alors ***acronyme***). Dans ce cas, les points peuvent être supprimés :
       - *O.T.A.N.* ou *OTAN* ou *Otan* - *T.V.* ou *TV* - *lecteur MP3* - *port USB* - *asbl*
  2) Le dernier point d'un sigle se confond avec le point final de la phrase :

     **Cette année, nous nous rendrons aux U.S.A..* ▸ *Cette année, nous nous rendrons aux U.S.A.*

1 *Mr.* est l'abréviation de l'anglais *Mister.*

▼ fraicheur.

§15 | Le point d'interrogation

Ce signe de ponctuation forte marque la fin d'une phrase *interrogative* :

- *Quand part-il ? - Il part quand ? - Un glaçon ?*

Remarques :

1) Si la phrase interrogative est suivie d'une ***incise***[1], le point d'interrogation se place juste après l'interrogative :
   - *Viendra-t-il demain ? demanda-t-il.*
2) L'***interrogation indirecte*** ne se clôture pas par un point d'interrogation, sauf si elle est enchâssée dans une matrice elle-même interrogative[2] :
   - *Il se demande quand le train part.*
   - *Se demande-t-il quand le train part ?*

§16 | Le point d'exclamation

Ce signe de ponctuation forte marque la fin d'une ***phrase emphatique***[3] *par exclamation* :

- *Nous partons ! - Quel plaisir de vous voir !*

Remarque :

Les ***interjections*** (*phrases non verbales*) sont généralement suivies d'un point d'exclamation :

- *Aïe ! - Zut !*

§17 | Les points de suspension

Toujours au nombre de ***trois***, ils indiquent :

- la fin d'une phrase inachevée
  - *Je ne viendrai pas...*
- une pause dans une phrase (hésitation, par exemple)
  - *Je ne viendrai pas... parce que... je n'en ai pas le temps.*

Remarque :

Des points de suspension suivent parfois l'initiale d'un mot lorsque le locuteur refuse d'exprimer ce dernier complètement :

- *L'histoire se passe à N... en 19...*

---

1 Voir §§ 175 et 213.

2 L'enchâssée ne prend pas les marques de l'interrogation directe :
* Il se demande quand le train part-il.
* Se demande-t-il quand le train part-il.

3 Voir § 166.

§18 | La virgule

- Elle marque une pause de peu de durée.
  - Elle **juxtapose**
    - ***des phrases :***
      - *Il est tard, je pars.*
      - *La vie, te dis-je, vaut la peine d'être vécue.*
    - ***des éléments de même fonction*** (notamment dans une énumération) :
      - *Un livre, une table, une chaise, suffisaient à son bonheur.*

    Remarque :

    - Dans une énumération de sujets juxtaposés, la virgule après le dernier sujet est facultative (Aujourd'hui, elle est souvent absente.) :
      - *Un livre, une table, une chaise suffisaient à son bonheur.*
    - Lorsque cette énumération est reprise par un mot, celui-ci n'est pas séparé du verbe par une virgule :
      - *Un livre, une table, une chaise, un rien suffisait à son bonheur.*

  - Elle **séparе** des ***éléments coordonnés*** par des ***marqueurs autres*** que **et**, **ou**, **ni** :
    - *J'ai faim, donc je mange.*
    - *J'écoute, puis je réponds.*
    - *Je pars, mais je reviendrai.*

    Remarques :

    1) Lorsque les marqueurs sont ***ET***, ***OU***, ***NI***, le traitement de la virgule est le suivant :
       - ***et, ou, ni*** entre **deux** éléments ▸ pas de virgule :
         - *Ni toi ni moi ne partirons.*
         - *Toi et moi partirons.*
       - ***et***, ***ou***, ***ni*** entre **plusieurs** éléments d'une énumération ▸ une virgule entre chaque élément :
         - *Bernard, et Anne, et Sophie sont mes amis.*
         - *Ni le froid, ni la bise, ni la pluie ne me retarderont.*
       - ***et***, ***ou*** uniquement entre les **deux derniers** éléments d'une énumération ▸ pas de virgule :
         - *Christine, Bernard et Françoise passeront demain à la maison.*
         - *Christine, Bernard ou Françoise passera demain chez nous.*
    2) L'abréviation ***etc***. est toujours précédée d'une virgule :
       - *Avec deux euros, il voulait un cahier, un stylo, une gomme, etc.*

❖ Placée à la ***fin*** du groupe ***et aussi devant*** celui-ci s'il n'est pas en tête de phrase, elle permet de **détacher** différents groupes (***épithète détachée***, ***apposition détachée***, un ***élément mis en évidence***, et la ***circonstancielle*** pour autant qu'elle ne soit pas en fin de phrase) :

- *Satisfaite, elle se mit à rire.* (épithète détachée)
- *Robert, le facteur, aime la nature.* (apposition détachée)
- *Ce livre, je le veux.* (CD mis en évidence)
- *Quand tu es en retard, je m'inquiète.* (circonstancielle)

Remarques :

1) En général, l'***enchâssée relative non déterminative***[1] est encadrée de virgules :
   - *Ce pull, que je cherchais depuis cinq jours, était à la lessive.*
2) L'***apostrophe*** est :
   - **encadrée** de virgules **à l'intérieur** de la phrase
     - *Penses-tu, bon-papa, à prendre ton médicament ?*
   - **suivie** d'une virgule **en tête** de phrase
     - *Bon-papa, penses-tu à prendre ton médicament ?*
   - **précédée** d'une virgule **en fin** de phrase
     - *Penses-tu à prendre ton médicament, bon-papa ?*

§19 | Le point-virgule

✲ Marquant une pause de durée moyenne, il est employé dans trois cas :

❖ pour **unir** deux ou plusieurs phrases logiquement ***reliées par le sens*** :

- *La nuit était froide; le vent cinglait le visage; l'herbe gelée crissait sous les pas; quelques glaçons scintillaient sous la lune claire.*

❖ pour **séparer** dans une phrase les parties dont une au moins est ***déjà*** ponctuée par ***une virgule*** :

- *Steve, qui est le frère de Sylvie, mange beaucoup; il risque l'obésité.*

❖ pour **séparer** les éléments en ***énumération*** introduits par ***deux points*** (**:**) :

Sont à vendre :
a) un téléviseur;
b) un lecteur DVD;
c) un réfrigérateur.

1 Voir § 182.

§20 | Les deux points

- Ils s'emploient :
  - pour annoncer une ***citation***, un ***discours direct***[1]
    - *Marc dit* **:** *« Ne m'oublie pas. »*
  - pour annoncer une ***explication***, une ***conséquence***... (**un rapport logique**)
    - *Il roulait trop vite* **:** *il est mort.*
    - *Je me dépêche* **:** *je suis déjà en retard.*
  - pour introduire une ***énumération***
    - *J'ai acheté ce que tu m'avais demandé* **:** *du savon, du chocolat, du beurre et de la confiture.*

§21 | L'alinéa

- Il marque une ***pause plus longue que le point*** et sépare dans un texte les groupes d'idées ou les paragraphes. Il se distingue en faisant commencer un peu en retrait la ligne suivant le paragraphe ou le groupe d'idées :

  - *À première vue, il devait déjà paraître▾ extraordinaire qu'une ligne coûtant▾, d'après les devis, 19 millions par kilomètre, puisse être amortie en trente-huit ans, alors que les lignes de l'ensemble du réseau, qui coûtent▾ en moyenne 400,000 francs par kilomètre, ne sont pas amorties du tout.*

    Mais si l'on examine de plus près les calculs produits, on constate qu'ils ne tiennent aucun compte des abonnements. Or, ce n'est un secret pour personne que, dans le nombre des voyageurs qui quittent Bruxelles le matin pour y rentrer le soir et de ceux qui arrivent à Bruxelles le matin pour en repartir le soir, les abonnés représentent une proportion considérable.

    D'autre part, la mise en vigueur des abonnements de quinze et de cinq jours est un facteur dominant dans l'augmentation du trafic voyageurs de ces dernières années.

    Or, il paraît▾ improbable que le prix des abonnements puisse être majoré parce qu'un tronçon de chemin de fer de 3 kilomètres sera mis en exploitation.

    L'augmentation de recette escomptée par l'administration est donc tout à fait hors de proportion avec la réalité.

Georges Pêtre, *Note sur la jonction directe, à Bruxelles, des gares du Nord et du Midi*, Imprimerie L. Vogels, 1911.

---

1 Voir §§ 213 - 214.

▾ paraitre.
▾ coutant.
▾ coutent.
▾ parait.

B- LES SIGNES TYPOGRAPHIQUES

Prérequis	Utilisations
• les sous-classes de mots, §§ 37 et 43	• la typologie de textes, §§ 245 à 266 • la grammaire du texte en général, §§ 217 à 266

§22 | Les majuscules

Certaines négligences et certaines modes typographiques font que la majuscule n'est plus toujours prise en considération.

Or, son rôle est important au niveau de la grammaire textuelle, car elle contribue à une meilleure clarté au niveau de la disposition générale du texte. De plus, elle permet de repérer plus rapidement les noms propres.

§23 | Emplois généraux de la majuscule

On met une majuscule :

- au **premier mot** d'une ***phrase***, et par conséquent d'un ***texte***, d'un ***paragraphe***[1] et d'un ***alinéa***[2], et ***après un point***
  - *Puis, d'un seul coup, les personnages disparaissent tout à fait, escamotés de l'image. En même temps le plan se fixe à nouveau, et dure ainsi quelques instants, sur le jardin vide et sa statue.*

    Alain Robbe-Grillet, *L'année dernière à Marienbad*, Les Éditions de Minuit, 1961.
- dans l'***en-tête*** ou l'***apostrophe*** d'une lettre
  - *Mon cher ami,*
  - *Chère petite sœur,*
  - *Monsieur le Directeur,*
- au début des ***citations*** et des ***interventions dialoguées***
  - *Sartre a émis un jour cette idée pessimiste : « L'histoire d'une vie, quelle qu'elle soit, est l'histoire d'un échec. »*
  - *Ils commencèrent à se disputer :*

    – Tu ne peux prétendre une chose pareille, mon vieux !

    – Si, j'ai des preuves de ce que j'avance, et tu vas m'écouter.

1 Division d'un écrit correspondant à une certaine unité de sens, et qui est marquée par un retour à la ligne au début et à la fin. Tout paragraphe commence normalement par un alinéa.

2 Retrait de la première ligne d'un paragraphe, v. § 21.

- au début de chaque ***vers***, en poésie (avec des entorses à cette règle dans la poésie contemporaine, notamment pour les vers libres)[1]
  - *La lune blanche*
    Luit dans les bois;
    De chaque branche
    Part une voix
    Sous la ramée... Paul Verlaine, *La Bonne Chanson*, in *Poésies Choisies*, Librairie Jules Tallandier, 1977.
- à la plupart des ***abréviations*** et des ***sigles***[2]
  - *M.*[3] - *Mme* - *Mlle* - *P.-S.* - *100 EUR* - *C.E.E.* - ...

§24 | Majuscules dans les noms propres

Font partie des noms propres et portent une majuscule :

- les ***prénoms*** et les ***noms de personnes***
  - *Suzanne Puttemans* - *Victor Hugo* - *François Mitterrand*
- les ***divinités*** et les ***personnages mythologiques***
  - *Allah* - *Athéna* - *Hercule* - *Ulysse* - *Yahvé*
- les noms des ***habitants*** d'une ville, d'une région, d'un pays
  - *Les Parisiens* - *Les Wallons* - *Les Québécois* - *Les Suisses* - *Les Sénégalais*

  Remarque :

  Les ***adjectifs*** provenant de ces noms et les noms désignant une ***langue*** ne prennent pas la majuscule :
  - *L'humour anglais.* - *L'accent marseillais*
  - *J'apprends le russe.* - *Elle étudie le chinois.*
- les ***titres***, ***fonctions*** et ***marques de respect***, le plus souvent quand on s'adresse aux personnes
  - *Papa* - *Maman* - *Docteur* - *Sa Majesté* - *Son Excellence*

  Remarque :

  Dans les ***titres officiels***, seul le nom prend la majuscule :
  - *Ministère belge des Finances*
- les ***noms d'animaux personnifiés*** et les ***allégories***[4]
  - *Le cheval Pégase.* - *L'épée Durendal.* - *Milou.*
  - *Au vingtième an de mon âge,*
    Au temps où Amour prend le péage
    Des jeunes gens (...) Guillaume de Lorris, le *Roman de la Rose*.

---

1 Pour les règles de versification, v. §§ 261 à 266.
2 Voir § 14.
3 L'utilisation de Mr. reprend l'abréviation anglaise de Mister !
4 Choses et idées personnifiées

- les noms de ***rues***, de ***bateaux***, d'***avions***, de ***voitures*** et de ***produits commerciaux***[1]
  - *La rue du **M**arais - Le **T**itanic - Le **C**oncorde - Boire du **N**esquik - Déguster un **D**anone - Une **R**enault*
- en histoire, les ***époques***, ***dates***, ***fêtes***, ***édifices*** et ***institutions***
  - *L'**A**ntiquité - **N**oël - Le **J**our de l'**A**n - Le **Q**uatorze **J**uillet - La **R**éforme - L'**A**cadémie - Le palais du **L**ouvre*
- en géographie, les noms de ***lieux terrestres*** ou ***cosmiques***
  - *La **C**hine - L'**E**tna - La **L**oire - **M**ars - Le **B**élier* (signe du zodiaque) *- La **G**rande **O**urse - Les **P**ays-**B**as - L'**A**sie **M**ineure*

  Remarque :

  L'**adjectif** porte **seul** la majuscule quand il désigne un ***site géographique*** :

  - *La mer **M**orte - Le mont **B**lanc - Le golfe **P**ersique*
- les noms d'***œuvres d'art*** et d'***ouvrages*** (le plus souvent, majuscule au seul premier mot), de ***journaux***, de ***revues***...
  - ***L**es femmes savantes. - **L**a neige en deuil. - **D**e la langue à l'expression. - **L**e **M**onde. - **L**e **S**oir.*

§25 | Cas particuliers

Les points cardinaux ne prennent une ***majuscule*** que s'ils désignent une ***région***. S'ils indiquent une simple ***direction*** ou s'ils sont ***suivis d'un nom de lieu***, la ***minuscule*** est de règle :

- *Le **m**idi de la France. / J'habite dans le **M**idi.*
- *Ne perdez pas le **n**ord ! / La mer du **N**ord. / L'autoroute du **N**ord. / Au **n**ord, la frontière est rectiligne. / Le département du **N**ord.*
- *Le **s**ud du pays est ensoleillé. / L'Afrique du **S**ud.*

Saint :

- ***ni majuscule ni trait d'union*** pour désigner **le saint lui-même**
  - *L'Évangile précise que **s**aint Pierre a renié trois fois le Christ.*
  - *On sait que **s**aint Nicolas fut évêque de Myre au IVe siècle.*
  - *On prie souvent **s**aint Antoine.*
- ***pas de majuscule*** mais un ***trait d'union*** pour **les noms communs**
  - *Un **s**aint-bernard.* (chien)
  - *À la **s**aint-glinglin.* (expression)
  - *Un **s**aint-émilion.* (vin)

---

1 Les noms ainsi désignés le sont souvent par ***métonymie*** (voir partie « Questions de sens », § 393), notamment lorsqu'ils appellent un produit par le nom de son inventeur. En outre, certains noms de marques sont devenus des noms communs (bic, frigidaire...)

- ***majuscule et trait d'union*** dans **les noms propres de personnes**, **de lieux**, etc.
  - ▸ *Le **S**aint-Père. - La basilique **S**aint-Pierre. - Pour la **S**aint-Nicolas, mes enfants ont reçu de beaux cadeaux. - Il se rend à **S**aint-Hubert. - L'agglomération de Mesnil-**S**aint-Blaise.*
  - ▸ *La **S**ainte Vierge.* (**exception**, car pas de trait d'union !)

§26 | Les parenthèses

Parenthèse ouvrante : **(** Parenthèse fermante : **)**

Elles s'emploient pour intercaler dans une phrase diverses ***mentions considérées comme accessoires*** par le locuteur :

▸ *C'était un dimanche **(**le 4 mai**)** et nous **(**Jean et moi**)** étions partis en Hollande.*

Remarques :

1) À l'intérieur des parenthèses, la ponctuation s'agence comme suit :
   - ***pas de ponctuation*** (sauf parfois les points d'exclamation, d'interrogation ou de suspension)
     - ▸ *Elle avait volé (pourquoi ?) cinq euros à sa mère et n'osait le lui avouer.*
   - ***ponctuation avant la parenthèse fermante*** si les mots entre parenthèses forment une phrase verbale complète
     - ▸ *Il me parla de son passé guerrier. (On m'avait averti de cette habitude.**)** Cela dura deux heures.*
2) Les parenthèses permettent aussi de rendre par écrit plusieurs possibilités :
   - ▸ *Nous voulions acheter une **(**ou des**)** poule**(**s**)**.*

§27 | Les crochets [ ]

Ils ont les mêmes usages que les parenthèses mais sont surtout employés pour ***isoler une indication qui contient déjà des parenthèses*** :

▸ *Cette bataille **[** celle de Waterloo (1815) **]** est célébrée tous les ans.*

§28 | Les guillemets

Guillemet ouvrant : « Guillemet fermant : »

Ils s'emploient pour encadrer une ***citation*** ou un ***discours direct*** :

▸ *« Travaillez, prenez de la peine. » disait La Fontaine.*

▸ *Il dit alors : « Vous vous trompez. »*

Remarques :

1) Les guillemets sont ***précédés des deux points*** quand ils introduisent un ***discours direct***.
2) Dans un dialogue, les guillemets sont souvent absents, mais les ***tirets*** - indiquant le ***changement de locuteur*** - sont indispensables :
   - *– À bientôt, dit Alain.*
   - *– À demain, répondit Jean.*
3) La phrase entre guillemets est souvent annoncée par une phrase d'introduction :
   - si celle-ci se trouve ***à l'intérieur*** de la citation, elle est ***encadrée par deux virgules***
     - *« Michel, dit-il, parle-moi. »*
   - si elle se trouve en ***fin de phrase***, elle est ***précédée d'une virgule*** et ***suivie du point final***
     - *« Michel, parle-moi. », dit-il.*
   - dans ces deux cas, la ***première virgule*** est ***absente*** si la citation qui précède se termine par un ***point d'interrogation*** ou ***d'exclamation***
     - *« Qui donc ? » dit-il, « qui était-ce ? »*
4) À l'intérieur des guillemets, la ponctuation suit les règles normales. En général, lorsque les ***guillemets fermants terminent*** la phrase, ils ne sont ***pas suivis d'un point final*** (celui-ci précède les guillemets).
   - *Dire : « N'oubliez pas d'inscrire votre nom sur la feuille. »*

Parfois, les guillemets encadrent :

- un mot sur lequel le locuteur veut ***insister*** (par emphase)
  - *Lui, il ne mange pas; il « dévore ».*
- un particularisme
  - *Il fait « frette ».*
- un néologisme
  - Je te « clique » ce courriel.
- un mot fautif
  - *C'est un drôle de « zoizeau » !*
- un mot d'argot
  - Il « dech ».
- un nouveau mot propre au vocabulaire d'un métier
  - Je dois « formater » le disque dur pour que tu puisses y accéder.

§29 | Les tirets – –

- Ils indiquent, en allant à la ligne, le ***changement de locuteur*** dans un dialogue :
  - *« Tu as tort, dit Jean.*
    – Je n'en suis pas persuadé, répondit Bernard.
    – Ne vous disputez pas, supplia Jacqueline. »

- Ils peuvent, pour les ***mettre en évidence***, séparer des mots du contexte :
  - *Bernard dormait – il avait travaillé tard la veille – depuis plus de dix heures.*

§30 | L'astérisque *

- Ce signe indique un ***renvoi*** en fin de page ou de texte.

- Simple, double ou triple, il peut ***symboliser un nom propre*** que l'on ne souhaite pas citer (mais dont on donne parfois l'initiale) :
  - *En 1948, à ***...* - *En 1948, à R***...*

Remarque :

- Dans les **grammaires**, l'astérisque précède les **phrases agrammaticales**.
- Dans les **dictionnaires**, il peut signaler le **h aspiré**.

§31 | La barre oblique /

- Placée entre deux termes, elle signifie ***ou bien*** :
  - *Un CI se pronominalise en LUI/LEUR/EN/Y.*

- Appelée « **slash** » (et en français « barre oblique »), elle sert d'élément de séparation en informatique :
  - *http://www.editionswoltersplantyn.be/content/assets/pdf/sec_04_talen.pdf*

II - LES SIGNES ORTHOGRAPHIQUES

§32 | Les accents▼

On distingue trois sortes d'accents :

- **l'accent aigu (´)**

  Il se met en général sur ***e fermé*** non suivi d'un **d**, d'un **f** ou d'un **z** finals :

  - *Vérité - Épluchés*
  - *Pied - nez - clef - ...*

- **l'accent grave (`)**

  Il se met :

  - sur ***e ouvert*** devant un ***s final*** ou à la ***fin d'une syllabe*** :
    - *Mère - Décès*
  - sur ***a*** dans *deçà, déjà, voilà, holà.*
  - sur ***a***, ***e***, ***u*** de certains mots pour les distinguer d'***homonymes*** :
    - *à, a - où, ou - ...*

- **l'accent circonflexe (^)**

  Il se met sur ***a***, ***e***, ***i***, ***o***, ***u*** pour indiquer :

  - soit la ***chute d'une voyelle*** ou ***d'un s*** de l'ancienne orthographe
    - *âge* (< eage) - *hôtel* (< hostel)
  - soit la ***prononciation longue*** de certaines voyelles
    - *dôme - icône*

  Remarque : l'accent circonflexe permet parfois de distinguer des **homonymes** :

  - *mûr ≠ mur*

§33 | Le tréma▼ (¨)

Il est employé sur les voyelles ***e***, ***i***, ***u*** pour indiquer qu'elle ***se sépare*** de la voyelle qui suit ou qui précède :

- *ciguë*▼ - *haïr*

§34 | La cédille (ç)

Elle se place ***sous le c devant a, o, u*** pour indiquer que ***c*** se prononce ***s*** (sourd) :

- *déçu - reçu - ça - leçon*

▼ Les rectifications orthographiques de 1990 portent également sur certaines utilisations des accents. Pour les découvrir, le lecteur se reportera à la partie **orthographe d'usage**, et notamment au § 270.

▼ L'emploi du tréma a, dans certains cas, été modifié dans les rectifications de 1990. Prière de se reporter à la partie **orthographe d'usage**, § 270.

▼ cigüe.

§35 | L'apostrophe (')

Placée en haut à droite, après une consonne, elle ***indique l'élision*** de ***a***, ***e***, ***i*** :

- *l'âge - l'idiot - l'école - s'il pleut...*

§36 | Le trait d'union (-)

Il ***sert à unir*** plusieurs mots :

- dans certains ***noms composés***▼
  - *arc-en-ciel , avant-midi , laissez-passer*
- entre le ***verbe*** et le ***pronom*** placé après lui
  - *Dis-je. - Croit-on ? - Est-ce demain ?*
- entre le ***verbe à l'impératif*** et ses ***pronoms personnels compléments***
  - *Dis-le. - Crois-moi. - Dis-le-moi.*
- dans les ***nombres composés***▼ (uniquement entre les ***parties inférieures à cent***[1])
  - *septante-cinq - quatre-vingt-deux - huit cent vingt-deux*
- avant et après le ***t intervocalique***
  - *Affirma-**t**-il que... ? - Aime-**t**-il la musique ?*
- devant ***-ci*** et ***-là*** joints à un pronom démonstratif ou à un nom précédé d'un déterminant démonstratif
  - *celui-ci - celle-là - ceux-ci / ce livre-ci - ce livre-là*
- entre le pronom personnel et l'adjectif ***même***
  - *lui-même - elle-même - nous-mêmes - eux-mêmes*

Remarque : Le trait d'union est aussi employé dans les cas suivants :

• ***demi*** + nom	▸	*une demi-livre de beurre*
• ***semi*** + nom	▸	*la semi-liberté*
semi + adjectif	▸	*une information semi-officielle*
• ***mi*** + nom	▸	*la mi-août*▼
mi + adjectif	▸	*les yeux mi-clos*
• ***non*** + nom[2]	▸	*la non-violence*
• ***quasi*** + nom	▸	*la quasi-totalité*
• ***Saint***[3] (avec majuscule) + nom propre	▸	*le Saint-Laurent*
• nom + ***né***	▸	*un auteur-né, un premier-né*
• ***nu***[4] + partie du corps	▸	*nu-tête, nu-pieds*

1 Sauf : 21, 31, 41, 51, 61, (71), (91).
2 **Non** suivi d'un adjectif ne prend pas de trait d'union : ▸ *Il est non violent.*
3 Voir les emplois de **la majuscule**, § 25.
4 Pour les problèmes d'accord de ces expressions, voir **accords particuliers de l'adjectif**, § 329.

▼ Les rectifications de 1990 permettent d'agglutiner certains noms composés. Se référer à la partie **orthographe grammaticale, *Pluriel des noms et des adjectifs***, § 285. La tendance à l'agglutination est grandissante.

▼ Pour les modifications à cette règle, se référer à la partie **orthographe grammaticale, *Accord des numéraux***, § 337.

▼ *mi-aout.*

Synthèse 1 : les signes

§§ 13 à 36

A- LA PONCTUATION

La ponctuation est la respiration du texte. Elle le rythme, l'articule, permet à l'œil de distinguer les grandes parties.

* **Le point** est une ponctuation forte qui marque la fin d'une phrase et une pause assez longue à l'oral. Il marque aussi l'abréviation.

  À un usage spécifique correspond un point spécifique : **interrogation**, **exclamation**, **suspension à l'oral.**

* **La virgule** marque une pause plus légère, interne à la phrase, et est utilisée :
  - dans l'**énumération** ;
  - dans la **juxtaposition** et la **coordination** ;
  - dans le **détachement** de certains éléments.

* **Le point-virgule**, pause moyenne à l'oral, est utilisé :
  - pour **unir** des phrases reliées par le sens ;
  - pour **séparer** dans une phrase les parties dont l'une au moins est déjà ponctuée par une virgule ;
  - pour **séparer une énumération** introduite par deux points.

* **Les deux points** introduisent une **citation** ou un **discours direct**, annoncent un **rapport logique** ou introduisent une **énumération.**

* **L'alinéa**, pause longue à l'oral, sépare les paragraphes d'un texte.

B- LES SIGNES TYPOGRAPHIQUES

Les signes typographiques organisent aussi le texte.

* **La majuscule**
  - marque : - le **début** d'une phrase ;
    - l'**en-tête** ou l'apostrophe d'une lettre ;
    - la **citation**, le **dialogue.**
  - est présente **au début d'un vers** en poésie
  - indique un **nom propre**

Synthèse 1 : les signes

✲ **Les parenthèses** indiquent des **éléments accessoires** ou explicatifs.

✲ **Les crochets** jouent le même rôle que les parenthèses quand les éléments contiennent déjà des parenthèses.

✲ **Les guillemets** encadrent une **citation** ou le **discours direct**, ou encore un **terme nouveau**, fictif ou **sur lequel on veut insister**.

✲ **Les tirets** marquent le **changement de locuteur** dans un dialogue ou **mettent en évidence** certains mots.

✲ **L'astérisque**, indique un **renvoi** vers une note ou symbolise un **élément non cité complètement**.

C- LES SIGNES ORTHOGRAPHIQUES

✲ **Les accents** donnent des indications de **prononciation** (accents aigu, grave et circonflexe) ou **distinguent des homophones** (accent grave ou accent circonflexe).

✲ **Le tréma** **sépare la voyelle** à prononcer quand celle-ci suit ou précède une autre voyelle.

✲ **La cédille** marque un « **s** » sourd.

✲ **L'apostrophe** indique l'**élision**.

✲ **Le trait d'union** unit deux mots.

3 - Les mots

Les classes et les sous-classes de mots

Prérequis	**Utilisations**
• pouvoir découper la chaîne▼ écrite en mots [*Les mots sont séparés les uns des autres par un « blanc », sauf parfois quand il s'agit d'une locution.*]	• les fonctions dans la phrase, §§ 137 à 160 • l'emphase, §§ 166 et 423 • la pronominalisation, § 137 • les accords, §§ 272 à 337 • les sens des mots, §§ 369 à 413 • la valeur fonctionnelle des déterminants, §§ 220 à 225 • le fonctionnement des pronoms dans un texte, §§ 226 et 227

A- CONSIDÉRATIONS GÉNÉRALES

§37 | Chaque mot appartient à une classe grammaticale; il existe sept classes de mots :

- **1- le déterminant**
- **2- le nom**
- **3- le pronom**
- **4- l'adjectif**
- **5- le verbe**
- **6- l'adverbe**
- **7- les mots de liaison**

Chaque classe est constituée en regroupant un ensemble de mots possédant un certain nombre de propriétés communes :

▼ chaine.

§38 | Sur le plan syntaxique

Les mots appartiennent à une même classe s'ils peuvent ***commuter*** (c'est-à-dire occuper la même place), s'ils entretiennent avec d'autres mots des ***relations syntaxiques identiques*** et s'ils peuvent exercer les ***mêmes fonctions*** grammaticales dans la phrase.

Soit : *long* - *triste* - *beau*

a) ▸ *Je lis un* { ***long*** / ***triste*** / ***beau*** } *document.*

▸ *Ce document est* { ***long****.* / ***triste****.* / ***beau****.* }

b) « long, triste, beau » peuvent exercer les fonctions d'épithète, d'épithète détachée ou d'attribut :

- ▸ *Je lis un roman triste.*
- ▸ *Triste, je n'ai cessé de pleurer.*
- ▸ *Je suis triste.*

c) Ces mêmes mots peuvent être supprimés quand ils sont épithètes ou épithètes détachées; ils ne le peuvent quand ils sont attributs du GNS :

- ▸ *J'aime ce livre triste.* > *J'aime ce livre Ø.*
- ▸ *Ce livre est triste.* > **Ce livre est Ø.*

§39 | Sur le plan sémantique

Les mots entrent dans diverses ***catégories liées au sens*** :

abstrait / concret, humain / non humain, + comptable /– comptable...

- ▸ *livre : concret, non humain, + comptable*
- ▸ *chat : concret, non humain, + comptable*
- ▸ *liberté : abstrait, non humain, – comptable*

§40 | Sur le plan morphologique

Certains mots varient et d'autres sont invariables :

- **varient :** le nom, le pronom, le déterminant, l'adjectif, le verbe
- **ne varient pas :** l'adverbe et les mots de liaison

§41 | Remarques

1- Les mots généralement fixés dans une classe peuvent se retrouver, par translation, dans une autre classe. Ils fonctionnent alors selon les traits spécifiques propres à cette dernière. Ainsi : *boire, manger* sont des verbes. Mais, dans la phrase « *Nous offrons le boire et le manger.* », ils ont les traits spécifiques du nom.

2- L'usage familier recourt régulièrement à la translation :

- *Cette voiture, elle déchire **grave**.*
- *Ton ami parle **chic**.*
- *Cette avocate parle **classe**.*

3- La graphie d'un mot ne fixe pas toujours son appartenance à une classe :

• *Un **court** de tennis.*	nom
• *Un pantalon trop **court**.*	adjectif
• *Couper **court**.*	adverbe
• *Il **court**.*	verbe

B- LES DIFFÉRENTES CLASSES ET SOUS-CLASSES DE MOTS

1 LE NOM

⁂ Appartiennent à la classe des noms les mots qui ont les propriétés suivantes :

§42 | Propriétés syntaxiques :

❖ le nom est en étroite ***relation avec le déterminant***

▸ *L'élève étudie.* **Ø Élève étudie.* **L' Ø étudie.*

❖ des ***mots dépendant*** du nom peuvent se retrouver ***à gauche et/ou à droite*** de celui-ci

▸ *Un **petit** chat dort sur la chaise.*
*Un chat **noir** dort sur la chaise.*

❖ le nom peut occuper ***plusieurs fonctions*** grammaticales

• **sujet**	▸ *Mon **chat** dort.*
• **attribut du GNS**	▸ *Cet animal est un **chat**.*
attribut du CD	▸ *Je le crois bon **chat**.*
• **complément de verbe**	▸ *J'appelle mon **chat**.*
• **complément de phrase**	▸ *Près de mon **chat**, je retrouve la paix.*
• **complément du présentatif**	▸ *Voici mon **chat**.*
• **complément de verbe impersonnel**	▸ *Il te faut un **chat** !*
• **complément du nom**	▸ *Le panier de mon **chat** est en osier.*
• **apposition (détachée ou non)**	▸ *Félix, le **chat**, nous fait rire.*
• **complément de l'adjectif**	▸ *Tu es fier de ton **chat**.*
• **complément d'agent**	▸ *Cette souris a été attrapée par mon **chat**.*

§43 | Propriétés sémantiques :

❖ un nom présente les propriétés sémantiques suivantes :
humain / non humain
+ abstrait / – abstrait
commun / propre
+ animé / – animé
+ comptable / – comptable
collectif / non collectif
...

§44 | Propriétés morphologiques :

❖ le nom est ***simple*** *(chien, poire, main...)* ***ou composé*** *(porte-drapeau, essuie-glace, pomme de terre...)*

❖ il est d'un ***genre*** précis : • ***masculin*** : *garçon, écureuil, escalier...*
ou • ***féminin*** : *fille, vache, chambre...*

Remarques :

1) Certains noms existent ***tantôt au masculin, tantôt au féminin***. En général, la variation de genre correspond à un ***sens différent***[1] :

▸ *aide - aigle - amour - délice - foudre - hymne - mémoire - mode - moule - mousse - œuvre - orgue - parallèle - solde - ...*

2) D'autres noms sont ***indifféremment*** du genre ***masculin*** ou du genre ***féminin*** sans changer de sens:

▸ *un ou une après-midi - un ou une perce-neige - un ou une palabre - un ou une phalène - un ou une H.L.M.*

❖ il est d'un ***nombre*** précis : • ***singulier*** : *voiture, cahier, livre...*
ou • ***pluriel*** : *chemins, choux, téléviseurs...*

Remarques :

1) Certains noms ont parfois un ***sens différent*** selon que leur nombre est le ***singulier*** ou le ***pluriel***[2] :

▸ *assise / assises - ciseau / ciseaux - échec / échecs - gage / gages - lunette / lunettes - toilette / toilettes - vacance / vacances*

2) • Certains noms ne s'emploient généralement ***qu'au singulier***[3]. Il s'agit des noms des ***sciences***, des ***arts***, des ***matières***, des ***qualités***, des ***défauts***, des ***sens***, des ***points cardinaux***.

• D'autres ***uniquement au pluriel***[4] :

- les ***noms géographiques*** des chaînes▼ de montagnes ou de certaines régions

▸ *les Alpes - les Pyrénées*

- les noms de certains ***événements▼ familiaux***

▸ *fiançailles - épousailles - obsèques - funérailles*

- et encore ***d'autres*** tels

▸ *alentours - archives - armoiries - arrhes - bestiaux - entrailles - environs - frais - hardes - mœurs - pierreries - ténèbres - vêpres - vivres*

3) Quelques noms présentent ***indifféremment le singulier ou le pluriel*** pour désigner un seul objet :

▸ *cisaille(s) - culotte(s) - lorgnon(s) - moustache(s) - pantalon(s) - tenaille(s)*

---

1 Les dictionnaires en font d'ailleurs des rubriques différentes. Voir aussi à ce propos, en **orthographe grammaticale**, ***le féminin des noms et des adjectifs***, § 276.

2 Voir aussi, § 284.

3 Voir aussi, § 282.

4 Voir aussi, § 283.

▼ chaines.

▼ ***évènements***.

2 LE DÉTERMINANT

Appartiennent à la classe des déterminants les mots qui présentent les propriétés suivantes :

§45 | Propriétés syntaxiques :

- le déterminant est en étroite ***relation avec le nom***. Il constitue ***avec ce dernier la base du groupe nominal***
  - *un livre - ce livre - mon livre - *Ø livre*
- le déterminant est toujours l'élément ***le plus à gauche*** du groupe nominal
  - ***un** livre - **un** beau livre - **trois** beaux livres - **les** plus beaux livres*

Remarques :

1) Certaines formes de déterminants ***fonctionnent comme pronoms***, ***comme adjectifs***... :
   - ***Plusieurs** ont gagné. - Les **trois** premiers étaient chers.*
2) Certaines ***locutions*** appartiennent à la classe des ***déterminants (composés)*** :
   - ***Je ne sais quel** homme est venu.*
   - ***Je ne sais combien** de livres je possède.*
   - *Donnez-moi **n'importe quel** ouvrage intéressant.*
3) Certaines expressions[1] sont considérées tantôt comme ***déterminants composés*** tantôt comme des ***groupes nominaux***. Il s'agit notamment de : *une foule de, un tas de, la majorité de, un peuple de...*
   - ***Une foule d'objets** s'étalaient sur la table.*
   - ***Une foule d'objets** a été perdue.*

§46 | Propriétés sémantiques :

Les déterminants se répartissent en deux grandes sous-classes :

- **les déterminants référents** qui renvoient à une ***information connue*** de l'interlocuteur grâce au contexte ou à la situation de communication
- **les déterminants quantifiants** qui donnent une ***information relative à la quantité***

1 Voir ***Accord du V et du GNS***, cas du **collectif**, § 292.

Les déterminants référents

L'information à laquelle ils renvoient correspond à des natures différentes :

§47 | L'article défini

Il ***introduit un nom connu ou supposé connu*** des interlocuteurs[1] :

- soit ***par le contexte ou la situation de communication***
  - *J'ai été interpellé par un individu.* ***L'****homme était perdu.*
- soit ***par un usage connu de tous***
  - ***Le*** *train est un moyen de transport sûr.*

Remarque :

L'article défini permet aussi d'exprimer d'autres valeurs :

- ***valeur personnelle*** ▸ *Il a mal à* ***la*** *tête.* (= ***sa*** tête)
- ***valeur de généralisation*** ▸ *Ouvert uniquement* ***le*** *soir.* (= ***tous les*** *soirs)*
- ***valeur démonstrative*** ▸ *Certes !* ***La*** *stratégie est pertinente.* (= ***cette*** *stratégie)*

§48 | Le déterminant possessif

Il introduit un nom en ***relation avec une personne grammaticale***.

Le déterminant possessif :

- ***détermine le nom de la chose, l'objet ou l'être possédé*** et en prend donc le genre et le nombre
- ***renvoie au possesseur*** en désignant sa personne grammaticale (1re, 2e, 3e personne du singulier ou du pluriel)

Remarque :

Le déterminant possessif peut aussi exprimer les sens suivants :

- ***l'habitude*** ▸ *Il prépare* ***sa*** *recette.* (celle dont il a l'habitude)
- ***l'affection ou le mépris*** ▸ *Elle ne pense qu'à* ***sa*** *petite personne.*
- ***un titre ou un grade*** ▸ ***Son*** *Excellence. -* ***Mon*** *colonel.*
- ***l'ironie*** ▸ *Voici donc* ***notre*** *grand homme !*

§49 | Le déterminant indéfini et l'article indéfini

L'article indéfini s'emploie pour désigner une ***réalité dont on n'a pas encore parlé*** ou qui n'est ***pas connue***[1] :

▸ ***Un*** *homme entra. - Prêtez-moi* ***des*** *outils.*

1 Pour la **valeur fonctionnelle anaphorique des déterminants,** et particulièrement des ***articles***, voir ***Le texte***, §§ 220 à 225.

✲ **Le déterminant indéfini** indique que le nom qu'il introduit n'est ***pas connu*** ou n'a ***pas à être défini***. Il peut toujours ***commuter avec un article indéfini***.

Un **classement sémantique** distingue :

❖ les déterminants indéfinis qui insistent sur ***l'indétermination*** : *certain, quelque, n'importe quel, je ne sais quel...*

▸ *J'ai pour ce livre* { ***quelque*** / ***je ne sais quel*** / ***n'importe quel*** } *intérêt.*

Remarques :

1) « ***certain*** », en langue courante, est le plus souvent employé ***après*** l'article indéfini « ***un*** ». Dans ce cas, il ***fonctionne comme un adjectif***. Quels que soient son genre et son nombre, le mot garde une valeur référentielle.
2) « ***quelque*** » ne désigne une ***réalité*** présentée comme ***non connue*** que quand il est employé ***au singulier*** et invariable.
3) « ***n'importe quel*** - ***je ne sais quel*** » : seul le dernier mot de la locution varie.

❖ les déterminants indéfinis qui introduisent une ***réalité comparable à une autre supposée connue*** : *semblable, pareil, tel...*

▸ *Je ne supporterais plus* ***pareil*** *affront.*

Remarques :

1) « ***semblable*** », « ***pareil*** » et « ***tel*** » **varient**.
2) « ***semblable*** », « ***pareil*** » et « ***tel*** » sont aussi employés **précédés de l'article défini**. Dans ce cas, ils fonctionnent ***comme des adjectifs***.
3) « ***tel*** » permet aussi de désigner une réalité dont on ne peut ou ne veut préciser l'identité :
   ▸ ***Tel*** *homme est peu fréquentable.*

§50 | Le déterminant démonstratif

✲ Ce déterminant introduit un nom en renvoyant au contexte ou à la situation d'énonciation :

▸ *Apportez-moi* ***ces*** *livres.*

Remarques :

1) L'emploi du démonstratif peut être ***renforcé par un signe extérieur*** à la langue (un geste, un regard...) ou ***par les particules -ci et -là*** jointes au nom déterminé (*ce livre-ci, cette revue-là...*).
2) Le déterminant démonstratif peut aussi marquer :
   - ***la proximité dans le temps*** ▸ *Où allez-vous* ***cet*** *après-midi ?*
   - ***un sentiment*** (admiration, mépris, insatisfaction, lassitude...) ▸ *Quoi !* ***cette*** *fille !* ▸ *Ah,* ***cette*** *soirée !*

§51 | Le déterminant interrogatif

- Il indique que l'on s'interroge sur l'***identité***, les ***qualités du nom*** qu'il détermine :
  - ***Quels*** *plats préférez-vous ?*

§52 | Le déterminant exclamatif

- Il introduit un ***sentiment*** (admiration, regret, étonnement, pitié…) à propos de la réalité du nom qu'il détermine :
  - *Connaissez-vous la 5e symphonie de Beethoven ?* ***Quel*** *souffle !*

§53 | Le déterminant relatif

- Spécifique à la langue écrite, surtout administrative et juridique, il introduit ***un nom en relation avec un antécédent*** exprimant la même réalité :
  - *M.*** est redevable de la somme de 2 500 euros,* ***laquelle*** *somme devra être acquittée avant le 15 décembre.*

Les déterminants quantifiants

- L'information à laquelle ils renvoient concerne le ***nombre d'êtres ou d'objets*** désignés par le nom.

§54 | Le déterminant négatif

- Il indique que le ***nombre*** d'êtres ou d'objets désignés par le nom est ***nul*** :
  - ***Pas un*** / ***Aucun*** / ***Nul*** } *coupable ne sera épargné.*

  Remarque :

  « ***Zéro*** » peut fonctionner comme ***déterminant négatif*** :
  - *Il me reste* ***zéro*** *centime.*

§55 | Le déterminant numéral

- Il indique le ***nombre précis*** des êtres ou des objets désignés par le nom :
  - *J'ai acheté* ***quatre*** *pains.*

Remarques :

1) Les déterminants numéraux sont aussi nombreux que les nombres arithmétiques (un..., cent..., mille...).
2) Quelques déterminants peuvent exprimer une ***quantité indéterminée*** ou ***approximative***. Ils sont alors ***proches des déterminants indéfinis*** :
   - *J'arrive dans **deux** minutes.*
   - *J'ai acheté **trente-six** choses inutiles.*
   - *Faut-il le dire **vingt** fois ?*
   - *Il a déjà vécu **mille (et une)** aventures.*

§56 | Le déterminant partitif

Il introduit un nom (peu comptable) duquel le locuteur n'envisage qu'une ***partie indéterminée***.

- *Elle n'a mangé que* { ***du** pain* / ***des** fruits* / ***de la** pâtisserie* } *ce matin.*

§57 | Le déterminant indéfini (quantifiant)

Les réalités qu'il introduit sont en ***nombre imprécis***.

Le déterminant indéfini peut exprimer :

- **la totalité :** *tout, toute, tous, toutes.*
  - ***Toute** la classe est partie en excursion.*
- **un grand nombre :** *un grand nombre de, assez de, beaucoup de, bien du/de la/des, énormément de, force*[1] *(+ nom pluriel), la plupart de, maint(s)/mainte(s), nom collectif + de/des, pas mal de, (tout) plein de, quantité de, suffisamment de, trop de...*
  - ***Trop de** personnes vivent seules.*
  - *J'ai dévoré **force** moutons.* (La Fontaine)
- **un petit nombre :** *(un) peu de, un (tout) petit peu de, le/un petit nombre de...*
  - *J'ai bu **un tout petit peu de** vin.*
- **une quantité imprécise :** *certain(e)s, Dieu sait combien de, différent(e)s, divers(e)s, plus d'un(e), plusieurs, quelques, tant de, tellement de...*
  - ***Certains** adolescents aiment le travail en équipes.*
- **la distribution (dans un ensemble) :** *chaque, tout(e).*
  - ***Chaque** classe devrait posséder une bibliothèque.*

1 Emploi littéraire.

❖ **la comparaison :** *autant de, davantage de, moins de, plus de.*
- ▸ *Elle devrait faire* ***moins de*** *fautes.*

❖ **l'interrogation ou l'exclamation :** *combien de, que de...*
- ▸ ***Combien de*** *personnes âgées sont délaissées par leur famille ?*
- ▸ ***Que de*** *personnes âgées sont délaissées par leur famille !*

Morphologie des déterminants

§58

❖ le déterminant peut être :
- ***simple*** *(mon, plusieurs, ces, aucun...)*
- ***composé*** *(tous mes, pas un, plus d'un...)*

❖ certains peuvent ***varier en genre et en nombre*** *(un, une, des - ce, cette, ces - quel, quels, quelle, quelles...)*. Ils prennent alors le genre et le nombre du nom qu'ils déterminent.

❖ certains sont ***invariables*** *(quatre, cinq, moins de, je ne sais combien de...)*

a- Morphologie des déterminants référents

§59 | L'article défini

❖ ***formes simples :***
- masculin singulier **le**
- féminin singulier **la**
- masc. ou fém. pluriel **les**

❖ ***forme élidée*** (devant une voyelle ou un h muet) au singulier uniquement : **l'**

❖ ***formes contractées :***
- à + le ▸ **au**
- de + le ▸ **du**
- à + les ▸ **aux**
- de + les ▸ **des**

Remarque :

Le féminin singulier n'a pas de formes contractées.

§60 | Le déterminant possessif

❖ ***la forme du déterminant possessif*** varie en fonction :
- de la ***personne*** du nom qu'il représente
- du ***genre*** du nom qu'il introduit dans le groupe nominal
- du ***nombre*** du / des possesseur(s)
- du ***nombre*** du nom introduit
  - ▸ *Ta réussite* (**2**e personne - nom **féminin** - **un** possesseur - nom **singulier**).

	singulier			pluriel
	masculin	*féminin*		*masculin et féminin*
personnes		devant voyelle ou h muet	devant consonne	
1re singulier 2e singulier 3e singulier	**mon** **ton** **son**	**mon** **ton** **son**	**ma** **ta** **sa**	**mes** **tes** **ses**
1re pluriel 2e pluriel 3e pluriel	**notre** **votre** **leur**			**nos** **vos** **leurs**

Remarques :

1) Les pluriels **notre**, **votre**, **nos**, **vos** peuvent renvoyer à une seule personne. C'est le cas des ***pluriels de majesté, de modestie ou de politesse :***
   - *Il y va, Seigneur, de **votre** vie.* (Racine.)
2) Quand le possessif renvoie au référent « ***chacun*** » :
   - les formes **son**, **sa**, **ses**, **leur** ou **leurs** prévalent si ***chacun*** est en rapport avec une ***3e personne du pluriel***
     - *Ils sont partis chacun de **son** / **leur** côté.*
   - les formes **notre**, **votre**, **nos** ou **vos** prévalent si ***chacun*** est en rapport avec une ***1re ou une 2e personne du pluriel***
     - *Virginie et moi sommes rentrés chacun de **notre** côté.*

§61 | Le déterminant indéfini et l'article indéfini

Article indéfini

	singulier	*pluriel*
masculin	**un**	**des, de**
féminin	**une**	**des, de**

Remarque :

De s'emploie à la place de **des** devant un ***adjectif précédant un nom pluriel :***

- *Tu as **de** beaux yeux. (*Tu as des beaux yeux.)*

Déterminant indéfini

Il prend selon le cas le genre et/ou le nombre du nom qu'il détermine.

singulier		*pluriel*	
masculin	*féminin*	*masculin*	*féminin*
tel	**telle**	**tels**	**telles**
certain	**certaine**	**certains**	**certaines**
semblable	**semblable**	**semblables**	**semblables**
pareil	**pareille**	**pareils**	**pareilles**
quelque	**quelque**	**(quelques)**[1]	**(quelques)**[1]
l'un et / ou l'autre	**l'une et / ou l'autre**	–	–
ni l'un ni l'autre	**ni l'une ni l'autre**	–	–
je ne sais quel	**je ne sais quelle**	**je ne sais quels**	**je ne sais quelles**
Dieu sait quel	**Dieu sait quelle**	**Dieu sait quels**	**Dieu sait quelles**
n'importe quel	**n'importe quelle**	**n'importe quels**	**n'importe quelles**
on ne sait quel	**on ne sait quelle**	**on ne sait quels**	**on ne sait quelles**

§62 | Le déterminant démonstratif

		singulier		*pluriel*
		masculin	*féminin*	*masculin et féminin*
Formes simples	devant une consonne	**ce**	**cette**	**ces**
	devant une voyelle ou h muet	**cet**		
Formes composées	devant une consonne	**ce... -ci** **ce... -là**	**cette... -ci** **cette... -là**	**ces... -ci** **ces... -là**
	devant une voyelle ou h muet	**cet... -ci** **cet... -là**		

Remarque :

Les déterminants ***démonstratifs composés*** ont ***valeur*** :
- ***de proximité*** avec -**ci**,
- ***d'éloignement*** avec -**là**.

1 Forme du déterminant quantifiant.

§63 | Le déterminant interrogatif

	singulier	*pluriel*
masculin	quel	quels
féminin	quelle	quelles

§64 | Le déterminant exclamatif

❖ Ses formes sont ***identiques*** à celles du ***déterminant interrogatif*** : voir ci-dessus.

§65 | Le déterminant relatif

❖ Il présente des ***formes simples ou composées*** (c'est-à-dire combinées avec les prépositions ***à*** ou ***de***) :

	singulier		*pluriel*	
	masculin	*féminin*	*masculin*	*féminin*
Formes simples	lequel	laquelle	lesquels	lesquelles
Formes composées ou contractées	auquel duquel	à laquelle de laquelle	auxquels desquels	auxquelles desquelles

b- Morphologie des déterminants quantifiants

§66 | Le déterminant négatif

	singulier	*pluriel*
masculin	aucun nul pas un	(aucuns) (nuls) —
féminin	aucune nulle pas une	(aucunes) (nulles) —

Remarques :

1) **Aucun** et **nul** s'emploient ***au pluriel*** devant un nom qui n'a pas de singulier :
   - ***Aucunes*** *funérailles ne sont gratuites.*
2) Les déterminants négatifs sont habituellement employés avec la ***négation « ne » :***
   - *Je* ***ne*** *vois* ***aucune*** *trace d'ours dans cette vallée.*

§67 | Le déterminant numéral

❖ les ***formes SIMPLES*** sont peu nombreuses :

- *un, deux, trois, quatre, cinq, six, sept, huit, neuf, dix, onze, douze, treize, quatorze, quinze, seize.*
- *vingt, trente, quarante, cinquante, soixante, septante* (en Belgique et en Suisse romande), *octante ou huitante* (en Suisse romande), *nonante* (en Belgique et en Suisse romande).
- *cent et mille.*

Remarque :

Million et **milliard** sont des **noms.**

❖ les ***formes COMPOSÉES*** sont construites à partir des formes simples selon les méthodes suivantes[1] :

- **coordination par ET**
  - ajout de ***un*** aux ***dizaines***, sauf dans quatre-vingt-un
    - *vingt* ***et*** *un.*
  - ajout de ***onze*** à ***soixante***[2]
    - *soixante* ***et*** *onze.*
- **emploi du trait d'union▼**
  - ajout des ***unités*** (autres que « un ») aux ***dizaines***
    - *vingt-deux.*
  - pour la série *quatre-vingt(s)*
- **simple juxtaposition** dans tous les autres cas, c'est-à-dire
  - pour ***multiplier*** par ***cent***, ***mille***, ***million...***
    - *trois cents, six millions, vingt mille, cinquante-cinq mille huit cent quarante-deux...*
  - pour ***ajouter*** des ***dizaines*** et des ***unités*** à ***cent*** et à ***mille***
    - *cent un, mille un, mille quatre-vingt-trois...*

---

1 Voir aussi : **Accord des numéraux**, § 337.

2 Septante et un en Belgique et en Suisse romande.

▼ Le trait d'union est généralisé pour tous les nombres complexes : *sept-mille-cinq-cent-vingt-quatre, cent-vingt-et-un...*

Remarques :

1) Une règle générale des formes composées :
   - le ***plus petit nombre*** placé ***après*** un plus grand nombre marque ***l'addition*** du premier
     - *septante-deux* (70 + 2) - *quatre-vingt-seize* (80 + 16)
   - le ***plus petit nombre*** placé ***avant*** un plus grand nombre marque ***la multiplication***
     - *quatre cents* (4 x 100) - *huit mille six cent quatre-vingts* [(8 x 1000) + (6 x 100) + (4 x 20)]
2) De 1 100 à 1 900, on peut s'exprimer en utilisant les centaines :
   - 1 100 = mille cent ou *onze cents.*
   - 1 800 = mille huit cents ou *dix-huit cents.*

❖ les déterminants numéraux sont **INVARIABLES, *sauf*** [1] :

- **un** qui devient ***une*** au féminin
  - ***un*** *tableau* - ***une*** *table*
  - *mille et* ***une*** *nuits*
- **vingt** et **cent** qui prennent **s** quand ils sont ***multipliés*** et ***non suivis d'un nombre***
  - *quatre-vingt**s** élèves* - *quatre-vingt-deux élèves*
  - *trois cent**s** billes* - *trois cent deux billes*

§68 | Le déterminant partitif

		masculin	*féminin*
singulier	devant un mot commençant par une *consonne*	**du**	**de la**
	devant un mot commençant par une *voyelle* ou un *h muet*	**de l'**	**de l'**
pluriel	(dans tous les cas)	**des**	**des**

Remarques :

1) Les formes **de**, **d'** peuvent se rencontrer dans les cas suivants :
   - devant un ***nom pluriel précédé d'un adjectif***
     - *J'ai mangé* { ***d'****excellents pitas.* / ***de*** *délicieuses saucisses.* }
   - dans une ***phrase négative***, devant un ***complément direct de verbe***, un ***complément du présentatif*** ou ***de verbe impersonnel***
     - *Je n'ai pas* ***de*** *sauce.* (J'ai de la sauce.)
     - *Il n'y a pas* ***de*** *sauce.* (Il y a de la sauce.)
     - *Il ne faut pas* ***de*** *sauce.* (Il faut de la sauce.)

1 Voir aussi : **Accord des numéraux**, § 337.

2) Lorsque la ***préposition*** **de** est imposée par le verbe, ***le déterminant partitif disparaît*** ▼ *(remplir de, (re)couvrir de, se satisfaire de...)* :

- *Ce tonneau est* ***rempli de*** *vin.*

§69 | Le déterminant indéfini (quantifiant)

⁂ Formes pouvant varier :

singulier		*pluriel*	
masculin	**féminin**	**masculin**	**féminin**
tout	**toute**	**tous**	**toutes**
plus d'un	**plus d'une**	–	–
bien du	**bien de la**	**bien des**	**bien des**
–	–	**différents**	**différentes**
–	–	**divers**	**diverses**
maint	**mainte**	**maints**	**maintes**
–	–	**certains**	**certaines**

⁂ Formes plus figées :

assez de [1]
beaucoup de
énormément de
force
la plupart du/de/des
nom collectif + de/des
(nombre de, une foule de, une armée de...)
pas mal de
(tout) plein de
quantité de
suffisamment de
trop de
(un) peu de
un (tout) petit peu de
un/le petit nombre de
Dieu sait combien de
on ne sait combien de
plusieurs
quelques
tant de
tellement de
chaque
autant de
que de
combien de
...

1 Voir § 97, note concernant le pronom **assez**.

▼ disparait.

3 L'ADJECTIF

✲ Appartiennent à la classe des adjectifs les mots qui ont les propriétés suivantes :

§70 | Propriétés syntaxiques

✲ L'adjectif est en étroite ***relation avec le groupe nominal***.

❖ Il y exerce :

- soit la ***fonction d'épithète***
  - ▸ *Ce scooter **jaune** est joli.*
- soit la ***fonction d'épithète détachée***
  - ▸ ***Harassé**, il cessa le travail.*

Remarque :

Certains adjectifs peuvent être ***attributs*** :

▸ *Ce livre est **jaune**.*

▸ **Cette plaque est minéralogique.*

❖ Il occupe une ***place bien définie*** dans le groupe nominal[1] :

- soit ***entre le déterminant et le nom***
  - ▸ *Un **beau** livre.*
- soit ***juste après le nom,*** *lui-même précédé en général d'un déterminant*
  - ▸ *Un livre **rouge**.*

❖ Certains adjectifs peuvent être ***mis en degré***[2]

▸ *Ce livre est petit.* - *plus petit que...*
- *moins petit que...*
- *aussi petit que...*
- *très petit*
- *le plus petit*

❖ L'adjectif peut avoir une ***expansion*** : le ***complément de l'adjectif***[3].

▸ *Cette collection présente de **très** beaux livres.*

▸ *Fière **de son succès**, Anne est rentrée chez elle.*

Remarque :

La suppression du déterminant entraîne▼ un ***changement de classe*** pour l'adjectif :

▸ *Ces **deux** oiseaux sont rares.* (adjectif.)

▸ ***Deux** oiseaux sont perchés sur une branche.* (déterminant.)

1 Voir ci-après, §§ 79 et 385.

2 Voir ci-après, §§ 77 et 78.

3 Voir § 157.

▼ entraine.

§71 | Propriétés sémantiques

- L'adjectif est joint au nom pour préciser une propriété de ce dernier.
  On peut, en relation avec le sens véhiculé par l'adjectif, distinguer différentes sous-classes :
- **adjectif qualificatif**
  - *Mitsi est un chat **affectueux**.*
  - *Ce chat est **affectueux**.*
- **adjectifs numéraux**
  - *Les **deux** voitures que mes parents possèdent sont très vieilles.*
  - *Ce film est le **troisième** épisode de la série.*
- **adjectif possessif**
  - *Un **mien** parent viendra demain.*
  - *Cette devise est **mienne**.*
- **adjectif indéfini**
  - *Apportez-moi un **autre** verre.*
  - *L'approche de Pascal est **autre**.*

§72 | Propriétés morphologiques

- L'adjectif peut être :
  - ***simple*** (formé d'un seul mot)
    - *jaune, heureux, belge, tien, premier...*
  - ***composé*** (formé de plusieurs mots)
    - *avant-coureur, bleu ciel, belgo-québécois...*
- Il peut parfois être ***formé à partir d'un nom :***
  - *attentif, visuel, confédéral...*
- Il varie ***en genre et en nombre avec le nom.*** En général, le ***féminin***[1] se construit en ajoutant -**e** au mot, et le ***pluriel***[2] en ajoutant -**s** :
  - *un camion bleu* - *une voiture bleu**e*** - *des camions bleu**s***

1 Voir **Féminin des noms et des adjectifs**, § 273.
2 Voir **Pluriel des noms et des adjectifs**, § 279.

Les catégories d'adjectifs

§73 | L'adjectif qualificatif

Il exprime une ***qualité***, une ***manière d'être***, un ***état***... relatif au nom auquel il est joint :

- *beau, grand, élégant, triangulaire, triste, jaune, vert...*
  bleu ciel, avant-coureur, italo-suisse...

§74 | L'adjectif numéral

Il ***précise quantitativement*** le nom auquel il se rapporte.
On distingue :

l'adjectif numéral cardinal qui indique un ***nombre précis***

- *Les **quinze** euros que j'avais en poche m'ont permis d'acheter une recharge pour mon portable.*
- *Le train a parcouru les **cent quatre** kilomètres en plus de deux heures.*

Remarque :

Les ***formes*** de l'adjectif numéral cardinal sont celles du ***déterminant numéral*** [1].

l'adjectif numéral ordinal qui indique un ***rang précis***

- *Le **premier** coureur arrivé. - La **troisième** partie.*

Remarque :

Il est formé de l'***adjectif numéral suivi de*** **-ième**...

- *deux* > ***deuxième*** - *vingt* > ***vingtième***

... mis à part quelques cas :

- *un* > ***unième*** (dans les adjectifs composés.)
  un > ***premier*** (quand il est employé seul.)
- *deux* > ***deuxième*** (dans les adjectifs composés ou employé seul.)
  deux > ***second*** (quand il est employé seul.)
- *cinq* > ***cinquième***
- *neuf* > ***neuvième***
- Le ***e muet final*** du déterminant ***disparaît***▼ quand il existe dans le déterminant numéral : *quatre* > ***quatrième***

1 Voir § 67.

▼ disparait.

Formes :

- **l'adjectif numéral cardinal** est ***invariable*** comme le déterminant numéral[1], sauf :
  - ***un*** qui devient parfois ***une*** (*vingt et* ***une*** *pages)*
  - ***vingt*** et ***cent*** qui prennent -***s*** au pluriel quand ils sont ***multipliés et non suivis d'un nombre***
    - ▸ *quatre-vingts* **mais** *: quatre-vingt-un*
    - ▸ *huit cents* **mais** *: huit cent deux*
- **l'adjectif numéral ordinal** ***varie*** en genre et en nombre avec le nom auquel il se rapporte :
  - ▸ *Les* ***premières*** *feuilles sont tombées début septembre.*
- dans les ***dates***, ***mille*** s'écrit parfois ***mil***[2] :
  - ▸ ***Mille*** *huit cent douze* **ou** ***Mil*** *huit cent douze.*

Usages particuliers :

- l'adjectif numéral ***cardinal*** s'emploie parfois avec le ***sens ordinal*** - il reste toujours invariable dans ce cas - notamment pour indiquer :
  - ***la date*** (jour, heure, année)
    - ▸ *Le* ***trente et un*** *janvier* ***mille neuf cent vingt et un.***
  - ***le numéro d'une maison, d'une page...***
    - ▸ *Le* ***vingt*** *avenue du Général de Gaulle.*
    - ▸ *La page* ***six****. - La page* ***quatre-vingt****.*
  - ***le rang dans une dynastie***, à partir de *deux*
    - *Léopold* ***deux****.* (**mais** : Léopold premier.) - *Léopold* ***trois****.*
- l'adjectif numéral cardinal exprime parfois une ***quantité indéterminée*** :
  - ▸ *J'en ai assez des* ***vingt*** *fois que tu me répètes la même chose.*
  - ▸ *Faire les* ***cent*** *pas.*
- on substitue parfois à l'ordinal ***troisième*** la forme ancienne ***tiers*** (***tierce*** au féminin) et à ***quatrième*** la forme ***quart*** :
  - ▸ *Le* ***tiers****-monde - une* ***tierce*** *personne - le* ***quart****-monde*
- dans des P non verbales, l'absence d'article fait parfois confondre l'***adjectif*** numéral ordinal avec la forme du ***déterminant*** :
  - ▸ ***Deuxième*** *foire du livre du 5 au 12 mai.*

1 Voir ci-avant, § 67 et **Accord des numéraux,** § 337.

2 Uniquement pour les années comprises entre 1000 et 1999.

§75 | L'adjectif possessif

D'un emploi assez rare (voire vieillot), il indique que le nom dont il dépend appartient à quelqu'un ou à quelque chose, en jouant sur la personne grammaticale :

- *Un **mien** parent arrive demain.*
- *Cette cause est **nôtre**.*
- *Ils ont fait **leur** cette proposition.*

Les ***formes*** de cet adjectif sont celles ***du pronom possessif***[1] non précédé du déterminant, à savoir :

		singulier		*pluriel*	
		masculin	*féminin*	*masculin*	*féminin*
singulier	1re personne	**mien**	**mienne**	**miens**	**miennes**
	2e personne	**tien**	**tienne**	**tiens**	**tiennes**
	3e personne	**sien**	**sienne**	**siens**	**siennes**
pluriel	1re personne	**nôtre**		**nôtres**	
	2e personne	**vôtre**		**vôtres**	
	3e personne	**leur**		**leurs**	

§76 | L'adjectif indéfini

Cet adjectif accompagne le nom pour en donner une idée vague de quantité, de qualité, de ressemblance ou de différence :

- *Un* { ***autre*** / ***quelconque*** / ***tel*** / ***même*** } *livre* - *Un livre* { ***différent*** / ***autre*** }

1 Voir § 90.

En voici les formes :

	singulier		*pluriel*	
nuances de :	***masculin***	***féminin***	***masculin***	***féminin***
identité	**certain** **je ne sais quel** **quelconque**	**certaine** **je ne sais quelle** **quelconque**	— **je ne sais quels** **quelconques**	— **je ne sais quelles** **quelconques**
quantité	— —	— —	**maints** **divers**	**maintes** **diverses**
différence	**différent** **autre**	**différente** **autre**	**différents** **autres**	**différentes** **autres**
ressemblance	**même** **tel**	**même** **telle**	**mêmes** **tels**	**mêmes** **telles**

✲ L'adjectif indéfini s'accorde en genre et en nombre avec le nom auquel il se rapporte.

Les degrés de l'adjectif

§77

L'adjectif qualificatif peut parfois être ***mis en degré*.**
Ces différents degrés sont :

- le **positif :** aucune comparaison, il énonce la qualité.
- le **comparatif :** degré ***inférieur***, ***égal*** ou ***supérieur*** par rapport à autre chose.
- le **superlatif :** - degré le + grand (***relatif***)
  - degré le – grand (***relatif)***
  - degré extrême (***absolu)***

§78 | Formes de la mise en degré :

Le comparatif :

- ***d'infériorité***	= moins	+ ADJ. + que + comparé	▸ *moins grand que*
- ***d'égalité***	= aussi	+ ADJ. + que + comparé	▸ *aussi grand que*
- ***de supériorité***	= plus	+ ADJ. + que + comparé	▸ *plus grand que*

Le superlatif :

- ***d'infériorité***	= déterminant + moins	+ ADJ.	▸ *le moins grand*
- ***de supériorité***	= déterminant + plus	+ ADJ.	▸ *le plus grand*
- ***absolu***	= adverbe d'intensité	+ ADJ.	▸ *très grand, fort grand, infiniment grand*

Remarques :

1) Certains adjectifs ont des comparatifs ou des superlatifs propres :

bon	- ***meilleur***	- ***le meilleur***
mauvais	- { *plus mauvais* / ***pire***	- { *le plus mauvais* / ***le pire***
petit	- { *plus petit* / ***moindre***	- { *le plus petit* / ***le moindre***

(***Pire*** est employé avec des noms signifiant ***un mal***; ***plus petit*** est utilisé pour une ***valeur mesurable***.)

2) Certains adjectifs n'admettent pas de degrés de comparaison parce qu'ils sont ***déjà des comparatifs ou des superlatifs*** (*aîné*▼, *cadet, majeur*...) ou que leur ***sens est absolu*** (*carré, double*...).

3) Le ***superlatif absolu*** peut s'indiquer aussi :
   - par un ***préfixe*** : *archi-, multi-, extra-, super-, ultra-*
     ▸ *des petits pois extra-fins*
   - par un ***suffixe*** : *-issime*
     ▸ *richissime*

La place de l'adjectif

§79

Le ***choix de la place*** avant ou après le nom n'est pas indifférente. Elle dépend de ***facteurs morphologiques, syntaxiques, sémantiques et même rythmiques*** (voir *Questions de sens*, **§ 385**).

▼ ainé.

4 LE PRONOM

✲ Appartiennent à la classe des pronoms l'ensemble des mots répondant aux caractéristiques suivantes :

§80 | Propriétés syntaxiques :

❖ les pronoms fonctionnent selon ***deux systèmes*** différents :

- **soit ils remplacent un ANTÉCÉDENT** (un mot ou un groupe de mots exprimé(s) précédemment - ou parfois postérieurement - dans le texte ou le contexte) et sont appelés **pronoms représentants**. Cet antécédent peut être :
  - ***un nom, un groupe nominal ou un pronom***
    - *Jean et **Julie** sont de bons élèves. **Cette dernière** étudie souvent tard et **elle** aide aussi les moins forts.*
    - *Les **voitures** sont bien utiles, mais **toutes** polluent.*
  - ***un adjectif ou un groupe adjectival***
    - *Êtes-vous **heureuses** ? Oui, nous **le** sommes.*
  - ***une phrase***
    - ***« Bien mal acquis ne profite jamais »; cela**, il **le** savait !*
- **soit ils n'ont pas d'antécédent** et, dans ce cas, désignent une réalité non exprimée avant ou après dans le texte et sont appelés **pronoms nominaux** :
  - ***Qui** dort dîne*▼.
  - *Voici **ce que** tu as demandé.*
  - ***Je** passerai demain chez ma grand-mère.*

❖ les pronoms peuvent exercer les ***mêmes fonctions que le nom*** :

- **sujet** ‣ ***Tu** as raison. **Tout** est beau.*
- **complément direct du verbe** ‣ *Donnez-moi plutôt **ceci**.*
- **complément indirect du verbe** ‣ *Je pense sans cesse à **toi**.*
- **attribut** ‣ ***Que** deviens-tu ? Tu **le** seras.*
- **complément circonstanciel de [GNS + GV] (CP)** ‣ *Grâce à **lui**, tu réussiras.*
- **complément du présentatif** ‣ ***La** voilà.*
- **complément du verbe impersonnel** ‣ *Il **le** faut !*
- **complément du nom** ‣ *L'aîné*▼ *de **ceux-ci** est blond.*
- **complément du pronom** ‣ *Chacun d'**eux** a raison.*
- **complément de l'adjectif** ‣ *Nous sommes fiers de **vous**.*
- **apposition** ‣ *Bernard, **toi** le plus habile, tu deviendras un homme important.*

▼ dine.
▼ ainé.

❖ le pronom admet certaines ***expansions*** et notamment :

- **l'adjectif** ▸ *Lui **seul** en est capable.*
- **le groupe nominal prépositionnel [complément du pronom]** ▸ *Chacun **de ces élèves** réussira.*

§81 | Propriétés sémantiques :

❖ le pronom représentant reprend en ***tout*** ou en ***partie*** la réalité désignée par ***son antécédent***[1].

❖ les différentes propriétés sémantiques du pronom permettent une subdivision en ***sous-classes*** :

- **pronoms personnels** ▸ *je, tu..., nous, lui, elle..., eux...*
- **pronoms démonstratifs** ▸ *celui-ci, celui-là, ceux-là, celles-là...*
- **pronoms possessifs** ▸ *le mien, le tien, le nôtre, les nôtres...*
- **pronoms interrogatifs** ▸ *qui ?, que ?, laquelle ?, combien ?...*
- **pronoms relatifs** ▸ *qui, que, dont, où, lequel...*
- **pronoms numéraux** ▸ *un, deux..., le premier, le quatrième...*
- **pronoms indéfinis** ▸ *on, certain(e)(s), d'autres...*

§82 | Propriétés morphologiques :

✲ Le pronom peut être :

❖ **simple** ▸ *Elles, nous, ceci, que, aucun...*

ou

❖ **composé** ▸ *Le nôtre, celle-là, je ne sais quoi...*

✲ ***Variations de formes :***

❖ certains pronoms sont ***invariables*** (toujours singuliers ou toujours pluriels) :
▸ *On, deux, cinq, personne, plusieurs, rien, en...*

❖ la plupart sont ***variables***, soit :

- **en genre** ▸ *Il/elle, ils/elles, chacun/chacune, aucun/aucune...*
- **en nombre** ▸ *Lui/leur, celle-ci/ceux-ci, un autre/d'(es) autres...*
- **en personne** ▸ *Je, tu, il, nous, vous, ils - le tien, le mien...*
- **en forme selon la fonction** ▸ *Il/le/lui - qui/que/dont*

1 Voir le ***Fonctionnement des pronoms dans un texte***, §§ 226-227.

Variations en genre et en nombre :

- **pour le pronom représentant**, elles sont liées au genre et au nombre de ***l'antécédent*** si ce dernier est un ***nom***, un ***pronom*** ou un ***groupe nominal*** :
  - ***Ta sœur, elle*** *est marrante.*
  - *J'aime* ***ces fleurs : celles-ci*** *pour leur couleur et* ***celle-là*** *pour son parfum.*

  Si ***l'antécédent*** est un ***adjectif***, un ***groupe adjectival***, un ***adverbe***, un ***groupe adverbial*** ou une ***phrase***, le pronom est ***NEUTRE***, c'est-à-dire qu'il ne garde que la forme du ***masculin singulier***.

  Le pronom « **en** » est également neutre s'il remplace une partie (au niveau de la quantité) de la réalité exprimée par le groupe nominal. Le pronom « **y** » est lui toujours neutre.

- **pour le pronom nominal**, elles sont en relation avec le ***trait [+ animé] ou [– animé]*** de la réalité désignée :
  - ***trait [+ animé] :*** le genre et le nombre sont en relation avec le ***sexe*** et le ***nombre*** des êtres désignés
    - *Ils sont fatigués. - Chacun est fatigué. - Aucune n'est fatiguée.*
  - ***trait [– animé] :*** le pronom est ***neutre*** et sa forme correspond au masculin singulier
    - *Cela/ceci vous appartient. - Rien n'est sûr.*

Les sous-classes du pronom

§83 | Les pronoms personnels

Ils ***renvoient à la personne grammaticale*** de la réalité désignée, qu'il s'agisse d'une personne, d'une chose, d'un animal... :

- **la 1re personne du singulier** désigne le ***locuteur***, l'***émetteur*** du message
  - ***Je*** *pars demain pour le Québec.*
- **la 2e personne du singulier** indique l'***interlocuteur***, le ***destinataire*** du message
  - ***Tu*** *pars demain pour la Tunisie.*
- **la 3e personne du singulier** correspond à l'être ou à la chose qui est l'***objet*** du message
  - ***Il*** *part demain pour le Sénégal.*
- **la 1re personne du pluriel** désigne un ***groupe comprenant l'émetteur*** du message
  - ***Nous*** *partirons demain pour Alger (moi et d'autres).*

- **la 2e personne du pluriel** désigne
  - un ***groupe d'interlocuteurs***
    - ***Vous*** *allez revenir enchantés.*
  - un ***groupe dont fait partie un interlocuteur***
    - *Anne-Sophie, tes amis et **toi**, **vous** devriez revenir demain.*
- **la 3e personne du pluriel** représente ***plusieurs êtres ou choses dont on parle***
  - *Ces mobylettes, **elles** sont très bruyantes.*

Remarque :

Le pronom « ***vous*** » renvoie parfois, par ***politesse***, à une seule personne :

- ***Vous*** *êtes gentil.*

Le pronom « ***nous*** » renvoie, tantôt par un ***pluriel de majesté***, tantôt par un ***pluriel de modestie***, à une seule personne:

- ***Nous****, Baudouin, roi des Belges, proposons…*
- *Au terme de cette étude, **nous** sommes troublé par les similitudes observées.*

Dans ces deux cas, ***seul le verbe se met au pluriel*** *(et donc pas le PPé).*

§84 | Formes des pronoms personnels

Un pronom personnel peut être ***réfléchi ou non***, c'est-à-dire qu'il peut ou non renvoyer au sujet de la phrase :

- *Tu **te** contemples.* (tu = te) : réfléchi
- *Je **te** contemple.* (je ≠ te) : non réfléchi

Il peut, en outre, être de ***forme conjointe*** (directement lié au verbe) ou de ***forme disjointe*** (séparé du verbe par une préposition, une ponctuation, une pause...) :

- ***Tu m'en*** *parles.* - ***Ils se les*** *sont donnés.* (formes conjointes)
- *Pensez à **nous**.* - ***Elle****, elle ne pense qu'à **lui**.* (formes disjointes)

			singulier				pluriel			
			1re p.	2e p.	3e p.		1re p.	2e p.	3e p.	
					masc.	*fém.*			*masc.*	*fém.*
NON RÉFLÉCHIS	**conjoints**	sujet	**je, j'**	**tu**	**il**	**elle**	**nous**	**vous**	**ils**	**elles**
		compl. direct de V	**me, m'**	**te, t'**	**le**	**la**	**nous**	**vous**	**les**	**les**
		compl. indirect de V	**me, m'**	**te, t'**	**lui**	**lui**	**nous**	**vous**	**leur**	**leur**
	disjoints		**moi**	**toi**	**lui**	**elle**	**nous**	**vous**	**eux**	**elles**
RÉFLÉCHIS[1]	**conjoints**		**me**	**te**	**se, s'**	**se, s'**	**nous**	**vous**	**se, s'**	**se, s'**
	disjoints		**moi**	**toi**	**soi**	**soi**	**nous**	**vous**	**soi**	**soi**

À ces formes s'ajoutent :

- ***ON*** pronom personnel indéfini sujet.
- ***EN*** et ***Y*** pronoms personnels compléments.

Remarques :

1) Les pronoms ***me, te, se, le*** s'élident sous la forme ***m', t', s', l'*** devant un mot commençant par une ***voyelle*** ou un ***h muet*** :

   ▸ *Tu **l'**écoutes.* - *Tu **m'**en donnes ?*

   Toutefois, ***le*** ne s'élide ***pas après un verbe à l'impératif*** :

   ▸ *Écoute-**le** à l'Olympia.* - *Observe-**le** argumenter.*

2) ***Je*** prend la forme ***j'*** uniquement ***s'il précède un verbe*** :

   ▸ ***J'****aime ce travail.* - ***J'****hésite.*

3) Le pronom ***le*** (masculin singulier) a une valeur ***neutre*** quand il ***remplace un adjectif ou une phrase*** :

   ▸ *A-t-il peur ? Je ne **le** pense pas.*

1 L'appellation officielle de « pronom réfléchi » paraît▼ assez étriquée, puisque ces pronoms accompagnent les V pronominaux réfléchis, réciproques, à sens passif, etc.

▼ parait.

§85 | Fonctions des pronoms personnels

● **Le pronom personnel sujet** (places et formes)

Les formes conjointes du pronom personnel sujet sont : JE, TU, IL, ELLE, NOUS, VOUS, ILS, ELLES.

❖ Ces pronoms se placent juste ***avant le verbe***. Toutefois, la forme « ***ne*** » de la négation et/ou un ***pronom complément de verbe ou attribut peuvent s'intercaler*** entre le pronom sujet et le verbe :

- ***Elles*** *ont parlé avec enthousiasme de leurs vacances.*
- ***Elles n'****ont pas parlé avec enthousiasme de leurs vacances.*
- ***Elles en*** *parlent pourtant.*
- ***Elles n'en*** *parleront sûrement▼ pas.*
- *Gentilles,* ***elles le*** *sont.* - ***Elles ne le*** *sont pas.*

❖ Ces mêmes pronoms peuvent aussi se trouver ***après le verbe*** :

- dans une ***phrase interrogative avec inversion***
  - *Que voulez-****vous*** *encore ?*
- dans une ***phrase interrogative avec pronom de reprise***
  - *Votre fils est-****il*** *revenu de vacances ?*
- dans ***certaines phrases emphatiques par exclamation***
  - *Êtes-****vous*** *bête !*
- dans les ***phrases incises***
  - *Papa, dit-****il****, emmène-moi au zoo.*
- dans des ***phrases énonciatives*** (ou déclaratives) ***commençant par*** *ainsi, à peine, au moins, aussi, encore, peut-être, sans doute...*
  - *Peut-être accepterez-****vous*** *un jour.*

❖ ***Le pronom personnel sujet placé après le verbe*** est ***relié*** à celui-ci :

- ***par un trait d'union***, dans tous les cas
  - *Partagerez-****vous*** *votre repas ?*
- ***par deux traits d'union encadrant un* t *intervocalique pour les pronoms il, elle, on***
  - *A-****t-on*** *accepté ?* - *A-****t-elle*** *remercié ?* - *Mange-****t-on*** *des frites en Chine ?*

Les formes disjointes du pronom personnel sujet sont : MOI, TOI, LUI, ELLE, NOUS, VOUS, EUX, ELLES. Elles sont employées :

❖ quand le pronom sujet est ***détaché par*** **c'est ... qui** :

- ***C'est toi qui*** *mens.*

▼ *surement.*

- dans le cas d'un sujet mis en ***emphase avec un pronom de reprise :***
  - ***Toi****, tu seras toujours mon préféré.*
  - *Mes amis,* ***eux****, préfèrent le cacao.*

  (mais la forme conjointe peut aussi être employée : *Tes amis,* ***ils*** *aideront ton père à plafonner.)*
- lorsque le pronom sujet est ***séparé du verbe par un adjectif, une apposition ou une enchâssée relative :***
  - ***Moi seul*** *puis/peux vous aider.*
  - ***Eux, les témoins du crime,*** *doivent être protégés.*
  - ***Eux qui sont les témoins du crime*** *doivent être protégés.*
- lorsque le pronom sujet est ***coordonné*** ou ***juxtaposé*** à un autre :
  - ***Romain et moi*** *partirons demain en Sicile.*
  - ***Toi, elle et moi*** *sommes de corvée pour ranger la maison.*

Le pronom personnel complément de verbe

Complément direct :

- Les **formes conjointes** du pronom personnel complément direct de verbe sont : ME, TE, SE, LE, LA, NOUS, VOUS, LES, (EN). Elles se placent ***entre le sujet et le verbe*** :
  - *Romain* ***me/te/le/la*** *trouvera vite.*
  - *Romain* ***se*** *lave.* (forme réfléchie)
- Les **formes disjointes** du pronom personnel complément direct de verbe sont : MOI, TOI, LUI, ELLE, NOUS, VOUS, EUX, ELLES.
  - ***Lui****, on l'apprécie beaucoup.*

  Elles sont employées :
  - lorsqu'il y a insistance sur le complément de verbe par ***emphase***
    - ***avec pronom de rappel***
      - *Charlotte,* ***elle****, vous la connaissez !*
    - ***par* c'est ... que**
      - ***C'est moi que*** *vous avez rencontré.*
  - dans une ***phrase impérative affirmative*** (avec pronom complément de la 1re ou de la 2e personne)
    - *Oublie-****moi*** *et sauve-****toi****.*

Complément indirect :

❖ Les **formes conjointes** du pronom personnel complément indirect de verbe sont : ME, TE, SE (réfléchi ou non), LUI (même pour le féminin), NOUS, VOUS, LEUR, (EN), (Y). Elles se placent ***entre le sujet et le verbe :***

- *Tu **leur** as demandé le chemin.*

❖ Les **formes disjointes** du pronom personnel complément indirect de verbe sont : MOI, TOI, SOI, LUI, ELLE, NOUS, VOUS, EUX, ELLES. Elles sont employées ***après une préposition*** et se placent ***après le verbe*** dont elles sont séparées par la préposition :

- *Tu penses souvent **à eux**.*

Compléments direct et indirect de verbe :

Lorsqu'un verbe se construit avec un complément direct et un complément indirect, et que chacun de ces compléments est pronominalisé, les pronoms personnels se présentent comme suit :

- ***pronoms de la 3e personne*** (formes conjointes) : ***d'abord, le complément direct et ensuite le complément indirect.***
  - Julie prête son livre à Thomas. > *Julie **le lui** prête.*
  - Julie prête son livre à ses amis. > *Julie **le leur** prête.*
- ***autres cas*** : ***d'abord le pronom de la 1re et de la 2e personne*** (forme conjointe) et ***ensuite le pronom de la 3e personne*** (forme conjointe).
  - *Julie **te le** prête. - Julie **me les** prête.*

Le pronom personnel attribut

❖ La **forme conjointe** LE est celle du pronom personnel attribut. Elle s'élide en L' devant un verbe commençant par une voyelle ou un h muet. Elle se place ***devant le verbe*** :

- Je suis grand. > *Je **le** suis.*
- Elle est grande. > *Elle **l'**est.*
- Il devient génial. > *Il **le** devient.*
- Il est facteur. > *Il **l'**est.*
- Elle deviendra directrice. > *Elle **le** deviendra.*

Remarque :

On rencontre parfois en ***langue littéraire*** (souvent ancienne) les formes LA, LES selon le genre et le nombre de l'antécédent pour autant que celui-ci soit un ***groupe nominal*** contenant un ***nom propre*** ou un ***déterminant référent*** :

- *Êtes-vous mes juges ? Oui, nous **les** sommes.*

❖ Les **formes disjointes** du pronom personnel attribut (MOI, TOI, LUI, ELLE, NOUS, VOUS, EUX, ELLES) se trouvent ***après le verbe***. Elles sont souvent ***renforcées par l'adjectif « même »*** qui se joint à elles par un ***trait d'union*** :

- *Elle redevient enfin* ***elle-même***.
- *Si j'étais d'****eux****, je partirais sur-le-champ.*

Le pronom personnel complément de verbe impersonnel

❖ Tant les formes conjointes que les formes disjointes sont ***identiques à celles du complément de verbe***. Elles occupent aussi la même place :

- *Il* ***le*** *faut.* - *Il* ***te le*** *faut.*
- *Il en va de même* ***pour elle***.
- *Il est question* ***de moi*** *dans ta rédaction.*

Le pronom personnel complément du présentatif

❖ Ses formes sont les suivantes :

- avec **voici**, **voilà** : LE, LA, LES, ME, TE, NOUS, VOUS (***précédant le présentatif***).
  - **Le**/**la**/**me**/**nous** voici.
- avec **c'est** ou **il y a** : MOI, TOI, LUI, ELLE, NOUS, VOUS, EUX, ELLES (***suivant le présentatif***).
  - *C'est* ***eux/moi/nous***.
  - *Il y a* ***toi/elle/vous***.

Le pronom personnel complément circonstanciel de [GNS + GV] (CP)

❖ Ses formes sont : MOI, TOI, LUI, ELLE, NOUS, VOUS, EUX, ELLES ***précédées d'une préposition.***

- ***Devant eux****, surgit un cheval.*
- *Tu as emporté tes jumelles en montagne.* ***Grâce à elles****, les mouflons, nous les verrons.*

Le pronom personnel complément du nom, de l'adjectif ou du pronom

❖ Lorsque le pronom personnel occupe l'une de ces fonctions, il prend l'une de ses ***formes disjointes*** :

- *Tes livres à* ***toi*** *paraissent plus neufs.*
- *Nous sommes fiers d'****eux***.
- *Chacun de* ***nous*** *a droit au bonheur.*

§86 | Les pronoms EN et Y

⁂ ***Natures*** : ces pronoms de ***formes*** toujours ***conjointes*** appartiennent à deux sous-classes différentes. Ils sont soit :

❖ **pronom représentant**

- ***un groupe nominal*** (prépositionnel ou non).
  - *Elle porte des lunettes. > Elle* ***en*** *porte.*
  - *Elle pense à sa leçon. > Elle* ***y*** *pense.*
  - *Elle parle de sa leçon. > Elle* ***en*** *parle.*
- ***une phrase.***
  - *Que Jean réussisse, je n'****en*** *doute pas.*
  - *Que Catherine revienne, tu* ***y*** *penses.*

❖ **pronom adverbial représentant** (c'est-à-dire commutable avec un adverbe de lieu)

- ***un groupe nominal prépositionnel indiquant le lieu***
  - *Avez-vous visité Paris ?* ***J'en*** *viens.* (= Je viens **de là**.)
- ***un adverbe indiquant le lieu***
  - *Habitez-vous* ***là*** *? J'****y*** *habite.*

⁂ ***Fonctions :***

❖ **EN** peut être :

- **complément direct de verbe**
  - *Elle mange des chips. > Elle* ***en*** *mange.*
- **complément indirect de verbe**
  - *Je parle de Virginie. > J'****en*** *parle.*
- **complément du nom**
  - *J'ai acheté deux exemplaires de ce livre. > J'****en*** *ai acheté deux exemplaires.*
- **complément de l'adjectif**
  - *Elle est fière de Nicolas. > Elle* ***en*** *est fière.*
- **complément d'agent**
  - *Il a été ému par vos paroles. > Il* ***en*** *a été ému.*
- **complément du verbe impersonnel**
  - *Il faut des cahiers lignés. > Il* ***en*** *faut.*
- **complément du présentatif**
  - *Voici des cahiers quadrillés. >* ***En*** *voici.*
  - *Il y a des cahiers pour tous les goûts*▼*. > Il y* ***en*** *a.*

▼ gouts.

❖ **Y** peut être :

- **complément indirect de verbe**
  - *Je ne m'habitue pas à vos visages. > Je ne m'**y** habitue pas.*
  - *Je vais à l'Hôtel des Remparts. > J'**y** vais.*

(**Rem. :** quand le complément indirect **Y** désigne un ***lieu***, il est suivi d'un verbe de déplacement ou du verbe *être*.)

- **complément circonstanciel de [GNS + GV] (CP)** (***de lieu, uniquement***)
  - *Marie pend son linge dans la cour. > Elle **y** pend son linge.*

Place :

❖ **EN** et **Y** ***précèdent*** le verbe dans les ***phrases énonciatives***, ***interrogatives*** et ***impératives négatives:***

- *Elle **en** parle. - Elle **y** va.*
- ***En** parle-t-il ? - **Y** va-t-il ?*
- *N'**en** parle pas. - N'**y** va pas.*

❖ **EN** et **Y** ***suivent*** le verbe dans les ***phrases impératives affirmatives :***

- *Vas-**y**. - Choisis-**en** deux.*

§87 | Les pronoms personnels réfléchis

Ces pronoms compléments ***représentent la même personne et le même nombre que le sujet***. Ils servent à former les ***verbes pronominaux*** [1].

Formes :

	conjointes		disjointes	
	singulier	*pluriel*	*singulier*	*pluriel*
1re personne	**me, m'**	**nous**	**moi**	**nous**
2e personne	**te, t'**	**vous**	**toi**	**vous**
3e personne	**se, s'**	**se, s'**	**lui, elle, soi**	**eux, elles**

Place :

❖ les pronoms personnels réfléchis de ***forme conjointe précèdent le verbe*** :

- *Je **me** lave. Nous **nous** saluons.*

❖ s'il y a un ***autre pronom complément conjoint***, celui-ci ***s'intercale entre le réfléchi et le verbe :***

- *Ils **se le** donnent.*

1 Voir §§ 108 et 319.

- les pronoms personnels réfléchis de ***forme disjointe suivent le verbe***, parfois renforcés par l'adjectif ***même*** joint au pronom par un trait d'union :
  - *Penser à* ***soi****.* - *Penser à* ***soi-même****.* - *Regarde-****toi****.* - *Regarde-toi* ***toi-même.***

§88 | Le pronom explétif

Un pronom personnel ***complément indirect de la 1re ou de la 2e personne*** et ***de forme conjointe*** est parfois employé **sans fonction grammaticale.** Il porte alors le nom de ***pronom explétif*** :

- *Je* ***te*** *le remercierai rapidement !*
- *Il* ***vous*** *mange une tartine en moins de deux !*
- *Examine-****moi*** *ce document.*

§89 | IL impersonnel

Le mot « **IL** » employé ***avec un verbe impersonnel*** n'est **pas un pronom**. Il ne représente rien et ne peut être remplacé par un autre mot. Il sert donc uniquement de ***marque de conjugaison*** (3e personne du singulier). Il s'agit du « IL impersonnel » :

- ***Il*** *pleut. (*Jean pleut.)*
- ***Il*** *faut venir. (*Georges faut venir.)*
- ***Il*** *arrive des imprévus. (* Gaston arrive des imprévus.)*

Remarque :

En cas d'hésitation ***pour détecter*** le « IL impersonnel », il suffit d'essayer de le ***remplacer*** dans la phrase ***par un prénom masculin***. Si la substitution est impossible, c'est qu'il s'agit bien du « IL impersonnel ».

§90 | Les pronoms possessifs

Ces pronoms ***remplacent un groupe nominal constitué d'un déterminant possessif et d'un nom.*** Ils font donc référence à la réalité possédée et à la personne grammaticale du possesseur.

Formes :

		singulier		pluriel	
personne		masculin	féminin	masculin	féminin
singulier	1re	le mien	la mienne	les miens	les miennes
	2e	le tien	la tienne	les tiens	les tiennes
	3e	le sien	la sienne	les siens	les siennes
pluriel	1re	le nôtre	la nôtre	les nôtres	
	2e	le vôtre	la vôtre	les vôtres	
	3e	le leur	la leur	les leurs	

Place :

Ils prennent simplement ***la place du GN*** qu'ils remplacent :

- *J'ai apporté mon atlas. > J'ai apporté* ***le mien.***
- *Ton plumier est vert. >* ***Le tien*** *est vert.*
- *Voici nos livres. > Voici* ***les nôtres.***

§91 | Les pronoms démonstratifs

Les pronoms démonstratifs renvoient à un groupe nominal ou à une phrase en précisant sa ***présence dans le contexte*** ou la ***situation de communication :***

- ***Celui-ci*** *est plus beau.*
- *Ces deux voitures sont jolies;* ***celle-ci*** *a une ligne superbe et* ***celle-là*** *une belle peinture.*

Remarque :

- Les pronoms ***masculins ou féminins*** désignent un ***être*** ou une ***chose***.
- Les pronoms ***neutres*** désignent une ***chose***, une ***idée***, une ***qualité*** ou une ***phrase***.

Formes des pronoms démonstratifs :

singulier		pluriel		neutre
masculin	féminin	masculin	féminin	
celui	celle	ceux	celles	ce / c'
celui-ci	celle-ci	ceux-ci	celles-ci	ceci
celui-là	celle-là	ceux-là	celles-là	cela / ça

Remarques :

1) Les ***formes simples*** n'ont ***pas de valeur de localisation précise :***
   - ***Ceci*** *est bien triste.*
   - *Apportez-moi* ***celui*** *de gauche.*

2) Les ***formes composées*** ont une ***valeur de localisation renforcée*** selon l'élément joint :
   - **-ci :** marque la ***proximité*** par rapport à l'émetteur.
   - **-là :** marque l'***éloignement*** par rapport à l'émetteur.

Emplois des pronoms démonstratifs :

CE

- **pronom représentant**

  - il renvoie à un ***élément qui précède***
    - *Qui est le coupable ?* ***C'****est ton voisin.*

  - il sert à marquer l'***emphase du sujet*** sous forme d'un ***pronom de reprise***
    - *Le bonheur,* ***c'****est d'être à deux.*

  - il compose des ***expressions figées*** du type : *pour* ***ce*** *faire, sur* ***ce****,* ***ce*** *disant,* ***ce*** *faisant...*
    - *Tu as raison. Sur* ***ce****, je te quitte : je dois partir.*

- **pronom nominal**

  Il sert à la formation de :

  - ***pronoms relatifs nominaux*** : *ce qui, ce dont, ce à quoi, ce pour quoi...*
    - *Il imagina* ***ce qu'****il deviendrait.*

  - ***pronoms interrogatifs*** (dans l'interrogation indirecte) :
    - *Il te demande* ***ce que*** *tu prépares.*

  Remarque :

  Le pronom démonstratif **CE** sert aussi à former :

  - ***des présentatifs*** (*c'est / ce sont*)
    - *Qui est là ?* ***C'****est le plombier.*
  - ***des procédés emphatiques*** (*c'est ... qui / c'est ... que / ce qui ... c'est / ce que ... c'est*)
    - ***Ce que*** *je veux,* ***c'****est ton départ immédiat !*

CECI, CELA, ÇA

Ces pronoms de valeur neutre s'emploient ***sans expansion.***

- soit ils **représentent** un groupe nominal (trait [– animé]) ou une phrase :
  - *Une hirondelle ne fait pas le printemps. Je savais* ***cela****.*
  - *La pile à combustible, comment* ***cela*** *fonctionne-t-il ?*

- soit ils ont la **valeur nominale** :
  - *Il y a toujours des gens qui pensent* ***ceci*** *et* ***cela*** *de tout.*

Remarques :

1) La forme **ÇA** appartient à la ***langue orale***.
2) Parfois, les pronoms **ÇA** et **CELA** sont employés, par ***mépris***, pour des ***personnes*** :
   - *Ces jeunes,* ***ça*** *sait toujours tout !*

❖ CELUI, CEUX, CELLE(S)

- Ces pronoms ***suivis d'une expansion*** (groupe nominal prépositionnel, adjectif + complément, participe + complément) sont des **pronoms représentants** :
  - *Ma robe et* ***celle de ma voisine*** *ont été achetées chez un grand couturier.*
  - *Le temps, c'est de l'argent;* ***celui consacré à éduquer ses enfants*** *vaut de l'or.*
- Ils sont **nominaux** quand ils participent à la ***construction d'un relatif nominal*** :
  - *Je connais* ***celui qui*** *a écrit cette lettre anomyme !*

❖ CELUI-CI, CELUI-LÀ, CEUX-CI, CEUX-LÀ, CELLE(S)-CI, CELLE(S)-LÀ

Ces pronoms peuvent présenter une ***expansion*** (enchâssée relative, adjectif) :

- *Ah ! les livres !* ***Celui-ci, qui vient d'Italie,*** *est relié plein cuir.*
- *Mon père et ma mère ont des réactions imprévisibles.* ***Fâchée, celle-ci*** *risque de tout casser.*

Remarque :

Parfois le jeu sur -***ci*** et -***là*** permet d'insister sur la ***distinction*** entre deux objets ou deux personnes :

- *Voici deux superbes fleurs;* ***celle-ci*** *est rouge vif tandis que* ***celle-là*** *est jaune or.*

§92 | Les pronoms interrogatifs

Les pronoms interrogatifs ***représentent***, dans une phrase interrogative, ***l'élément*** de la phrase ***sur lequel porte la question***. Ils servent à construire des ***interrogations partielles***[1] ***directes ou indirectes*** :

- ***Qui*** *est venu ?*
- *Je lui demande* ***qui*** *est venu.*

⁂ *Formes des pronoms interrogatifs :*

- ❖ certains pronoms sont de ***forme invariable*** : **qui, que, quoi, combien.**
- ❖ d'autres ***varient*** leur forme :

1 Une interrogation partielle ne porte que sur une partie de la phrase (voir § 163.).

singulier		pluriel	
masculin	**féminin**	**masculin**	**féminin**
lequel	laquelle	lesquels	lesquelles
auquel	à laquelle	auxquels	auxquelles
duquel	de laquelle	desquels	desquelles
pour lequel	pour laquelle	pour lesquels	pour lesquelles
prép. + lequel	prép. + laquelle	prép. + lesquels	prép. + lesquelles

Remarque :

Chacune des formes du pronom interrogatif peut être suivie de « ***est-ce qui*** » ou « ***est-ce que*** », en langue courante :

- ***À quoi est-ce que*** *tu penses ?*

Fonctions des pronoms interrogatifs :

Les pronoms interrogatifs ont la même fonction que l'élément remplacé :

- ***Ali*** *étudie* ***son cours de biologie.*** ***Qui*** *étudie son cours de biologie ? (GNS)*
  Qu'*étudie Ali ? (CD)*

Particularités des pronoms interrogatifs :

QUI ?

Il interroge sur un ***élément [+ animé].***

Fonctions possibles : ***sujet, attribut, CD, CI, complément d'agent...***

Il sert pour l'***interrogation directe ou indirecte.***

- ***Qui*** *a crié ?* (sujet) - *Il demande* ***qui*** *a crié.* (CD)
- ***Par qui*** *as-tu été agressée ?* (c. d'agent)

QUE ?

Il interroge sur un ***élément [– animé].***

- ***Que*** *deviendrez-vous ?* - ***Que*** *dire ?*
- ***Que*** *faut-il ?* - ***Que*** *voulez-vous ?* - ***Qu'****y a-t-il ?*

Remarque :

Que est employé pour l'***interrogation directe.*** Pour l'***interrogation indirecte***, on utilisera ***ce que*** :

- ***Que*** *voulez-vous ?* - *Je me demande* ***ce que*** *vous voulez.*

❖ QUOI ?

Ce pronom interrogatif va porter la ***question sur un GN [– animé], un adjectif ou une phrase.*** ***Quoi*** est toujours ***masculin singulier*** et considéré comme ***neutre***. Il sert pour l'***interrogation directe ou indirecte***.

- *De **quoi** vous souvenez-vous ?*
- *Il nous demande de **quoi** nous avons vécu.*

Remarque :

Les phrases interrogatives dans lesquelles ***quoi suit le verbe*** sont d'un ***registre de langue peu soutenu :***

- *On a l'air de **quoi** ?*

❖ COMBIEN ?

Il interroge sur la ***quantité d'un groupe nominal [± animé].***
Combien commande un accord toujours pluriel, mais tantôt masculin tantôt féminin selon le genre des éléments du groupe nominal.
Il sert tant pour l'***interrogation directe*** que pour l'***indirecte***.

- ***Combien** en voulez-vous ?*
- *Je demande **combien** vous en voulez.*
- ***Combien** sont parvenu**(e)s** jusqu'à la célébrité ?*

❖ LEQUEL ?

Il interroge, dans l'***interrogation directe ou indirecte***, sur un ***groupe nominal [± animé]***.
Il vise à faire préciser ***l'identité du groupe*** remplacé.
Lequel ***varie en genre et en nombre.***

- ***Laquelle** est partie la première ?*
- *Je voudrais savoir **lequel** de vous deux a sifflé.*

§93 | Les pronoms relatifs

✻ Ils unissent toujours une phrase à une autre. La phrase introduite peut être :

- ***une enchâssée relative***
- ***une enchâssée complétive***
- ***une enchâssée circonstancielle***
- ***une phrase coordonnée***

✻ À ces différents types de jonctions correspondent différents ***fonctionnements*** des pronoms relatifs :

❖ **le pronom relatif représentant :**

Il introduit une phrase (P_2) dans un groupe nominal d'une autre phrase (P_1) sous la forme d'une enchâssée relative.

Le ***groupe nominal de P_1*** représenté par le pronom relatif est l'**antécédent** de ce dernier :

- P_1 : *Anne-Sophie lit un livre.*
  P_2 : *Ce livre traite de l'histoire de nos régions.*

  P dérivée : *Anne-Sophie lit un livre* ***qui*** *traite de l'histoire de nos régions.*
  antécédent

Le ***pronom relatif*** joue une ***fonction dans P_2***.
Son ***antécédent*** joue une ***fonction dans P_1***.
Dans l'exemple ci-dessus, **qui** est ***sujet de P_2*** et ***l'antécédent*** **livre** est ***complément direct du verbe de P_1***.

❖ **le pronom relatif nominal :**

Il introduit une phrase (P_2) à la place d'un groupe nominal ou adverbial dans une autre phrase (P_1) sous la forme d'une enchâssée complétive ou circonstancielle.

Le pronom relatif nominal joue une ***fonction grammaticale dans P_2***. Il n'a ***pas d'antécédent précis*** dans P_1.

- P_1 : *N'oublie pas [quelque chose].*
  P_2 : *Je t'ai demandé [quelque chose].*
  P dérivée : *N'oublie pas* ***ce que*** *je t'ai demandé.*

Ce que est ***complément direct du verbe de P_2*** et n'a ***pas d'antécédent précis*** dans P_1.
P_2 est ***complément direct du verbe de P_1*** (oublie).

❖ **le pronom relatif de liaison :**

Il coordonne une phrase (P_2) à une autre phrase (P_1) et représente P_1 dans P_2 en jouant une fonction grammaticale.

- P_1 : *Bébé ne réclame pas son biberon.*
  P_2 : *Maman s'étonne.*
  P dérivée : *Bébé ne réclame pas son biberon,* ***ce dont*** *Maman s'étonne.*

Le pronom relatif **ce dont** ***coordonne P_1 et P_2***.
Il représente P_1 dans P_2 en exerçant la ***fonction*** de ***complément indirect du verbe de P_2*** (s'étonne), mais P_2 n'a aucune fonction dans P_1.

§94 | Formes des pronoms relatifs

Certains pronoms relatifs sont variables, d'autres invariables.

- ***pronoms invariables***
  - **qui, que, quoi, dont, où, quiconque, ce qui, ce que, ce dont, ce à quoi.**
- ***pronoms variables***

masculin		*féminin*	
singulier	***pluriel***	***singulier***	***pluriel***
lequel **auquel** **duquel** **celui qui**	**lesquels** **auxquels** **desquels** **ceux qui**	**laquelle** **à laquelle** **de laquelle** **celle qui**	**lesquelles** **auxquelles** **desquelles** **celles qui**

Variable ou invariable, le pronom relatif garde le ***genre***, le ***nombre*** et la ***personne de l'antécédent ou de la réalité désignée :***

- *La fille* ***qui est*** *venue hier n'a pas eu de chance.*
- *Toi* ***qui es*** *venu plein d'espoir, ne sois pas déçu.*
- *Vous* ***qui êtes*** *venus en vacances, faites le plein de bon air.*

§95 | Emplois des pronoms relatifs

L'emploi du pronom relatif est lié à sa fonction dans P_2.

le pronom QUI

❖ **Représentant**, il est employé pour la ***fonction sujet dans*** P_2 :

- *J'aperçois un bébé* ***qui*** *rit.*

Précédé d'une préposition, il est employé pour la ***fonction***

- ***complément indirect du verbe de*** P_2 [+ animé]
  - *Connais-tu ce voisin* ***à qui*** *j'ai demandé un renseignement ?*
- ***complément circonstanciel de*** P_2 [+ animé]
  - *J'apprécie cet épicier* ***chez qui*** *tu achètes ces délicieux fruits juteux.*

❖ **Nominal**, de forme simple ou composée (*celui qui, celle qui...*), il introduit une ***enchâssée complétive ou circonstancielle :***

- ***Qui*** *dort dîne.*
- *Soulignez* ***ce qui*** *est important.*
- *Je danse* ***avec qui*** *je veux.*

❖ La forme **ce qui** sert aussi de ***pronom neutre de liaison*** (il reprend une proposition) ***:***

‣ *Anne-Sophie,* ***ce qui*** *nous étonna, restait silencieuse.*

le pronom QUE

❖ **Représentant**, il est employé quand la ***fonction*** qu'il occupe dans P_2 est :

- ***complément de verbe, complément de verbe impersonnel ou complément du présentatif*** [± animé]
  - ‣ *Les fraises* ***que*** *je mange viennent de mon jardin.*
  - ‣ *La pêche* ***qu'****il vous faut doit être plus sucrée.*
  - ‣ *La poire* ***que*** *voici est rongée par un ver.*
- ***attribut du sujet*** [+ animé]
  - ‣ *Le gentil fils* ***qu'****il est deviendra aussi un bon père.*

❖ **Nominal**, de forme composée (ce que, celui que...), il introduit une ***enchâssée complétive ou circonstancielle***[1] ***:***

‣ *Je me rappelle* ***ce que*** *tu as dit hier.*

‣ *Je me souviens* ***de ce que*** *tu as dit hier.*

‣ ***Après ce que*** *tu as dit hier, je comprends mieux le problème.*

❖ **Ce que** (neutre) sert aussi parfois de ***pronom de liaison :***

‣ *Nous étions heureux de nous retrouver,* ***ce que*** *j'avais prévu.*

le pronom QUOI

❖ Son usage de **pronom représentant** est réservé à des compléments introduits par une ***préposition***, ayant le trait [- animé] et généralement de sens indéfini :

‣ *Nous retrouvons toujours* { ***ce quelque chose*** / ***cette chose*** / ***ce rien*** } ***sur quoi*** *nous butons.*

❖ **Nominal**, pronom neutre de trait [- animé], il introduit soit une ***enchâssée complétive,*** soit une ***circonstancielle***, sous deux types de formes :

- **préposition + quoi** *à quoi, de quoi...*
- **ce + préposition + quoi** *ce sur quoi, ce pour quoi...*
  - ‣ *Je sais* ***à quoi*** *tu penses.*
  - ‣ *Avec* ***ce à quoi*** *tu penses, tu n'iras pas loin.*

❖ **Quoi**, joint à une **préposition**, ou sous la forme **ce + préposition + quoi**, peut aussi coordonner deux phrases et servir de ***pronom de liaison :***

‣ *Il balbutia quelques excuses,* ***sur quoi*** *il s'en alla.*

‣ *Pascal était en retard,* ***ce à quoi*** *tout le monde s'attendait.*

1 Voir §§ 185 à 190.

Remarque :

Les ***usages représentants de QUOI*** sont assez ***rares***. S'y substituent fréquemment l'***usage de lequel et de ses composés.***

le pronom DONT

❖ De forme ***simple***, il est toujours ***pronom complément prépositionnel*** [± animé] **représentant *la structure DE + groupe nominal***[1] :

- *Voici le brillant écrivain **dont** je t'ai parlé.*

↓

Je t'ai parlé **de** cet écrivain.

❖ De forme ***composée*** (*ce dont* [– animé], *celui dont, celle dont, ceux dont...* [± animé], il est ***pronom* nominal** et introduit une ***enchâssée complétive ou circonstancielle :***

- *Je n'ai pas oublié **ce dont** tu m'as parlé.*
- *Pense à **ce dont** je t'ai parlé.*
- *Avec **ce dont** tu dis avoir besoin, je pourrais vivre un an.*
- *Pour **ce dont** tu parles, il n'est pas nécessaire de chercher loin.*

❖ Toujours de forme ***composée***, mais pronom neutre (ce dont), il sert de ***pronom de liaison :***

- *Romain n'a presque pas dormi, **ce dont** sa mère s'inquiète.*
- *Anne-Sophie est distraite, **ce dont** personne ne s'étonne.*

Remarque :

- ***Dont*** est ***parfois*** employé pour ***d'où*** afin d'indiquer ***l'origine*** :
  - *Le village **dont** je viens est tout petit.*
  - *La pièce **dont** il avait retiré les meubles paraissait plus grande.*
- Cependant, pour ***l'origine familiale***, on emploie ***uniquement dont :***
  - *Le clan / la famille **dont** il est issu ...*

le pronom OÙ

❖ Pronom **représentant**, il remplace un ***groupe prépositionnel indiquant le lieu ou parfois le temps :***

- *Connaissez-vous l'endroit* { ***où** se trouveraient mes amis ?* / ***où** trouver mes amis ?* }
- *À l'époque **où** régnait la terreur, les plus pauvres étaient aussi les plus opprimés.*

1 Pour les différentes **fonctions de dont** dans la P_2, voir l'**enchâssée relative**, § 183.

Remarques :

1) Parfois, **lequel** ***précédé d'une préposition remplace*** **où** :
   - *La rue* ***où / dans laquelle*** *il habite n'est pas très éclairée.*
   - *L'époque* ***où / à laquelle*** *il vivait connut de grands bouleversements.*
2) Pour indiquer ***l'origine***, on emploie la ***forme composée*** **d'où** :
   - *Les responsables n'ont pas encore précisé la ville* ***d'où*** *part le tour de France cette année.*

❖ Pronom **nominal** [– animé], il indique le ***lieu*** et introduit :

- soit une ***enchâssée complétive complément indirect du verbe***
  - *Je vais* ***où*** *il me plaît*▼.
- soit une ***enchâssée circonstancielle***
  - ***Où*** *tu pars en vacances, les hôtels sont luxueux et bon marché.*

❖ En outre, **où** peut être ***pronom de liaison*** sous la ***forme composée*** **d'où** indiquant une ***conséquence*** :

- *Il a oublié son passeport,* ***d'où*** *son départ a été retardé.*

● le pronom LEQUEL

❖ **Lequel** est ***toujours*** pronom **représentant**. Il est employé comme :

- ***sujet*** [± animé] ***d'une enchâssée relative***
  - *Nous avons conclu un accord,* ***lequel*** *nous satisfait.*

Remarque :

Cet emploi relève principalement de la langue littéraire ou juridique.

- ***complément prépositionnel*** [± animé] ***d'une enchâssée relative***
  - *Voici la somme* ***de laquelle*** *vous prélèverez cinq euros pour vos frais.*
  - *Elle a beaucoup d'amis* ***parmi lesquels*** *figurent plusieurs artistes.*

Remarque :

Après ***entre***, ***dans*** et ***parmi***, l'emploi de **lequel** est ***obligatoire***.

● le pronom QUICONQUE

❖ ***Toujours*** pronom **nominal** (singulier, et la plupart du temps masculin), il introduit :

- une ***enchâssée complétive***
  - ***Quiconque*** *sera en retard sera puni.*
- une ***enchâssée circonstancielle***
  - *Vers* ***quiconque*** *médit de son voisin, ne vous tournez jamais.*

Remarque :

« *Tout qui* » (parfois employé pour *quiconque*) est ***incorrect***.

▼ plait.

§96 | Les pronoms numéraux

- Ceux-ci **représentent** :
  - soit un ***groupe nominal en précisant*** **la quantité** désignée par le déterminant numéral de ce groupe
    - *Je vois* ***quatre avions****. > J'en vois* ***quatre****.*
    - *L'escadrille compte cinq avions dont* ***deux avions*** *volent en tête.*
      > L'escadrille compte cinq avions dont ***deux*** *volent en tête.*
  - soit un ***groupe nominal en précisant*** ***le rang, l'ordre*** désigné par l'adjectif numéral de ce groupe
    - *La première flèche blesse, la* ***deuxième*** *flèche lasse, la* ***troisième*** *flèche tue.*
      > La première flèche blesse, ***la deuxième*** *lasse,* ***la troisième*** *tue.*

  Remarque :

  Les ***formes*** des pronoms numéraux sont celles ***des déterminants et des adjectifs numéraux correspondants***[1].

§97 | Les pronoms indéfinis

- Ils **représentent** un ***groupe nominal*** [± animé] ou un élément pour ***l'identité ou la quantité*** duquel il y a ***imprécision ou ignorance :***
  - *Toutes les voitures polluent. >* ***Toutes*** *polluent.*
  - *J'en mange une grande quantité. > J'en mange* ***beaucoup****.*

- ***Formes des pronoms indéfinis :***
  - Certains pronoms indéfinis ***renvoient*** pour leurs formes au ***déterminant*** ou à l'***adjectif indéfini*** composant le groupe nominal qu'ils remplacent. C'est le cas, notamment, de : *aucun, beaucoup, certain, même, tel...*
    - ***Beaucoup de*** *gens pensent que... >* ***Beaucoup*** *pensent que...*
    - ***Plusieurs*** *oiseaux sont morts l'hiver dernier. >* ***Plusieurs*** *sont morts l'hiver dernier.*
  - D'autres pronoms indéfinis ***ne correspondent ni à un déterminant indéfini ni à un adjectif indéfini.*** C'est le cas de : *personne, quelque chose, rien, chacun...*

1 Voir §§ 67 et 74.

***** ***Tableau des formes des principaux pronoms indéfinis :***

Pronom	*Trait*	*Exemples*

❍ **pronoms exprimant un petit nombre**

peu, un peu	[± animé]	*Il y a beaucoup de promoteurs,* ***peu*** *sont sérieux.*
		Un peu *me suffira.*
peu de chose	[– animé]	*Il lui faut* ***peu de chose*** *pour être content.*

❍ **pronoms exprimant un grand nombre**

assez [1]**/suffisamment**	[± animé]	*Des explications, en avez-vous* ***assez / suffisamment*** *?*
beaucoup	[± animé]	***Beaucoup*** *se plaignent.*
		Il en manque ***beaucoup.***
bon nombre	[± animé]	***Bon nombre*** *ne viendront pas.*
énormément	[± animé]	*Il en manque* ***énormément.***
grand-chose	[– animé]	*Je n'ai pas aperçu* ***grand-chose.***
la plupart	[± animé]	***La plupart*** *dorment.*
		Tu en verras ***la plupart.***
pas mal	[± animé]	*Il en faut* ***pas mal*** *pour réussir.*
(tout) plein	[± animé]	*Il y en avait* ***plein*** *dans l'école.*
tant, tellement	[± animé]	*Oh ! Des livres ! J'en ai* ***tant*** *!*
trop	[± animé]	*Tu veux toujours* ***trop*** *!*

❍ **pronoms exprimant la totalité**

tous, toutes	[± animé]	***Tous*** *sont venus à la fête.*
tout	[– animé]	***Tout*** *est pour le mieux.*
tout le monde	[+ humain]	***Tout le monde*** *est prêt ?*
		Il y en a pour ***tout le monde.***

1 ***Assez bien*** (qu'il soit déterminant, pronom ou adverbe) marque la qualité et non la quantité. Il ne peut donc être synonyme de *beaucoup*.
- **Assez bien de monde a assisté à son départ.* (dét. quantifiant.)
- **Assez bien sont déçus de ses performances.* (pronom.)
- *On parle* ***assez bien*** *de lui.* (= *On parle de lui avec éloge.*) (adverbe.)

❍ **pronoms exprimant la quantité nulle ou négative**

aucun(e)	[± animé]	***Aucune*** *n'est venue.* ***Aucun*** *des billets volés n'a été retrouvé.*
nul(le)	[± animé]	***Nul*** *n'est parfait.*
pas un(e), plus un(e)	[± animé]	*Parmi ces photos,* ***pas une*** *n'est réussie.*
personne	[+ humain]	***Personne*** *n'est parfait*
rien	[– animé] [– humain]	***Rien*** *n'est parfait.*

❍ **pronoms exprimant une identité imprécise**

aucun(e)	[± animé]	***Aucun*** *ne vous croira.*
autre(s), **autre chose,** **autrui**	[± animé] [– animé] [+ humain]	*Pensez aux* ***autres.*** *Il faut encore* ***autre chose.*** *Le bien d'****autrui****, tu ne prendras.*
le / la / les même(s)	[± animé]	*J'ai* ***les mêmes*** *à la maison.*
on ne sait / je ne sais / n'importe + **qui, / + quoi, / + lequel**	[+ animé] [– animé] [± animé]	*Il manque* ***je ne sais quoi*** *dans ce plat cuisiné.*
personne	[+ humain]	*N'est-il* ***personne*** *pour l'aider ?*
quelqu'un	[+ humain]	*C'est* ***quelqu'un*** *de bien, ce Jacques !*
quelque chose	[– animé]	*Il faut faire* ***quelque chose.***
qui (+ que) **quoi (+ que)**	[+ humain] [non humain]	***Qui*** *que ce soit, prévenez-le.* ***Quoi*** *que vous disiez, vous êtes critiqué.*
quiconque	[+ humain]	*Je ne crains* ***quiconque.***
qui de droit	[+ humain]	*Adressez-vous à* ***qui de droit.***
rien	[– animé]	***Rien*** *ne lui résiste.*
tel(le), un(e) tel(le)	[+ humain]	***(Un) tel*** *parle,* ***(un) tel*** *répond.*
un(e), l'un(e)	[± animé]	*De ces deux témoins,* ***l'un*** *a menti.*
l'un(e) et l'autre, **l'un(e) ou l'autre,** **ni l'un(e) ni l'autre**	[± animé] [± animé] [± animé]	***Ni l'un ni l'autre*** *ne viendront.*

Remarques :

1) **ON** peut être considéré comme ***pronom personnel*** ou comme ***pronom indéfini*** selon le contexte :
   - ***On*** *a sonné à la porte.*
     (« On » exprime un singulier indéfini, et est donc pronom indéfini.)
   - *Elle et moi,* ***on*** *est venu hier, mais vous étiez absents.*
     (« On » a valeur de « nous » [elle et moi], il n'est pas pronom indéfini, mais pronom personnel[1].)

2) Certains pronoms indéfinis expriment aussi :
   - ***une quantité imprécise*** (*certain(e)s, d'aucun(e)s, quelques-un(e)s...*)
     - *Gardez toujours* ***certains*** *de vos souvenirs.*
   - ***une quantité à valeur distributive*** (*chacun(e), l'un(e) … l'autre, les un(e)s … les autres...*)
     - ***L'un*** *à grands frais,* ***l'autre*** *modestement, ils ont réussi.*
   - ***une quantité à valeur comparative*** (*autant, moins, plus, davantage...*)
     - *Il en sait* ***davantage****, mais il préfère ne rien dire.*

---

1 Parfois, l'accord du PPé tient compte de cette valeur personnelle :
- *Elle et moi, on est venu**s** hier chez ton frère.*

(L'usage peut paraître▼ bizarre, à tout le moins surprenant, en raison de la distinction faite entre l'accord du verbe et celui du PPé.)

▼ paraitre.

5 LE VERBE

⁂ Appartiennent à la classe des verbes, les mots présentant les propriétés suivantes :

§98 | Propriétés syntaxiques :

- Le verbe sert de ***base*** au ***groupe verbal*** **:**
  - *Steve* ***regarde un DVD****.*
    **Steve Ø un DVD.*
- Le verbe peut avoir une ***expansion obligatoire ou facultative*** **:**
  - *Ce livre traite* ***de la deuxième guerre mondiale.*** (***expansion obligatoire***)
    **Ce livre traite Ø.*
  - *Nadège écoute* ***la radio.*** (***expansion facultative***)
    Nadège écoute.
- Il existe différentes ***catégories de verbes*** **:**
  - **verbes transitifs**[1] ▸ *J'****étudie*** *ma leçon.* *Je* ***pense*** *à mes dernières vacances.*
  - **verbes intransitifs**[2] ▸ *La vache* ***meugle****.* *Les feuilles* ***tombent****.*
  - **verbes copules et analogues**[3] ▸ *Je* ***suis*** *content.* *Il* ***paraît***▼ *heureux.*
  - **verbes pronominaux**[4] ▸ *Ils* ***se saluent****.* *Elles* ***se lavent****.*
  - **verbes impersonnels**[5] ▸ ***Il neige****.* ***Il existe*** *une erreur dans votre théorie.*
  - **verbes auxiliaires**[6] ▸ *Je* ***suis*** *occupé.* *J'****ai*** *compris.*
  - **verbes semi-auxiliaires**[7] ▸ *Il* ***vient*** *de partir.*

1 Voir § 105.
2 Voir § 106.
3 Voir § 107.
4 Voir § 108.
5 Voir § 109.
6 Voir § 110.
7 Voir § 111.

▼ ***parait.***

§99 | Propriétés sémantiques :

Ces propriétés se classent selon qu'elles sont liées au ***sens du verbe*** ou aux ***traits sémantiques du sujet et des compléments***.

Ainsi, selon le **sens du verbe**, de multiples distinctions sont possibles. Retenons-en quelques-unes :

- **verbe d'action**[1] ▸ *courir, marcher, préparer, lustrer...*
- **verbe d'état** ▸ *être, paraître▼, étinceler, briller...*
- **verbe de changement d'état** ▸ *jaunir, dépérir, s'éveiller, grandir, rétrécir...*
- **verbe de mouvement** ▸ *galoper, sauter, traverser, marcher...*
- **verbe de parole (ou déclaratif)** ▸ *dire, prétendre, jurer, ordonner, demander, interroger...*
- **verbe de sensation** ▸ *voir, sentir, éprouver, apercevoir...*
- **verbe de sentiment** (souhait, espoir, désir) ▸ *désirer, espérer, prier, supplier...*

En ce qui concerne les **traits du sujet ou des compléments** du verbe, le verbe peut nécessiter :

- des ***sujets [+ animés] ou [– animés]***
- des ***compléments [+ animés] ou [– animés]***

Remarque :

Toutefois, ***un même verbe*** peut se construire avec un sujet ou des compléments de ***traits différents***, ce qui peut entraîner▼ :

- ***un changement de sens du verbe***
  ▸ *Le bourreau* ***exécute*** *le condamné. - Ce virtuose* ***exécute*** *une sonate.*
- ***un effet stylistique***
  ▸ *Jean* ***se lève*** *tôt le matin. - La tyrannie* ***se lève*** *sur ce malheureux pays.*

§100 | Propriétés morphologiques :

Le verbe peut être :

- **simple** (un seul élément) : *voir, aimer, parler.*
- **composé** (plusieurs éléments = ***locution verbale***) : *avoir l'air, donner tort, donner lieu...*

Le verbe peut être **conjugué**[2]. Il varie alors selon les ***personnes grammaticales*** et le ***nombre***, les ***temps***, les ***modes*** et la ***voix***.

1 Lorsque l'action n'est pas exprimée par le sujet, mais que celui-ci **fait faire l'action**, on parlera de **verbe factitif** : ▸ *Le général attaqua sur le flanc gauche du front.* *(= Le général fit attaquer sur le flanc gauche du front.)*

2 Pour la **conjugaison** proprement dite, voir **4e partie** de l'ouvrage, §§ 338 à 368.

▼ *paraitre.*
▼ entrainer.

§101 | Les personnes grammaticales et le nombre

La première personne

- ***au singulier*** (**JE**), désigne la ***personne qui parle*** (l'émetteur)
  - ***Je*** *marche.*
- ***au pluriel*** (**NOUS**), désigne :
  - ***un groupe de personnes dont fait partie le locuteur***
    - ***Nous*** *écoutons.*
  - ***un groupe de locuteurs s'exprimant en commun***
    - ***Nous****, membres d'Amnesty International, demandons au ministre...*
  - ***un seul locuteur*** (pluriel de majesté ou de modestie[1])
    - ***Nous****, Baudouin, Roi des Belges, affirmons...*
    - ***Nous****, modeste chercheur, avons découvert...*

Remarque :

En tournure familière, « ***nous*** » a parfois la valeur de « ***tu*** » :

- *Avons-**nous** terminé, cher Antoine.* (= As-tu terminé...)

La deuxième personne

- ***au singulier*** (**TU**), désigne ***l'interlocuteur*** (le destinataire)
  - ***Tu*** *n'essaies pas de me comprendre.*
- ***au pluriel*** (**VOUS**), désigne :
  - ***un groupe d'interlocuteurs***
    - *Mes amis, **vous** allez m'écouter attentivement !*
  - ***un groupe de personnes dont fait partie l'interlocuteur***
    - *Romain, il est temps que **vous** rentriez, ta sœur et toi.*
  - ***un seul interlocuteur*** (pluriel de politesse[2])
    - *Ci-joint, Monsieur le Directeur, **vous** trouverez copie du dossier.*

La troisième personne

- ***au singulier*** (**IL** ou **ELLE**), représente ***l'être ou la chose dont on parle***
  - *Ce cartable, comme **il** coûte▼ cher !*
- ***au pluriel*** (**ILS** ou **ELLES**), représente ***plusieurs êtres ou plusieurs choses dont on parle***
  - *Ces fleurs, **elles** coûtent▼ trop cher pour mon budget.*

---

1 Voir aussi § 83, rem., et § 309, rem. 3.

2 Voir aussi § 83, rem.; § 309, rem. 3 et § 322.

▼ coute.

▼ coutent.

Remarque :

« **ON** », pronom de la 3e personne,

- a une ***valeur indéfinie***
  - ***On** a dit que tu avais tort.* (on = quelqu'un, un homme)
- a ***valeur d'une autre personne grammaticale***[1]
  - *Oui,* **on** *est content.* (= je suis content.)
  - *Oui,* **on** *est contents.* (= nous sommes contents.)
  - *Alors, vous !* ***On*** *est fier(s) du résultat ?* (= vous êtes fier(s)...)

§102 | Les temps

Les temps présentent différentes formes verbales selon trois points de vue : le ***temps***, la ***conjugaison*** et l'***aspect***.

⁂ **Le temps** indique le **moment chronologique** où se déroule le fait exprimé par le verbe, et cela ***par rapport à un moment de référence.***
On distingue les **temps** suivants :

❖ ***par rapport au moment présent***, un fait peut être

- **antérieur** (= précéder le moment présent)
  - *indicatif imparfait, passé simple, passé composé; subjonctif passé.*
- **postérieur** (= suivre le moment présent)
  - *indicatif futur simple; subjonctif présent.*
- **simultané** (= au même moment)
  - *présent (indicatif ou subjonctif).*

❖ ***par rapport à un moment du passé***, un fait peut être

- **antérieur**
  - *indicatif passé antérieur, plus-que-parfait; subjonctif plus-que-parfait.*
- **postérieur**
  - *indicatif futur du passé* (formes du conditionnel présent); *subjonctif présent.*
- **simultané**
  - *indicatif imparfait, passé simple; subjonctif imparfait.*

❖ ***par rapport à un moment futur***, un fait peut être

- **antérieur**
  - *indicatif futur antérieur; subjonctif passé.*
- **simultané**
  - *indicatif futur simple; subjonctif présent.*

1 L'usage tend de plus en plus à accorder alors l'adjectif ou le PPé en fonction de la personne grammaticale envisagée.

Remarque :

Une action terminée ***après un moment du passé*** mais ***avant un fait à venir*** s'exprime par le *futur antérieur du passé* (formes du conditionnel passé) :

- *Je savais qu'il **aurait préparé** le repas avant mon retour.*

Du point de vue de **la conjugaison**, les temps se répartissent en :

- **temps simples** radical + terminaison.
- **temps composés** auxiliaire de conjugaison + participe passé du verbe.
- **temps surcomposés** double auxiliaire (avoir + avoir ou être) + participe passé du verbe.

L'aspect indique ***à quel moment du déroulement de l'action*** (dans la durée et dans les parties de la durée) se situe le fait exprimé par le verbe.

- Ainsi : • **le mode** exprime la manière dont le locuteur conçoit l'action[1].
  • **le temps** exprime le moment (passé - présent - futur) où se déroule l'action.
  • **l'aspect** situe l'action dans son déroulement.

  - *Je **cherche** une solution.*

  (mode indicatif : expression de la réalité)
  (temps présent : simultanéité par rapport au moment de la parole)
  (aspect inachevé : l'action est en train de se dérouler)

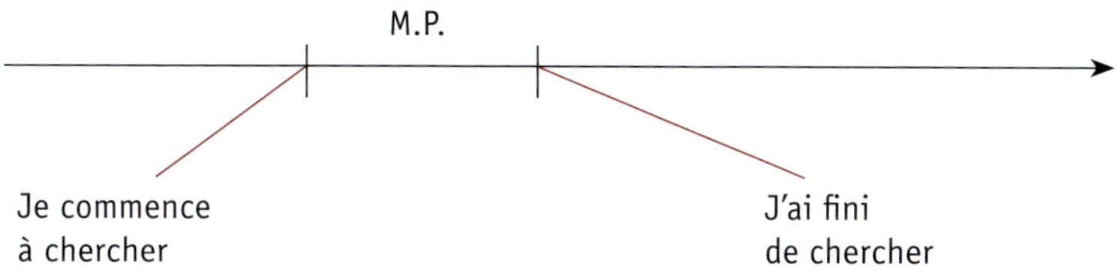

- ***les différents aspects :***

1	**momentané**	*L'élève entre dans la classe.*	(un ***court*** déroulement)
2	**duratif**	*Je construis une cabane.*	(un ***long*** déroulement)
3	**inchoatif**	*Il se met à parler.*	(le ***début*** du déroulement)
4	**itératif**	*Elle lèche un cornet de glace.*	(le déroulement est constitué d'une ***répétition*** de la même action)
5	**progressif**	*Le mal empire.*	(le déroulement ***continue*** ou devient ***de plus en plus important***)

1 Voir ci-après, § 103.

6	**achevé**	*Nous avons trouvé la sortie.*	(le déroulement est ***à son terme***)
7	**inachevé**	*Ma sœur prépare une compote.*	(le déroulement est ***en cours***)
8	**proximité dans le futur**	*Vous allez comprendre.*	(le déroulement ***va commencer***)
9	**proximité dans le passé**	*Vous venez de comprendre.*	(le déroulement ***vient de s'achever***)

Remarque :

L'aspect peut s'exprimer :

- par le ***verbe*** lui-même
  - *J'**entrai**. **(aspect momentané)***
- par un ***semi-auxiliaire***
  - *Je **commence** à comprendre. **(aspect inchoatif)***
- par un ***adverbe*** ou une ***locution adverbiale***
  - *Je comprends **maintenant**. **(aspect achevé)***
- par un ***préfixe*** ou un ***suffixe*** (re-, -oter...)
  - *Je **re**commence. **(aspect itératif)***

§103 | Les modes[1]

Les modes ***actualisent*** le verbe. Ils permettent :

- de ***situer*** un fait dans le présent, le passé ou l'avenir.
- de mettre en ***rapport*** ce fait ***avec une personne grammaticale.***

De plus, ils **montrent le degré de réalisation** du fait exprimé :

- l'**indicatif** le désigne comme ***réel*** (l'**indicatif conditionnel** comme ***éventuel***) :
  - *Je **vois** un arbre. - Je **verrais** un arbre ?*
- le choix du **subjonctif** présente les ***choses*** comme ***moins certaines*** dans les ***faits*** ou dans l'***intention*** du locuteur :
  - *Je souhaite que tu **viennes**.*
- l'**impératif** présente un fait que le ***locuteur veut faire accomplir par le ou les destinataire(s)*** :
  - ***Tais-toi.***
- l'**infinitif** exprime simplement le ***nom de l'action*** :
  - ***Boire.***

1 Voir aussi §§ 194 à 210

- le **participe** exprime l'action en ***qualifiant*** ou en ***indiquant une circonstance*** :
  - *Une erreur* ***permise****.* (qualifie)
  - *Un coupable* ***avouant*** *sa faute.* (qualifie)
  - *Le coupable* ***avouant****, le jury fut clément.* (circonst. de cause)
- le **gérondif** (***en*** suivi d'un ***participe présent*** ayant le **même sujet** que le verbe de la P matrice) exprime une ***action simultanée à une autre et indiquant une circonstance*** :
  - ***En entrant****, il fit du bruit.*

On distingue :

- ***les modes personnels*** (variant selon les personnes grammaticales)
  - **indicatif** [1]
  - **subjonctif** [2]
  - **impératif** [3]

et

- ***les modes impersonnels*** (ne variant pas en personnes)
  - **infinitif** [4]
  - **participe** [5]
  - **gérondif**

§104 | Les voix

La voix du verbe indique le ***rôle du sujet dans l'action***.

On distingue :

- **la voix active** où le ***sujet*** fait l'action, est l'***agent de l'action***
  - *Le jardinier* ***coupe*** *un arbre.*
- **la voix passive** [6] où le ***sujet subit l'action***
  - *Un arbre* ***est coupé*** *par le jardinier.*

Remarque :

D'aucuns distinguent un troisième cas, la voix pronominale. Celle-ci indique :

- soit que l'action faite par le sujet revient sur lui, qu'il la subit. (V pronominaux ***réfléchis*** [7]) (Ce n'est qu'un cas particulier de la voix active.) ▸ *Elle se lave.*
- soit que le sujet subit simplement l'action (V pronominaux ***à sens passif*** [7]).
  - *Les poires se vendent bien.*
- soit que le sujet (toujours au pluriel dans ce cas) est en partie origine de l'action et en partie aussi aboutissement de l'action (V pronominaux ***réciproques*** [7]). ▸ *Ils se saluent.*

1 Voir §§ 194 à 203.
2 Voir §§ 205 à 208.
3 Voir § 204.
4 Voir § 210.
5 Voir § 209.
6 Voir § 167.
7 Voir §§ 108 et 319.

Les sous-classes du verbe

Remarque préliminaire :
On distingue verbe transitif et verbe intransitif **selon la construction du verbe avec son ou ses complément(s) dans la phrase donnée.**

§105 | Le verbe transitif

- **transitif direct :** ce verbe se construit avec un complément direct de verbe[1].
  - *Léa cherche* ***un jouet.***
  - *Je lave* ***mon chandail.***
- **transitif indirect :** ce verbe se construit avec un complément indirect de verbe[2].
  - *Nous pensons* ***à nos vacances.***
  - *Notre autonomie dépend* ***d'un prochain vote.***
- **transitif mixte :** ce verbe se construit avec un complément direct de verbe ET un complément indirect de verbe.
  - *Elle souhaite* ***un bon voyage à son ami.***

§106 | Le verbe intransitif

Ce verbe se construit ***sans complément de verbe***.

- *La pluie* ***tombe****.* - *Le bébé* ***dort****.*

Remarque :
Selon l'usage qui en est fait, ***un verbe peut changer de sous-classe :***

- *Mohammed obéit* ***à son entraîneur***▼. (V transitif.) > *Mohammed obéit.* (V intransitif.)

§107 | Le verbe copule et ses analogues [3]

Ce verbe ***se construit avec un attribut du sujet***[4].

- **le verbe copule :** il s'agit du verbe ÊTRE unissant un sujet et un attribut.
  - *Bébé* ***est*** *gentil.*
  - *Le français* ***est*** *une langue à défendre.*
- **les verbes analogues :**
  - Certains verbes sont ***toujours analogues.*** Ils unissent le sujet à son attribut tout ***en ajoutant une valeur sémantique.*** Il s'agit des verbes suivants :

---

1 Voir § 142.
2 Voir § 143.
3 C'est-à-dire **semblables.**
4 Voir § 144.

▼ entraineur.

- idée de devenir — ***devenir***, *se faire.*
- idée de continuité — ***demeurer***, ***rester***.
- idée d'apparence — ***paraître***▼, ***sembler***, ***avoir l'air***, *être réputé, passer pour, être pris pour, être considéré comme, être regardé comme, être tenu pour...*
- idée d'appellation — *s'appeler, se nommer...*

- D'autres sont ***analogues par translation***. C'est le cas de :
  - certains verbes ***transitifs directs*** employés ***à la voix passive*** [1] : *croire, estimer, juger, sentir, trouver...*
    - ▸ *Sa compagnie* ***est jugée*** *agréable.*
    - ▸ *Il* ***est estimé*** *naïf.*

  Remarque :

  Ces mêmes verbes permettent la construction de l'attribut du CD :

  ▸ *Je* ***le*** *trouve* ***gentil***.

  - quelques verbes ***intransitifs*** : *naître*▼, *vivre, mourir, tomber, partir...*
    - ▸ *Il* ***est mort*** *pauvre.*
    - ▸ *Il* ***vit*** *misérable.*
  - quelques verbes ***pronominaux*** : *se faire, s'annoncer, se montrer, s'affirmer, s'avérer...*
    - ▸ *Anne* ***se fait*** *belle.*
    - ▸ *La soirée* ***s'annonce*** *agréable.*

Remarque :

Les ***locutions verbales*** qui sont des ***copules analogues*** contiennent souvent des ***prépositions***. Celles-ci peuvent être considérées comme des prépositions ***vides***.

§108 | Le verbe pronominal

Il s'agit d'un verbe construit avec un **pronom personnel conjoint de la même personne grammaticale que celle donnée par le sujet :**

- Je **me** • Nous **nous**
- Tu **te** • Vous **vous**
- Il **se** • Elle **se** • X **se**
- Ils **se** • Elles **se** • X et Y **se**

▸ ***Je me*** *lave.*

▸ ***Vous vous*** *préparez depuis longtemps.*

▸ ***Cette préparation se*** *déguste en Suisse.*

1 Voir § 167.

▼ ***paraitre***.

▼ *naitre*.

- On distingue :
  - **les verbes essentiellement pronominaux** (ces verbes ***n'existent que sous cette forme*** et le pronom conjoint ne peut être remplacé par le/la/les/lui/leur) :
    - *s'écrier, s'en aller, s'enfuir, s'envoler, se repentir, s'ensuivre...*
  - **les verbes occasionnellement pronominaux** et
    - **réfléchis** (le ***pronom*** de forme conjointe représente le sujet et ***peut être remplacé par le/la/les/lui/leur***)
      - *se lever, se fatiguer, se demander, se blesser...*
      - *Je me* (> la) *lave.* - *Il se* (> le) *fatigue.*
    - **réciproques** (le pronom représente deux ou plusieurs sujets agissant l'un sur l'autre ou les uns sur les autres et ***peut être remplacé par le/la/les/lui/leur***)
      - *se battre, se donner, se sourire, se réconcilier...*
      - *Jean et Jacques se* (> les) *réconcilient.*
    - **à sens passif** (de forme active, le verbe équivaut à un verbe à la voix passive, mais sans complément d'agent)
      - *se vendre, se voir, se louer...*
      - *Les fraises se vendent bien en cette saison.* (= Les fraises sont bien vendues en cette saison. [voix passive])

Remarque :

Certains verbes employés pronominalement sont tantôt ***réfléchis***, tantôt ***réciproques*** et tantôt ***à sens passif*** :

s'apercevoir	▸ *Il s'aperçoit dans le miroir.*	(**réfléchi**)
	▸ *Ils s'aperçoivent dans la rue.*	(**réciproque**)
	▸ *Ces défauts s'aperçoivent facilement.*	(**sens passif**)

§109 | Le verbe impersonnel

- Il s'agit d'un verbe ne pouvant se construire qu'à la ***3e personne du singulier*** et ***employé avec « IL »***. Ce dernier ne sert que de marque de conjugaison[1].

- On distingue :
  - les **verbes impersonnels proprement dits**
    - qui expriment des ***phénomènes naturels :***
      - *Il pleut.* - *Il gèle.* - *Il neige.* - *Il vente.* - *Il tonne.* - *Il grêle.* - ...

1 Voir **IL impersonnel**, §§ 89 et 148.

ou • qui appartiennent à la **liste suivante :** *s'agir de, falloir, y aller de, être question de, faire*[1].

- *Il faut réfléchir. - Il y va de sa réputation. - Il est question de voyager. - Il fait meilleur aujourd'hui.*

Remarques :

1) Ces verbes servent à former des ***phrases impersonnelles de base*** [2].
2) Certains de ces verbes s'emploient ***avec un sujet personnel***, mais ils sont ***pris figurément*** :
   - *Des feuilles* ***pleuvaient*** *sur la pelouse.*

❖ les ***verbes impersonnels élaborés à partir de verbes personnels construits impersonnellement :***

- *Il* ***est entré*** *trois camions.* (= Trois camions sont entrés.)
- *Il* ***est arrivé*** *un drame.* (= Un drame est arrivé.)

Remarques :

1) Ces verbes employés impersonnellement servent à former des ***phrases dérivées impersonnelles***[3].
2) Les verbes ***pronominaux à sens passif*** peuvent être ***employés impersonnellement :***
   - *Il* ***se vend*** *beaucoup de fraises cette année.*
   - *Il s'en* ***dit*** *bien, des mensonges !*

§110 | Le verbe auxiliaire

✲ Il existe deux verbes auxiliaires (**AVOIR** et **ÊTRE**). Ceux-ci ***s'emploient avec un participe passé pour former un temps composé :***

- *Elles* ***sont arrivées*** *au Québec hier matin.*
- *Romain n'****a*** *pas beaucoup* ***pleuré****.*

❖ **avoir** et **être**, lorsqu'ils sont auxiliaires, n'ont pas de sens particulier.
On les distingue d'***avoir***, au sens de ***posséder***
et d'***être***, au sens de ***se trouver, exister.***

❖ **être** est aussi l'auxiliaire unique de la ***voix passive*** [4] et des ***temps composés des V pronominaux*** [5] :

- *Les confitures* ***sont préparées*** *par ma tante Zoé.*
- *Elles* ***se sont saluées*** *poliment.*

1 dans certaines expressions, telles : *Il fait froid. - Il fait du vent. - ...*
2 Voir § 148.
3 Voir aussi, § 148.
4 Voir § 352.
5 Voir § 353.

§111 | Le verbe semi-auxiliaire

✲ Les verbes appartenant à cette sous-classe ***s'emploient avec un infinitif et parfois avec un participe présent*** [1] :

▸ *Annie* ***vient de comprendre*** : *son état* **va s'améliorant.**

❖ Les semi-auxiliaires procurent un ***sens complémentaire*** aux verbes qu'ils conjuguent. Ainsi, ils permettent d'exprimer ***une certaine modalité :***

- **la vraisemblance, la probabilité :** *paraître▾, passer pour, pouvoir, sembler...*
  - ▸ *Il* ***paraît▾ obéir*** *enfin !*
- **l'obligation :** *avoir à, être obligé de, devoir...*
  - ▸ *Vous* ***aurez à réussir*** : *n'attendez pas de faveur.*
- **la possibilité :** *être à même de, pouvoir...*
  - ▸ *Vous* ***pouvez partir*** *dès huit heures.*
- **la négligence :** *laisser...*
  - ▸ *Vous* ***laissez traîner▾*** *votre maladie, faute de soins adaptés.*
- **la non-réalisation :** *être loin de, faillir, manquer à/de...*
  - ▸ *Vous ne* ***manquerez*** *pas* ***de*** *me* ***téléphoner*** *pour me rassurer.*

❖ De même, certains semi-auxiliaires peuvent donner une ***nuance d'aspect*** [2] (concernant le déroulement ou l'achèvement du procès) :

- **aspect de proximité dans le futur :** *aller, être sur le point de, être en passe de, être à deux doigts de...*
  - ▸ *Je* ***vais manger*** *dans deux minutes.*
  - ▸ *Elle* ***est à deux doigts de trouver*** *une solution.*
- **aspect de proximité dans le passé :** *finir de, venir de, cesser de, achever de...*
  - ▸ *Je* ***viens*** *juste* ***de manger.***
- **aspect inchoatif :** *commencer à, finir par, se mettre à...*
  - ▸ *Je* ***commence à manger.***
- **aspect duratif :** *continuer à, n'en finir pas de, ne faire que, ne pas arrêter de...*
  - ▸ *Le mal* ***continue à régresser.***
- **aspect achevé :** *cesser de, finir de...*
  - ▸ *Il* ***finit de la critiquer.*** - *Elle* ***cesse de rire.***

Remarque :

Certains semi-auxiliaires permettent la ***voix passive*** [3] avec complément d'agent : *se faire, se laisser, se voir...* ▸ *La souris* ***se fait attraper*** *par le chat.*

1 Voir §§ 209 et 210.
2 Voir § 102.
3 Voir § 167.

▾ *paraitre.*
▾ ***parait.***
▾ ***trainer.***

6 L'ADVERBE

Appartiennent à la classe des adverbes, les mots ayant les propriétés générales suivantes :

§112 | Propriétés syntaxiques :

- **adverbes de coordination :** *pourtant, ensuite, c'est pourquoi, donc, par conséquent, du moins, aussi...*

  Ils ***joignent*** deux phrases ***sans créer de dépendance syntaxique***.
  - *Il a échoué, **pourtant** il a beaucoup étudié.*
  - *Tu trouves la page cent deux, **ensuite** tu la lis.*
- **adverbes corrélatifs :** *tantôt … tantôt, plus … plus, autant … autant...*

  Ils ***joignent*** deux phrases ***en créant*** entre elles ***un rapport qui rend l'une obligatoire par l'autre***.
  - ***Tantôt** tu te plains, **tantôt** tu te vantes.*
  - ***Plus** elle mange, **plus** elle a faim.*
- **adverbes de modalisation :**

  Ils permettent au locuteur (l'auteur de la phrase) d'***apporter une nuance, un avis*** quant au fait dont il parle.
  - ***Naturellement**, pour vous, j'ai toujours tort !*
  - ***Bien**, tu as fini ton travail.*
- **adverbes mots-phrases :**

  Ils forment une ***phrase*** dont ils constituent la ***base*** (avec ou sans complément).
  - *Oui. - Non. - Encore. - Jamais. - Jamais de la vie. - Sans doute. - Évidemment.*
- **adverbes compléments :**

  Ils ***complètent un mot*** dans une phrase et ***dépendent du mot*** complété. Les ***fonctions*** suivantes sont possibles :

- ***complément de l'adjectif***
  - *Il est **très** **fier** de sa nouvelle guitare.*
- ***complément de l'adverbe***
  - *Elles sont **si** **loin** !*
- ***complément du verbe***
  - *Le professeur **parle** **haut.***

- ***complément de phrase***
  - **Plus tard**, *tu comprendras cette démonstration.*
- ***complément d'un mot de liaison***
  - **Juste *après*** *ton départ, ton copain Geoffrey a téléphoné.*

Remarques :

1) Les adverbes compléments n'ont ***jamais de complément*** placé ***à droite***. Selon ce principe, on ne considère pas comme compléments de l'adverbe les cas suivants :
   - ***adverbe de quantité + de + ... (= déterminant)***
     - *Jean mange* **beaucoup**. (adverbe) ≠ *Jean mange* **beaucoup de** *pain.* (déterminant)
   - ***adverbe de manière + à + ... (= locution prépositive)***
     - ***Antérieurement***, *vous auriez eu raison.* (adverbe)
       ≠ *Votre maladie est due à un accident qui s'est produit* ***antérieurement à*** *sa déclaration.* (locution prépositive)
2) Quelques ***adverbes de temps*** peuvent jouer la fonction de *sujet :*
   - ***Demain*** *est un autre jour.*
3) Certains ***adjectifs***[1] ont parfois une ***valeur adverbiale :***
   - *Voir* ***clair***. - *Chanter* ***faux***. - *Marcher* ***droit***. - ...

§113 | Propriétés sémantiques :

✲ Les adverbes permettent de ***nombreuses nuances.*** On peut ainsi les classer en :

❖ adverbe ayant une fonction sémantique

- **de temps**
  - *alors, après, après-demain, aujourd'hui, auparavant, aussitôt, autrefois, avant, avant-hier, bientôt, déjà, demain, depuis, derechef, désormais, dorénavant, encore, enfin, ensuite, hier, incontinent, jadis, jamais, longtemps, lors, maintenant, naguère, parfois, puis, quelquefois, sitôt, soudain, souvent, subito, tantôt, tard, tôt, toujours,* etc.
  - des locutions adverbiales : *tout de suite, de suite, tout à coup, à l'instant, à jamais, tout à l'heure,* etc.
- **de lieu**
  - *ailleurs, alentour, arrière, autour, avant, contre, dedans, dehors, derrière, dessous, dessus, devant, ici, là, loin, outre, partout, près,* etc.
  - des locutions adverbiales : *au-dedans, au-dehors, ci-après, ci-contre, en arrière, en avant, quelque part, là-bas, là-dedans,* etc.

1 Voir § 325.

- **de manière**
  - *ainsi, bien, debout, ensemble, exprès, franco, gratis, incognito, mal, mieux, pis, plutôt, quasi, recta, vite, volontiers,* etc.
  - de nombreux adverbes en *-ment.*
  - certaines locutions adverbiales : *à l'envi, à dessein, à tort, à loisir, à propos, cahin-caha,* etc.
  - certains adjectifs employés adverbialement après un verbe : *bas, bon, cher, clair, haut,* etc.
- **de quantité**
  - *beaucoup, environ, par trop, pas mal, peu, presque, quelque, tout, tout à fait, tellement, trop,* etc.
  - certains adverbes en *-ment* : *abondamment, énormément, grandement, extrêmement, immensément, complètement,* etc.
- **d'affirmation**
  - *oui, certainement, certes,* etc.

❖ **adverbe notant une mise en degré**[1]

- **degré absolu**
  - *très, fort, terriblement, peu, guère, assez, beaucoup, bien, si, tellement, tant...*
  - certains adverbes en *-ment* : *extrêmement...*
  - *on ne peut plus, des plus, des mieux...*
- **degré relatif** (comparaison)
  - *moins, aussi, plus, davantage, si...*

❖ **adverbe permettant l'usage d'un constituant**[2]

- **constituant négatif**
  - *aucunement, jamais...*
- **constituant interrogatif**
  - *quand ?, combien ?, où ?, d'où ?, par où ?, pourquoi ?, [est-ce que ?]...*
- **constituant emphatique**
  - *comme, ce que...*

❖ **adverbe unissant deux phrases avec un rapport de**

- **temps** - *puis, ensuite...*
- **conséquence** - *donc, ainsi...*
- **opposition** - *cependant, par contre...*

---

1 Voir ci-après, § 116.
2 Voir §§ 163, 166 et 168.

❖ **adverbe exprimant un avis, une intention du locuteur** (doute, certitude, affirmation...)
- *apparemment, probablement, sans doute, peut-être, bien sûr, évidemment, volontiers, précisément...*

❖ **adverbe numéral**
- *premièrement, deuxièmement...*
- *primo, secundo, tertio, quarto, quinto, sexto, septimo.*

§114 | Propriétés morphologiques :

❖ **L'adverbe** peut être :
- **simple :** *lentement, loin, ici, oui, non...*

ou
- **composé *(locution adverbiale)* :** *tout à l'heure, à l'envi, de temps en temps...*

❖ **L'adverbe est toujours invariable** (**sauf « *tout* »** à certaines conditions[1]) :
- ▸ *Elles jouent bien.* - *Elles sont debout.*

❖ Certains **adverbes** sont **dérivés d'un adjectif** auquel est ajouté le **suffixe « -ment »** (voir ci-dessous, **§ 115)** :
- ▸ *Tristement, complètement, extrêmement...*

D'autres sont **non dérivés** :
- ▸ *Autour, ainsi, oui, aussi...*

§115 | Formation des adverbes en -ment

⁂ Plusieurs adverbes de manière terminés par ***-ment*** sont donc formés ***à partir d'adjectifs***, selon les principes suivants :

❖ En général :

1- ***Adjectif masculin terminé par une consonne :*** **FÉMININ + MENT**
- ▸ *grandement, nullement, lentement...* (**mais :** *gentiment - brièvement*)

2- ***Adjectif masculin terminé par -E :*** **MASCULIN + MENT**
- ▸ *faiblement, habilement, gravement, calmement...*

3- ***Adjectif masculin terminé par une autre voyelle :*** **MASCULIN + MENT**
- ▸ *poliment, aisément, isolément...* (**mais :** *gaiement - impunément*)

1 Voir **Accord de tout - même - quelque**, § 331.

❖ Mais il existe des **exceptions** :

1- ***Certains adjectifs masculins terminés par une consonne :*** **MASCULIN + ÉMENT**

▸ obscur > *obscurément, communément, confusément, diffusément, expressément, importunément, opportunément, précisément, profondément...*

2- ***Certains adjectifs masculins terminés par -E :*** **MASCULIN + ʹ MENT**

▸ aveugle > *aveuglément, conformément, commodément, incommodément, énormément, immensément, intensément, uniformément...*

3- ***Certains adjectifs masculins terminés par -U :*** **MASCULIN + ^ MENT**▼

▸ assidu > *assidûment, congrûment, continûment, crûment, goulûment, incongrûment, indûment, nûment... (+ dûment,* formé sur le PPé ***dû)***

4- ***Adjectifs masculins terminés par -ant ou -ent :***

- **-ant > -amment**
  ▸ *savamment, abondamment, puissamment, vaillamment...*
- **-ent > -emment**
  ▸ *prudemment, négligemment, fréquemment...*

§116 | Mise en degré de l'adverbe

✲ La signification de certains adverbes peut être mise en degré, mise en relation de grandeur.

❖ **Mise en degré de la signification en elle-même *(degrés absolus)***

- **le positif :** il s'agit du sens normal de l'adverbe.
  ▸ *Axel roule **vite**, **mal**, **exagérément**, **trop**.*
- **le superlatif absolu :** il indique un degré extrême.
  ▸ *Axel roule **assez/très/peu/fort** vite.*

❖ **Mise en degré par rapport à d'autres éléments *(degrés relatifs)***

- **comparatif d'égalité :** la comparaison vise à montrer l'égalité.
  ▸ *Lucie roule **aussi** vite que moi.*
- **comparatif d'infériorité :** la comparaison vise à montrer le degré inférieur.
  ▸ *Arnaud roule **moins** vite que moi.*
- **comparatif de supériorité :** la comparaison vise à montrer le degré supérieur.
  ▸ *Léa roule **plus** vite que moi.*

▼ Les rectifications de 1990 ont ***supprimé les accents circonflexes sur le u*** : *assidument, congrument, dument,* etc.

- **superlatif relatif :** l'objet est d'indiquer le degré le plus grand ou le moins grand.
  - ▸ *Jonathan roule* ***le plus vite****.* (degré le plus grand)
  - ▸ *Salvatore roule* ***le moins vite****.* (degré le moins grand)

Remarques :

1) Les principes de mise en degré de l'adverbe sont les mêmes que ceux de l'adjectif[1].
2) Certains adverbes ont des formes de degré particulières :

positif	*comparatif de supériorité*	*comparatif d'infériorité*	*superlatif relatif*
beaucoup	**plus/davantage**	**moins**	**le plus/davantage**
bien	**mieux**	**moins bien**	**le mieux**
mal	**plus mal/pis** [2]	**moins mal**	**le pis**
peu	**moins**	**plus**	**le moins**

§117 | Place de l'adverbe

⁂ Selon sa fonction ou sa catégorie, l'adverbe occupe une place précise :

❖ S'il est ***complément de l'adjectif, de l'adverbe, ou du mot de liaison***, il se place **à gauche** du mot qu'il complète :

- ▸ *Cette vallée est* ***très*** *belle.*
- ▸ *Sophie mange* ***très*** *peu pour suivre son régime.*
- ▸ ***Très*** *loin d'ici vivait un ogre terrible...*

❖ S'il est ***complément de verbe ou de phrase***, il se place :

- en général, **à droite** d'un verbe à un ***temps simple***
  - ▸ *Il dormait* ***longtemps/bien****.*
- **à droite de l'auxiliaire** ou **à droite du participe passé** (selon qu'il est ***complément de verbe*** ou ***complément de phrase***) si le verbe est à un ***temps composé***
  - ▸ *Il a* ***bien*** *vécu.* - *Elle a marché* ***longtemps****.*
- ***détaché par emphase***, en **tête** ou en **fin** de phrase, ou encore à l'**intérieur** de celle-ci
  - ▸ ***Souvent****, il racontait des histoires.*
  - ▸ *Il racontait,* ***souvent****, des histoires.*
  - ▸ *Il racontait des histoires,* ***souvent****.*

---

1 Voir §§ 77-78.

2 ***Pis*** est parfois employé comme **adjectif** (▸ *Elle est* ***pis*** *que les autres.*) ou comme **nom** (▸ *Le* ***pis*** *est son quotidien.*).

❖ S'il est ***adverbe de négation***,

- **NE précède** toujours le verbe et le pronom personnel complément de verbe
  - *Je **ne** veux pas. - Je **n'**en veux pas. - Je **ne** lui en veux pas.*
- **NE ... PAS/PLUS/JAMAIS encadrent** le verbe à un temps simple ou l'auxiliaire à un temps composé
  - *Je **ne** veux **pas/plus**. - Je **n'**ai **pas/plus** voulu.*

  Remarque :

  Si **NE ... PAS/PLUS/JAMAIS** portent sur un ***infinitif***, ils le **précèdent** :
  - *J'ai dit **ne plus/pas/jamais** vouloir le rencontrer.*

❖ S'il est ***adverbe d'interrogation*** ou ***d'exclamation***, il se place en **début** de phrase :

- ***Quand*** *viens-tu à la maison ? -* ***Ce qu'****elle est petite !*

❖ S'il est ***adverbe de coordination***, il se place :

- en général, **entre P_1 et P_2**
  - *J'ai peur, **toutefois** je reste.*
- **parfois**, pour certains, **à l'intérieur ou à la fin de P_2** pour des effets stylistiques (insistance)
  - *J'ai faim, je mange **donc** une tartine.*
*J'ai faim, je mange une tartine **donc**.*
  - *Il pleure, **pourtant** il a gagné.*
*Il pleure, il a gagné **pourtant**.*

❖ S'il est **adverbe de modalisation**, il forme à lui seul une ***phrase non verbale :***

- ***Oui****. -* ***Peut-être****.*

7 LES MOTS DE LIAISON

⁂ Appartiennent à la classe des mots de liaison, les mots qui possèdent les propriétés suivantes :

§118 | Propriétés syntaxiques :

⁂ Les mots de liaison unissent un élément à un autre :

❖ **soit en les subordonnant** : l'élément joint ***dépend syntaxiquement*** de l'autre. C'est le cas :

- **de la préposition**[1] (*à, sur, avec, contre...*)
  - *Je suis **contre** le racisme.*
  - *Le livre **de** cet auteur définit bien le problème.*
- **de la conjonction de subordination**[2] (*si, quand, comme, que...*)
  - ***Quand** il pleut, mon père demande **que** je reste à l'étude.*
- **du pronom relatif**[3] (*qui, que, dont, lequel...*)
  - *Le livre **dont** tu parles définit bien le problème.*

❖ **soit en les coordonnant,**

- ***en marquant une indépendance syntaxique*** entre les deux éléments par l'emploi de :
  – **la conjonction de coordination**[4] (*mais, ou, et, or, ni, car*)
  - *J'ai faim **et** je compte faire un bon repas.*
  - *Je pars, **mais** je penserai à toi souvent.*

  – **l'adverbe de coordination**[5] (*donc, cependant, néanmoins...*)
  - *Je suis fatiguée, **néanmoins** je continue à travailler.*
  - *Il pleut, **donc** je préfère rester au lit.*
- ***en marquant une relation d'interdépendance syntaxique*** des deux éléments par l'emploi des :
  – **adverbes corrélatifs**[6] (*tantôt … tantôt, plus … plus...*)
  - ***Plus** je vieillis, **plus** j'aime ma langue maternelle.*

⁂ Les mots de liaison doivent ***obligatoirement être suivis*** d'un élément :

- **Tu viens **avec**.* - *Tu viens **avec** moi.*
- **La voiture **de**.* - *La voiture **de** Jacques consomme peu.*

1 Voir ci-après, §§ 121 à 124.
2 Voir ci-après, §§ 125 à 127.
3 Voir ci-après, § 93.
4 Voir ci-après, §§ 128 et 131.
5 Voir ci-après, § 129.
6 Voir ci-après, § 130.

§119 | Propriétés sémantiques :

- Soit les mots de liaison n'ont **pas de sens propre** : *à, de, que...*
- soit ils ont **un sens par eux-mêmes** : *avant, après, pour, pour que, si...*
- soit **leur signification varie** selon le contexte : par exemple, ***par*** peut marquer ***le moyen, le lieu, l'agent ou la cause.***

§120 | Propriétés morphologiques :

Les mots de liaison peuvent être :

- **simples** *(avec, comme, que...)*
- **composés :**
  - sous la forme de **locutions prépositives** *(à cause de, grâce à...)*
  - sous la forme de **locutions conjonctives** *(bien que, parce que, si bien que...)*
  - sous la forme de **corrélatifs** *(tantôt ... tantôt, non seulement ... mais...)*

Les mots de liaison sont **INVARIABLES**.

Les mots de liaison subordonnants

§121 | La préposition

La préposition (ou locution prépositive, si elle comprend plusieurs éléments) établit un ***rapport syntaxique de dépendance*** ou de ***subordination*** entre un élément (nom, verbe, adjectif, pronom...) et son complément. Elle se place généralement **devant le groupe** qu'elle introduit :

- *La voiture **de** Nathalie. - Je viens **de** Paris.*

Mais elle en est **parfois séparée** :

- *Il viendrait à son anniversaire **avec**, pour cadeau, un livre.*

Remarques :

1) Lorsqu'une préposition introduit une ***fonction*** normalement construite ***sans préposition*** (complément direct de verbe, attribut, apposition...), elle est appelée **préposition vide ou explétive**.
   - *Si j'étais **de** toi, je repenserais le problème.*
   - *Le beau pays **de** France.*
2) Un même groupe nominal peut être précédé de ***deux prépositions*** dans le cadre de la **réduction d'une coordination** ***pour autant que ces deux prépositions admettent la même construction :***
   - ***Avant** ton séjour et **après** ton séjour... > **Avant et après** ton séjour...*

3) Mais si les prépositions ont une ***construction différente***, pour éviter la répétition, on a recours à la **coordination et** à la **pronominalisation** :

- *Vivre **chez** ses parents et **proche de** ses parents.*

  **Vivre chez et proche de ses parents.*

  > *Vivre **chez** ses parents et **proche d'eux.***

4) On peut **réduire** des éléments identiques ***pour éviter la répétition d'une préposition et de son complément :***

- *Heureux **de** tes résultats et fier **de** tes résultats, tu cries ta joie.*

  > *Heureux et fier **de** tes résultats, tu cries ta joie.*

§122 | Liste et sens de quelques prépositions et locutions prépositives

Sens :

lieu, tendance	*en, dans, à , chez, de, vers, jusqu'à, sous, dessus...*
temps	*à, de , vers, pour, avant, après, depuis, pendant, jusque...*
attribution	*à, pour...*
cause, origine	*attendu, vu, pour, à cause de, grâce à, en raison de, à force de, à défaut de...*
but, motif	*pour, à, envers, touchant [1], afin de...*
manière, moyen	*à, de, par, en, avec, sans, selon, à la mode de...*
ordre, rang	*après, devant, derrière, au-dessus de, au-dessous de, près de, autour de, à côté de...*
appartenance	*de, à.*
agent	*de, par.*
union, conformité	*avec, selon, d'après, suivant...*
opposition	*contre, malgré, nonobstant...*
séparation, exception	*sans, sauf, excepté, à l'exception de...*
condition	*à moins de...*
mise en relief	*quant à...*

1 Emploi littéraire.

§123 | Répétition de la préposition

❖ En général, les prépositions **à, de** et **en** ***se répètent*** devant chaque complément :

- *Je pense* ***à*** *Nathalie et* ***à*** *Évelyne.*
- *Nous doutons* ***de*** *l'hygiène et* ***de*** *la compétence des cuisiniers.*
- *Je voyagerai* ***en*** *Alberta et* ***en*** *Colombie-Britannique.*

❖ **À**, **de** et **en** ***ne se répètent pas*** si :

- les termes du complément forment une ***expression figée***
  - *Institut* ***des*** *Arts et Métiers.*
  - *Il se perd* ***en*** *allées et venues.*
- les termes désignent un ***groupe*** ou une ***idée uniques***
  - *Il commença* ***à*** *boire et manger comme un glouton.*
- les termes du complément désignent une ***même réalité***
  - *Je me souviens* ***de*** *Jacques, ton frère.* (apposition)
  - *Voici la voiture* ***de*** *mon confrère et ami.*

❖ Les **prépositions autres** que **à, de, en** ***ne se répètent pas***, surtout si les termes du complément sont étroitement unis par le sens. La ***répétition*** insistera sur chaque élément ***en vue d'une alternative ou d'une opposition :***

- *Un chevalier* ***sans*** *peur ni reproche.*
  Un chevalier ***sans*** *peur et* ***sans*** *reproche.*
- *Marquez votre accord* ***par*** *une croix ou une signature.*
  Marquez votre accord ***par*** *une croix ou* ***par*** *une signature.*

❖ Dans les **locutions prépositives** terminées par **à** ou **de**, seuls ***ces derniers se répètent :***

- *Tu as perdu* ***à cause de*** *ta fatigue et* ***de*** *ton entêtement.*
- *Je vote* ***en faveur de*** *mon ami et* ***de*** *ta sœur.*

§124 | Effacement de la préposition

La préposition (le plus souvent **de**) peut s'effacer lorsque la juxtaposition des éléments suffit à marquer la subordination :

- *À la fin Ø juin, courant Ø novembre.*
- *La problématique Ø écriture me préoccupe beaucoup.*
- *L'avenue Ø Jean Jaurès est mal indiquée sur le plan.*
- *Le procès Ø Dreyfus a divisé la France.*

§125 | La conjonction de subordination

✲ La conjonction de subordination introduit un ***rapport de dépendance syntaxique*** entre :

❖ une ***phrase*** et son complément ayant la forme d'une ***circonstancielle***[1]

- ***Quand*** *tu verras une voiture de police, préviens-moi.*
- ***Bien que*** *tu sois jeune, tu connais beaucoup de choses.*

❖ une ***phrase matrice*** et un complément ayant la forme d'une ***complétive***[2]

- ***complément de verbe***
  - *Je veux* ***que*** *tu travailles avec plus de courage.*
- ***apposition***
  - *L'idée* ***que*** *tu viennes me réjouit profondément.*
- ***complément de l'adjectif***
  - *Je suis fier* ***que*** *tu aies gagné.*

Remarques :

1) La **complétive sujet**, bien qu'introduite par une conjonction de subordination, est en relation d'***inter-dépendance avec le GV de la matrice.***
   - ***Que*** *tu sois fâché m'importe peu.*
2) Les **relatifs** (nominaux[3] ou représentants[3]) établissent, comme la conjonction de subordination, un ***rapport de subordination :***
   - *Le garçon* ***qui*** *traverse la rue est imprudent.*
   - ***Qui*** dort dîne▼.
   - *Je possède* ***ce dont*** *tu as besoin.*
3) De même, les **adverbes interrogatifs** *combien, comment, pourquoi* et les **marqueurs de l'interrogation partielle**[4] *(lequel, à qui, à laquelle...)* ***établissent eux aussi un*** rapport de subordination :
   - *Je te rappelle* { ***combien*** *tu me dois.* / **pourquoi** je suis là. / ***lequel*** *n'est pas venu.* }

1 Voir §§ 188 à 190.
2 Voir §§ 185 à 187.
3 Voir § 93.
4 Voir § 163.

▼ *dine.*

§126 | Liste des principales conjonctions et locutions conjonctives de subordination

Sens :

addition	*outre que, sans compter que...*
but	*afin que, pour que, de peur que, de sorte que...*
cause	*parce que, puisque, attendu que, vu que, étant donné que, comme, du fait que, faute que, non que ... mais parce que...*
comparaison	*comme, ainsi que, de même que, autant que, plus que, moins que, non moins que, suivant que...*
concession	*bien que, quoique, encore que, malgré que, aussi ... que, quelque ... que...*
condition / supposition	*si, à condition que, à moins que, au cas où, des fois que, en admettant que...*
conséquence	*que (▸ Il a bu **qu'**il en est malade [1].), de sorte que, en sorte que, de façon que, de manière que, si bien que, au point que...*
opposition	*alors que, au lieu que, (bien) loin que, lorsque, pendant que, quand, si, tandis que...*
restriction	*excepté que, sauf que, sinon que, si ce n'est que...*
temps	*à l'instant où, alors que, à présent que, après que, avant que [2], aujourd'hui que, pendant que, depuis que, quand, tandis que, dès que, lorsque, comme...*

§127 | Répétition ou effacement de la conjonction de subordination

⁜ ***Lorsque des enchâssées sont coordonnées*** [3],

- ❖ ***la conjonction* que** et les **marqueurs de l'interrogation indirecte *se répètent*** obligatoirement :
  - ▸ *Nous voulons **que** vous vous taisiez et **que** vous écoutiez.*
  - ▸ *Répétez-moi **comment** vous avez acheté votre maison et **comment** vous l'avez aménagée.*
  - ▸ *Parmi ces desserts, dis-moi **lequel** tu préfères et **lequel** tu ne voudrais surtout pas.*
- ❖ ***les conjonctions* autres que *que*** peuvent être ***remplacées*** (plutôt que répétées) ***par que* :**
  - ▸ ***Quand** il pleut et **que** je m'ennuie, je m'adonne à la lecture.*
  - ▸ ***Bien que** tu sois gentil et **que** tu t'appliques, tu ne travailles pas assez chez toi.*

---

1 Vieux et peu usité.

2 Contrairement aux idées reçues, *avant que, jusqu'à ce que...*, marquent une **postériorité** et *après que* indique une **antériorité**. L'emploi d'une ligne du temps explique clairement ces positions chronologiques.

3 Voir §§ 176 à 179.

Les mots de liaison coordonnants

Ceux-ci sont de trois types :

- les conjonctions de coordination,
- les adverbes (ou locutions adverbiales) de coordination,
- les adverbes corrélatifs.

§128 | La conjonction de coordination

⁂ MAIS, OU, ET, OR, NI, CAR.

❖ Elle unit ***deux éléments syntaxiquement indépendants*** en se plaçant entre ces deux derniers qui peuvent être :

- soit ***deux phrases,***
- soit ***deux groupes de même fonction*** grammaticale (pas obligatoirement de même nature) :
  - ▸ *Je veux un livre **ou** un disque compact.*
  - ▸ *Tu viens **ou** tu restes ici ?*

❖ De plus, les conjonctions de coordination ***ne peuvent être combinées à ET :***

- ▸ *Je mange, **mais** je n'ai pas faim.* - **Je mange **et mais** je n'ai pas faim.*
- ▸ *Je veux un livre **ou** un disque compact.* - **Je veux un livre **et ou** un disque compact.*

Remarque :

La coordination n'est pas toujours possible (notamment avec ***or***) lorsqu'elle provient d'une réduction[1] :

- ▸ *Il est gagnant **or** il est triste.* - **Il est gagnant **or** triste.*

§129 | L'adverbe de coordination

⁂ DONC, PUIS, C'EST POURQUOI, POURTANT, NÉANMOINS, CEPENDANT, AINSI, PARTANT...

❖ Tout comme la conjonction de coordination, cet adverbe unit ***deux éléments syntaxiquement indépendants*** qui peuvent être soit ***deux phrases***, soit ***deux groupes de même fonction*** grammaticale (pas obligatoirement de même nature) :

- ▸ *J'ai envie de réussir,* { ***donc*** / ***c'est pourquoi*** } *je travaille sans me laisser distraire.*

1 Voir § 192.

❖ Il en ***diffère*** par :

- ***la combinaison possible avec ET :***
  - ▸ *J'ai envie de réussir,* { **et donc** / **et c'est pourquoi** } *je travaille sans me laisser distraire.*
- ***la place qu'il occupe.*** Celle-ci est variable selon les formes employées :
  - ***entre les deux éléments coordonnés***
    - ▸ *J'ai envie de réussir,* ***c'est pourquoi*** *je travaille sans me laisser distraire.*
    - ▸ *Il est entré,* ***puis*** *il a crié.*
  - ***entre les deux éléments coordonnés*** ou ***à l'intérieur du second***
    - ▸ *Je me suis trompé,* ***pourtant*** *j'avais étudié.*
      Je me suis trompé, j'avais ***pourtant*** *étudié.*
    - ▸ *Il a volé,* ***donc*** *il sera puni.*
      Il a volé, il sera ***donc*** *puni.*

§130 | L'adverbe corrélatif

⁂ **PLUS … PLUS, PLUS … MOINS, NON SEULEMENT … MAIS, TANTÔT … TANTÔT (… TANTÔT), SOIT … SOIT, PLUS … PLUS … MOINS…**

❖ Il unit ***deux éléments syntaxiquement* interdépendants**[1] qui peuvent être soit ***deux phrases***, soit ***deux groupes de même fonction*** (mais pas nécessairement de même nature) :

- ▸ ***Plus*** *je dors,* ***plus*** *j'ai l'impression d'avoir sommeil.*
- ▸ ***Tantôt*** *Évelyne,* ***tantôt*** *Audrey se plaignent de la chaleur.*

❖ L'adverbe corrélatif est toujours ***double***, voire ***triple***, et ***se place devant chacun des éléments :***

- ▸ *Tu peux manger ce que tu veux,* ***soit*** *un fruit,* ***soit*** *un gâteau.*
- ▸ ***Moins*** *j'étudie,* ***plus*** *je triche,* ***moins*** *je réussis.*

§131 | Quelques emplois particuliers de *et, ou, mais, ni*

⁂ ❖ **Et, ou, mais** peuvent être ***répétés*** devant chaque élément pour provoquer un ***effet d'insistance :***

- ▸ *Il ne voulait plus travailler* ***et*** *suer* ***et*** *trimer* ***et*** *souffrir.*
- ▸ *Apporte-moi ce que tu veux,* ***ou*** *un livre,* ***ou*** *un cahier,* ***ou*** *un stylo.*

1 Les deux phrases ou les deux éléments ne peuvent fonctionner l'un sans l'autre.

❖ Toutefois, **mais** ne peut se répéter ***devant le premier élément*** que s'il se trouve ***en début*** d'une phrase :

- *Il n'a pas acheté un livre, **mais** deux, **mais** trois, **mais** quatre.*
  Il n'a pas acheté **mais un livre, **mais** deux, **mais** trois, **mais** quatre.*
- ***Mais** rêver, **mais** être constamment dans la lune, là, c'est sa spécialité.*

Ni est employé avec NE dans les structures suivantes :

❖ **ni … ne, ni … ne :** coordination de phrases ayant des ***sujets différents***

- ***Ni** Gaston **ne** viendra, **ni** Philippe **ne** partira.*

❖ **ne…, ni ne…, ni ne… :** coordination de phrases ayant pour ***sujet*** un ***même pronom*** de conjugaison

- *Je **ne** vois, **ni ne** déduis, **ni ne** crois quoi que ce soit.*

❖ **ni ne…, ni ne… :** coordination de phrases ayant pour ***sujet*** un ***même groupe nominal***

- *Ce film **ni ne** me plaît▼, **ni ne** me déplaît▼.*

Remarque :

Autres combinaisons possibles : **ne… pas/point, ni ne…**

- *Ce film **ne** me déplaît▼ **pas**, **ni ne** me plaît▼.*

❖ **Quand le verbe est *nié* par ne**, chaque élément nié est généralement ***précédé de* ni :**

- *Je **ne** veux **ni** du pain, **ni** du café.*
- *Je **ne** te connais, **ni** toi, **ni** ton frère, **ni** ta sœur.*

❖ Quand le verbe est ***nié par* ne … pas/point**, chaque élément nié est ***précédé de* ni *sauf le premier :***

- *Il **n'a pas** mangé son dîner▼, **ni** son déjeuner, **ni** son petit-déjeuner.*

❖ Quand le verbe est ***nié*** par **ne… plus, ne… jamais, personne ne, rien ne,** chaque élément nié est ***précédé*** de **ni**, mais **ni** n'est ***pas obligatoirement placé devant le premier élément*** nié :

- *Il ne boit plus (**ni**) de bière, **ni** de vin, **ni** de cognac.*
- *Rien n'a été (**ni**) plus réfléchi **ni** plus construit que sa réponse.*

▼ *plait.*
▼ *déplait.*
▼ *diner.*

Synthèse 2 : les mots

§§ 37 à 131

Ceux-ci se répartissent en 7 classes, chacune se décomposant en sous-classes.

A- LE NOM

Le nom peut occuper de nombreuses fonctions grammaticales (entre autres : GNS, CD, CI, attributs, complément d'agent...). **Simple** ou **composé**, il est d'un **genre** précis (masculin ou féminin) et d'un **nombre** précis (singulier ou pluriel). Certains noms existent aux deux genres (avec un sens différent ou avec un même sens), d'autres ne s'utilisent qu'au singulier ou au pluriel, d'autres encore changent de sens en passant au pluriel.

B- LES DÉTERMINANTS

Les déterminants forment avec le nom la base du groupe nominal et occupent la position la plus à gauche dans ce groupe.

✲ **Les déterminants référents** (qui renvoient à une information connue du locuteur)

- **L'article défini** introduit un nom connu ou supposé connu des interlocuteurs.
- **Le déterminant possessif** renvoie au possesseur en désignant sa personne grammaticale.
- **Le déterminant indéfini** et **l'article indéfini** renvoient à une réalité non connue ou dont on n'a pas parlé.
- **Le déterminant démonstratif** renvoie au contexte.
- **Le déterminant interrogatif** indique l'interrogation sur l'identité, les qualités du nom.
- **Le déterminant exclamatif** introduit un sentiment par rapport au nom.
- **Le déterminant relatif**, propre à l'écrit et rare, introduit un nom en relation avec son antécédent.

✲ **Les déterminants quantifiants** (en référence avec le nombre d'êtres ou d'objets désignés par le nom)

- **Le déterminant négatif** (nombre nul).
- **Le déterminant numéral** (nombre précis).
- **Le déterminant partitif** introduit un nom dont on n'envisage qu'une partie indéterminée.
- **Le déterminant indéfini** (nombre imprécis).

Les déterminants ont des **formes** différentes (**simples, composées, contractées** [pour l'article défini]), et sont, pour la plupart, **variables** selon la personne, et/ou le genre, et/ou le nombre.

C- L'ADJECTIF

L'adjectif, dans le GN, est épithète ou épithète détachée. Associé au V être (ou V analogues), il peut être attribut. S'il est présent dans un GN sans déterminant, il devient souvent déterminant. Il peut être **simple** ou **composé**, formé ou non à partir d'un nom. Il **varie** en genre et en nombre.

- **L'adjectif qualificatif** exprime une qualité, une manière d'être, un état.
- **L'adjectif numéral** (**cardinal** : pour un nombre précis; **ordinal** : pour un rang précis).
- **L'adjectif possessif**, rare et parfois même vieillot, marque le possesseur.
- **L'adjectif indéfini** indique une idée vague de quantité, de qualité...

L'adjectif qualificatif peut être **mis en degrés** (**positif**, **comparatif** ou **superlatif**).

La **place de l'adjectif** qualificatif est bien précise (avant ou après le nom selon les cas). Un changement de place peut aboutir à un changement de sens (voir **§ 385**).

Synthèse 2 : les mots ○□◇

D- LE PRONOM

Le pronom est **représentant** quand il remplace un antécédent, **nominal** s'il n'a pas d'antécédent. Il peut remplacer un nom, un GN, un pronom, un adjectif (ou un Gadj.) ou une phrase. Il exerce les mêmes fonctions que celles des éléments qu'il remplace (sujet, CD, CI, attribut...). Il peut être **simple** ou **composé**, **varie** en ***genre***, ***nombre*** et ***personne*** (et parfois aussi selon la fonction) et peut être élidé (pour certaines formes seulement).

- **Le pronom personnel** renvoie à la personne grammaticale de la réalité désignée. Il peut être réfléchi ou non, disjoint ou conjoint.

Rem. : Il impersonnel *(Il pleut)* n'est pas un pronom, mais seulement une marque de conjugaison.

- **Le pronom possessif** remplace un nom précédé d'un déterminant possessif.
- **Le pronom démonstratif** remplace un nom en référence avec le contexte.
- **Le pronom interrogatif** remplace l'élément sur lequel porte l'interrogation.
- **Le pronom relatif** unit une phrase à une autre.
- **Le pronom numéral** représente un GN en précisant la quantité ou le rang.
- **Le pronom indéfini** remplace un GN dont l'identité ou la quantité est imprécise ou ignorée.

E- LE VERBE

Le verbe simple ou **composé**, marque **différents sens** (action, état, mouvement, parole, sensation, sentiment...). Il peut se conjuguer en fonction :

- de la **personne** grammaticale et du **nombre** relatifs à son sujet;
- du **temps** exprimé et de l'**aspect** (situation dans le temps et moment du déroulement de l'action);
- du **mode** (fait réel, éventuel, certain; ordre...);
- de la **voix**[1] (active, passive).

On distingue les verbes transitifs, intransitifs, copules, pronominaux, impersonnels, auxiliaires, semi-auxiliaires.

F- L'ADVERBE

L'adverbe, **simple** ou **composé**, **toujours invariable**, peut marquer la coordination, la corrélation, la modalisation. Il peut servir de complément ou de phrase complète.

L'adverbe permet de nombreuses nuances de sens (temps, lieu, manière, mise en degré, négation...). Il peut être mis en degré. Il occupe une place précise dans la phrase selon sa fonction et sa catégorie.

G- LE MOT DE LIAISON

Le mot de liaison unit un élément à un autre :

- par **subordination** (préposition, conjonction de subordination, pronom relatif);
- par **coordination** (conjonction ou adverbe de coordination, adverbes corrélatifs).

Il est donc toujours suivi d'un élément.

Certains mots de liaison n'ont pas de sens propre, d'autres ont un sens bien précis, d'autres encore voient leur sens varier en fonction du contexte.

Simple ou **composé**, le mot de liaison est invariable.

---

1 Pour certains linguistes, la **tournure pronominale** est aussi une voix.

4 - La phrase

I - LA PHRASE PROPREMENT DITE

Prérequis	Utilisations
• les natures des mots, §§ 42 à 131	• la construction de phrases complètes et correctes
• le sens d'une phrase	• les phrases dérivées par jonctions, §§ 169 à 192 • les phrases dérivées par application de constituants, §§ 161 à 168
• la ponctuation, §§ 13 à 31	• le discours rapporté, §§ 213 et 214 • les fonctions, §§ 137 à 160 • la grammaire du texte, §§ 217 à 266

§132 | Définition de la phrase

✲ La phrase est un **assemblage de mots et/ou de groupes de mots organisés grammaticalement et ayant un sens.**

❖ ***À l'oral***, la phrase se reconnaît▼ par son ***intonation*** (montante ou descendante selon le constituant[1]).

❖ ***À l'écrit***, elle se reconnaît▼ à la ***majuscule*** qui la commence et au ***point*** (ou point d'interrogation, ou point d'exclamation ou encore aux points de suspension) qui la clôture.

- **phrases correctes**
  - *Le soleil luit pour tout le monde.*
  - *Je veux que tu reviennes vite de l'école.*
  - *Voici mon ami.*
  - *Il faut de l'argent.*
  - *À vendre.*
  - *Beau bulletin !*

1 Voir §§ 133, et 161 à 168.

▼ reconnait.

- **phrases incorrectes, asémantiques** (c'est-à-dire parce qu'elles n'ont pas ou peu de sens)
  - ▸ **Un bonjour répond bonsoir à un bientôt.*
  - ▸ **Un spaghetti africain respire la musique du lapin.*
- **phrases incorrectes, agrammaticales** (c'est-à-dire parce qu'elles sont construites en s'écartant des règles de la grammaire)
  - ▸ **Luit pour le monde le soleil tout.*
  - ▸ **Reviennes veux je tu que de l'école vite.*
  - ▸ **Ami voici mon.*
  - ▸ **De l'argent faut il.*

§133 | Les constituants de la phrase

Pour transmettre une information, celui qui l'écrit ou la prononce peut présenter son message selon des CONSTRUCTIONS DIFFÉRENTES.
Il choisit une modalité, un ou des constituants à son information.

$\sum$[1] ▸ CONST. + P[2]

❖ **TROIS CONSTITUANTS sont OBLIGATOIRES**. On les symbolise en les encadrant par des crochets : [const.].

1 L'énonciatif ou déclaratif (énoncer un fait, une information, un avis...)
- ▸ *Ce coureur gagne la course. - Le soleil brille.*

2 L'interrogatif (formuler une question, demander une information...)
- ▸ *Ce coureur gagne la course ? - Le soleil brille ?*
- ▸ *Est-ce que ce coureur gagne la course ? - Est-ce que le soleil brille ?*
- ▸ *Gagne-t-il la course ? - Brille-t-il ?*
- ▸ *Qu'a gagné ce coureur ? - Qu'est-ce qui brille ?*

3 L'impératif (donner un ordre, un conseil...)
- ▸ *Gagnez cette course. - Brillez, soleil.*

❖ **TROIS CONSTITUANTS sont FACULTATIFS**. On les symbolise en les encadrant par des parenthèses : (const.).

1 Le négatif (donner une information en niant une information)
- ▸ *Ce coureur **ne** gagne **pas** la course. - Le soleil **ne** brille **pas**.*

---
1 Information.
2 Phrase.

2 **L'emphatique** (insister par la mise en relief sur un ou plusieurs mots de la phrase)

- *Ce coureur, **lui**, gagne la course. - Le soleil, **lui**, brille.*
- ***C'est** ce coureur **qui** gagne la course. - **C'est** le soleil **qui** brille.*
- ***La course**, ce coureur la gagne. - Ø*

3 **Le passif** (appliquer la transformation passive)

- *La course est gagnée **par** ce coureur. - Ø*

- à la voix active : S + V + COMPLÉMENT DIRECT
- à la voix passive : S + V + COMPLÉMENT D'AGENT (= compl. du V passif)

§134 | Les groupes dans la phrase

Par convention, on parlera de groupe même si celui-ci ne comprend qu'un terme. ***La phrase est** donc, **par convention, constituée de groupes de mots.*** Les groupes de mots exercent une ***fonction grammaticale*** dans la phrase :

- *Sarah fait beaucoup de sport.*

groupe sujet

Selon le mot qui sert de base à un groupe, on peut trouver :

base	*nom du groupe*	*symbole*	*exemples*
nom (ou assimilé : pronom, par ex.)	**groupe nominal**	**GN**	*mon chat, ta voiture, ta liberté, il, plusieurs...*
nom ou **pronom précédé d'une préposition**	**groupe nominal prépositionnel**	**GNP**	*à mon frère, à lui, sur la table...*
verbe	**groupe verbal**	**GV**	*obéir, penser à quelque chose, donner quelque chose à quelqu'un...*
adjectif	**groupe adjectival**	**Gadj.**	*gentil, très gentil, fier de vos résultats...*
adverbe	**groupe adverbial**	**Gadv.**	*certainement, très certainement...*
mot de liaison :			
- préposition	—	—	*à, sur, de, près de...*
- conjonction	—	—	*si, quand, comme, que, et, car...*

§135 | La phrase verbale / La phrase non verbale

✲ **La phrase verbale** se construit autour :

- ***d'un verbe conjugué*** (aux modes indicatif, subjonctif ou impératif) ***personnel***
  GN + GV
  - ▸ *Ce chanteur sort un premier CD.*
  - ▸ *Christine écoute la radio.*
  - ▸ *Étienne donne un livre à Sylvie.*
- ***d'un présentatif*** [1] (voici, voilà, il y a, c'est, revoici, revoilà...)
  Présentatif + expansion
  - ▸ *Voici notre ami Lionel.*
  - ▸ *C'est une splendide montagne enneigée.*
  - ▸ *Il y a du monde à cette fête !*
- ou encore ***d'un verbe impersonnel*** [1]
  IL + V impersonnel + expansion
  - ▸ *Il faut des outils pour réparer le lave-linge.*
  - ▸ *Il neige de gros flocons.*
  - ▸ *Il pleut depuis des heures.*

✲ **La phrase non verbale** est un énoncé qui ***s'écarte des structures de la phrase verbale*** (c'est-à-dire qu'elle n'est pas construite autour d'un présentatif[1], d'un verbe impersonnel[1] ou d'un verbe conjugué) :

▸ *Jamais.* - *Coucou !* - *Aïe !* - *À vendre.* - *Entrée interdite.*

❖ Plusieurs structures permettent de construire des P non verbales. Elles peuvent contenir :

- soit un GN ***(P nominale)***
- soit un GV à l'infinitif ***(P infinitive)***
- soit un Gadj. ***(P adjectivale)***
- soit un Gadv. ***(P adverbiale)***

+ éventuellement un autre groupe[2].

Remarques :

1) On compte aussi comme P non verbales :
   a) **l'interjection** ▸ *Aïe !* - *Zut !* - *Brrr !*
   b) **l'onomatopée** (phrase imitant un bruit) ▸ *Glouglou.* - *Tic-tac.* - *Toc.*
   c) **l'apostrophe**
      - dans une lettre : ▸ *Cher ami,*
        Monsieur le Directeur[3]*,*
      - dans le discours direct : ▸ ***Jacques*** *! Passe-moi le sel !*

---

1 Voir § 136.
2 Par exemple, une préposition : *Pour ?*
3 Cas particulier où P se termine par une virgule.

2) La phrase non verbale transmet une information tout comme la phrase verbale. Elle possédera▼ donc les mêmes constituants que P. Elle est cependant **souvent emphatique par exclamation**.

§136 | La phrase de base / La phrase dérivée

✲ **On appelle phrase de base** la phrase qui[1] :

a) **ne possède que le constituant énonciatif** [2] (et celui-là uniquement)
   - *Je joue au ballon.* (P de base)
   - *Je ne joue pas au ballon.* - *Joues-tu au ballon ?* (P dérivées)

b) **ne possède qu'un seul verbe conjugué**
   - *Je joue au ballon.* (P de base)
   - *Je joue avec le ballon que tu m'as offert.* (P dérivée)

c) **contient des groupes nominaux avec d'éventuelles expansions** pour autant que celles-ci puissent éventuellement être ***supprimées en laissant la phrase grammaticale***, et qu'elles ***ne comportent pas de verbe***
   - *Lucie donne un livre à son voisin.* (P de base)
   - *Luc donne un livre qui traite de jardinage à son voisin.* (P dérivée)

d) **correspond à l'une des structures suivantes :**

- **P → GNS + V + Ø**
  - *Le temps passe.* - *Mon amie est revenue.*
- **P → GNS + V + GN**
  - *Éric regarde la télé.* - *Le chat a un beau pelage tigré.*
- **P → GNS + V + GNP**
  - *Mon frère doute de sa réussite.* - *Bébé pense à son biberon.*
- **P → GNS + V + GN + GNP**
  - *Elle offre un bouquet à sa mère.*
- **P → GNS + V être + Gadj.**
  - *Le chat est noir.*
- **P → GNS + V être + GN**
  - *Ce chat est un chasseur de souris.*
- **P → GNS + V être + GNP**
  - *Cette musique est de Corse.*

1 Toutes les conditions énumérées doivent être réunies.
2 Voir §§ 133 et 162.

▼ possèdera.

- P → GNS + V être + Gadv.
  - *Le joueur est debout.*
- P → IL + V impersonnel (+ expansion)
  - *Il pleut.* - *Il faut de l'espoir.*
- P → Présentatif + expansion
  - *Voici Éric.* - *C'est Jules.* - *Il y a le feu.*

Remarque :

À chacune de ces structures peuvent s'ajouter des groupes nominaux, des groupes nominaux prépositionnels ou des groupes adverbiaux. Ces groupes fonctionnent comme **compléments de phrase *(compléments circonstanciels de [GNS + GV]) :***

- ***Ce matin*, *calmement*, *les enfants prendront,* ***avec plaisir***, *un chocolat chaud.*

On appelle phrase dérivée toute phrase (verbale ou non) **provenant de la *modification d'une phrase de base.***

La dérivation peut être due :

- à l'**application de constituants autres** que celui de la phrase de base[1]
  - *Anne-Sophie regarde le téléviseur.* (P de base)
    Anne-Sophie, elle, ne regarde-t-elle pas le téléviseur ? (P dérivée)
- à la **jonction de deux ou plusieurs phrases**
  - P_1 : *Romain dort.* - P_2 : *Sa maman prépare le repas.* - P_3 : *Son père aide à la confection du dessert.*
    Pendant que Romain dort, sa maman prépare le repas et son père aide à la confection du dessert.

Remarque :

Les jonctions peuvent consister en :

- une **juxtaposition**[2]
  - *L'enfant pleure **:** il a faim.*
- une **coordination**[3]
  - *L'enfant pleure **car** il a faim.*
- un **enchâssement**[4]
  - ***Quand** il pleure, l'enfant a faim.*
  - *L'enfant **qui** a faim pleure.*

1 Voir §§ 133, et 161 à 168.
2 Voir §§ 172 à 175.
3 Voir §§ 176 à 179.
4 Voir §§ 180 à 192.

II - LES FONCTIONS DES GROUPES DANS LA PHRASE VERBALE

Prérequis	Utilisations
• la phrase, § 132 • les natures des mots, §§ 42 à 131 • les groupes de mots, § 134 • les structures de la phrase, § 136 • les transformations de la phrase, § 137	• accord du V et du GNS, §§ 287 à 304 • accord du participe passé, §§ 305 à 321 • accord de l'adjectif, §§ 322 à 330 • l'emphase, §§ 166 et 423 • l'anaphore, § 227

§137 | Préliminaires

Le verbe sert de base à la phrase verbale. Les autres groupes jouent une fonction grammaticale dans la phrase. **Pour identifier la fonction** de chaque groupe, il faut au préalable être capable de procéder aux ***deux étapes suivantes :***

❖ **délimiter le groupe**

Pour y parvenir, **on l'encadre par *« c'est ... qui »* ou *« c'est ... que ».***

Exemple :

Ce matin / les enfants, / très tôt, / prendront / comme d'habitude / un chocolat chaud.
BASE

Le verbe « prendront » isolé, cette phrase compte cinq groupes, car il est possible de dire :

- **C'est** *ce matin* **que** les enfants...
- **Ce sont** *les enfants* **qui** ce matin...
- **C'est** *très tôt* **que** les enfants...
- **C'est** *comme d'habitude* **que** les enfants...
- **C'est** *un chocolat chaud* **que** les enfants...

❖ **opérer quelques transformations** au groupe ainsi délimité

Ces transformations peuvent consister :

1°- en un détachement

- ***par déplacement***
  *(Cet enfant boit un biberon **le soir.**)*

- ***Le soir**, cet enfant boit un biberon.*
- *Cet enfant, **le soir**, boit un biberon.*
- *Cet enfant boit, **le soir**, un biberon.*

• ***avec reprise pronominale***

*(**Cette fleur** me plaît▼.)*

- ***Cette fleur**, **elle**, me plaît▼.*

  1 2

- ***Elle** me plaît▼, **cette fleur.***

  2 1

• ***par « c'est ... qui », « c'est ... que »***

(Hier, Yves a donné un livre à Émilie.)

- ***C'est** hier **que** Yves a donné un livre à Émilie.*
- ***C'est** Yves **qui** a donné, hier, un livre à Émilie.*
- ***C'est** un livre **que** Yves a donné hier à Émilie.*
- ***C'est** à Émilie **que** Yves a donné un livre hier.*

2°-en une pronominalisation (remplacement du groupe par un pronom)

- *Bernard a faim. - **Il** a faim.*
- *Je parle à mon frère. - Je **lui** parle.*
- *Ce chat est beau. - Ce chat **l'**est.*
- *Je vais à Lyon. - J'**y** vais.*

3°-en un dédoublement (le groupe est doublé par l'expression « ***et cela*** » placée juste avant lui)

- *Nous nous lavons tous les matins.*
  *Nous nous lavons **et cela** tous les matins.*
- *Un avion trace une arabesque dans le ciel.*
  *Un avion trace une arabesque **et cela** dans le ciel.*

4°-en un effacement (le groupe est supprimé de la phrase)

- *Un ami de Nadine travaille dehors.*
  Un ami Ø travaille dehors. - Un ami de Nadine travaille Ø.

5°-en une passivation (transformer la P active en phrase passive[1])

- *Le jardinier plante l'arbre.*

L'arbre est planté par le jardinier.

1 Voir § 167.

▼ *plait.*

6°-en **une commutation** (un mot ou un groupe de mots est remplacé par un autre)

- *À / Vers / Aux environs de / Pour midi, je reviendrai.*

7°-en **une permutation** (l'ordre des mots est permuté, modifié, l'un prenant la place de l'autre)

- *Jacques est le jardinier.*

  Le jardinier est Jacques.

8°-en **une mise en interrogation** (la phrase est transformée en phrase interrogative)

- *Anne-Sophie étudie son cours de français à cause des examens.*

  1 (Anne-Sophie) 2 (son cours) 3 (de français) 4 (à cause des examens)

  ***Qui** étudie son cours de français ?* (1)

  ***Qu'**étudie Anne-Sophie ?* (2)

  ***Quel** cours Anne-Sophie étudie-t-elle ?* (3)

  ***Pourquoi** Anne-Sophie étudie-t-elle ?* (4)

§138 | Relations entre groupes dans la phrase

Entre les mots (ou groupes de mots) d'une phrase existent des relations qui peuvent être examinées selon un **angle syntaxique** (les fonctions grammaticales) ou selon un **point de vue sémantique** (les fonctions sémantiques[1]).

D'un ***point de vue syntaxique***, trois rapports sont possibles :

L'interdépendance syntaxique

- *Juliette dort.*
- Ni *Juliette* ni *dort* ***ne peuvent être effacés***. *Juliette* et *dort* ***fonctionnent ensemble***, dépendent l'un de l'autre. Ils sont **interdépendants**.

La dépendance syntaxique

L'un des termes ne peut fonctionner sans un autre qui, lui, pourrait fonctionner seul.

- *Le jouet de Romain est en carton.*

  Le jouet est en carton. - **De Romain est en carton.*
- *De Romain* ***dépend de*** *Le jouet* et ne peut fonctionner sans ce groupe alors que *Le jouet* ***fonctionne sans*** *de Romain*. *De Romain* est syntaxiquement **dépendant** de *Le jouet*.

1 Voir ***L'Expression de ...***, §§ 414 à 423.

❖ **L'indépendance syntaxique**

Les éléments peuvent fonctionner l'un sans l'autre.

▸ *Romain parle* ***de ses vacances chaque matin.***

Romain parle de ses vacances. - *Romain parle chaque matin.*

- *De ses vacances* et *chaque matin* peuvent être ***effacés*** et ***fonctionnent l'un sans l'autre.*** Ils sont syntaxiquement **indépendants**.

§139 | Les différentes fonctions dans une phrase

✲ ***Au niveau de la phrase***, se distinguent les fonctions suivantes :

1- sujet du verbe [1]	▸ ***Romain*** *regarde son père.* ▸ ***Anne-Sophie*** *observe les oiseaux.* ▸ ***Qu'il pleuve*** *n'a pas d'importance.*
2- complément du verbe [2]	▸ *Romain appelle* ***sa sœur.*** ▸ *Je pense* ***à toi.*** ▸ *Nous souhaitons* ***que tu reviennes vite.***
3- attribut du sujet [3]	▸ *Romain est* ***triste.*** ▸ *Évelyne devient* ***de plus en plus jolie.*** ▸ *Édith est devenue* ***ce qu'elle voulait.***
4- attribut du complément direct [4]	▸ *Elle trouve cette maison* ***agréable.*** ▸ *Nous jugeons cet homme* ***coupable.***
5- complément de phrase [5] **(complément circonstanciel de [GNS + GV])**	▸ ***Demain,*** *nous partons en vacances.* ▸ *Ce bébé mange* ***quatre fois par jour.*** ▸ ***Quand tu viendras,*** *il fera beau.*
6- complément d'agent [6] **(complément du verbe passif)**	▸ *La fleur a été arrachée* ***par la fillette.*** ▸ *Nous sommes concernés* ***par ce qu'il faut.***
7- complément du verbe impersonnel [7]	▸ *Il faut* ***du courage.*** ▸ *Il est* ***temps de faire un petit effort.*** ▸ *Il est possible* ***que tu gagnes.***
8- complément du présentatif [8]	▸ *Il y a* ***du monde.*** ▸ *Voici* ***que les gens partent.***
9- attribut du complément du présentatif [9]	▸ *Le voilà* ***convaincu.*** ▸ *Voici notre ami* ***étonné.***

1 Voir § 141.
2 Voir §§ 142-143.
3 Voir § 144.
4 Voir § 145.
5 Voir § 150.
6 Voir § 147.
7 Voir § 148.
8 Voir § 149.
9 Voir § 146.

Au niveau des groupes qui constituent la phrase :

❖ **dans le groupe nominal** (= ayant un nom pour base) :

1- épithète [1]	▸ *Ce* ***bon*** *café est servi par une* ***charmante*** *demoiselle.*
2- épithète détachée [2]	▸ *Céline,* ***attentive****, écoutait le discours.* ▸ ***Subtil****, ce raisonnement m'échappait.*
3- complément du nom [3]	▸ *Ce livre* ***de cuisine*** *est sale.* ▸ *Pourvu qu'il garde le souvenir* ***de ce qu'il a vu.***
4- apposition [4]	▸ *Le pays* ***de France*** *est connu pour ses vins fins.* ▸ *La peur* ***qu'il échoue*** *me cloue sur place.*
5- apposition détachée [5]	▸ *Jacques,* ***le facteur****, apprécie le bon vin.*

❖ **dans le groupe adjectival** (= ayant un adjectif pour base) :

complément de l'adjectif [6]	▸ *Vous êtes fiers* ***de vos résultats.*** ▸ *Vous en êtes* ***très*** *fiers.* ▸ *Vous êtes heureux* ***de ce que vous avez obtenu.***

❖ **dans le groupe adverbial** (= ayant un adverbe pour base) :

complément de l'adverbe [7]	▸ *C'est* ***très*** *bien.* ▸ *Ce rôle est* ***fort*** *joliment interprété.*

❖ **en dépendance d'un mot de liaison :**

complément du mot de liaison [8]	▸ *Il a répondu* ***bien*** *après que je le lui ai demandé.*

§140 | Identification des fonctions

Remarque importante : mis à part pour le complément d'agent (= complément du verbe au passif), il faut **TOUJOURS retourner à la PHRASE DE BASE** [9] (c'est-à-dire énonciative, positive, neutre et active) pour identifier les fonctions.

1 Voir § 152.
2 Voir § 153.
3 Voir § 154.
4 Voir § 155.
5 Voir § 156.
6 Voir § 157.
7 Voir § 158.
8 Voir § 159.
9 Voir § 136.

Les fonctions dans les phrases de structure GN + GV

§141 | Le sujet du verbe (GNS)

Identification :

❖ Il est facilement identifiable, car c'est le **seul élément encadrable par « C'EST ... QUI » :**

- ***La voiture*** *roule trop vite.*
  C'est *la voiture* ***qui*** *roule trop vite.*
- *Hier,* ***un marchand ambulant de tissus*** *a vendu 100 m de coton.*
  Hier, ***c'est*** *un marchand ambulant de tissus* ***qui*** *a vendu 100 m de coton.*

❖ Les pronoms **je, tu , on, il, ils** sont **toujours sujets.** Donc, si un ***GN*** peut être ***remplacé par il(s)***, il est ***sujet***.

Remarques :

1) Je, tu, il(s), elle(s) se détachent comme suit : ***c'est*** MOI/TOI/LUI/EUX/ELLE(S) ***qui***...
2) **Le verbe et le sujet ont un *accord interdépendant*** [1] :
   - *Le bébé rit. - Les bébés rient.*

Classes grammaticales du sujet :

❖ Peuvent tenir la fonction de sujet :

- **un nom ou un GN** — ***Pierre*** *mange du chocolat.* / ***Le danseur*** *arrête le spectacle.*
- **un pronom** — ***Je*** *mange.* - ***Tu*** *arrêtes.* - ***Quelqu'un*** *passe.*
- **un verbe à l'infinitif** — ***Manger*** *est souvent agréable.* / ***Se taire*** *est toujours pénible.*
- **une enchâssée** — ***Qui dort*** *dîne*▼. / ***Que tu sois en retard*** *me dérange beaucoup.*

❖ D'autres mots, ***par translation*** [2], pris comme noms, peuvent aussi être sujets du verbe :

- **l'adverbe** — ***Le mieux*** *est l'ennemi du bien.*
- **l'adjectif** — ***Le beau*** *coûte*▼ *cher.*
- **le participe passé** — ***Les blessés*** *seront envoyés à l'hôpital.*
- **certains mots invariables (adverbes, conjonctions...)** — ***Un si*** *n'a jamais rien fait progresser.* / ***Un comment*** *fut sa réponse.*

1 Voir **Orthographe grammaticale, Accord du V et du GNS**, § 287.
2 Voir § 41, rem. 1.

▼ *dine.*
▼ *coute.*

Remarques :

1) À l'***impératif***, le ***sujet*** n'est ***pas exprimé :***
   - *Viens ici tout de suite !*
2) L'***infinitif*** et le ***participe*** peuvent ***avoir un sujet***[1]***:***
   - *Je vois **un passant** courir. - **La chance** aidant, tu gagneras.*

§142 | Le complément direct de verbe (CD)

Identification :

- Le complément direct de verbe peut être **remplacé par les pronoms LE, LA, LES** (**parfois EN**, si le GN remplacé contient un déterminant quantifiant[2]). Le pronom se place juste avant le verbe :
  - *Je mange **le biscuit**. > Je **le** mange.*
  - *Je mange **cette tartine.** > Je **la** mange.*
  - *Je mange **les biscuits**. > Je **les** mange.*
  - *Je mange **du pain**. > J'**en** mange.*
  - *Je mange **un biscuit.** > J'**en** mange **un**.*
- Le complément direct de verbe (sauf sous forme de pronom) **SUIT toujours le verbe :**
  - *Je mange **une tartine**. - *Une tartine, je mange. - *Je **une tartine** mange.*
- Le complément direct de verbe n'est **PAS DÉDOUBLABLE**[3] :
  - *Je mange **une tartine**. - * Je mange **et cela** une tartine.*
- Ce complément ne peut que **RAREMENT** être **EFFACÉ**[3] sans modifier le sens de P :
  - *Le chien conduit **l'aveugle**. - *Le chien conduit.*
  - *J'habite **un chalet**. - *J'habite.*
- Lorsque la phrase active peut être transformée en **PHRASE PASSIVE**[3], le complément direct de verbe **devient SUJET** :
  - *Michaël achète **le cédérom d'un nouveau jeu.***

    ***Le cédérom d'un nouveau jeu** est acheté par Michaël.*

1 Voir **Réductions d'enchâssées**, §§ 209-210 et 192.
2 Voir **Les sous-classes de mots**, §§ 54 à 57.
3 Voir § 137.

⁂ *Classes grammaticales du complément direct de verbe :*

❖ Peuvent être compléments directs de verbe,

- les mots appartenant aux classes suivantes :

- **un nom (ou un GN)** ▸ *J'apprécie* ***le silence.*** ▸ *J'appelle* ***Isabelle.***
- **un pronom (le, la, l', les, en)** ▸ *Je* ***les*** *apprécie.* ▸ *Je* ***l'****appelle.*
- **un verbe à l'infinitif** ▸ *Je veux* ***venir.***

- ou encore :

- **une enchâssée** ▸ *Je veux* ***que tu viennes.***

Remarque :

Certains ***adverbes*** sont compléments de verbe. Ils ont le traitement suivant :

- détachement difficile par ***c'est ... que.***
- déplacement impossible.
- position interne à un temps composé.

▸ *Jeanne a* ***bien*** *dansé.* **C'est* *bien* ***que*** *Jeanne a dansé.*

****Bien****, Jeanne a dansé.*

Jeanne **a** ***bien*** **dansé.**

Toutefois, ce ne sont pas des compléments ***directs*** de verbe. Ils ont une fonction spécifique.

§143 | Le complément indirect de verbe (CI)

⁂ *Identification :*

Le complément indirect se distingue par les fonctionnements suivants :

❖ La **préposition** introduisant le GNP complément indirect de verbe peut **DIFFICILEMENT** être **CHANGÉE** :

▸ *Patricia pense* ***à André.*** - * *Patricia pense* ***de/pour/sur André.***

❖ Le complément indirect de verbe est **PRONOMINALISABLE** en :

- **LUI, LEUR, EN ou Y (*avant* le verbe)**
  - ▸ *Je parle* ***à Charly.*** > *Je* ***lui*** *parle.*
  - ▸ *Je parle* ***à mes amis.*** > *Je* ***leur*** *parle.*
  - ▸ *Je vais* ***à Montréal.*** > *J'****y*** *vais.*
  - ▸ *Je viens* ***de Dakar.*** > *J'****en*** *viens.*
- **préposition + LUI, ELLE(S), EUX (*après* le verbe)**
  - ▸ *Je parle* ***de Romain.*** > *Je parle* ***de lui.***
  - ▸ *Je pense* ***à Romain.*** > *Je pense* ***à lui.***

❖ Le complément indirect de verbe n'est **PAS DÉDOUBLABLE** :

- *Je parle* ***de Romain****.* - **Je parle* ***et cela*** *de Romain.*

❖ Le complément indirect de verbe n'est **PAS MOBILE** :

- *Je parle* ***de Romain****.* - **De Romain, je parle.*

Remarque :

Dans certains cas, le ***déplacement*** est ***possible*** - notamment pour marquer ***l'attribution*** - mais il y a alors **emphase** :

- *Je donne un livre* ***à Christopher****.*
  À Christopher*, je donne un livre.* (P emphatique)

Classes grammaticales du complément indirect de verbe :

❖ Le complément indirect peut être :

- **un nom ou un groupe nominal (introduit par une préposition)**
  - *Il va* ***à Bruxelles****.*
  - *Je parle* ***de Romain****.*
- **un pronom (lui, leur, en, y)**
  - *Il* ***y*** *va.*
  - *Il* ***en*** *parle.*
  - *Il parle* ***de lui****.*
- **un verbe à l'infinitif (introduit par une préposition)**
  - *Je l'incite* ***à rester****.*
- **une enchâssée**
  - *Je doute* ***que vous veniez****.*
  - *J'aspire* ***à ce que tu viennes****.*

§144 | L'attribut du sujet

Identification :

❖ Il **suit toujours le verbe ÊTRE ou un VERBE ANALOGUE** *(paraître▼, sembler, devenir, rester, demeurer, avoir l'air, passer pour, s'avérer, être pris pour, être censé, être réputé, être considéré comme, être regardé comme, être tenu pour, être traité de, être dit, être appelé, être fait, être élu, être créé, être désigné comme, être choisi pour, être proclamé...)* :

- *Pierrot* ***paraît▼/semble/a l'air/est considéré comme*** *gentil.*

Remarque :

D'autres verbes, ***par translation***, permettent aussi la construction de l'attribut, mais, dans ce cas, les deux procédés d'identification qui suivent ne s'appliquent pas. Il s'agit notamment des verbes suivants :

- **quelques verbes transitifs directs employés au passif :** *croire, estimer, déclarer, juger, sentir, trouver...*
  - *Il a été* ***jugé/déclaré*** *coupable.*

▼ *paraitre.*
▼ ***parait****.*

- **quelques verbes intransitifs :** *aller, arriver, entrer, mourir, naître*▼*, partir, passer, sortir, tomber, venir, vivre...*
  - ‣ *Il **entre** heureux dans l'année supérieure.*
- **quelques verbes pronominaux :** *se faire, s'annoncer, s'en aller, s'arrêter, s'éloigner, se retirer...*
  - ‣ *René **s'arrête** furieux.*
  - ‣ *La journée **s'annonce** triste.*
- **quelques autres verbes :** *courir, dormir, fuir, marcher, régner...*
  - ‣ *Il **marchait** craintif.*

❖ L'attribut du sujet **SE PRONOMINALISE en LE ou L'** précédant le verbe[1] :

‣ *Romain est **sage**.* > *Romain **l'**est.*

‣ *Romain deviendra **grand**.* > *Romain **le** deviendra.*

Remarques :

1) En ***langue soignée***, l'attribut ***se pronominalise*** parfois en « ***la, les*** » si le mot remplacé est un ***nom propre*** ou un ***nom commun précédé d'un déterminant référent :***
   - ‣ *La reine, vraiment oui, je **la** suis.* (La Fontaine.)
   - ‣ *Êtes-vous les juges ? Nous **les** sommes.* (Grevisse.)
2) La ***forme du pronom*** est en ***relation*** avec le ***déterminant du nom remplacé :***
   - ‣ *Pierre est **le** facteur.* (déterminant référent) > *Pierre **l'**est.*
   - ‣ *Pierre est **un** facteur.* (déterminant article indéfini) > *Pierre **en** est **un**.*

❖ L'attribut du sujet **NE PEUT ÊTRE EFFACÉ** :

‣ *Anne-Sophie semble **gentille**.* - **Anne-Sophie semble Ø.*

❖ Il existe une **INTERDÉPENDANCE entre l'attribut et le sujet.** Quand l'attribut s'accorde, il varie selon le sujet[2] :

‣ *Gilbert est **grand**.* - *Gilberte est **grande**.*

❖ L'**attribut**, s'il n'est pas un adjectif, peut toujours être **REMPLACÉ PAR UN ADJECTIF** :

‣ *Elle est **éducatrice**.* > *Elle est **intelligente**.*

Remarques :

1) On ne confondra pas ***être + attribut*** avec ***être + participe passé*** :
   - ‣ *Romain est **gentil**.* (attribut) ≠ *Romain est **parti**.* (PPé) (indic. passé composé)

---

1 Voir § 137.

2 Voir **Accord de l'adjectif**, § 322.

▼ *naitre.*

2) Quand le complément qui suit le verbe être ou un verbe analogue ***se pronominalise*** en ***EN*** ou ***Y***, il fonctionne ***comme un complément indirect*** de verbe[1] :

- *Le fermier est* ***dans son champ.*** > *Le fermier* ***y*** *est.*
- *Le fermier est* ***de mes connaissances.*** > *Le fermier* ***en*** *est.*

3) Dans la structure ***GN + V être + GN***, il arrive ***parfois*** que ***l'attribut précède*** le verbe et que ***le sujet*** le ***suive*** :

- ***Le pire*** *serait son retour.*

L'encadrement par « ***c'est … qui*** » montre que le ***sujet*** est « ***son retour*** » :

- ***C'est*** *son retour* ***qui*** *serait le pire.* (et non : **C'est le pire qui serait son retour.*)

Classes grammaticales de l'attribut du sujet :

❖ Il peut être :

• **un nom (dans un GN)**	*Mon frère est* ***son fiancé.***
	Mon frère est ***le fiancé de ta cousine.***
• **un nom (dans un GNP)**	*Elle est* ***de bonne composition.***
• **un pronom**	*Elle* ***l'****est.* - ***Qui*** *êtes-vous ?*
• **un adjectif**	*Elle est* ***brillante.***
• **un adverbe**	*Gérard est* ***debout.*** - *Il est* ***mieux.***
• **une enchâssée**	*Il paraît*▼ ***ce qu'il a toujours été.***

§145 | L'attribut du complément direct

Identification :

❖ **Au contraire de l'épithète**

- **l'attribut du complément direct SE MAINTIENT** même si le ***nom*** dont il dépend (c'est-à-dire le complément direct) est ***pronominalisé*** :
  - *Je trouve Évelyne* ***gentille.*** > *Je la trouve* ***gentille.***

  mais :
  - *J'ai trouvé une* ***jolie*** *carte dans ma boîte*▼ *aux lettres.* > *Je l'ai trouvée Ø dans ma boîte*▼ *aux lettres.*
- **L'EFFACEMENT** de l'attribut du complément **rend la phrase**
  - **soit de sens différent :**
    - *Je trouve cette fille* ***gentille.*** (= je trouve que cette fille est gentille.)

      ≠ *Je trouve cette fille.* (= je découvre cette fille.)

1 Voir § 143.

▼ *parait.*

▼ *boite.*

- **soit incomplète et donc incorrecte :**
    - *Alain suppose son ami **sérieux**.*
    **Alain suppose son ami Ø.*

❖ **Comme l'épithète**

- l'attribut du complément direct **S'ACCORDE** éventuellement avec le nom auquel il se rapporte (à savoir le **CD**)[1] :
    - *Je trouve ce livre **sérieux**. - Je trouve cette revue **sérieuse**.*

❖ **Une idée de JUGEMENT** est souvent contenue dans les V employés (*trouver, estimer, juger, prétendre...*)

❖ **L'emploi de l'enchâssement** permet aussi de distinguer épithète et attribut du complément direct.

L'épithète *ne peut* se construire avec une enchâssée complétive introduite par « que » et contenant le V être :

- *Je conduis cette voiture **rouge**.*
  Je conduis **que cette voiture est rouge.*

Par contre, cette transformation est ***possible* pour l'attribut du complément direct :**

- *Nous estimons ce travail **indispensable**.*
  *Nous estimons **que ce travail est indispensable**.*

Remarque :

Dans des expressions du type *rendre quelqu'un..., tenir quelqu'un pour..., traiter quelqu'un de...*, bien que seul le complément direct soit pronominalisable et que l'expansion soit attribut du complément direct, il est impossible de passer à une complétive en « que » :

- *Le désespoir a rendu cet homme **aigri**.*
  *Cet homme, le désespoir l'a rendu **aigri**.*
  **Le désespoir a rendu que cet homme est aigri.*

Classes grammaticales de l'attribut du complément direct :

❖ Il s'agit dans la plupart des cas d'un **adjectif qualificatif**, parfois d'un **GNP** *(de bonne foi, de confiance...)*, d'un **GN**, d'un **Gadv.** :

- *Vanessa trouve son ami **intelligent**.*
- *Nous estimons cet homme **de bonne foi**.*
- *Je nomme cet élève **responsable du tableau**. - Je le nomme **responsable du tableau**.*
- *Je le juge **bien**.*

1 Voir **Accord de l'adjectif**, § 322.

§146 | Remarque : attribut du complément du présentatif

L'application des ***mêmes principes*** permet d'identifier un attribut du complément du présentatif :

- **maintien *malgré la pronominalisation*** du complément
  - *Voici mes parents **fâchés**. > Mes parents, les voici **fâchés**.*
- **effacement** donnant un ***sens différent***
  - *Voici mes parents **fâchés**. ≠ Voici mes parents Ø.*
- **accord avec le complément**
  - *Voici mon père **fâché**. - Voici ma mère **fâchée**.*
- **reconstruction en complétive** avec « ***que*** » + ***être***
  - *Voici mes parents **fâchés**. > Voici **que mes parents sont fâchés.***

§147 | Le complément d'agent (complément du verbe au passif)

Ce dernier ne se présente que dans des phrases dérivées en raison de l'application du constituant passif[1]. L'appellation « complément du verbe au passif » est assez ambiguë▼, le verbe au passif pouvant se construire, par exemple, avec un CI *(Une décoration a été remise à ce savant.)*.

Identification :

- Il fonctionne comme **SUJET à la voix active :**
  - *Les prunes sont cueillies **par le voisin.** > **Le voisin** cueille les prunes.*
- Il est introduit à l'aide de la **préposition PAR** (parfois **DE**) :
  - *La pelouse est tondue **par** le jardinier.*

  Remarque :

  DE s'emploie surtout quand:

  - le verbe a un **sens figuré** :
    - *Il est accablé **de** soucis.*
  - il s'agit d'exprimer le **résultat** ou l'**état** d'une action :
    - *Son avarice est connue **de** tous ses amis.*
- **L'effacement** du complément d'agent est ***possible***, mais ***en amputant l'information :***
  - *Son avarice est connue Ø.*

1 Voir **Phrases verbales dérivées**, **Les constituants**, §§ 133 et 167.

▼ ambigüe.

Classes grammaticales du complément de verbe au passif :

Celui-ci peut être :

- **un nom (dans un GNP introduit par PAR ou DE)**
  - ▸ *Il est interrogé* ***par le juge.***
  - ▸ *Il est craint* ***de ses ennemis.***
- **un pronom** ▸ *Il a été interrogé* ***par moi-même.***
- **une enchâssée** ▸ *Il a été interrogé* ***par qui en avait le droit.***

Les fonctions dans les phrases impersonnelles (IL + V impersonnel + expansion)

§148

❖ **IL** ne joue ***pas*** dans ces phrases le rôle de ***sujet*** : il n'est pas détachable par « *c'est … qui* ». De plus, ne pouvant être remplacé par un autre mot, **IL n'est *pas* un *pronom***. Il ne fait que marquer la 3e personne du singulier pour la conjugaison.

❖
- **Les phrases impersonnelles de base fonctionnent avec un *verbe toujours impersonnel*[1] :**
  - ▸ *Il* ***faut*** *de l'argent pour vivre.*
- **Les phrases impersonnelles dérivées fonctionnent avec un *verbe employé impersonnellement :***
  - ▸ *Trois camions sont entrés dans la cour.* > *Il* ***est entré*** *trois camions dans la cour.*

❖ **Les expansions** dans une phrase impersonnelle varient selon le verbe employé :

- avec **IL PLEUT, IL GÈLE, IL NEIGE, IL VENTE *(verbes météorologiques)***, ***l'expansion est* facultative** et prend la forme d'un GN. Il s'agit alors d'un **complément de verbe impersonnel.**
  - ▸ *Il pleut* ***de grosses gouttes.***
- avec **IL FAIT, IL SE FAIT, IL EST, *l'expansion est* obligatoire** (sous forme de GN ou de Gadv.) et forme avec le verbe une **locution verbale** (marquant le ***temps chronologique ou météorologique***) :
  - ▸ *Il fait froid. - Il se fait tard. - Il est midi.*
- avec **IL FAUT, *l'expansion est* obligatoire** sous la forme d'un GN, ou d'un GN et d'un GNP. L'expansion ***se pronominalise*** comme un complément direct (pour un GN) ou comme un complément indirect (pour un GNP). L'expansion est donc **complément (direct ou indirect) du verbe impersonnel.**

1 Voir § 109.

- *Il faut* ***de l'argent à ce pauvre Jacques.*** *> Il* ***lui en*** *faut.*
- *Il faut* ***un avis clair.*** *> Il* ***le*** *faut.* ou *Il* ***en*** *faut* ***un.***

- avec **IL EST QUESTION DE,** ***l'expansion est*** **obligatoire** sous la forme d'un GNP (introduit par **de**). Elle ***se pronominalise*** en *DE + pronom* si le nom remplacé est [+ animé] et en *EN* si le nom est [– animé]. Cette expansion est un **complément de verbe impersonnel.**
  - *Il est question* ***de Pierre.*** *> Il est question* ***de lui.***
  - *Il est question* ***de son mariage.*** *> Il* ***en*** *est question.*
- avec **IL Y VA DE,** ***l'expansion est*** **obligatoire** sous la forme d'un GNP et est ***non pronominalisable.*** L'expansion est **complément du verbe impersonnel.**
  - *Il y va* ***de votre avenir.*** *> *Il en y va.*
- avec **IL EN EST DE MÊME DE/POUR, IL EN VA DE MÊME DE/POUR, IL S'AGIT DE,** ***l'expansion est*** **obligatoire** sous la forme d'un GNP et est surtout ***pronominalisable*** s'il s'agit d'un nom [+ animé]. Une expansion avec un nom [– animé] peut se pronominaliser en « cela ». L'expansion est également **complément du verbe impersonnel.**
  - *Il s'agit* ***de Jean-Luc.*** *> Il s'agit* ***de lui.***
  - *Il s'agit* ***d'argent.*** *> *Il s'agit de lui. > Il s'agit* ***de cela.***

Les fonctions dans les phrases à présentatif

§149

Le traitement varie selon le présentatif employé [1].

❖ (RE)VOICI - (RE)VOILÀ

Ces présentatifs sont **invariables.** Leur ***expansion est*** **facultative** et ***se pronominalise*** comme un complément direct de verbe. Elle est **complément du présentatif :**

- *Voici Ø.*
- *Voici* ***ce beau chien.*** *>* ***Le*** *voici.*
- *Voici* ***un beau chien.*** *>* ***En*** *voici* ***un.***

❖ C'EST

Ce présentatif **varie en nombre** (toujours à la 3e personne) et **se conjugue.** Son ***expansion est*** **obligatoire** sous la forme d'un GN, d'un GNP, d'un Gadj. ou d'un Gadv. L'expansion est **complément du présentatif.** Elle ***peut*** se pronominaliser sous la forme :

- **le** ou **l'**, si l'expression est un GN, un Gadj. ou un Gadv.
  - *C'est* ***votre manteau.*** *> Ce* ***l'****est.*
  - *C'est* ***ennuyeux*** *et ce* ***l'****est à plusieurs titres...*

1 Pour l'attribut du complément du présentatif, voir § 146.

- **en** + être + **un, deux...,** si l'expansion est un GN
  - *Ce sont* ***deux livres.*** *> C'****en*** *sont* ***deux*** *que j'ai retenus.*
- **lui, elle, eux, elles,** placés après le présentatif si l'expansion est un GN [+ humain]
  - *C'est* ***Jeanne****. > C'est* ***elle****.*

❖ **IL Y A**

Ce présentatif **se conjugue**, mais uniquement à la 3e personne du singulier. Son ***expansion est*** **obligatoire**. C'est un **complément du présentatif** qui peut ***se pronominaliser*** en :

- **lui, elle, eux, elles,** si l'expansion est un GN ***avec*** déterminant défini généralement [+ animé]
  - *Il y a* ***le voisin.*** *> Il y a* ***lui****.*
- **en** + a + **(un, deux...)**, si l'expansion est un GN ***sans*** déterminant défini
  - *Il y a* ***un voisin****. > Il y* ***en*** *a* ***un****.*

Le complément de phrase
(complément circonstanciel de [GNS + GV])

§150

À toute phrase constituée ***soit d'un GNS et d'un GV,***
soit d'un présentatif + expansion,
soit de IL + V impersonnel + expansion,
il est toujours possible d'ajouter un complément de phrase.

✲ ***Identification :***

Le complément de phrase est :

❖ **MOBILE**

- *J'ai mangé deux croissants* ***ce matin.***
  Ce matin*, j'ai mangé deux croissants.*
  J'ai mangé, ***ce matin****, deux croissants.*

❖ **DÉDOUBLABLE (par et cela)**

- *J'ai mangé deux croissants* ***ce matin.***
  J'ai mangé deux croissants ***et cela ce matin.***

❖ **NON PRONOMINALISABLE** (avec effacement de la préposition)

▸ ***Après ton retour***, *je repars.*
**Cela, je repars.*

sauf parfois par EN et Y pour le lieu :

▸ *Il a voyagé au Canada. > Il **y** a voyagé.*

▸ *Elle joue dehors. > Elle **y** joue.*

❖ **EFFAÇABLE**

▸ *J'ai mangé deux croissants **ce matin.***
J'ai mangé deux croissants Ø.

Remarques :

1) Quand le complément de phrase est un ***GNP***, la ***préposition*** qui l'introduit est ***commutable*** :

   ▸ ***Dès/à/pour/après/avant/lors de/...*** *son départ, nous avons pleuré.*

2) Quand le complément de phrase est ***[+ animé]***, il ***se pronominalise avec maintien de la préposition :***

   ▸ *Anne-Sophie joue **avec Romain**. > Anne-Sophie joue **avec lui**.*

✲ ***Classes grammaticales du complément de phrase :***

- **un GN** ▸ ***Ce matin***, *je suis assez fatigué.*
- **un GNP** ▸ ***Dès ce matin***, *je cesse de fumer.*
- **un groupe adverbial (Gadv.)** ▸ ***Lentement***, *le soleil se lève.*
- **une enchâssée** ▸ ***Quand tu rentreras***, *téléphone-moi.*

Les fonctions dans les groupes

§151 | Fonctions dans le groupe nominal

✲ Le GN est formé d'un déterminant et d'un nom ***(GN* ▸ *dét. + nom***). Ce groupe peut être expansé grâce aux fonctions suivantes :

§152 | L'épithète[1]

❖ Il s'agit d'**un adjectif *(qualificatif, numéral cardinal ou ordinal, indéfini ou possessif)*** joint au GN sans mot de liaison :

▸ *Un **beau** livre. - Les **trois** garçons. - Le **premier** garçon. - Un **certain** problème. - Un ami **sincère**. - Un homme **quelconque**.*

1 Attention, on dit **une** épithète.

- L'épithète **s'accorde** en genre et en nombre avec le nom[1] :
  - *Un* ***beau*** *livre.* > *De* ***beaux*** *livres.*
  - *Une* ***belle*** *voiture.* > *De* ***belles*** *voitures.*
- L'épithète **se place *à droite ou à gauche*** du nom[2] :
  - *Un* ***grand*** *homme.* - *Un homme* ***grand.***
  - *Une* ***belle*** *voiture* ***rouge.***

Remarque :

Ne pas confondre *épithète* et *attribut du complément de verbe* :

- *Je vois une voiture* ***rouge.*** (épithète) > *Je vois une voiture* ***qui*** *est rouge.*
- *Je trouve ce tableau* ***sombre.*** (attribut du complément) > *Je trouve* ***que*** *ce tableau est sombre.*

§153 | L'épithète détachée

- Il s'agit d'un **adjectif *(qualificatif ou numéral ordinal)*** joint à un GN, mais séparé de celui-ci par une ***pause*** ou un ***signe de ponctuation***. En outre, cette épithète est **mobile** :
  - *La voiture****, rouge et brillante,*** *fonçait.*
  - *La panne****, sérieuse,*** *nous fit perdre du temps.*
    Sérieuse, *la panne nous fit perdre du temps.*

Remarque :

L'épithète détachée ***en tête de phrase*** doit être en ***relation avec le sujet*** de cette phrase :

- ***Curieuse, la petite fille*** *ouvrit le rideau.* - **Curieuse, le garçon observait la fille.*

§154 | Le complément du nom

- Il s'agit d'un ***GN*** ou d'un ***GNP*** ajouté à droite du nom ***sans pause ou ponctuation :***
  - *Le copain* ***de Gaston.*** - *Les jardins* ***de Versailles.***
  - *La rue* ***Vandervelde.*** - *Une commode* ***Louis XVI.***
- De même, **l'enchâssée relative**[3] est ***complément du nom :***
  - *Le livre* { ***que je t'ai offert*** / ***dont je te parle*** } *vient de Paris.*

§155 | L'apposition

- L'apposition peut être :
  - **un GN** — *Le roi* ***Albert II*** *règne sur la Belgique.*
  - **un GNP** — *La ville* ***de Mons*** *est jolie.*

1 Voir **Accord de l'adjectif**, § 322.
2 Voir **Place de l'adjectif**, §§ 79 et 385.
3 Voir **Jonction de phrases par enchâssement**, § 183.

- **un infinitif (+ préposition)** ▸ *Le plaisir **d'écrire** est réel.*
- **une enchâssée** ▸ *L'idée **que tu viennes** me réjouit.*

❖ L'apposition se place ***à droite*** du nom ***sans pauses ni signes de ponctuation, avec ou sans mot de liaison*** entre elle et le nom :

▸ *Le plaisir **de la table**.* - *Le romancier **Simenon**.*

❖ L'apposition se distingue du complément du nom par le fait qu'elle ***permet de construire une phrase à verbe ÊTRE*** entre le nom et l'apposition :

▸ *La ville **de Namur** est jolie. (apposition) > La ville **est** Namur.* et *Namur **est** la ville.*

▸ *Cette rue de Namur est jolie. (complément du nom) > *La rue est Namur.* et **Namur est la rue.*

§156 | L'apposition détachée

❖ Il s'agit d'un **GN** ***permettant la reconstruction d'une phrase à verbe ÊTRE*** entre le nom et l'apposition détachée, mais **séparé** du nom par une ***pause*** ou un ***signe de ponctuation*** et construite ***sans mot de liaison :***

▸ *Bernard**, le facteur,** est mon ami.*

*> Bernard **est** le facteur.* et *Le facteur **est** Bernard.*

❖ L'apposition détachée est possible ***à gauche ou à droite*** du nom :

▸ *Eddy Merckx, **ce célèbre cycliste**, est Belge.*

***Ce célèbre cycliste**, Eddy Merckx, est Belge.*

§157 | Fonction dans le groupe adjectival

❖ Le **complément de l'adjectif** est une expansion du groupe adjectival situé, dans la P de base, ***à gauche*** de l'adjectif s'il s'agit d'un ***adverbe*** et ***à droite*** dans les ***autres cas***[1]. Son ***effacement*** est possible :

▸ *Cette tomate est **trop** mûre▼. > Cette tomate est mûre▼.*

▸ *Cet élève est faible **en anglais**. > Cet élève est faible.*

❖ Le complément de l'adjectif peut être :

- **un GNP** ▸ *Il est fier **de son résultat**.*
- **un pronom** ▸ *Il **en** est fier. - Il est fier **de cela**.*
- **un adverbe** ▸ *Il est **très** fort.*
- **un infinitif** ▸ *Christine est certaine **de réussir**.*
- **une enchâssée** ▸ *Il est fier **que tu aies réussi.***

1 Le pronom reste à droite de l'adjectif s'il garde la préposition. Sinon, il prend la place à gauche juste avant le verbe.

▼ *mure.*

§158 | Fonction dans le groupe adverbial

❖ **Le complément de l'adverbe** se situe ***toujours à gauche*** de l'adverbe, est ***toujours effaçable*** et permet une mise en degré[1]. Il s'agit ***toujours d'un adverbe :***

- *Vous buvez **beaucoup** trop.*
  > *Vous buvez trop.*
  **Vous buvez trop beaucoup.*

§159 | Le complément de la préposition ou de la conjonction

❖ Son ***effacement*** est ***toujours possible*** et il se trouve ***toujours à gauche*** de la préposition ou de la conjonction. Il s'agit souvent d'un ***adverbe*** ou d'une ***locution à valeur adverbiale :***

- *Il est entré **juste** avant nous.* > *Il est entré Ø avant nous.*
- *Il viendra **deux jours** après ton départ.* > *Il viendra Ø après ton départ.*
- *Il viendra **juste** avant que tu partes.* > *Il viendra Ø avant que tu partes.*

§160 | Tableau synoptique croisant natures et fonctions

classe / fonction	GN	pronom	adjectif	verbe (à l'infinitif)	adverbe	enchâssée	identification
sujet	X	X		X		X	• encadrement par *c'est … qui*
attribut du sujet	X (+ GNP)	X	X	X	X	X	• pronominalisation en LE • présence du V « être » ou analogue • non-effacement
complément direct	X	X		X	X si position interne, à un temps composé	X	• pronominalisation en LE, LA, LES, EN • non-dédoublement • non-effacement
complément indirect	X (GNP)	X		X		X	• pronominalisation en LUI, LEUR, EN, Y • non-dédoublement • non-commutation de la préposition

1 Voir § 116.

classe / fonction	GN	pronom	adjectif	verbe (à l'infinitif)	adverbe	enchâssée	identification
complément circonstanciel de [GNS + GV] (CP)	X (avec prép.)	X (avec prép.)		X (G inf. prép.)	X si position externe à un temps composé	X	• mobile • dédoublable • non pronominalisable avec effacement de la préposition
complément d'agent	X (GNP)	X				X	• introduit par PAR (ou DE) • devient sujet à la voix active
complément du verbe impersonnel	X (ou GNP)	X		X		X	• suit un verbe impersonnel
complément du présentatif	X	X	(X)	(X) (+ prép.)	X	X	• suit un présentatif
attribut du complément	X		X		X		• non-effacement • pronominalisation du CD
épithète / épithète détachée			X				• effacement possible • dépendance du nom
complément du nom	X (ou GNP)			X (+ prép.)		X	• idem que épithète
apposition / apposition détachée	X (ou GNP)			X (avec prép.)		X	• idem que épithète • reconstruction avec V « être » entre nom et apposition
complément de l'adjectif	X (ou GNP)	X (avec prép.)		X (avec prép.)	X	X	• dépendance de l'adjectif
complément de l'adverbe					X		• dépendance de l'adverbe
complément de la prépos. ou de la conj.					X		• dépendance de la prépos. ou de la conj.

III - LES PHRASES DÉRIVÉES

Prérequis	Utilisations
• la P de base, § 136 • les natures des mots, §§ 42 à 131 • les adverbes, §§ 112 à 147 • les fonctions dans la phrase, §§ 137 à 160 • le mode impératif, § 204 • phrase verbale / phrase non verbale, § 135 • la ponctuation, §§ 13 à 31	• adapter la phrase à l'intention de communication • l'emphase, § 423 • joindre plusieurs phrases en une seule, §§ 169 à 192 • réduire des enchâssées, § 193 • former un paragraphe • construire un texte, §§ 217 à 259 • marquer les rapports logiques entre deux phrases, §§ 238 à 244 • construire des phrases plus concises, plus élégantes

A- LES PHRASES VERBALES DÉRIVÉES

Phrases dérivées par application d'un ou de plusieurs constituants

§161 | Les constituants obligatoires

⁂ ***Trois constituants sont obligatoires :*** toute phrase contient **soit** le constituant ***énonciatif***, **soit** le constituant ***interrogatif***, **soit** le constituant ***impératif***. **De plus, aucune phrase ne contient deux ou trois de ces constituants.**

Σ (= information) ▸ **[const.]** + **P**

(**[const.]** est le symbole de constituant obligatoire.)

❖ Seuls trois cas sont possibles :

Σ ▸ [const. énonciatif] + P

Σ ▸ [const. interrogatif] + P

Σ ▸ [const. impératif] + P

❖ **Toute phrase contenant le constituant *impératif* ou *interrogatif* est une phrase dérivée.**

§162 | Le constituant énonciatif ou déclaratif

Il est appliqué lorsque le locuteur veut simplement énoncer un fait. Son application se caractérise :

❖ ***À l'écrit***, par la **ponctuation** (point, point-virgule, points de suspension) qui clôture la phrase

▸ *Je vous connais bien.*

❖ ***À l'oral***, par une **intonation montante puis descendante**

▸ *Je pars demain.*

❖ ***Par un ordre précis*** des mots correspondant à celui des phrases de base[1], à savoir

- **sujet + verbe + (compl. direct) + (compl. indirect) + (compl. de phrase)**

▸ *Mon voisin a offert une bague à son épouse hier.*

- **IL + V impersonnel + (expansion) + (complément de phrase)**

▸ *Il neige de gros flocons ce matin.*

- **présentatif + (expansion) + (complément de phrase)**

▸ *Voici mon livre à présent.*

Le constituant **énonciatif** est celui de la ***phrase de base***.

§163 | Le constituant interrogatif

Il est employé lorsque le locuteur veut ***obtenir une information***.
On distingue deux types d'interrogation : - l'interrogation totale
- l'interrogation partielle.

La phrase interrogative est dérivée de la phrase de base.

1 Voir § 136.

❖ L'interrogation totale

Elle porte sur l'ensemble de la phrase et on peut toujours y ***répondre par OUI ou NON*** (même si d'autres réponses sont possibles).

▸ *Aimez-vous le chocolat ? - Oui./Non.*

Elle présente les structures suivantes :

- ***à l'écrit***
  - **Est-ce que + P ?** ▸ ***Est-ce que*** *tu pars demain ?*
  - **l'inversion + P ?** ▸ *Pars-**tu** demain ?*

    Remarque :

    Le verbe et le sujet pronom sont joints par un ***trait d'union***. Lorsque l'inversion entraîne▼ un hiatus (succession de deux voyelles), on adopte la structure suivante : **V -t- pronom + ... ?** Ce **T** est un **T *intervocalique :***

    ▸ *A-**t**-il faim ?*
  - **la reprise pronominale + P ?** ▸ ***Les vacances*** *sont-**elles** proches ?*
    (GNS + V + pronom de reprise + ... ?)
- **à l'oral,** la simple **intonation montante + P**

  ▸ *Tu pars demain ?*

❖ L'interrogation partielle

Elle porte sur une partie de la phrase et on ne peut **jamais** y répondre ***par OUI ou NON,*** mais par un groupe nominal, un adverbe, une phrase...

▸ *Pourquoi ne manges-tu pas ? - Parce que... - *Oui./*Non.*

- **à l'oral**, elle se caractérise par une **intonation** spécifique tantôt descendante, tantôt montante :

  ▸ *Pourquoi ne manges-tu pas ?*

  ▸ *Qu'allait-il faire dans cette galère ?*
- **à l'écrit**, elle se reconnaît▼ au **marqueur interrogatif** qui l'introduit et au **point d'interrogation** qui la clôture. ***Le marqueur interrogatif dépend :***

  \- de la ***fonction du mot*** sur lequel porte la question;

  \- du ***trait sémantique*** de ce mot[1].

  Remarque :

  L'application du marqueur interrogatif provoque parfois une modification de l'ordre des mots :

  ▸ *Il mange des raisins. - Que mange-t-il ?*

---

1 [+ animé], [– animé]..., voir §§ 39 et 43.

▼ entraine.
▼ reconnait.

- **quelques exemples** classés par fonction :

1- sujet
- *Qui a appelé Lionel ?*
- *Qui est-ce qui a appelé Lionel ?*
- *Qu'est-ce qui appartient à ton frère ?*

2- complément direct de verbe
- *Qui Patrick a-t-il salué ?*
- *Qui est-ce que Patrick a salué ?*
- *Que mange Patrick ?*
- *Qu'achètes-tu ?*
- *Qu'est-ce que Patrick mange ?*
- *Qu'est-ce qu'on mange ?*

3- complément indirect de verbe
- *À qui Loïc pense-t-il ?*
- *À qui Loïc et moi avons-nous écrit ?*
- *À qui pense Loïc ?*
- *À qui est-ce que Loïc pense ?*
- *De quoi parlez-vous ?*
- *Où va Loïc ?*
- *Où est-ce que Loïc va ?*

4- attribut du sujet :

- ***permettant d'identifier le sujet***
  - *Qui est cet homme ?*
  - *Quelle est cette femme ?*
  - *Quel est ce livre ?*
- ***permettant de qualifier le sujet***
  - *Comment est Gregory ?*
  - *Gregory est comment ?*
  - *Que paraît▼ Gregory ?*
  - *Qu'est-ce que Gregory paraît▼ ?*

5- complément de phrase (complément circonstanciel de [GNS + GV])
- *Pour qui Matthias joue-t-il ?*
- *Pour qui est-ce qu'il joue ?*
- *Il joue pour qui ?*
- *Pourquoi roule-t-il ?*
- *Pourquoi est-ce qu'il roule ?*
- *Quand roule-t-il ?*
- *Il roule quand ?*

▼ *parait.*

6- complément du présentatif/ complément du V impersonnel	▸ *Qui faut-il ?* ▸ *À qui faut-il du pain ?* ▸ *Qui voici ?* ▸ *De qui est-ce qu'il s'agit ?* ▸ *Il faut qui ?* ▸ *Voici qui ?* ▸ *De qui il est question ?* ▸ *De qui est-il question ?* ▸ *Que voici ?* ▸ *De quoi s'agit-il ?* ▸ *Que faut-il ?* ▸ *Qu'est-ce qu'il faut ?*
7- expansion du nom (ou déterminant)	▸ *De quelle fille parlez-vous ?* ▸ *À quelle fille est-ce que vous parlez ?* ▸ *Lequel de ces livres voulez-vous ?* ▸ *Combien de livres est-ce que vous avez ?* ▸ *Vous avez combien de livres ?* ▸ *Combien en avez-vous ?*

§164 | Le constituant impératif

❖ Il est employé lorsque le locuteur veut exprimer un ***ordre***, un ***conseil***...

❖ Il est caractérisé par :

- l'emploi de l'***impératif***[1] (mode)
- l'***absence de sujet***
- **à l'oral**, par une ***intonation*** spécifique
- **à l'écrit**, par une ***ponctuation*** spécifique (point, point-virgule, points de suspension).

  ▸ *Obéissez. - Taisez-vous. - Faites votre travail consciencieusement.*

  Remarque :

  Le ***point d'exclamation*** n'est pas indispensable. Il accentue l'ordre par ***emphase***[2].

❖ La phrase impérative est une phrase dérivée.

1 Voir § 204.
2 Voir §§ 166 et 423.

§165 | Les constituants facultatifs

✲ ***Trois constituants sont facultatifs.*** Ils ne sont **pas indispensables** et sont **cumulables**. Une phrase peut présenter ces trois constituants en même temps :

Σ (=information) ▸ [const.] + (const.) + P

[const.] ↓ constituant obligatoire :
- ***soit*** énonciatif
- ***soit*** impératif
- ***soit*** interrogatif

(const.) ↓ constituant facultatif :
- négatif
- ***et/ou*** passif
- ***et/ou*** emphatique

§166 | Le constituant emphatique

✲ Le locuteur l'emploie pour ***insister*** sur une phrase ou sur un terme de cette phrase. S'il n' y a ***pas d'insistance***, la phrase est dite « **neutre** ».
Le constituant emphatique s'obtient :

❖ **à l'oral**, par une ***intonation*** spécifique (avec un ton plus élevé sur l'élément mis en relief)

▸ *Je penserai à toi demain. - Demain, je penserai à toi.*

❖ **à l'oral**, par l'emploi de ***l'exclamation***
à l'écrit, par l'emploi du ***point d'exclamation***
L'exclamation peut aussi s'obtenir par des **marqueurs exclamatifs** (comme, combien, ce que...) :

▸ ***Comme*** *il a changé !* - ***Combien*** *il a changé !* - ***Ce qu'****il a changé !* - ...

❖ par des ***procédés graphiques*** : *italiques*, **caractères gras**, encerclement, <u>soulignement</u>, illustrations diverses...

❖ **par des modifications de la construction de la phrase**
1°- par déplacement
Le groupe emphatisé occupe une autre place que celle qui lui est attribuée dans la phrase de base[1] :

1 Voir § 136.

P de base	***P emphatiques (dérivées)***
Les voitures et les motos sont à vendre.	*Sont à vendre :* ***les voitures et les motos.***
Je prête mon livre à Thomas.	***À Thomas****, je prête mon livre.*
Certains oiseaux migrent annuellement.	*Certains oiseaux,* ***annuellement****, migrent.* ***Annuellement****, certains oiseaux migrent.* *Certains oiseaux migrent,* ***annuellement.***

2°- par détachement avec reprise pronominale

Le groupe mis en relief, séparé de la phrase par un signe de ponctuation, se place en ***tête*** ou en ***fin*** de phrase et est ***repris ou annoncé par un pronom.*** De nombreux groupes compléments ou sujets peuvent ainsi être emphatisés :

P de base	***P emphatiques (dérivées)***
Mon père *aimait la choucroute.*	***Mon père****,* ***lui****, aimait la choucroute.* 1 2 ***Lui****,* ***mon père****, aimait la choucroute.* 2 1
Je mangerai ***cette olive noire.***	***Cette olive noire****, je* ***la*** *mangerai.* 1 2 *Je* ***la*** *mangerai,* ***cette olive noire.*** 2 1
Cette voiture est ***rouge****.*	***Rouge****, cette voiture* ***l'****est.* 1 2 *Cette voiture* ***l'****est,* ***rouge.*** 2 1
Voici ***Sylvie****.*	***Sylvie****,* ***la*** *voici.* 1 2

Remarques :

1) ***L'adverbe complément de verbe*** s'emphatise par ***répétition*** (accompagnée parfois d'un complément de l'adverbe marquant le degré) :

- ***Bien****, Nicolas a* ***bien*** *travaillé.*
  2 1
  Nicolas a ***bien*** *travaillé,* ***(très) bien.***
  1 2

2) ***Le complément du nom*** s'emphatise à l'aide du ***déterminant possessif :***

- *La voiture du voisin est en panne.* (P de base)
  *Le voisin, **sa** voiture est en panne.* (P dérivée)

3) D'autres marqueurs permettent la reprise pronominale : ***à propos de, en ce qui concerne, pour ce qui est de, quant à...*** :

- *Quant à **moi**, je ferai cette remarque.*

3°- par détachement à l'aide de

a) c'est ... qui / c'est ... que

Le groupe emphatisé est placé en ***début de phrase, encadré*** par ***c'est*** et ***qui/que.***

- *C'est **Nathalie** qui aime ce chanteur.* (sujet)
- *C'est **ce livre** que préfère Évelyne.* (CD)
- *C'est **à son père** que Jean-Pierre pense.* (CI)
- *C'est **un bon avocat** que vous êtes devenu.* (attribut du sujet)
- *C'est **ce matin** que je pars.* (complément de phrase)
- *C'est **Philippe** que voilà.* (complément du présentatif)
- *C'est **du soleil** qu'il faudrait.* (complément du V impersonnel)

Remarques :

1) Pour le **sujet**, ***C'est ... qui*** peut être remplacé par ***Il y a ... qui, Voici ... qui, Jusqu'à ... qui, Et ... qui :***

- *Voici / Il y a / Et **Nathalie** qui aime ce chanteur.*

2) Le complément de phrase de **durée** (circonstanciel de durée de [GNS + GV]) peut aussi être encadré par ***Il y a ... que*** ou ***Voici ... que :***

- *Il y a / Voici **deux heures** qu'il travaille.*

b) - ce qui/ce que/ce à quoi/ce dont..., c'est
- celui qui/celle qui/celles qui/ceux qui..., c'est

Le groupe emphatisé est rejeté en ***fin de phrase après c'est*** et ***le reste*** de la phrase se place ***à l'intérieur du marqueur :***

- *Ce qui plaît*▼ *à mon père, c'est **l'opéra**.* (sujet)
- *Ce dont je parle, c'est de **l'opéra**.* (CI)
- *Ce qu'il faut, c'est **de la persévérance**.* (complément du V impersonnel)

4°- par transformation impersonnelle

- *Trois camions sont sortis.* > *Il est sorti **trois camions.***

Le sujet de la phrase de base devient complément du verbe impersonnel et le verbe de la phrase de base est précédé du IL impersonnel. Cette transformation est possible pour autant que la phrase de base :

▼ *plait.*

- possède un sujet introduit par un ***déterminant indéfini, interrogatif ou quantifiant*** [1]
  - ***Des/Trois/Plusieurs*** *camions sont sortis.* > *Il est sorti* ***des/trois/plusieurs*** *camions.*
  - *Ce camion est sorti.* > **Il est sorti ce camion.*
- ait un ***verbe intransitif*** [2]***, pronominal à sens passif*** [3] ou ***transitif indirect*** [4]
  - *Des enfants pleurent leur mère.* > **Il pleure des enfants leur mère.*
  - *Une hirondelle* ***passe****.* > *Il passe une hirondelle.*
  - *Une voiture* ***s'arrête****.* > *Il s'arrête une voiture.*
  - *Que nous réussissions* ***dépend*** *de vous.* > *Il dépend de vous que nous réussissions.*

§167 | Le constituant passif

Ce constituant est employé lorsque le locuteur veut ***insister sur l'objet de l'action*** (celui ou ce qui subit l'action). Il s'obtient :

1°- en conjuguant l'auxiliaire **être** au ***temps demandé*** et en y ajoutant le ***PPé*** du V (en l'accordant)

- *Ali* ***plante*** *un arbre.* > *Un arbre* ***est planté*** *par Ali.*
  (indic. prés.) (indic. prés. de « être » + PPé = *indic. prés. passif*)

2°- **en faisant du GNS (à l'actif) un complément d'agent** (GNP introduit par **par** ou **de**),
et **du CD (à l'actif) un sujet.**

Remarque :
Le complément d'agent est aussi appelé **complément du verbe au passif** [5].

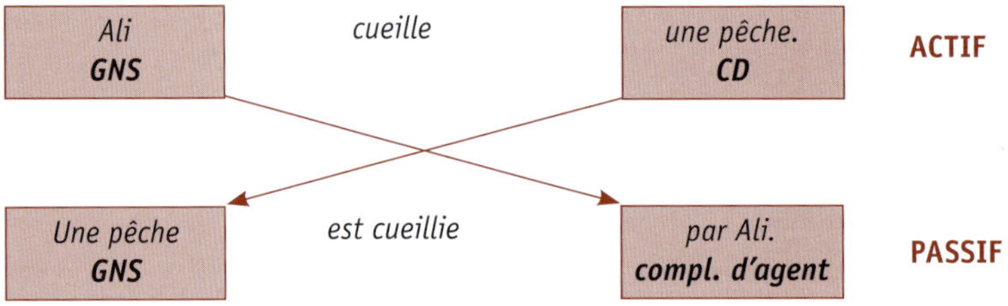

1 Voir §§ 49, 51, 54 à 57.
2 Voir § 106.
3 Voir § 108.
4 Voir § 105.
5 Voir § 147.

❍ Ainsi donc :

- **Le V de la voix passive est toujours composé d'*un élément de plus* qu'à l'actif :**
  - ▸ *Il fabrique.* > *Il est fabriqué.*
    1 — 1 2
    Il a fabriqué. > *Il a été fabriqué.*
    1 2 — 1 2 3
- Le GNS de la voix passive **SUBIT** l'action.
- La voix passive peut toujours être transformée en voix active.

Remarque :

Le pronom GNS devient difficilement complément du V passif :

▸ **Un livre est acheté* ***par lui****.* (tournure peu correcte, à éviter.)

La transformation passive :

❖ **est impossible :**
- pour les **V non *transitifs directs***
- pour les **V non conjugués avec *avoir***
- pour les **V *avoir* et *pouvoir***

❖ **est possible :** pour ***3 V transitifs indirects*** : *obéir à, désobéir à, pardonner à.*

▸ *Bernard* ***pardonne à*** *ses voisins.* > *Ses voisins* ***sont pardonnés*** *par Bernard.*

❖ **constructions particulières :**

- ***tournure active, sens passif***
  ▸ *Les rosiers poussent. - Les draps sèchent. - Les fruits mûrissent*▼.
- ***tournure pronominale, sens passif***
  ▸ *La voiture s'arrête. - Le moteur s'éteint.*
- ***locutions verbales***
  - ***laisser ou faire + infinitif***
    ▸ *J'ai* ***fait réaliser*** *ce projet par un technicien.*
  - ***se trouver, se voir + PPé***
    ▸ *L'automobiliste* ***se trouve coincé*** *par deux motards.*
  - ***se faire, se laisser, se voir + infinitif***
    ▸ *Le camion* ***se fait arrêter*** *par le douanier.*
- ***PPé + complément d'agent***[1] (complément du V passif)
  ▸ ***Étonné par*** *ma bonne réponse, le professeur m'a récompensé.*

Remarque :

La ***P passive inachevée***, c'est-à-dire sans complément du V passif retrouve ***ON*** comme ***sujet à l'actif :***

▸ *Une tarte délicieuse a été mangée.* > ***On*** *a mangé une tarte délicieuse.*

---

1 À l'actif, on doit alors utiliser une **enchâssée relative** (▸ *Le professeur, que ma bonne réponse avait étonné, m'a récompensé.*) ou bien une **réduction au participe**, avec sujet exprimé, cf. § 192 (▸ *Ma bonne réponse l'ayant étonné, le professeur m'a récompensé.*).

▼ *murissent.*

§168 | Le constituant négatif

Ce constituant est employé lorsque le locuteur veut ***nier une affirmation***. Il est caractérisé par la présence :

- de la ***particule négative* NE ou N'**
- d'un ***adverbe négatif*** quand la négation ***porte sur le verbe*** (GNS + NE + V + *pas/jamais/plus/guère/*... + ...)
  - *Tu **ne** viens **pas** demain : je **n'**apprécie **guère**.*
- d'un ***déterminant*** ou d'un ***pronom négatif*** quand la négation ***porte sur le sujet*** ou ***sur un complément***
  - ***Plus un/pas un/nul/aucun** homme **ne** lui faisait confiance.* (déterminants)
  - *Je **ne** fais confiance à **aucun/nul** individu.* (déterminants)
  - ***Aucun/nul/plus un/pas un/personne ne** lui faisait confiance.* (pronoms)
  - *Je **ne** fais confiance à **personne/aucun**.* (pronoms)

Remarques :

1) La négation ***portant sur un infinitif*** se marque par **ne pas** (*ne jamais, ne plus...*) ***précédant*** l'infinitif :
   - *Nous voulions **ne plus** manger ce soir.*
2) La négation ne **doit** se faire **que** par ***NE*** ou ***N'*** si
   - il y a ***coordination par NI***
     - *Il **ne** parle **ni ne** rit.*
   - la phrase est introduite par ***que*** (interrogatif ou exclamatif)
     - ***Que ne** le disiez-vous ?*
   - dans des ***expressions « figées »***
     - ***N'**avoir cure de, **n'**avoir crainte de, **n'**avoir cesse que, si ce **n'**est...*
3) La négation **peut** se faire **uniquement** par ***NE*** ou ***N'*** :
   - dans des enchâssées dépendant d'une matrice interrogative ou négative
     - *Il n'est pas certain que je **ne** fasse une colère.*
     - *Êtes-vous sûr que je **ne** fasse une colère ?*
   - quand le **complément direct** est ***précédé*** de **d'autre** et ***suivi*** de **que**
     - *Il **n'**a **d'autre** idée (CD) **que** celle de réussir.*
   - après **il y a ... que**, **depuis ... que**, **voici ... que** exprimant la ***durée*** et ***suivis d'un temps composé***
     - ***Il y a/voici** deux ans **que** je **ne** l'ai vu.*
   - après **cesser**, **oser**, **pouvoir** suivis d'un ***infinitif***
     - *Je **ne** cesse de le répéter.*
     - *Je **n'**ose l'avouer.*

- quand il s'agit d'***expressions figées*** du type
  - *si ce n'est, si je ne me trompe, si je ne m'abuse, si je ne fais erreur...*

4) La négation ***uniquement*** par ***PAS*** relève de la ***langue familière*** (surtout orale) :
   - *Je viens **pas**.*

Phrases dérivées par jonction de phrases

§169 | Considérations générales

❖ La dérivation par jonction de phrases procède de la ***réunion de deux phrases (P₁, P₂) en une seule phrase dérivée :***

P_1 : Je pense quelque chose.
P_2 : Tu as raison.

- *Je pense que tu as raison.*

❖ Ce principe de jonction de phrases ***peut se reproduire plusieurs fois*** dans une même phrase dérivée, mais toujours ***par dérivations successives :***

P_1 : Nathalie espère quelque chose.
P_2 : Tu viendras demain avec ta caméra.
P_3 : Ton père t'a offert une caméra l'an dernier.
P_4 : L'an dernier, tu as fêté ton anniversaire.
P_5 : Ne l'oublie pas.

- $P_1 + P_2 =$ *Nathalie espère que tu viendras demain avec ta caméra.* = $\mathbf{P_{(1+2)}}$
- $P_{(1+2)} + P_3 =$ *Nathalie espère que tu viendras demain avec la caméra que ton père t'a offerte l'an dernier.* = $\mathbf{P_{(1+2+3)}}$
- $P_{(1+2+3)} + P_4 =$ *Nathalie espère que tu viendras demain avec la caméra que ton père t'a offerte l'an dernier, quand tu as fêté ton anniversaire.* = $\mathbf{P_{(1+2+3+4)}}$
- $P_{(1+2+3+4)} + P_5 =$ *Nathalie espère que tu viendras demain avec la caméra que ton père t'a offerte l'an dernier, quand tu as fêté ton anniversaire : ne l'oublie pas.* = $\mathbf{P_{(1+2+3+4+5)}}$

❖ Trois types de jonctions de phrases sont possibles :
1°- **le rattachement par JUXTAPOSITION**
2°- **le rattachement par COORDINATION**
3°- **L'ENCHÂSSEMENT**

§170 | Fonctionnement du rattachement et de l'enchâssement

Le rattachement : la phrase jointe (P_2) ne remplace aucun élément de l'autre phrase (P_1). P_1 et P_2 n'entretiennent ***aucune fonction grammaticale*** *l'une par rapport à l'autre.*

- **la juxtaposition :** la jonction a lieu ***sans marqueur.*** Seul un signe de ponctuation (. , : ; … et tirets) montre la jonction
  - *Le chanteur termine sa chanson, le public applaudit.*
  - *Le soleil luit; les gens sortent de chez eux.*
  - *Vous serez fier : vous aurez une nouvelle voiture.*
  - *Le soir venu - nous le savions - il partirait.*
- **la coordination :** les phrases coordonnées sont jointes par
  - ***une conjonction de coordination*** [1]
    - *Je me dépêche **car** je suis en retard.*
  - ***un adverbe de coordination*** [2]
    - *Je pense **donc** je suis.*
    - *Tu n'as pas bien noué tes lacets, **donc/ensuite/par conséquent** tu es tombé.*
  - ***des adverbes corrélatifs*** [3]
    - ***Tantôt** il pleut, **tantôt** il gèle.*
    - ***Plus** il travaille, **moins** on le voit.*

  La P_2 coordonnée ne joue **aucune fonction grammaticale** par rapport à P_1.

L'enchâssement : dans une phrase matrice est insérée une autre phrase qui joue **un rôle grammatical.** P_2 peut être insérée :

- **dans un GN de P matrice (ENCHÂSSÉE RELATIVE)**
  - ***marqueur,*** le pronom relatif [4] (représentant) : ***qui, que, dont, où, à qui, pour lequel…***
  - ***fonction :*** complément du nom [5].

  Remarque :

  Pour que P_2 puisse être enchâssée dans P_1, il faut qu'elles aient un élément commun :

  - P_1 = ***Les feuilles** bouchent l'égout.*
    P_2 = ***Les feuilles** tombent des arbres.*
    > ***Les feuilles** qui tombent des arbres bouchent l'égout*
  - P_1 = ***Ce roman** a été écrit par S. A. Steeman.*
    P_2 = *Ce film s'inspire **d'un roman.***
    > ***Le roman** dont s'inspire ce film a été écrit par S. A. Steeman.*

1 Voir § 128.
2 Voir § 129.
3 Voir § 130.
4 Voir §§ 93 à 95.
5 Voir §§ 154 et 183.

❖ **à la place d'un GN ou d'un GNP de P matrice (ENCHÂSSÉE COMPLÉTIVE)**

- ***marqueurs :***
  - la conjonction de subordination ***que***
  - le pronom relatif nominal (***ce qui, ce que...)***
  - **à** ou **de** + pronom relatif nominal (***à ce qui, à ce que...)***
  - les marqueurs de l'interrogation indirecte (***si, combien, quand, lequel...***)
- ***fonctions :*** sujet, CD, CI, attribut, complément du V impersonnel, complément du présentatif, apposition, complément du nom, complément de l'adjectif.

  Remarque :

  L'enchâssée complétive est possible grâce à la présence d'un **terme opérateur** dans P_1 (le verbe, le nom ou l'adjectif, qui peuvent se construire avec une complétive).

❖ **à la place d'un GN ou d'un GNP de P matrice ayant fonction de CP (CC de [GNS + GV]) (ENCHÂSSÉE CIRCONSTANCIELLE)**

- ***marqueurs :***
  - conjonction de subordination (***si, quand, comme...)***
  - préposition + pronom relatif nominal (***après ce que, pour ce que...)***
  - locution conjonctive de subordination (***vu que, le jour où, au moment où, entendu que, pour que, afin que, dès que...)***
- ***fonctions :*** CP (CC de [GNS + GV]) de temps, de cause, de but, d'opposition, de concession, de condition, de conséquence, de comparaison, de lieu, de restriction, de moyen, d'addition.

§171 | Jonction de phrases par rattachement

✲ Cette jonction n'entraîne▼ ***aucune fonction grammaticale*** entre les phrases rattachées ($P_1 + P_2$).

§172 | La juxtaposition

✲ La jonction par juxtaposition porte sur deux phrases au moins, désignées par P_1, P_2, P_3...

❖ Les phrases sont attachées ***à l'écrit*** par

- **la virgule** ▸ *Pierre mange, Christine parle.*
- **les deux points** ▸ *Je mange : j'ai faim.*
- **le point-virgule** ▸ *La foule s'élance, furieuse ; elle veut voir le ministre.*
- **les tirets** ▸ *Folcoche – c'est son surnom – est méchante.*
- **les parenthèses** ▸ *Les élèves (le professeur était absent) ont accueilli le nouveau.*

▼ entraine.

❖ Les phrases ainsi jointes peuvent être
- ***syntaxiquement dépendantes :*** l'une ou les deux ne peuvent fonctionner séparément.
  - *Tu me l'aurais dit, je ne t'aurais pas cru.*
- ***syntaxiquement indépendantes :*** elles peuvent fonctionner seules.
  - *Le chat miaule, le lion rugit.*

❖ **Attention :** l'emploi d'une ponctuation entre deux phrases n'implique pas automatiquement une juxtaposition. La ponctuation peut être suivie de marqueurs spécifiques :
- *Sylvie n'est pas contente, **mais** elle ne dira rien.*

❖ La jonction de phrases par juxtaposition peut se réaliser de différentes manières, et notamment par **jumelage**, par **voisinage** et par **insertion**.

§173 | La juxtaposition par jumelage

Les deux phrases jointes sont implicitement en état de ***dépendance syntaxique*** **: l'une ou les deux ne peuvent fonctionner séparément**.

Les constructions par jumelage sont les suivantes :

❖ Jumelage de ***deux phrases*** avec leur ***verbe à l'indicatif conditionnel***
- *Vous me le **diriez**, je ne vous **croirais** pas.*

❖ L'**une des phrases** jumelées contient un ***verbe à l'indicatif conditionnel***
- *Pierre **aurait téléphoné**, sa mère le prévenait.*

❖ La ***première phrase*** jumelée contient un ***verbe au subjonctif (sans que)***
- ***Arrive** Bernard, le calme est fini.*

❖ La ***première phrase*** jumelée contient une ***fausse interrogation*** ou une ***fausse négation***
- *Jacqueline **n'**était **pas** encore là, sa mère l'enguirlandait. (= Dès que Jacqueline était là...)*

❖ La ***première phrase*** jumelée contient
- **à peine** (en tête de phrase, + inversion ou reprise du sujet)

ou
- l'expression **avoir beau** + infinitif
  - ***À peine** Jacqueline était-elle là, sa mère l'embrassait.*
  - *Jacqueline **avait beau** être sage, sa mère l'ignorait.*

❖ L'*une des phrases* jumelées contient les expressions ***N'en déplaise*** (+ complément), ***N'était* - *N'étaient* - *N'eût été* - *N'eussent été*** (suivis du sujet)

- ***N'était*** *son nez un peu épais, elle était belle.*

§174 | La juxtaposition par voisinage

Les deux phrases jointes sont ***syntaxiquement indépendantes*** **: elles peuvent fonctionner seules.**

❖ ***Les phrases se suivent,*** séparées par une *virgule* ou par *deux points* ou par un *point-virgule* :

- *Pierre dort, Philippe travaille.*
- *Il va faire chaud : le ciel est bleu.*
- *Jean-Louis avait les poches pleines; il allait offrir un cadeau à son fils.*

❖ ***L'une des phrases est détachée*** (par des *tirets* ou des *parenthèses*) et située soit en fin de l'autre phrase soit à l'intérieur de celle-ci :

- *Nathalie – elle était très jolie – aimait les beaux vêtements.*
- *Le cours de l'or va grimper (on me l'a prétendu).*

§175 | La juxtaposition par insertion

Une ***phrase incise*** est ***insérée*** dans une autre. Les deux phrases sont implicitement ***syntaxiquement dépendantes.***

- *Bernard, **prétendait-elle**, allait gagner.*

❖ L'incise fonctionne comme une matrice (P_1) introduisant un discours direct (P_2). Elle est généralement placée ***à l'intérieur*** de P_2, mais on peut parfois la trouver ***en tête*** ou ***en fin*** de phrase. La ponctuation fluctue selon le cas. Généralement, l'incise présente une ***inversion du sujet***, sauf si elle est en tête de phrase.

inversion GNS/V

- *« La femme, **a dit Aragon**, est l'avenir de l'homme. »*
- *« La femme est l'avenir de l'homme », **a dit Aragon**.*
- ***Aragon a dit :*** *« La femme est l'avenir de l'homme. »*

❖ Le ***verbe*** de la matrice est donc principalement ***déclaratif***, au sens large *(dire, avouer, prétendre, écrire, expliquer, crier, déclarer, défendre...).*

❖ **L'incise permet d'introduire : - *le discours direct***
- *les citations*

Remarques :

1) L'incise est habituellement entre virgules quand elle est à l'intérieur de P_2, mais en fin de phrase elle est uniquement précédée d'une virgule. En début de phrase, elle est suivie de deux points et P_2 est toujours entre guillemets.
2) L'incise peut être **réduite** : ***selon X, d'après X...*** (Cette réduction est courante en style indirect libre[1].) :
   - *La pomme, **selon mon médecin**, est un miraculeux aliment.*
3) Notons aussi que l'incise peut prendre d'***autres formes***, du type :
   - *comme l'a dit X*
   - *ainsi que l'affirme X*
   - ...

§176 | La coordination

✻ P_1 et P_2 sont jointes par un ***marqueur de coordination :***

- **conjonction de coordination**[2] *(mais, ou, et, or, car...)* ou **locution conjonctive de coordination** *(c'est-à-dire...)*
- **adverbe de coordination**[3] : *donc, ensuite, aussi, pourtant...*
- **adverbes corrélatifs**[4] : *plus ... moins, tantôt ... tantôt...*

§177 | La coordination par conjonction ou par locution conjonctive de coordination

✻ Le marqueur se situe entre P_1 et P_2 et ***aucun autre marqueur de coordination ne peut lui être joint***. De plus, ***l'ordre P_1 + marqueur + P_2 ne peut être inversé*** (sauf parfois pour *et, ou*). Les deux phrases sont ***syntaxiquement indépendantes*** (P_1 et P_2 n'ont pas de fonction grammaticale l'une par rapport à l'autre.).

- *Patrick grignote des chips **car** il a faim.*
  Patrick grignote des chips **mais car il a faim.*
  Il a faim, **mais Patrick grignote des chips.*

1 Voir § 213.
2 Voir § 128.
3 Voir § 129.
4 Voir § 130.

Remarques :

1) Les marqueurs peuvent être ***répétés*** pour insister sur la coordination :
   - ***Ou*** *tu te tais,* ***ou*** *tu pars,* ***ou*** *je fais un malheur.*
2) Lorsque la coordination par ***ET*** ou par ***OU*** porte ***sur plus de deux phrases***, le ***marqueur*** de coordination ne se place généralement que ***devant la dernière*** et porte néanmoins sur toutes les phrases :
   - *Raymond possède une belle maison, sa sœur détient un trésor* ***et*** *moi, je n'ai rien.*
3) L'emploi du ***pronom relatif de liaison***[1] permet de construire des phrases dérivées proches de celles dérivées par la coordination :
   - *Le temps était clément,* ***ce dont*** *nous nous étonnions, pour la fin de saison.*

   Dans ce cas, P_2 est insérée dans P_1, mais **ne se trouve en général pas en tête de phrase**, sauf en cas d'utilisation des deux points :
   - *****Ce que*** *nous savions, Isabelle serait en retard comme d'habitude.*
   - *En tout cas,* ***ce que*** *nous savions* **:** *Isabelle serait en retard comme d'habitude.*
4) La conjonction de coordination est parfois précédée de **et** ou de **ou** quand il y a coordination des coordonnées :
   - *Il est rentré* ***car*** *il avait faim* ***et car*** *il voulait se changer.* (phrase « lourde », mais correcte.)

§178 | La coordination par adverbe de coordination ou locution adverbiale de coordination

⁂ Le marqueur situé - toujours ***devant*** P_2 pour certains,
- soit ***devant*** soit ***dans*** P_2 pour d'autres,

peut être employé soit ***seul*** soit ***précédé de ET*** ou d'une autre conjonction de coordination (de sens compatible).

L'ordre ***P_1 + marqueur + P_2*** ***ne peut être inversé***. Les deux phrases sont sémantiquement dépendantes mais ***syntaxiquement indépendantes*** (P_1 et P_2 n'ont pas de fonction grammaticale l'une par rapport à l'autre.).

- *Anthony a faim,* ***donc*** *il avale un biscuit.*
  Anthony a faim, il avale ***donc*** *un biscuit.*
- *Alicia a faim* ***et donc*** *elle mange un bâton de chocolat.*
  Alicia a faim* ***mais donc* *elle mange un bâton de chocolat.*
  *****Donc*** *elle mange un bâton de chocolat, Alicia a faim.*
- *Sébastien mange trop, il risque* ***dès lors*** *l'obésité.*
  Sébastien mange trop ***et dès lors*** *il risque l'obésité.*
  Sébastien mange trop* ***car dès lors* *il risque l'obésité.*
  *****Dès lors*** *il risque l'obésité, Sébastien a faim.*

1 Voir § 93.

§179 | La coordination par corrélatifs

- Les phrases jointes sont ***interdépendantes*** en raison du marqueur. La première partie du marqueur se place en tête de P_1, la seconde en tête de P_2 et ainsi de suite si plusieurs phrases sont jointes :
  - ***Plus*** *je bois,* ***plus*** *j'ai soif,* ***moins*** *j'ai faim.*
- Les phrases sont ***souvent permutables*** pour autant que les ***corrélatifs*** soient ***identiques*** ou ***de sens contraire*** :
  - ***Plus*** *j'ai soif,* ***moins*** *j'ai faim,* ***plus*** *je bois.*
- Dans les ***autres cas***, la ***permutation*** est ***impossible*** si le marqueur est conservé tel quel :
  - ***Non seulement*** *il est tard,* ***mais*** *il fait froid.*
    *****Mais*** *il fait froid,* ***non seulement*** *il est tard.*
    Non seulement *il fait froid,* ***mais*** *il est tard.*

§180 | Jonction de phrases par enchâssement

Cette jonction entraîne▼ une ***dépendance syntaxique de la phrase enchâssée.*** **La phrase dans laquelle est insérée l'enchâssée est appelée phrase matrice** :

- P_1 (***phrase matrice)*** = *Il dit quelque chose.*
  P_2 (***phrase à enchâsser***) = *Tu as raison.*
  P dérivée : *Il dit* | *que tu as raison.*
  P matrice | P enchâssée
  Phrase

- La phrase à enchâsser doit être de **constituant énonciatif**, sauf dans le cas de l'interrogation indirecte (▸ *Je me demande* ***comment il va.)***.
- L'enchâssement se réalise de trois manières différentes :
  1- l'enchâssée relative
  2- l'enchâssée complétive
  3- l'enchâssée circonstancielle

▼ entraine.

§181 | L'enchâssée relative

Elle est **introduite par un *pronom relatif représentant*** *(qui, que, quoi, dont, où, à qui, de qui...)* **dans un GN ou un GNP.**
Ce pronom remplace un GN (l'antécédent) dans la P_2. Il en prend le **genre**, le **nombre** et la **personne.**

- Pour procéder à cet enchâssement, il convient que la phrase à insérer ait en commun avec la matrice un groupe nominal désignant la même réalité[1].
- Outre les pronoms relatifs simples, il existe aussi des ***pronoms relatifs composés*** *(lequel, duquel, auquel, laquelle...)*. Ils s'emploient surtout pour :
  - ***éviter une équivoque :***
    - *Elle est inquiète de la santé de son fils,* ***laquelle*** *lui donne bien du souci.*
  - ***remplacer « à qui, de qui, chez qui » quand l'antécédent est un nom de chose :***
    - *Vous savez l'affaire* ***à laquelle*** *nous pensons.*

Remarque :

Parfois, notamment dans certains proverbes, l'antécédent n'existe pas. Le ***pronom*** est alors ***nominal***. Il n'introduit pas de relative, mais une ***complétive***[2] :

- ***Qui veut la fin*** *veut les moyens.*

§182 | Le sens des relatives

- L'enchâssée relative peut être :
  - **déterminative**
    1) Elle ne peut alors être supprimée.
    2) Il n'y a pas de pauses à l'oral ni de virgules à l'écrit, entre l'antécédent et la relative et à la fin de la relative.
    3) L'antécédent peut être repris par un pronom démonstratif.
       - *Conservons les semences que nous avons récoltées.*
         Conservons les semences, ***celles*** *que nous avons récoltées.*
  - **non déterminative**
    1) Elle peut dans ce cas être effacée.
    2) Il y a présence de pauses à l'oral et de **virgules** à l'écrit, entre l'antécédent et la relative et à la fin de la relative.
       - *Le récit, qui était effrayant, me fit frissonner.*

1 Voir §§ 170, rem., et 93.
2 Voir l'enchâssée complétive **sujet**, § 186,1.

Déterminative

Les jouets qui se trouvent sur la table…

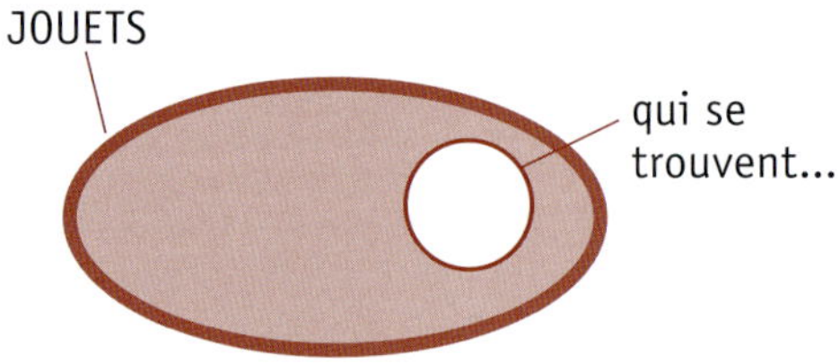

Non déterminative

Les facteurs, qui distribuent tous les jours le courrier…

❖ L'enchâssée relative peut contenir une ***nuance sémantique de circonstancielle :***

▸ *Florence, **qui est malade**, a dû garder la chambre.*
= *Florence, **parce qu'elle est malade**, a dû garder la chambre.*

§183 | Fonctions et relatives

❖ **L'enchâssée relative** est **toujours complément du nom**.

La voiture ***qui*** **vient de passer** *est un vrai bolide.*
compl. du nom

❖ **Le pronom relatif**, quant à lui, peut avoir ***plusieurs fonctions*** **dans P_2. C'est la fonction qui guide d'ailleurs le choix du pronom relatif.**

• **Qui**	GNS	▸ *L'homme qui parle est célèbre.*
• **Que**	CD	▸ *La reine-claude que je mange est très sucrée.*
• **Quoi**	CI	▸ *Les choses à quoi je pense sont horribles.* (emploi vieilli)
• **Dont**	Complément du nom	▸ *Voici les voisins dont la maison est reconstruite.*
	Complément de l'adj.	▸ *Voici un élève dont je suis content.*
	CI	▸ *La femme dont je parle est rusée.*
	Complément d'agent	▸ *L'homme dont je suis aimé est merveilleux.*
• **Où**	CP (lieu ou temps)	▸ *L'usine où papa travaille est polluante.*
	CD	▸ *La ville où j'habite est verdoyante.*
	CI	▸ *L'école d'où je viens utilise une bonne grammaire.*

Remarque :

Lors d'un exercice d'analyse, on peut donc être amené à rechercher ***3 fonctions*** :

- celle de ***l'antécédent*** **dans P_1**,
- celle du ***pronom relatif*** **dans P_2**,
- celle de ***l'enchâssée relative*** elle-même, par rapport à l'antécédent.

§184 | Les modes dans l'enchâssée relative

Le verbe de la relative se met à l'indicatif ou au subjonctif ***selon les valeurs générales*** de ces modes[1].

- ***L'indicatif*** est employé pour marquer la **réalité** du fait exprimé ou son **éventualité** :
  - *Je veux une voiture qui **a** cinq portes.*
  - *Je cherche une voiture qui **serait** jaune.*
- ***Le subjonctif*** marque l'**incertitude** du fait exprimé :
  - *Je veux une voiture qui **ait** cinq portes.*

Remarque :

Certains grammairiens imposent ***l'usage du subjonctif*** après un ***superlatif relatif*** ou après des expressions du type ***le premier, le seul, l'unique***. Même dans ces cas, **le choix entre l'indicatif et le subjonctif** permet pourtant la **nuance** entre la certitude et l'incertitude :

- *Mon père est le seul de la famille qui **a** quatre voitures.* (J'en suis certain.)
- *Mon père est le seul homme qui **ait** quatre voitures.* (Je le pense, mais il est possible qu'il y en ait d'autres dans le même cas.)

§185 | L'enchâssée complétive

L'enchâssée complétive est une phrase enchâssée **insérée dans une phrase matrice à la place d'un GN ou d'un GNP, à l'aide d'une conjonction de subordination[2] ou d'un relatif nominal[3]**.

- Le ***point d'insertion*** est défini par un ***marqueur*** **qui unit P_2 à un terme opérateur** (***verbe, nom, adjectif***).
- **La P_2 occupe une fonction dans P_1** et peut être notamment :
  - **sujet** — *Que vous vous taisiez me serait agréable.*
  - **complément de verbe** — *Je veux que vous partiez.*
  - **attribut du sujet** — *Le cinéma est ce que je préfère.*
  - **complément de V impersonnel** — *Il faut que nous nous reposions.*
  - **complément du présentatif** — *Voici que Martine arrive.*

1 Voir **Syntaxe des modes et des temps**, §§ 194 et 205.
2 Voir § 128.
3 Voir §§ 93 et 95.

§186 | Fonctions des complétives

LE TERME OPÉRATEUR EST UN VERBE :

1 SUJET

❖ **marqueurs**

- conjonction de subordination **que** (rarement une autre)
  - ▸ ***Que*** *tu viennes est une excellente chose.*
- ***relatif nominal*** *(qui, ce qui, ce dont, ce que...)*
  - ▸ ***Qui*** *dort dîne*▼.
  - ▸ ***Ce dont*** *tu as besoin se trouve dans l'armoire.*

❖ **reconnaissance**

- détachement par « **c'est ... qui** »
- détachement possible avec un **pronom de rappel (ce, cela)**
  - ▸ ***C'est*** *que tu viennes* ***qui*** *est une excellente chose.*
    Que tu viennes, ***cela*** *est une excellente chose.*
  - ▸ ***C'est*** *ce dont tu as besoin* ***qui*** *se trouve dans l'armoire.*
    Ce dont tu as besoin, ***cela*** *se trouve dans l'armoire.*

2 COMPLÉMENTS DE VERBE

– DIRECT

❖ **marqueurs**

- conjonction de subordination **que**
  - ▸ *J'espère* ***que*** *tu es content.*
- conjonction de subordination **si** ou **mot interrogatif** *(interrogation indirecte)*
  - ▸ *Dis-moi* ***si*** *tu es content.*
- **pronom relatif nominal** (ce que, ce qui, ce dont...)
  - ▸ *Je vois* ***ce que*** *tu montres.*

❖ **reconnaissance**

- pronominalisation en **le**
  - ▸ *Je* ***le*** *vois.*
- détachement par **ce que ... c'est**
  - ▸ ***Ce que*** *je vois* ***c'est*** *ce que tu montres.*
- **non-mobilité**
  - ▸ **Ce que tu montres, je vois.*

▼ *dine.*

Remarque :

L'interrogation indirecte est une complétive de verbe spécifique. On ne la trouve qu'après des verbes qui, dans P_1, expriment :

- la demande d'information (demander, questionner...)
  - ▸ *Elle me demande* ***comment tu vas.***
- la connaissance ou l'ignorance d'un fait (savoir, ignorer...)
  - ▸ *Il ignore* ***si tu viens au concert avec nous.***

– INDIRECT

❖ **marqueurs**

- conjonction de subordination **que**
  - ▸ *Je m'étonne* ***que*** *tu sois là malgré le mauvais temps.*
- **à ce que**, **de ce que**, **à qui** (préposition + pronom relatif nominal)
  - ▸ *Je m'étonne* ***de ce que*** *tu sois là malgré le mauvais temps.*
- **pronom relatif nominal** [1] (où...)
  - ▸ *Je vais* ***où*** *il me plaît*▾.

❖ **reconnaissance**

- pronominalisation par **en**, **y**
  - ▸ *Je m'****en*** *étonne. - J'****y*** *vais.*
- détachement par **ce dont ... c'est** ou **ce à quoi ... c'est**
  - ▸ ***Ce dont*** *je m'étonne,* ***c'est*** *que tu sois là malgré le mauvais temps.*
- **non-mobilité**
  - ▸ **Que tu sois là malgré le mauvais temps, je m'étonne.*

3 ATTRIBUT DU SUJET

❖ **marqueurs**

- **pronom relatif nominal** (ce qui, ce dont, ce à quoi...)
  - ▸ *La musique est* ***ce qui*** *me plaît*▾ *le plus.*
  - ▸ *La musique est* ***ce dont*** *je ne me lasse jamais.*

❖ **reconnaissance**

- présence du V **être** ou d'un verbe analogue
- **non-effacement**
  - ▸ **La musique est Ø.*

1 Voir § 93.

▾ *plait.*

4 AUTRES FONCTIONS

❍ **Complément du V impersonnel**

- si le terme opérateur est un V impersonnel
- **marqueurs :** conjonction **que** ou **pronom relatif nominal**
  - ▸ *Il faut **que** tu partes au plus vite.*
  - ▸ *Il faudrait **ce dont** je t'ai parlé.*

❍ **Complément du présentatif**

- si le terme opérateur est un présentatif
- **marqueurs :** conjonction **que**, **pronom relatif nominal** ou **mot interrogatif**
  - ▸ *Voici **que** le ministre fait son entrée.*
  - ▸ *Voilà **ce dont** tu m'as parlé.*
  - ▸ *Voici **comment** tu peux réussir.*

LE TERME OPÉRATEUR EST UN NOM :

EXPANSION DU NOM

❖ **marqueurs**

- conjonction de subordination **que**
  - ▸ *L'idée **que** tu viennes me réjouit.*
- **relatif nominal** (ce que, ce qui...)
  - ▸ *Il a le goût▼ **de ce qu'**il fait.*

❖ **fonctions**

- **apposition**, pour autant que la **reconstruction par une P à V être** soit **possible**.
  - ▸ *L'espoir **qu'elle réussisse** m'anime beaucoup.*
    L'espoir = qu'elle réussisse. (L'espoir ***est*** qu'elle réussisse.)
- **sinon**, il s'agit d'un **complément du nom**.
  - ▸ *Le temps **qu'il termine son travail** me suffira pour finir le mien.*
    Le temps ≠ qu'il termine son travail. (Le temps ***n'est pas*** qu'il termine...)

LE TERME OPÉRATEUR EST UN ADJECTIF :

COMPLÉMENT DE L'ADJECTIF

❖ **marqueurs**

- conjonction de subordination **que**
- **à ce que, de ce que, de ce dont** (prép. + relatif nominal)
  - ▸ *Je suis content **que tu viennes à mon anniversaire.***

▼ *gout.*

- *Je suis fier* ***de ce que tu viennes.***
- *Je suis satisfait* ***de ce que tu as dit de moi.***

§187 | Choix du mode dans la complétive

L'INDICATIF est employé après :

- un ***verbe opérateur*** exprimant : ***l'opinion, le jugement, la déclaration, la perception, la décision.***
  - *Je* ***trouve/juge/déclare/vois/décide*** *que Sylvie a gagné.*
- un ***verbe impersonnel opérateur*** exprimant : ***la certitude, la quasi-certitude, le résultat.***
  - ***Il se fait*** *que je déménage. -* ***Il s'ensuit*** *que je pars.*
- un ***présentatif opérateur.***
  - ***Voici*** *qu'il revient m'ennuyer.*
- des ***noms ou des adjectifs opérateurs*** issus des V ci-dessus.
  - *Le* ***jugement*** *qu'il est coupable semble prématuré.*
  - *Je suis* ***certain*** *qu'il reviendra avec un bon diplôme.*
- dans toutes les autres ***complétives NON introduites par que/à ce que/de ce que/...***
  - ***Qui*** *dort dîne*▼*. - Je sais* ***à qui*** *je dois m'adresser.*

LE SUBJONCTIF est employé après :

- un ***verbe opérateur*** exprimant : ***l'ordre, le souhait, la défense*** *(demander, souhaiter, vouloir, interdire...)****;*** ***un sentiment*** *(craindre, rire, s'étonner, se réjouir, regretter...)****;*** ***le doute, la négation*** *(nier, douter, craindre...)****;*** ***l'opinion négative*** *(ne pas croire, ne pas estimer...).*
  - *Je* ***défends****/j'****empêche****/je* ***souhaite****/je* ***veux****/je* ***crains****/je* ***regrette****/je* ***ne crois pas****/je* ***doute*** *que tu viennes.*

  Remarque :

  Le verbe de ***sentiment*** construit avec **de ce que** entraîne▼ l'***indicatif*** ou le ***subjonctif*** selon le degré de certitude ou d'incertitude exprimé :
  - *Je* ***m'étonne de ce que*** *tu viens/viennes.*
- un ***verbe impersonnel opérateur*** exprimant : ***une obligation, une nécessité, un jugement, un degré de probabilité - doute, possibilité, impossibilité -*** *(il est utile, il importe, il est nécessaire, il faut, il se peut...).*
  - ***Il est utile/il importe/il est probable/il est possible/il est impossible*** *qu'elle vienne.*

▼ *dine.*
▼ *entraine.*

Remarques :

1) ***Il m'est avis*** (construction vieillie) se construit avec l'**indicatif.**
2) Le ***verbe impersonnel de doute*** construit ***négativement*** demande - en toute logique - l'**indicatif** :
   - ***Il n'y a pas de doute*** *qu'il ratera son train.*

❖ **que** dans une complétive ***en tête de phrase*** [1].
- ***Que*** *tu viennes me rendre visite m'est bien agréable.*

❖ avec les ***noms opérateurs*** ou les ***adjectifs opérateurs*** issus des V ci-dessus.
- ***La peur*** *qu'il revienne hante mes nuits.*
- ***Apeurée*** *qu'il revienne, elle n'en dort plus.*

Remarques :

1) **ESPÉRER**[2] + **INDICATIF :** ▸ *J'espère qu'il* ***viendra****.*
   SOUHAITER + **SUBJONCTIF :** ▸ *Je souhaite qu'il* ***vienne****.*
2) La complétive introduite par un ***mot interrogatif*** se met à l'***indicatif*** :
   - *Je devine* ***pourquoi*** *il a dit cela.*
3) Lorsque l'enchâssée complétive se construit avec un indicatif, l'emploi de ***constituants interrogatif ou négatif*** peut entraîner▼ un ***subjonctif*** quand il s'agit :
   - ***de verbes d'opinion, de déclaration...***
     - *Je crois qu'il a raison. - Je* ***ne*** *crois* ***pas*** *qu'il* ***ait*** *raison. -* ***Crois-tu*** *qu'il* ***ait*** *raison ?*
     - *Je dis qu'elle a raison. - Je* ***ne*** *dis* ***pas*** *qu'elle* ***ait*** *raison.*
   - ***de tournures impersonnelles de certitude...***
     - *Il est certain qu'il viendra. -* ***Est-il*** *certain qu'il* ***vienne*** *? - Il* ***n'****est* ***pas*** *certain qu'il* ***vienne****.*

---

1 Bien que le subjonctif soit habituel dans ce cas, le recours à l'indicatif est possible pour insister sur la certitude :
- *Que tu viens me rendre visite m'est bien agréable.*

2 Voir également la remarque 3, ci-dessous. Notons que l'impératif ***espérons*** entraîne▼ toutefois le subjonctif :
- *Espérons qu'il* ***s'assagisse*** *!*

▼ entrainer.
▼ entraine.

§188 | L'enchâssée circonstancielle

✲ L'enchâssée circonstancielle **s'insère *à la place du complément de phrase*** (CP) (CC de [GNS + GV]).

❖ **marqueurs**

- **conjonction ou locution conjonctive de subordination**
  - ▸ *Je mange **quand/si/parce que/comme/puisque/...** j'ai faim.*
  - ▸ *Ce bébé pleure **depuis que** sa mère est partie.*
- **préposition + relatif nominal**
  - ▸ *Nous répéterons*▼ *cette leçon **jusqu'à ce que** tu la comprennes.*

Remarque :

Au moment où, le jour où, vu que... sont considérés comme des ***locutions conjonctives.***

❖ **identification :** Tout comme le CP auquel elle se substitue, la circonstancielle est :

- **effaçable** et souvent **mobile**
- **non pronominalisable** (sauf parfois par « en » et « y »)
- **dédoublable** (par un ***pro-verbe*** : faire cela, et cela)
- de plus, elle **NE peut être *détachée par « ce que ... c'est ... »***
  - ▸ *Gianni roule vite en voiture quand il est en retard.*
    Gianni roule vite en voiture.
    Quand il est en retard, Gianni roule vite en voiture.
    **Gianni le (y, en) roule vite en voiture.*
    Gianni roule vite en voiture et (il fait) cela quand il est en retard.
    **Ce que Gianni roule vite en voiture, c'est quand il est en retard.*

§189 | Valeurs sémantiques des circonstancielles

✲ Le ***sens*** de la circonstancielle est souvent **donné par le *marqueur***[1] :

❖ **1° le temps**

alors que, avant que, après que, au moment où, pendant que, en attendant que, quand, comme...

❖ **2° la cause**

à cause que[2], comme, étant donné que, du fait que, parce que, puisque, vu que...

❖ **3° le but**

afin que, pour que, de sorte que, de façon que, de manière que...

Remarque :

Également : **que *après un impératif :***

▸ *Ôte-toi de là **que** je m'y mette.*

1 Voir § 126.
2 Vieilli et lourd.

▼ *rèpèterons.*

❖ **4° l'hypothèse**

à condition que, au cas où, dans l'hypothèse que, pour peu que, pourvu que, si...

Remarque :

Également : **que + subjonctif,** ***en tête de phrase*** **(+ et) :**

▸ ***Que*** *tu fasses un seul faux pas,* ***(et)*** *je ne te pardonne plus.*

❖ **5° la conséquence**

- si bien que, de manière que, au point que, de sorte que...
- certaines constructions particulières :

un(e) tel(le) / **tant de** } + **GN** + **que**

▸ *Paul a bu* ***une telle*** *quantité de vin* ***qu'****il ne tient plus debout.*

si / **tellement** } + **adverbe ou adjectif** + **que**

▸ *Évelyne est* ***tellement*** *gentille* ***que*** *tous l'aiment.*

❖ **6° l'opposition**

alors que, au lieu que, tandis que, comme...

❖ **7° la concession** ***(c'est-à-dire une cause entraînant▼ un effet contraire à celui prévu)***

bien que, encore que, malgré que, quoique, aussi ... que, quelque ... que, pour ... que...

▸ *Bien qu'il soit tard, je ne suis pas fatigué.*

❖ **8° la comparaison**

- ainsi que, autant que, bien plus que, bien moins que, plutôt que, comme...
- **verbe** + autant/autrement/davantage/mieux/... **+ que**
- autant de/autre/davantage de/moins de/plus de/... **+ nom + que**
- aussi/moins/plus **+ adjectif/adverbe + que**

❖ **9° le lieu**

- là où, aussi loin que...
- préposition + relatif nominal : chez qui, par où, d'où...

❖ **10° l'addition**

en plus de ce que, outre que...

❖ **11° le moyen**

par ce qui, par ce que...

❖ **12° la restriction**

sauf que, sinon que, pour autant que...

▼ ***entrainant.***

§190 | Emploi des modes dans les circonstancielles

Le mode change **en fonction du *marqueur* et de la *valeur sémantique***.

- **temps : l'INDICATIF** en général, mais le **subjonctif** pour ***la postériorité*** (avant que, jusqu'à ce que...)
  - *J'irai tenir compagnie à sa mère **quand** il sera parti.*
  - *J'irai tenir compagnie à sa mère **avant qu'**il **parte**.*
- **opposition : l'INDICATIF**, sauf pour ***(bien) loin que*** + **subjonctif**
  - ***Tandis que** Christophe dort, Gina travaille.*
  - ***Bien loin qu'**il **se taise**, il hurle.*
- **concession : le SUBJONCTIF**
  - ***Bien qu'**il **soit** grand et fort, je ne le crains pas.*
- **cause : l'INDICATIF** sauf pour - ***la cause niée*** (non (pas) que), - ***soit que ..., soit que ...*** } qui prennent le **subjonctif**
  - *Il pleure **parce qu'**il est tombé.*
  - *Il pleure, **non pas qu'**il **soit tombé**, mais parce qu'il a eu peur.*
  - *Il pleure **soit qu'**il **soit tombé**, **soit qu'**il **ait eu** peur.*
- **but : le SUBJONCTIF** (afin que, pour que, de peur que...)
  - *Je lui écris **pour qu'**il **prévienne** sa sœur.*
- **condition :**
  - **l'INDICATIF *(sauf futurs et conditionnels)*** pour ***si***
    - ***Si** tu étais plus charmant, je t'écouterais volontiers.*

    Exception : le futur ou le conditionnel sont possibles lorsque **si** signifie « ***s'il est vrai que*** ».
    - *S'il **veillera** à la bonne compréhension par ses élèves, le professeur ne s'attardera tout de même pas trop.*
  - **l'INDICATIF *(conditionnel)*** pour ***au cas où, quand, suivant que, dans l'hypothèse où...***
    - ***Au cas où** tu **viendrais**, préviens-moi.*
  - **le SUBJONCTIF** pour ***à moins que, pour peu que, pourvu que, pour autant que...***
    - ***Pour peu que** tu **aies fait** preuve de bon sens, tu n'aurais pas dit cela.*
- **conséquence : l'INDICATIF** en général, **sauf *trop ... pour que, assez ... pour que, sans que***, qui prennent le **subjonctif**.
  - *Il travaille trop **au point qu'**il **est** fatigué.*
  - *Il est **assez** malin **pour qu'**il **réussisse**.*
- **comparaison : l'INDICATIF**
  - *Le temps passe **comme** le sable coule dans un sablier.*
- **lieu : l'INDICATIF**
  - ***Où** j'irai vivre, il y aura beaucoup d'arbres.*

❖ **moyen : l'INDICATIF**

- *Je le sais* ***par ce qu'****on en a dit.*

❖ **addition : l'INDICATIF**

- ***Outre qu'****il est intelligent, il est travailleur.*

❖ **restriction : l'INDICATIF** (***sauf*** si le ***V de la matrice*** se construit avec le **subjonctif**).

- *Ce vêtement est parfait,* ***sauf qu'****il est cher.*
- *Je ne veux rien,* ***sauf que*** *tu* ***reprennes*** *tes livres.*

Remarques :

1) En ce qui concerne la **comparaison**, dans les ***marqueurs doubles*** *(comme si, comme quand, comme avant que, comme après que...)*, **c'est *le deuxième marqueur* qui *désigne le mode*.**
   - *Il travaille* ***comme avant qu'****il* ***soit*** *malade.* (subjonctif avec ***avant que***)
2) Dans le registre de la cause, il est possible d'introduire les deux nuances suivantes :
   a) ***nier une cause*** (présumée ou non) pour introduire la cause réelle :
      - *Il réussit,* ***non qu'****il* ***soit*** *intelligent,* ***mais parce qu'****il travaille.*

      La structure est alors la suivante :

      P matrice + NON QUE + P_2 (au subjonctif) + MAIS PARCE QUE + P_3 (à l'indicatif).

   b) ***écarter une cause*** pour en introduire une autre :
      - *Il réussit,* ***non parce qu'****il* ***est*** *intelligent,* ***mais parce qu'****il travaille.*

      La structure est alors la suivante :

      P matrice + NON PARCE QUE + P_2 (à l'indicatif) + MAIS PARCE QUE + P_3 (à l'indicatif).

   La différence de sens apparaît▼ donc :
   - ***par les marqueurs :*** - NON QUE ▸ cause niée.
     - NON PARCE QUE ▸ cause écartée.
   - ***par l'emploi des modes,*** qui complète l'information :
     - **la cause niée au subjonctif** pour exprimer un doute aboutissant à l'incertitude de la cause.
     - **la cause écartée à l'indicatif** pour rendre certain le fait exprimé tout en l'écartant du rapport causal.

✲ La valeur générale des modes[1] est donc respectée :

❖ **l'indicatif** pour la **certitude** (sauf la concession, la condition).
C'est le plus employé.

❖ **le subjonctif** pour des **faits moins certains.**
Il est surtout présent dans les cas de concession et de but.

1 Voir §§ 194 et 205.

▼apparait.

191 | Tableau de synthèse du fonctionnement des enchâssées

1 RELATIVES

Fonction : - complément du nom

Marqueurs : - un pronom relatif représentant

❖ simple : qui, que, quoi, dont, où

ou ❖ composé : à qui, de qui, lequel...

2 COMPLÉTIVES

Fonctions	Marqueurs	Mode (par défaut, l'indicatif)		Remarque
SUJET	1° conj. de sub.: que	subjonctif		souvent
	2° relat. nominal: (à) qui, ce dont, ce que			
CD	1° conj. de sub.: que 2° SI } interrog. 3° Mot int. } indirecte 4° rel. nominal : ce que, ce qui...	V de P1 : • déclaratifs		
		• déclaratifs + nuance d'ordre de volonté de défense de jugement [1] de doute de négation de sentiment	subjonctif	
CI	1° conj. de sub.: que 2° rel. nominal : à qui, où... 3° prép. + rel. nominal : à ce que, de ce que			
C. du V impers.	1° conj. de sub.: que 2° rel. nominal : ce que, (de) celui qui...	marquant la certitude		
		marquant l'obligation, le jugement	subjonctif	
Attribut du Sujet	Relatif nominal (jamais la conj. que)			
C. du Présentatif	1° conj. de sub. : que 2° rel. nominal : ce dont, ce que... 3° mot interrog. : comment, pourquoi...			

1 V impersonnels.

Apposition	1° que ou rel. nomin. 2° parfois : quand, comme...	indic. ou subjonctif (selon la valeur générale de ces modes)	
Compl. du Nom	IDEM	IDEM	
Compl. de l'Adj.	1° que 2° rel. nominal 3° prép. + rel. nominal : à ce que, de ce que	IDEM	

3 CIRCONSTANCIELLES

Valeurs sémantiques	Marqueurs	Mode (par défaut, l'indicatif)	Remarque
Temps	lorsque, quand, comme, maintenant que, pendant que, tandis que, dès que, après que, depuis que...		
	avant que, en attendant que, jusqu'à ce que...	subjonctif	
Opposition	alors que, au lieu que, tandis que...		
	(bien) loin que	subjonctif	
Concession	bien que, encore que, quoique, aussi... que, pour... que...	subjonctif	TOUT... QUE (indic. ou subj.)
Cause	à cause que, comme, étant donné que, du fait que, parce que, puisque... *non parce que ... mais parce que*		*cause écartée*
	non que... mais parce que	subjonctif	*cause niée*
But	pour que, afin que, de sorte que, de façon que...	subjonctif	

Condition	SI	indicatif	**(surtout pas les condit.)**
	Quand (bien même)	indicatif	**(uniquement les condit.)**
	à condition que, à supposer que, en admettant que, à moins que...	subjonctif	
Conséquence	de sorte que, de façon que, de manière que, si bien que, si… que, tant que, tellement… que, tel… que		
	assez… pour que, trop… pour que, sans que	subjonctif	
Comparaison	ainsi que, autant que, (bien) plus que, comme		
	marqueurs doubles : COMME { SI / QUAND / AVANT QUE	VARIABLE	**selon le 2e marqueur**
Lieu	Où, là où prép. + rel. nominal : (d'où, par où, chez qui...)		
Addition	En plus de ce que, outre que...		
Moyen	Par ce qui, par ce que, grâce à ce que...		
Restriction	Sauf que, sinon que, pour autant que...		

§192 | Réduction des jonctions de phrases

Lorsque deux phrases sont jointes, il est possible de pratiquer la réduction de l'une d'elles. Cette modification ***ne peut entraîner*▼ *aucun changement de sens*** de la P dérivée.

⁂ RÉDUCTION DE LA JUXTAPOSITION

La **présence *d'éléments identiques* et *de même fonction*** permet la réduction :

- ***L'enfant*** *court,* ***l'enfant*** *rit,* ***l'enfant*** *pleure.*
  GNS GNS GNS
  > *L'enfant court, rit, pleure.*
- ***L'enfant mange*** *du pain,* ***l'enfant mange*** *du riz,* ***l'enfant mange*** *des légumes.*
  > *L'enfant mange du pain, du riz, des légumes.*

⁂ RÉDUCTION DE LA COORDINATION

Elle est possible quand on retrouve ***des éléments identiques, de même fonction***, dans les deux phrases :

- *Pierre* ***aime*** *la lecture et Jacques* ***aime*** *le football.*
  élément commun : verbe — élément commun : verbe
  > *Pierre aime la lecture et Jacques le football.*

- ***Mes amis étudient*** *le latin et* ***mes amis étudient*** *le grec.*
  éléments communs : GNS V — éléments communs : GNS V
  > *Mes amis étudient le latin et le grec.*

⁂ RÉDUCTION DE LA RELATIVE

❖ **AU PARTICIPE**, si le pron. relatif « qui » est sujet

- *Nous cherchons une bonne* ***qui*** *aime les enfants.*
  GNS
  > *Nous cherchons une bonne aimant les enfants.*

❖ **À L'INFINITIF,** si le sujet de P_2 est sujet ou complément de P matrice ET si le relatif est soit **où** soit un **relatif composé** (Prép. + Rel.)

- ***Nous*** *cherchons un endroit* ***où nous*** *logerons.*
  1 2
  > *Nous cherchons un endroit* ***où loger.***

▼ *entrainer*.

▸ *Nous* ***vous*** *indiquerons un endroit* ***où vous*** *logerez.*

1 2

> *Nous vous indiquerons un endroit* ***où loger.***

▸ ***Je*** *cherche un ami* ***à qui je*** *m'adresserai.*

1 2

> *Je cherche un ami* ***à qui m'adresser.***

⁂ RÉDUCTION DES COMPLÉTIVES

	À L'INFINITIF	DIVERS
Sujet	Si le sujet de P_2 est identique à un compl. de P matrice ou si le sujet de P_2 est **on** : ▸ *Qu'on se taise est impérieux.* > *Se taire est impérieux* ▸ *Que Jean gagne serait bien pour lui.* > *Gagner serait bien pour Jean.*	
CD ou CI	***1°- infinitif avec sujet exprimé*** Le verbe de P_1 est un verbe de perception (sentir, voir, écouter, regarder...) : ▸ *Jean voit que les feuilles tombent des arbres.* > *Jean voit les feuilles tomber des arbres.* ***2°- infinitif sans sujet exprimé*** Si le sujet de P_2 est exprimé dans P_1 : ▸ *Nous suggérons à Pierre qu'il travaille.* > *Nous suggérons à Pierre de travailler.*	***Sujet et expansion de P_2 (sans verbe)*** Si le verbe de P_1 est un verbe de jugement (croire, juger, estimer...) **ET SI** P_2 est introduite par **que** **ET SI** P_2 se construit avec un attribut : ▸ *Nous* ***estimons que*** *cet* 1 2 *homme est* ***coupable.*** 3 > *Nous estimons cet homme* ***coupable.*** (on obtient alors un ***attribut du complément.)***
Attribut du sujet	**ne se réduit jamais !**	
Expansion du GN **Compl. de l'adjectif**	Si le sujet de P_2 est présent dans P_1 : ▸ *La certitude qu'****il*** *terminera la course encourage le* ***champion.*** > *La certitude de terminer la course encourage le champion.* ▸ ***Jacques*** *est heureux qu'****il*** *gagne.* > *Jacques est heureux de gagner.*	

RÉDUCTION DES CIRCONSTANCIELLES

Introduites par des conjonctions de subordination, elles peuvent être réduites :

À L'INFINITIF, si le GNS de P_1 est celui de P_2 :

- *Jeanne fait sa toilette avant qu'elle parte.*
  > *Jeanne fait sa toilette avant de partir.*

AU PARTICIPE

- **sans sujet exprimé :** si le GNS de P_1 est celui de P_2.
  - *Parce qu'il est en retard, Jacques ne se rase pas.*
    > *Étant en retard, Jacques ne se rase pas.*
- **avec sujet exprimé :** si le GNS de P_2 n'est pas le même que celui de P_1.
  - *Quand le soir est tombé, toutes les lampes s'allument.*
    > *Le soir (étant) tombé, toutes les lampes s'allument.*

À L'ADJECTIF, dans une P_2 à verbe être où le GNS de P_1 est identique à celui de P_2.

- *Quand nous étions fatigués, nous nous reposions sous un arbre.*
  > *Fatigués, nous nous reposions sous un arbre.*

Dans la plupart des réductions, la présence ***des éléments communs,*** identiques dans P_1 et P_2, est nécessaire, même si ces éléments n'ont pas la même nature grammaticale (il suffit qu'ils désignent le même être, la même chose, la même idée).

La réduction est
- **parfois impossible**;
- **parfois souhaitable** (dans un but stylistique);
- **parfois obligatoire** (notamment avec les semi-auxiliaires) :

- *Je veux partir.* et non : * *Je veux que je parte.*

Rappel : ***les semi-auxiliaires***

- venir de, être sur le point de, aller... + infin.
- sembler, paraître▼, passer pour... + infin.
- achever de, cesser de... + infin.
- vouloir, savoir, pouvoir... + infin.
- ...

Remarque :

Les enchâssées peuvent parfois être remplacées par un GN ou un GNP :

- ***Quand il pleut***, *je marche plus vite.* > ***Sous la pluie***, *je marche plus vite.*
- *Je veux* ***que tu reviennes parmi nous****.* > *Je veux* ***ton retour parmi nous****.*
- ***Qu'il se taise*** *l'accuse.* > ***Son silence*** *l'accuse.*

▼ paraitre.

B- LES PHRASES NON VERBALES DÉRIVÉES

§193 | La phrase non verbale[1] peut être formée :

✲ par application de constituants

Tous les constituants sont possibles :

1 **Énonciatif**	▸ *Temps ensoleillé.*	(un simple point)
2 **Interrogatif**	▸ *Temps ensoleillé ?*	(un point d'interrogation)
3 **Impératif**	▸ *Travail à terminer.*	(phrase infinitive)
	▸ *Silence.*	(phrase nominale)
	▸ *Chut.*	(interjection à sens impératif)
4 **Négatif**	▸ *Pas de nouvelles.*	(déterminant négatif)
	▸ *Non-alignement de ce pays.*	(NON + GN)
	▸ *Pas gentil !*	(nég. « PAS » + adjectif)
	▸ *Ne pas mentir.*	(NE PAS + infinitif)
5 **Emphatique**	▸ *Vaincre ! Aïe !*	(par exclamation)
	▸ *Aller au restaurant, papa ?*	(par déplacement)
	▸ *Au restaurant, papa, y aller ?*	(par reprise pronominale)

Remarque :

Les P non verbales sont ***souvent emphatiques par exclamation***.

6 **Passif**	▸ *Être vaincu par un incapable.*	(phrase infinitive + complément d'agent)
	▸ *Satisfait de votre retour.*	(PPé + complément d'agent)

❖ **À l'exception des phrases énonciatives, toutes les autres sont des *phrases dérivées*.**

✲ par jonction de phrases

1 **Le rattachement** (juxtaposition ou coordination) est souvent possible :

- *Ouille, aïe !* - *Ouille et aïe !*
- *Heureux, inquiet ?* - *Heureux mais inquiet ?*
- *Chic, de la crème glacée !*

1 Voir définition § 135.

2 L'enchâssement (la ***P non verbale*** n'est ***jamais*** P_2) :

- ***Heureux*** *que vous soyez là.*

  P_1
- ***Une musique****, qui détend enfin !*

  P_1
- ***Réfléchir****, quand il le faut !*

  P_1

❖ La P_2 enchâssée obéit aux mêmes règles que la P_2 enchâssée dans une phrase verbale[1].

1 Voir §§ 169 et 170.

IV - SYNTAXE DES MODES ET DES TEMPS

Prérequis	Utilisations
• le verbe, §§ 98 à 111 • les marqueurs, §§ 125 à 131 • conjugaison d'un verbe, §§ 338 à 367 • les temps de la conjugaison, §§ 341, 343 à 345, et 350 à 351	• construire des phrases et des textes en cohérence temporelle

§194 | Le mode indicatif

L'indicatif exprime un ***fait certain* ou *considéré comme certain*** dans l'esprit du locuteur.
Il possède 10 temps de 6 personnes chacun, soit un total de 60 formes.

Il permet les indications suivantes :

❖ **SITUATION DANS LE TEMPS**

- **simultanéité au moment de la parole**
  - le présent
- **simultanéité à un moment de référence passé ou antériorité au moment de la parole**
  - l'imparfait
  - le passé simple
  - le passé composé (il a encore un rapport avec le présent)
- **antériorité à un moment de référence passé (passé du passé)**
  - le passé antérieur (par rapport à un passé simple)
  - le plus-que-parfait
- **postériorité au moment de la parole**
  - le futur simple
- **antériorité à un moment de référence futur (passé du futur)**
  - le futur antérieur
- **postériorité à un moment de référence passé (futur du passé)**
  - le conditionnel présent
- **antériorité à un futur du passé (futur antérieur du passé)**
  - le conditionnel passé

❖ VALEURS ASPECTUELLES

- **duratif** imparfait, (plus-que-parfait)
- **momentané** présent, passé simple, passé antérieur
- **inachevé** imparfait
- **achevé** passé simple, passé composé, passé antérieur
- **itératif** imparfait, (plus-que-parfait)

Remarques :

1) Tous les temps n'ont pas obligatoirement de valeur aspectuelle précise (les temps du futur, notamment).
2) L'aspect permet de choisir le temps le mieux approprié lorsque plusieurs temps ont une même valeur temporelle.

❖ VALEURS MODALES

Les temps sont parfois employés en dehors de toute situation du moment.

Ils indiquent alors comment l'action est conçue dans l'esprit du locuteur. Cet usage est proche de celui de l'emploi des MODES (Voir **§§ 195 à 203**, emplois particuliers.).

✲ Le tableau suivant permet de visualiser le fonctionnement des temps de l'indicatif et d'ordonner les étapes du raisonnement :

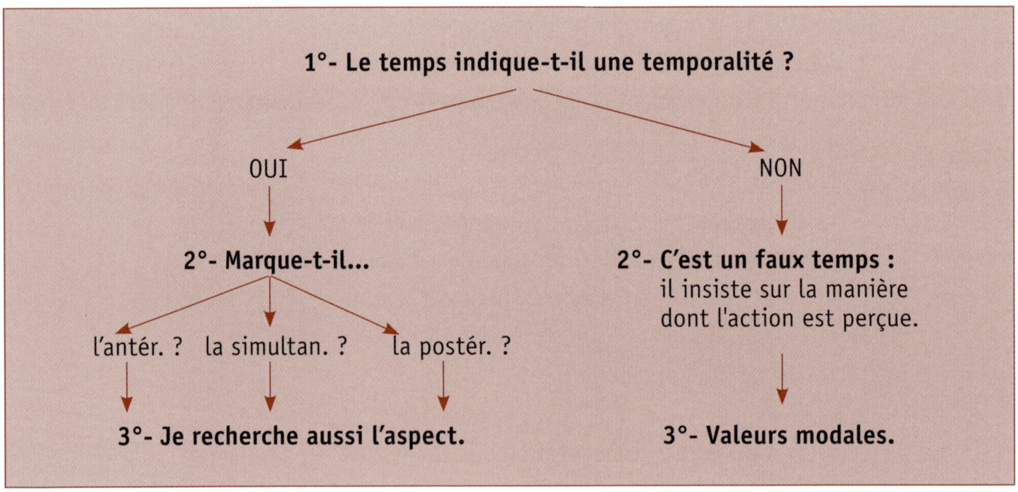

§195 | Le présent

Emploi général

L'indicatif présent indique que le fait a lieu ***au moment même de la parole***. En conséquence, l'action est présentée comme étant en cours et se réduit à ***un instant*** (celui de la parole) :

- *Je te parle.* (maintenant)

Emplois particuliers

Ces emplois sont liés à un jeu sur le moment de référence, sur la durée du déroulement de l'action. Ainsi le présent peut aussi exprimer :

- **une vérité d'ordre général** (= valable à tout moment)
  - *Pauvreté n'est pas vice.*
  - *L'eau bout à 100°.*
- **une durée** (le déroulement de l'action commence avant le moment de la parole)
  - *Il neige depuis une semaine en montagne.*
- **une habitude** (***aspect itératif*** [1])
  - *Je déjeune à huit heures.*
- **un passé ou un futur proches** (la proximité de l'action dans le temps permet de la considérer comme présente, ce qui rend son expression plus actuelle et plus vivante)
  - *Je reviens dans un instant.*
  - *Je viens de prendre un médicament.*
- **un présent historique** (accentuation de la simultanéité à un moment de référence passé, afin de donner l'impression d'action en cours)
  - *La bataille de Marignan a lieu en 1515.*
- **un ordre à la 2e personne :**
  - *Tu te tais maintenant !*
- **un fait éventuel** qui devrait probablement se réaliser, **après « SI »**
  - *Si le glacier* ***passe****, je t'offrirai une crème aux fruits des bois.*

1 Voir § 102.

§196 | L'imparfait

Emploi général

Il montre une action ***en train de se dérouler*** (***aspect duratif***[1]) dans le passé sans faire voir ***ni le début ni la fin*** de cette action (***aspect inachevé***[1]) :

- *Nous marchions tranquillement dans la rue.*

L'action est antérieure au moment de la parole et/ou simultanée à un moment de référence passé.

Emplois particuliers

Selon le contexte, l'imparfait peut indiquer :

- **une habitude dans le passé**
  - *Chaque dimanche, elle* ***allait*** *à la messe.*
- **une atténuation** (une action présente que l'on veut vite faire oublier, par politesse notamment, en la rejetant dans le passé)
  - *Veuillez m'excuser, je* ***venais*** *pour vous montrer ce plan.*
- **une insistance narrative** (***imparfait de narration)*** précisée par une ***indication de temps***
  - *Donc tout réussissait à Racine. À vingt-cinq ans, il* ***entrait*** *dans la renommée.* (J. Lemaître.)
- **une conséquence certaine pour un futur du passé**[2]
  - *Elle avança au bord de la falaise. Sans moi, elle* ***tombait****.*
- **l'hypothèse après SI**
  - exprimant un fait ***irréel dans le présent***
    - *Si tu l'****aimais****, tu l'épouserais.*
  - exprimant une ***potentialité*** (un fait irréel dans le présent, mais possible dans le futur)
    - *Si vous* ***gagniez*** *à la loterie, vous partiriez vers un pays chaud.*

Remarques :

1) L'imparfait peut parfois exprimer :
   - **un futur proche** par rapport à un ***moment de référence passé :***
     - *Mon frère était content : il* ***partait*** *en vacances deux jours plus tard.*
   - **un passé proche** par rapport à un ***moment de référence passé :***
     - *J'ai vu Paul qui* ***partait****.*
   - **un fait imaginaire** qui coïncide avec le ***moment de la parole :***
     - [Deux enfants jouent.] *« Toi, tu* ***étais*** *la maman, et moi le papa. »*
2) Dans la ***narration***, le recours à l'imparfait pour exprimer des éléments du récit indique que ceux-ci sont perçus au **second plan** (dans un but **descriptif** et non narratif), qu'ils ont un rôle moindre dans la narration.

---

1 Voir § 102.
2 Pour le **futur du passé**, voir ci-après, § 203.

§197 | Le passé simple

Emploi général

Il indique que le déroulement du fait a lieu antérieurement, ***avant le moment de la parole.*** Le passé simple insiste sur l'***aspect momentané*** [1] :

- *À ce moment-là, il descendit l'escalier.*

Emploi particulier

Anciennement, le passé simple permettait d'exprimer une **généralité** :

- *Un mauvais braconnier ne fit jamais un bon garde-chasse.*

Remarque :

Dans un ***récit***, le fait que certains événements▼ soient exprimés au passé simple indique que ceux-ci appartiennent au **premier plan** (celui de l'histoire) :

- *La nuit était sombre et le vent soufflait. Il* ***alluma*** *un feu.*

§198 | Le passé composé

Emploi général

Il indique que le ***fait*** exprimé est ***achevé au moment de la parole :***

- *Annie est venue hier.*

Remarque :

Très souvent, l'emploi du passé composé montre que le fait exprimé a une ***conséquence au moment de la parole :***

- *Nous vous* ***avons appelés*** *dès son retour et je vous confirme sa visite.*
- *Vous* ***avez*** *mal* ***agi*** *envers moi, reconnaissez-le.*

Emplois particuliers

Le passé composé peut aussi exprimer :

- **une vérité générale**
  - *Toujours, les grands* ***ont exploité*** *les petits.*
- **un futur proche** (avec indication temporelle)
  - *J'****ai fini*** *dans deux minutes.*
  - *Ne t'impatiente pas, dans un moment je* ***suis parti****.*
- **l'habitude**
  - *Quand Roland* ***a mangé****, il fait la sieste.*
- **après SI, une éventualité** (dans le passé)
  - *Si vous* ***avez eu*** *raison de changer d'orientation, l'avenir nous le montrera.*

---

1 Voir § 102.

▼ évènements.

§199 | Le plus-que-parfait

Emploi général

Le plus-que-parfait est employé pour exprimer un ***fait achevé dans le passé antérieurement à un autre moment de référence***, passé ou non :

- *Le quinze janvier, il avait déjà reçu sa feuille d'impôts.*
- *Ce matin-là, il avait préparé le petit déjeuner.*

Emplois particuliers

Le plus-que-parfait indique aussi :

- **après SI, un fait irréel dans le passé**
  - *Si tu **étais venu**, nous aurions bien ri.*
  - *Si elle **avait travaillé** plus, elle aurait réussi.*
- **une atténuation** (un présent que l'on veut déjà croire passé, par politesse, notamment)
  - *J'**étais venu** pour vous demander une augmentation.*
  - *J'**étais entré** pour vous demander une faveur.*

Remarques :

1) En relation avec un imparfait d'habitude, le plus-que-parfait peut aussi exprimer **l'habitude** :
   - *Quand Pinocchio **avait menti**, son nez s'allongeait.*
2) L'expression au plus-que-parfait d'événements▼ d'un ***récit*** indique que ceux-ci sont perçus au **deuxième plan** :
   - *Sylvie, qui **avait oublié** son livre, s'ennuya toute la soirée.*

§200 | Le passé antérieur

Emploi général

Il marque l'**antériorité par rapport à un *moment de référence passé*** (souvent exprimé au passé simple) :

- *Dès qu'il eut préparé le repas, il alla acheter des fleurs.*

Emplois particuliers

Souvent accompagné d'un ***complément de phrase*** exprimant la ***rapidité*** ou la ***proximité dans le temps***, le passé antérieur est employé pour exprimer un ***fait achevé dans le passé :***

- *En quelques mois, elle **eut préparé** un nouveau projet.*
- *En un moment, il **eut bêché** son jardin.*
- *En un instant, il **eut terminé** la préparation de son discours.*

▼ évènements.

Remarque :

La valeur est la ***même*** pour le ***passé surcomposé*** :

- *En un moment, il **a eu bêché** son jardin.*
- *En un instant, il **a eu terminé** la préparation de son discours.*

§201 | Le futur simple

Emploi général

Il exprime un ***fait non accompli*** qui a lieu ***après le moment de la parole :***

- *Demain, il fera beau.*

Emplois particuliers

Le futur simple s'emploie aussi pour exprimer :

- **un ordre**, poliment (***futur de politesse***)
  - *Je vous **demanderai** de vous taire.*
  - *Vous **apporterez** vos livres.*
- **une supposition** (***futur d'éventualité***)
  - *Qui donc a apporté ce bouquet ? Ce **sera** ta sœur.*
- **une indignation** par rapport à un fait présent
  - *Quoi ? Ils ne **seront** pas **punis** ?*
- **une postériorité par rapport à un *moment du passé* (futur historique)**
  - *La France vivait en paix, mais en 1515, ce **sera** Marignan.*
- **une généralité**
  - *L'homme **sera** toujours un loup pour l'homme.*
- **une atténuation**
  - *Je vous **dirai** que je n'ai pas entendu mon réveil : c'est la raison de mon retard.*

§202 | Le futur antérieur

Emploi général

Souvent accompagné d'un ***repère de temps***, il exprime un **fait *achevé* situé *dans l'avenir* ou *antérieur à un fait futur :***

- *Bientôt, nous aurons terminé nos explications.*
- *Avant son retour, on aura fini le montage des tentes.*

Emplois particuliers

Le futur antérieur peut aussi évoquer :

- **une supposition dans le passé**
  - *Où sont mes lunettes ? J'**aurai dû** les oublier sur la table.*
- **l'atténuation ou l'insistance** avec **politesse** sur un ***fait passé***
  - *Vous vous **serez trompé(s)**.* [Alors qu'on en est certain.]
- **l'indignation**
  - *On **aura** tout **vu** !*
- **un ordre**
  - *Dans trois jours, vous **serez revenus**, et pas plus tard !*
- **un fait passé**, mais ***présenté dans le futur*** **comme pour lui attribuer** ***plus de durée***
  - *Ainsi, j'**aurai** donc **construit** cette maison pour m'en faire déloger aujourd'hui.*

§203 | Les conditionnels

Emplois généraux

- le ***conditionnel présent*** exprime un **futur du passé**
  - *Je savais que tu **viendrais**.*

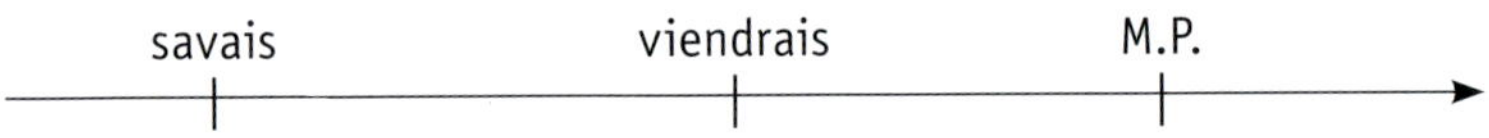

- le ***conditionnel passé*** exprime un **futur antérieur du passé**
  - *Je savais que tu viendrais quand j'**aurais fini** mes recherches.*

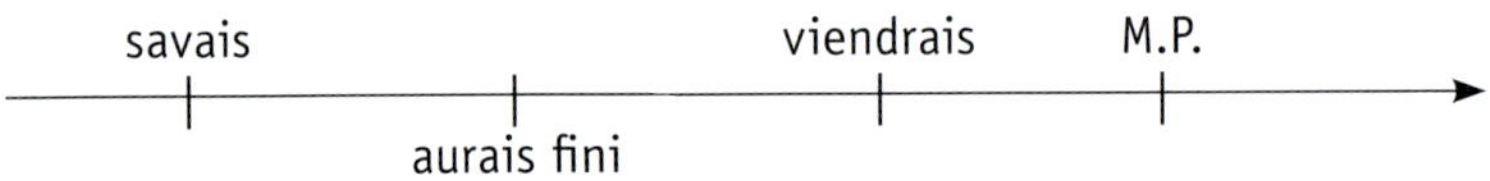

Emplois particuliers

Les conditionnels :

- signalent un **fait soumis à une condition**
  - Ce fait peut être ***possible*** (**potentiel**)
    - *Si tu le voulais, tu **réussirais** facilement en juillet.* (conditionnel présent)
  - Ce fait peut être ***irréel dans le présent***
    - *Si j'avais quatre mains, j'**irais** plus vite pour servir.* (conditionnel présent)
  - Ce fait peut être ***irréel dans le passé***
    - *Si tu avais travaillé, tu **aurais réussi**.* (conditionnel passé)
- évoquent un **fait dont on ne garantit pas l'exactitude**
  - *Ce placement bancaire lui **rapporterait/aurait rapporté** beaucoup d'argent.* (conditionnels présent ou passé)

❖ **atténuent** un ordre, une constatation, un fait

- ***Apporterais****-tu ce cahier, finalement ?*
- *Il* ***aurait gagné*** *au loto.*

❖ expriment une **indignation**

- *Je* ***trafiquerais*** *le compteur !* - *J'****aurais trafiqué*** *le compteur !*

❖ expriment une **opposition** ou une **concession**

- *J'****aurais travaillé*** *plus, je n'****aurais*** *pas* ***réussi*** *davantage.*
- *Quand vous me* ***promettriez*** *la lune, je ne* ***pourrais*** *accepter.*

§204 | Le mode impératif

Emploi général

C'est par excellence le mode du commandement, de l'ordre :

- *Taisez-vous !* - *Obéissez sans discuter !*

Emplois particuliers

L'impératif peut aussi exprimer :

❖ **une invitation, un souhait, une suggestion** ou **un ordre atténué** par un adverbe ou par une périphrase

- *Soyez prudents !* - *Entrez.* - *Veuillez cesser.*
- *Prenez un siège, je vous prie.*

❖ **un conseil, une prière**

- *Coupez votre gazon régulièrement.*
- *Aidez-moi !*

❖ **une supposition** (sans mot de liaison)

- *Aidez les autres, ils s'en souviendront.*

❖ **une concession** (sans mot de liaison)

- *Avertissez quelqu'un d'un désastre, il ne vous écoutera pas.*

Remarques :

1) ***L'impératif passé*** marque que l'***action*** commandée doit être ***accomplie à tel moment du futur :***
   - *Aie terminé tes travaux scolaires quand je reviendrai.*
2) ***L'impératif passé*** est **achevé** et ***l'impératif présent*** est **inachevé**.
3) **Effet de style :** pour ***inviter le lecteur*** à **se représenter** divers éléments, les écrivains peuvent employer l'impératif [1].
   - *Remontez un instant à leurs modestes origines, revoyez le pauvre bouton d'or de naguère... admirez et jugez.* (Maeterlinck.)

1 Technique utilisée dans la **fonction conative** du langage, voir § 233.

§205 | Le mode subjonctif

Le subjonctif permet de
marquer un certain recul par rapport à la réalité
en raison d'un ***refus*** ou d'une ***hésitation*** } **à placer un fait dans la réalité.**

§206 | Le subjonctif employé seul (indépendant)

Il exprime alors :

- **l'ordre à la 3e personne**
  - *Que l'on se taise. - Qu'elle s'en aille.*
- **un souhait**
  - à la 3e personne, **sans *que***
    - *Finisse cette guerre. - Périsse le coupable.*
  - à la 3e personne, **avec *que***
    - *Que finisse cette guerre. - Que périsse le coupable.*
  - **avec *puisse* ou *plaise***
    - *Puisse le calme revenir dans ce pays si éprouvé !*
    - *Puisse le coupable périr.*
- **un regret**
  - *Plût au ciel qu'il ait travaillé. - Plût au ciel qu'il eût réussi.*
- **la concession** (abandon de ses prétentions)
  - *Qu'il le fasse quand même.*
  - *Qu'il parte, s'il y tient vraiment.*
- **l'indignation**
  - *Que j'aie pu casser cette tasse !*
  - *Que je ne t'aie pas salué !*
- **une supposition**
  - *Qu'un orage éclate, et la récolte est perdue !*
- **une atténuation**
  - *Ton livre, que je sache, n'est pas une bible !*

§207 | Le subjonctif dans une enchâssée

- Il est régulièrement utilisé :
  - dans une **complétive sujet introduite par que, en tête de phrase**
    - *Qu'elle* ***revienne*** *ne prouve pas son innocence.*
  - dans une enchâssée dont **la matrice contient un verbe de volonté, de sentiment, de doute ou de possibilité**
    - *Je veux/je doute/je crains qu'il* ***réussisse*** *tout ce qu'il entreprend.*
  - dans une **complétive complément du V impersonnel exprimant le doute, la possibilité, la nécessité, la condition, l'appréciation, la certitude négative...**
    - *Il est douteux/il se peut que la paix* ***s'établisse*** *rapidement.*
  - dans **certaines enchâssées relatives[1], pour marquer l'incertitude**
    - *Je cherche une voiture qui* ***ait*** *cinq portes.*

- De plus, **il est obligatoire** après :
  - ***avant que, en attendant que, jusqu'à ce que*** (TEMPS)
    - *Reste ici jusqu'à ce que je* ***revienne.***
  - ***non (pas) que, ce n'est pas que*** (CAUSE)
    - *Je pars, non pas que je ne me* ***plaise****, mais parce que le travail m'attend.*
  - ***bien que, quoique, si ... que, quelque que*** (CONCESSION)
    - *Si bien équipés qu'ils* ***soient****, les alpinistes risquent souvent des accidents.*
  - ***afin que, pour que, de peur que*** (BUT)
    - *Travaille plus, de peur que tu ne* ***rates*** *ton examen.*
  - ***à moins que, pour peu que, pourvu que, pour autant que*** (HYPOTHÈSE)
    - *À moins qu'il* ***se taise****, il sera reconnu immédiatement.*
  - ***trop ... pour que, assez ... pour que, sans que*** (CONSÉQUENCE)
    - *Cette voiture est assez jolie pour que je l'****achète.***

Remarque :

Après ***le seul, l'unique, le premier***[2], le **subjonctif** marque l'**hésitation** et l'**indicatif** la **certitude**.

1 Voir **l'enchâssée relative**, § 184.
2 Voir **l'enchâssée relative**, § 184, rem.

§208 | Les temps du subjonctif

Ne disposant que de quatre temps (présent, imparfait, passé, plus-que-parfait) dont deux seulement (présent, passé) sont couramment employés, le subjonctif permet ***moins de précision dans l'expression du temps.***

1- Le présent

Il exprime *un fait non accompli* dans :

- ***le présent*** ▸ *Faut-il que je **passe** encore ?*
- ***le futur*** ▸ *Téléphonez-lui pour qu'il **soit** à l'heure.*
- ***le passé*** ▸ *Qu'aurais-tu voulu que je te **dise**?*

2- Le passé

Il exprime :

- *un fait achevé dans le passé ou le futur* ***par rapport à un autre fait inachevé***
  - ▸ *J'attendrai qu'elle m'**ait prévenu**.*
- ou *une antériorité simple*
  - ▸ *Nous sommes heureux que vous **soyez venues**.*

3- L'imparfait

Il indique :

- *une simultanéité à un moment de référence passé*
  - ▸ *Je souhaitais que tu **vinsses** en vacances en Hongrie.*
- ou *une postériorité (incertaine)*
  - ▸ *Il faudrait que les hommes de science **travaillassent** à faire progresser l'humanité.*

Remarque :

De plus en plus souvent, le subjonctif imparfait n'est plus employé ***qu'à la 3e personne*** du singulier.

4- Le plus-que-parfait

Il indique *un fait accompli et antérieur dans le passé :*

▸ *Bien qu'il **eût** correctement **exécuté** le travail, le plombier ne fut jamais payé.*

Remarque :

Les formes du subjonctif plus-que-parfait sont les mêmes que celles de l'**indicatif conditionnel passé 2e forme** : ces deux temps partagent d'ailleurs les ***mêmes valeurs.***

§209 | Le mode participe

❊ *Le participe présent*

Il exprime une **action simultanée** à l'action principale en présentant un **aspect inachevé :**

- *Bernard, **ouvrant** la porte, embrassa sa mère.*

Remarques :

1) Le participe présent est ***toujours invariable*** (ne pas confondre avec l'adjectif verbal[1]).
2) **En + participe présent** lié au sujet de la P matrice s'appelle le **GÉRONDIF**. Il a la ***même valeur*** que le participe présent. Il contient une ***nuance circonstancielle*** de temps, de manière, de cause, de moyen, de condition... :
   - ***En courant**, il s'est blessé.* (cause)

❊ *Le participe passé*

❖ ***S'il est un temps***, il exprime un **fait accompli antérieur** au fait principal (souvent dans une réduction d'enchâssée) :

- ***Ayant compris**, il s'en alla.*

❖ ***S'il n'est pas un temps***, il n'a pas de valeur modale et sert à former :

- des **adjectifs** (épithètes détachées...)
- les **temps composés**[2].

§210 | Le mode infinitif

❊ Le mode infinitif ne possède que deux formes (l'une au présent et l'autre au passé). En elles-mêmes, ***aucune de ces formes n'exprime un temps, un nombre ou une personne*** (seul le contexte permet de les inférer) :

- *Il pensera à m'**offrir** des fleurs.* (= **il** m'**offrira** des fleurs.)
- *Je crains d'**oublier** son anniversaire.* (= **j'oublie** son anniversaire.)

Toutefois, **l'infinitif présent** a une ***valeur d'inachevé***

- *Je t'ai vu **travailler**.* (= que tu étais en train de travailler.)

et **l'infinitif passé** une ***valeur plus achevée***

- ***S'être reposé** était indispensable.*

1 Voir **Accord de l'adjectif**, § 330.
2 Voir **Conjugaison**, §§ 350 et 351.

✲ Dans certains cas, l'infinitif a une **valeur personnelle** (c'est-à-dire reliée à une personne grammaticale plus précise) :

- **P exclamative ou interrogative**
  - *Où placer Rome ? - Me taire !*
- **sens impératif** (ordre, conseil, recette)
  - *Ne pas se pencher dehors. - Agiter avant emploi.*
- dans des **passages narratifs**, précédé de **de**, pour rendre le récit plus ***vivant***, plus ***rapide***
  - *Et Pierre de frapper Paul. - Jacques de me saluer.*

Remarque :

L'infinitif est **souvent employé avec les semi-auxiliaires** *« devoir, pouvoir, aller, venir, faire... »* pour former des locutions verbales permettant souvent de situer **l'aspect**.

- *Il **va** certainement **venir**.* (aspect de ***proximité dans le futur)***

V - LA CONCORDANCE DES TEMPS

Prérequis	**Utilisations**
• le verbe, §§ 98 à 111 • syntaxe des modes et des temps, §§ 194 à 210 • notions d'antériorité, de simultanéité et de postériorité • les temps dans la matrice (morphologie de la conjugaison), §§ 343 à 367 • le mode dans les enchâssées, §§ 194 à 203, et 205 à 208 • l'aspect, § 102	• construire une phrase dérivée par jonction en cohérence temporelle • marquer certains effets de sens • employer le style indirect, §§ 213-214

§211 | Tableau des cas de concordance

La concordance des temps est la relation qui s'établit entre l'expression du temps de l'enchâssée[1] et celle de la matrice[1]. Le tableau suivant résume les différents cas :

✲ ENCHÂSSÉE À L'INDICATIF :

V de la P matrice	Relation	V de l'enchâssée	Exemples P_1	P_2
Présent	antériorité	passé composé passé simple imparfait (plus-que-parfait)	*Je sais / je saurai*	*qu'il a travaillé.* *qu'il travailla.* *qu'il travaillait.* *(qu'il avait travaillé.)*
ou	simultanéité	présent	*Je sais /je saurai*	*qu'il travaille.*
Futur	postériorité	futur simple (futur antérieur)	*Je sais / je saurai*	*qu'il travaillera.* *(qu'il aura travaillé.)*
	antériorité	plus-que-parfait (passé antérieur après un passé simple)	*Je sus / je savais / ...* *(Je partis*	*qu'il avait travaillé.* *dès qu'il eut fini.)*
Passé	simultanéité	imparfait (passé simple)	*Je sus / je savais / ...*	*qu'il partait.* *(qu'il partit.)*
	postériorité	indic. condit. présent ou passé	*Je sus / je savais/ ...*	*qu'il partirait.* *qu'il serait parti.*

1 Voir §§ 170 et 180.

ENCHÂSSÉE AU SUBJONCTIF :

V de la P matrice	Relation	V de l'enchâssée	Exemples P1	Exemples P2
Présent ou Futur	antériorité	passé	*Je veux / je voudrai*	*qu'il soit venu.*
	simultanéité	présent		*qu'il vienne.*
	postériorité	présent		*qu'il vienne.*
Passé	antériorité	plus-que-parfait (passé[1])	*Je voulus / je voulais / j'avais voulu*	*qu'il fût venu. (qu'il soit venu.)*
	simultanéité	imparfait (présent[1])		*qu'il vînt. (qu'il vienne.)*
	postériorité	imparfait (présent[1])		*qu'il vînt. (qu'il vienne.)*

§212 | Cas de non-respect de la concordance

Toutefois, dans certains cas, cette concordance des temps n'est pas respectée :

1- Avec l'enchâssée à l'**indicatif**, on trouve parfois :

- **le présent dans une enchâssée après un verbe de matrice au passé** afin d'insister sur un ***fait toujours vrai*** ou ***encore actuel*** au moment de la parole
  - *Je voulais retenir l'âme qui* ***s'évapore****.* (Lamartine, *Méditations*.)
    Je compris que le travail ***est*** *un trésor.* (La Fontaine.)

  Remarque :

  C'est... qui, c'est... que : le présent est toujours possible indépendamment du temps qui suit.
  - *C'est pour toi que je travaillais le plus.*

- **le passé composé dans une enchâssée après un verbe de matrice au passé** afin de mettre en valeur l'***aspect achevé*** à une époque du passé, et en contact avec le présent
  - *Avez-vous su que ce champion* ***a été suspecté*** *de dopage ?*

1 Aujourd'hui, les subjonctifs imparfait et plus-que-parfait ne se rencontrent plus guère qu'en langue littéraire, sauf parfois à la 3e personne du singulier. Ces temps sont remplacés respectivement par le présent et le passé du subjonctif.

❖ **le passé simple dans une enchâssée après un verbe de matrice au passé** pour montrer l'***aspect*** totalement ***achevé***

▸ *Je vous ai dit qu'il y a deux ans il* ***disparut.***

❖ **le futur simple ou le futur antérieur dans une enchâssée après un verbe de matrice au passé** pour insister sur la ***certitude*** de l'action future et sur le fait que celle-ci aura lieu après le moment de la parole

▸ *Vous ne saviez pas qu'il* ***viendra*** *demain.*

✲ 2- avec l'enchâssée au **subjonctif**, on trouve parfois :

❖ **l'imparfait dans une enchâssée après un verbe de matrice au présent** pour insister sur ***l'habitude*** dans le passé

▸ *Je ne doute pas qu'il* ***achetât*** *le journal.*

❖ **le présent dans une enchâssée après un verbe de matrice au futur** pour exprimer un ***fait passé*** par rapport au verbe de P matrice

▸ *Ce meuble vaudra trop cher pour que je le* ***vende*** (alors qu'on me l'a proposé hier).

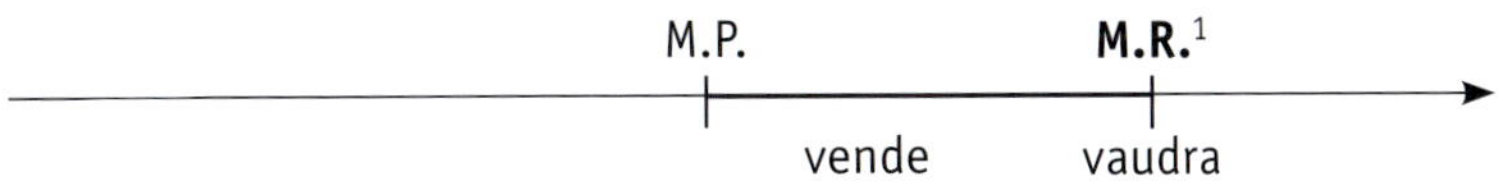

❖ **le présent dans une enchâssée après un verbe de matrice au passé**

- si le fait exprimé est présent ou futur par rapport au moment de la parole

ou

- si le fait exprimé se vérifie toujours (passé - présent - futur)

  ▸ *Tu voulais le silence quoique tu n'****arrêtes*** *pas de parler.*

  ▸ *Tu recherchais le soleil bien que, en excès, il* ***soit*** *nuisible à la santé.*

Remarque :

Rien qui vaille, âme qui vive, coûte▼ *que coûte*▼*, vaille que vaille :*

toujours le subjonctif présent, car ces expressions sont maintenant figées.

❖ **l'imparfait ou le plus-que-parfait dans une enchâssée après un verbe de matrice au présent ou au futur** pour exprimer l'***éventualité*** (en langue parlée, l'éventuel est exprimé par le présent ou le passé)

▸ *En est-il un seul parmi vous qui* ***consentît*** *?* (Académie)

▸ *En est-il un seul parmi vous qui* ***eût consenti*** *?* (oral)

1 M.R. = moment de référence.

▼ *coute.*

VI - LE DISCOURS RAPPORTÉ

Prérequis	Utilisations
• ponctuation (deux points, guillemets, tiret), §§ 20, 28 et 29 • le verbe déclaratif, §§ 99, 187, 191 • les modes, §§ 194 à 210 • la concordance des temps, §§ 211 à 212 • les natures des mots, §§ 37 à 131 • les jonctions de P par rattachement, §§ 171 à 179 • les jonctions de P par enchâssement, §§ 180 à 192	• construire des dialogues • faire parler des personnages dans un texte • distinguer discours / récit, § 229

§213

Plusieurs possibilités s'offrent au locuteur pour rapporter le discours, les paroles d'autrui :

Le style direct

- Les ***paroles*** sont ***textuellement reproduites*** et sont introduites par un **verbe déclaratif**.
- ***Ponctuation :*** emploi des **guillemets**, des **deux points** et du **tiret** (en cas de changement de locuteur) :
  - *Maeterlinck le* ***dit*** *: « La nature ne veut pas le bonheur. »*
    V déclaratif

  Quelques verbes déclaratifs (ou de parole) : *dire, affirmer, prétendre, crier, répondre, demander, signaler, défendre, se dire, s'écrier, expliquer...*

Remarques :

1) Le ***verbe déclaratif introducteur*** peut occuper **différentes places** :
   - **introducteur postposé**
     - *« Étudiez vos leçons et sachez-les pour lundi »,* ***répliqua*** *le professeur en colère.*
   - **introducteur antéposé**
     - *Le professeur en colère* ***répondit*** *: « Étudiez vos leçons et sachez-les pour lundi. »*

- **introduction incise**, c'est-à-dire placée **dans** la phrase
  - ▸ *« Étudiez vos leçons,* ***dit*** *le professeur en colère, et sachez-les pour lundi. »*

  (Dans le cas de l'incise, les guillemets ne seront refermés avant et rouverts après elle que lorsque la phrase incise est d'une certaine longueur.)

2) On notera l'***absence des deux points*** dans les cas de l'**incise** et de la **postposition**.

Le style indirect

Il est rarement employé par les auteurs en raison de sa lourdeur. Il consiste à reproduire les paroles ***dans une enchâssée*** après un verbe déclaratif :

c. de sub.

▸ *Il* ***dit*** **que** *du labeur des ans*

V déclaratif

Pour nous seuls il portait les soins les plus pesants[1]... (La Fontaine.)

Le style indirect libre

❖ C'est le **style indirect**, MAIS :

- ***sans verbe déclaratif*** (il est sous-entendu.)
- ***sans conjonction*** **que**

❖ Les phrases sont alors **indépendantes** :

▸ *[L'arbre dit.] Il servait de refuge contre le chaud, la pluie*[1]... (La Fontaine.)

❖ Le style indirect libre est plus léger, plus rapide, plus élégant que le style indirect normal.

1 *L'homme et la couleuvre,* Livre X, 1, vers 53 et 54.

§214

Le passage du style direct au style indirect (ou inversement) peut donner lieu à certains **changements de temps, de mode, de personne, d'adverbe ou de GN indiquant le temps :**

	Style direct	Style indirect
Temps	❖ *Verbe déclaratif au présent ou au futur :*	
	Présent / Futur / ou Temps passé } par rapport au moment où on parle	• **pas de changement**
	Paul dit : « Tu as tort ». *« Tu auras tort ».* *« Tu as eu tort ».* …	*Paul dit que tu as tort.* *tu auras tort.* *tu as eu tort.* …
	❖ *Verbe déclaratif au passé :*	
	Paul disait/déclara : « Tu as tort ». *« Tu auras tort ».* *« Tu as eu tort ».* …	*Paul disait/déclara que tu avais tort.* *tu aurais tort.* *tu avais eu tort.* … Par rapport au V déclaratif : - la simultanéité est exprimée par l'imparfait - la postériorité (futur du passé, futur antérieur du passé) par l'indic. condit. présent et l'indic. condit. passé - l'antériorité par le plus-que-parfait
Modes	INDICATIF *« Je pars. »* SUBJONCTIF *« Qu'elle parte ! »* IMPÉRATIF *Il dit : « Viens. »*	INDICATIF *Il dit qu'il part.* SUBJONCTIF *Il demande qu'elle parte.* *SUBJONCTIF OU INFINITIF* *Il dit que tu viennes* (ou : *de venir*).

Pronoms personnels	*« Tais-**toi**. »* 1re personne 2e personne 3e personne	*Il dit { que tu **te** taises.* *de **te** taire.* 3e pers. (sauf si JE = celui qui parle) 3e pers. (sauf si TU = celui à qui on parle) 3e personne
Possessifs	Ils suivent le même principe.	
Démonstratifs	Ils varient : ceci ...-ci	 cela ...-là
Adverbes et indications temporelles	ici hier demain aujourd'hui le mois prochain la semaine dernière ...	là la veille le lendemain le jour même / ce jour-là le mois suivant la semaine précédente ...

VII - MODÈLE D'ANALYSE

§215

Pour analyser, ***on revient toujours à la* phrase de base :**

✲ *Première étape*

Σ ▸ [const.] + (const.) + P[1].

a) éliminer les constituants s'écartant de la phrase de base[2]
b) les citer en distinguant les obligatoires et les facultatifs
c) réécrire la phrase de base

▸ *Pourquoi André ne mangerait-il pas un gâteau ?*

Σ

[interrog.]	***(nég.)***	***P***
Pourquoi + reprise pronominale (inversion)	***ne ... pas***	*André mangerait un gâteau pour une certaine raison.*

1 Pour la signification des différents symboles, voir § 133.
2 C'est-à-dire, tous les constituants à l'exception de l'énonciatif.

Deuxième étape

Repérer les groupes dans P et les encadrer (c'est ... qui, c'est ... que) :

- *[André] mangerait [un gâteau] [pour une certaine raison.]*
  [C'est André qui...] [C'est un gâteau que...] [C'est pour une certaine raison que...]

Troisième étape

Identifier les groupes en appliquant les manipulations.

Σ

[interrog.]	(nég.)	P			
Pourquoi + reprise pronominale (inversion)	**ne ... pas**	*[André]*	*mangerait*	*[un gâteau]*	*[pour une certaine raison.]*
			Verbe		
		Sujet (GNS)		CD	CP cause = complément circonstanciel de [GNS + GV] de cause.

§216

Si la phrase *contient plusieurs phrases*, procéder comme suit :

Première étape

Relever le nombre de phrases jointes.

Deuxième étape

Distinguer :
- la matrice et les enchâssées
- les coordonnées et les juxtaposées

Troisième étape

Analyser chaque phrase isolément (en les remplaçant par des points de suspension dans la matrice si la jonction procède par enchâssement) :

- *Jean, qui ne dort pas, veut que tu reviennes demain.*

			Fonction :
P matrice	*Jean [...] veut [...].*	[énonciatif]	
P_1	*Jean [qui] dort.*	[énonciatif] (négatif)	complément du nom Jean
P_2	*Tu reviendras demain.*	[énonciatif]	CD du V veut

Quatrième étape

Analyser chaque groupe de chaque phrase, comme au **§ 215.**

Synthèse 3 : la phrase

§§ 132 à 216

A- LA PHRASE

La phrase est un **assemblage de mots** (et/ou de groupes de mots) organisés selon un **ordre grammatical** ET ayant un **sens.** À l'oral, elle se reconnaît▼ par l'intonation. À l'écrit, elle commence par une majuscule et se termine par un point (ou **?** ou **!** ou **...**). Elle comporte toujours **un seul constituant obligatoire** (**énonciatif**, **interrogatif** ou **impératif**) et peut comporter **un ou plusieurs constituants facultatifs** (**négatif** et/ou **emphatique** et/ou **passif**).

On distingue :

- **la phrase verbale** (construite autour d'un verbe conjugué, d'un présentatif ou d'un verbe impersonnel). Elle est constituée d'un GN et d'un GV auxquels peuvent se joindre des GN et/ou des GNP et/ou des Gadj. et/ou des Gadv., ainsi que des mots de liaison.
- **la phrase non verbale** ayant pour base un GN, un infinitif, un Gadj., un Gadv., une interjection, une onomatopée ou encore une apostrophe.

B- LA PHRASE DE BASE

La phrase de base est énonciative et construite autour d'un seul verbe conjugué. Elle correspond à l'une des structures suivantes :

P ▸ GNS + V

P ▸ GNS + V + GN

P ▸ GNS + V + GNP

P ▸ GNS + V + GN + GNP

P ▸ GNS + V + V être + Gadj.

P ▸ GNS + V être + GN

P ▸ GNS + V être + GNP

P ▸ GNS + V être + Gadv.

P ▸ IL + V impersonnel (+ expansion)

P ▸ Présentatif + expansion

C- LA PHRASE DÉRIVÉE :

Toute modification de la phrase de base aboutit à une phrase dérivée, ceci par application de constituants ou par jonction de 2 ou plusieurs phrases (juxtaposition, coordination, enchâssement).

D- LES FONCTIONS DES GROUPES

Les fonctions des groupes dans la P verbale, dans la P impersonnelle, dans la P à présentatif et dans les groupes les composant : les fonctions s'identifient à partir de quelques **transformations (encadrement par « c'est ... qui », pronominalisation, effacement, commutation...)**. Se référer au tableau de synthèse du **§ 160**.

E- LES JONCTIONS DE PHRASES.

Le principe est de réunir deux ou plusieurs phrases en une seule à l'aide d'un ou plusieurs des procédés suivants :

✻ **le rattachement** : la phrase jointe ne remplace aucun élément de la phrase initiale. La P_1 et la P_2 n'ont donc aucun lien grammatical, mais seulement un lien sémantique. Ce rattachement peut être organisé :

- **sans marqueur** (**juxtaposition** par un signe de ponctuation, en insertion ou en addition),
- **avec marqueur** (**coordination** par une conjonction de coordination, un adverbe de coordination ou des adverbes corrélatifs)

▼ reconnait.

Synthèse 3 : la phrase

✲ **l'enchâssement** : la P_2 est insérée dans la P_1 et y joue un rôle grammatical. La P_2 peut être enchâssée :

- **dans un GN de P matrice** (P_1) sous la forme d'une **enchâssée relative** introduite par un pronom relatif représentant dont la forme dépend de la fonction du GN dans la P_2 (il faut qu'un même GN se retrouve dans P_1 et P_2). La fonction de la P_2 est toujours complément du nom.
- **à la place d'un GN ou d'un GNP de P matrice** (**enchâssée complétive**). La P_2 est alors introduite par la conjonction de subordination « que », le relatif nominal avec ou sans préposition (ce qui, ce que, à ce qui, à ce que...) ou un marqueur d'interrogation indirecte (si, quand, combien...). Cette P_2 peut avoir la fonction de sujet, CD, CI, attribut, complément du V impersonnel, complément du présentatif, apposition...
- **à la place d'un GN ou d'un GNP ayant fonction de CP dans P matrice** (**enchâssée circonstancielle**). Elle est donc CP (de cause, du but, de temps...) et est introduite par une conjonction de subordination (si, quand, comme...), par une préposition suivie d'un pronom relatif nominal (après ce que...) ou par une locution conjonctive de subordination (vu que, pour que...).

L'enchâssement provoque parfois une modification de mode : pour une vision globale, se référer au **§ 191**.

Les **phrases jointes** peuvent être **réduites**, selon certaines conditions, **à l'infinitif ou au participe**.

F- LES PHRASES NON VERBALES DÉRIVÉES.

Tout comme les phrases verbales, celles-ci peuvent être dérivées par application de constituants, par rattachement ou par enchâssement.

G- SYNTAXE DES MODES ET DES TEMPS.

La phrase et l'assemblage de phrases nécessitent un usage correct des modes et des temps :

✲ **choix du mode** : en fonction de la manière dont l'émetteur conçoit le fait

- certain ▸ **indicatif**
- hésitation ou refus de considérer le fait comme certain ▸ **subjonctif**
- ordre, commandement, conseil ▸ **impératif**
- action simultanée à une autre ▸ **participe (présent)**

✲ **choix du temps** : en fonction de l'antériorité ou de la simultanéité ou de la postériorité, par rapport au moment de la parole ou à un moment de référence, on choisira un temps du passé, du présent ou du futur.

Parfois, un temps n'est pas choisi pour exprimer la temporalité, mais à la manière d'un mode (valeur modale), pour indiquer comment le fait est perçu (le présent ou l'imparfait pour l'habitude, le présent ou le futur pour l'ordre, l'imparfait pour l'atténuation, le présent ou le passé composé pour une vérité générale...).

H- CONCORDANCE DES TEMPS.

Le choix d'un temps est fonction des temps utilisés dans la phrase ou le texte. Le **§ 211** reprend ce fonctionnement sous forme d'un tableau. Le non-respect de cette concordance permet des effets spéciaux (insistance sur le mode actuel, sur l'aspect achevé, sur l'habitude, sur l'éventualité).

I- LE DISCOURS RAPPORTÉ.

Les paroles peuvent être rapportées en **style direct**, **indirect** ou **indirect libre**. Se référer aux **§§ 213 et 214**.

5 Le texte

I - LE THÈME ET LE RHÈME

Prérequis	Utilisations
• les pronoms, §§ 80 à 97 • les déterminants, §§ 45 à 69 • les synonymes, § 383	• distinguer les informations dans un texte • construire correctement un texte

§217 | Le thème

Le thème est *ce dont on parle* dans un texte. Il est ***souvent répété***. Il existe trois manières de le rappeler :

- la **répétition** du même nom ou groupe de noms
  - *L'or est rare.* ***L'or*** *est cher.* ***L'or*** *est pur.*
- la **pronominalisation**
  - *L'or est rare.* ***Celui-ci*** *est cher.* ***Il*** *est pur.*
- l'emploi de mots ou d'expressions **synonymes**
  - *L'or est rare.* ***Ce métal jaune*** *est cher.* ***Cette matière précieuse*** *est pure.*

Remarques :

1) Un ***terme précis*** peut revenir dans le texte sous forme d'un ***terme plus général***. L'inverse n'est pas possible :
   - *La vache est un animal utile. Ce ruminant se rencontre dans toutes les prairies de nos régions. D'aucuns trouvent du charme à ce mammifère.*
   - **Le mammifère est un animal utile. Ce ruminant se rencontre dans toutes les prairies de nos régions. D'aucuns trouvent du charme à cette vache.*
2) Certains ***procédés*** permettent également d'évoquer le thème : la **métaphore**[1], la **métonymie**[2]... Ces substituts du thème ne sont pas strictement synonymes : ils apportent ***une idée de plus.***
   - la vache : *la machine à ruminer* ; *la laiterie sur pattes*
   - la panthère : *ce dangereux animal noir*

1 Voir § 392.
2 Voir § 393.

§218 | Le rhème

Le rhème est *ce que l'on dit du thème* (= les **nouvelles informations** à propos de celui-ci). Il peut s'agencer de différentes manières à la ***suite du*** thème (et parfois, plus rarement, ***devant*** celui-ci pour ménager un effet stylistique).

§219 | L'agencement des éléments thématiques

Les thèmes sont symbolisés par **Th**.
Les rhèmes sont symbolisés par **Rh**.
De plus, les **indices** 1, 2, 3... identifient des Th. ou des Rh. différents.

Progression linéaire : le rhème devient à chaque fois le thème suivant.

Th.$_1$ → Rh.$_1$
↓
Th.$_2$ (= Rh.$_1$) → Rh.$_2$
↓
Th.$_3$ (= Rh.$_2$) → Rh.$_3$ ...

*La **voiture** est un des **maux** du siècle.*
↓
*Ces **maux** perturbent notre **cadre de vie**.*
↓
*Notre **cadre de vie** doit **être défendu**.*

Progression à thème constant : le thème est toujours le même.

Th.$_1$	→	Rh.$_1$
Th.$_1$	→	Rh.$_2$
Th.$_1$	→	Rh.$_3$
...	→	...

***L'eau** est **précieuse**.*
***Elle** est **indispensable à la vie**.*
***Elle** est **l'objet de beaucoup d'attention**.*

Progression à thèmes dérivés : le thème est éclaté en sous-thèmes.

Th (thème général)

Th.$_1$ (élément du thème général) → Rh.$_1$
Th.$_2$ (élément du thème général) → Rh.$_2$
Th.$_3$ (élément du thème général) → Rh.$_3$

L'eau, source de vie.

Sa qualité** est **menacée
***Ses sources** sont **polluées**.*
***Son utilisation** est **trop abondante**.*

Remarque :

Souvent, dans un même texte, ces différentes progressions se combinent.

II- LA VALEUR FONCTIONNELLE ANAPHORIQUE[1] DES DÉTERMINANTS

Prérequis	Utilisations
• les classes et sous-classes de mots, §§ 37 à 131 • les déterminants référents, §§ 47 à 53, et 59 à 65 • les déterminants quantifiants, §§ 54 à 57, et 66 à 69 • les expansions du GN, §§ 151 à 156 • l'enchâssée relative, §§ 181 à 184 • l'anaphore, § 227	• le choix correct d'un déterminant • la cohérence narrative • la progression thématique, § 219

§220 | Valeurs fonctionnelles des déterminants

« Les articles servent (...) à ***actualiser*** *l'être ou la chose dont on parle : ils l'introduisent dans le discours ou bien rappellent qu'il a déjà été introduit, ou n'a pas besoin de l'être. »* [2] (J. Pohl.)

⁂ Le choix du déterminant à utiliser dans un GN se fait souvent de manière intuitive. Mais il arrive que cette façon de procéder nous conduise à des erreurs. Comment les éviter ?

❖ ***Rôle général des déterminants***

Les déterminants servent principalement à **indiquer le degré de connaissance** que les interlocuteurs peuvent avoir du GN à un moment précis du récit. Ils permettent de ce fait de situer le GN dans la progression chronologique du récit et constituent donc un élément important pour la cohérence du texte.

❖ La **position du nom** dans le discours est définie par son ***assiette***, au sens étymologique ***d'asseoir***▼, de placer d'une certaine manière.

❖ On distingue ***quatre assiettes*** du nom : l'assiette illusoire, l'assiette transitoire, l'assiette présentatoire et l'assiette notoire.

1 Voir § 227.
2 J. Pohl, *Forme et pensée, Esquisse d'une Grammaire française fonctionnelle*. Éd. Wesmael-Charlier, Paris-Namur, 1958, p. 81.

▼ ***assoir***.

§221 | L'assiette illusoire

⁂ Le GN a une ***existence douteuse, imaginaire ou irréelle.***
Aucune quantité de cette substance ne peut donc être indiquée. C'est pourquoi cette assiette apparaît▼ souvent avec la négation (***pas de***). C'est le degré « zéro » de l'identification :

- *Je n'ai* ***pas d'****argent.*
- *Ce mot que tu as inventé n'a* ***pas de*** *sens.*
- *Il n'y a* ***pas de*** *problème : vous pouvez nous accompagner.*
- *Actuellement, on ne voit* ***guère de*** *programme intéressant au cinéma.*

§222 | L'assiette transitoire

⁂ Le GN ***existe réellement***, mais c'est la ***première rencontre*** qu'on en fait dans le texte. On ne peut donc le déterminer qu'approximativement et provisoirement. On le désigne de manière **transitoire**, c'est-à-dire **passagère**, puisqu'on pense obtenir davantage de précisions par après à son sujet :

- ***Un*** *ministre est intervenu hier à la télévision. Je pense que c'était le ministre de l'intérieur.*
- *Nous avons trouvé* ***un*** *chien errant dans la rue.*
- ***Des*** *enfants jouaient dans la cour.*
- *Elle a acheté* ***une*** *veste fourrée.*

Remarque :
Du fait de sa nature même, l'***assiette transitoire*** ne peut normalement être utilisée **qu'une fois** dans le discours. Si la substance est répétée, il est obligatoire de choisir d'autres assiettes pour donner des précisions :

- ***Un*** *lionceau vient de naître*▼ *au zoo d'Anvers…* ***Ce*** *lionceau se porte bien…* ***Le*** *lionceau né en captivité a reçu le joli nom de Charlie.*

§223 | L'assiette présentatoire

⁂ Comme son nom l'indique, elle présente un ***GN sur l'identité duquel il y a déjà accord :***

- *Il y a un nouveau dans notre classe.* ***Ce*** *garçon nous semble très sympathique.*
- *Un nouveau cosmétique vient d'être commercialisé.* ***Ce*** *produit n'offre toutefois pas les garanties de sécurité qu'on pourrait en attendre.*
- *De nombreuses plantes ne peuvent être cueillies en montagne.* ***Ces*** *espèces protégées ont été répertoriées.*

Remarque :
La présentation étant un concept non répétitif, l'assiette présentatoire ne sera également utilisée qu'une fois à propos d'un même GN.

▼ apparait.
▼ *naitre.*

§224 | L'assiette notoire

⁂ L'accord est total sur la désignation du GN : on ne peut plus le confondre avec un autre à ce moment du discours. Le GN est donc ***bien connu*** : il est **notoire**, au sens de ***renommé, public***. Aucun doute n'est permis.

- *Sarah a retrouvé un ami d'enfance.* ***Le*** *jeune homme n'avait guère changé physiquement.*
- *Un inconnu lui a téléphoné hier matin. Ce personnage voulait lui proposer du vin à bon prix.* ***Le*** *vendeur était prêt à se rendre à son domicile.*

⁂ ***Des emplois particuliers*** de l'assiette notoire peuvent apparaître▼, qui ne semblent pas s'intégrer de prime abord à la progression thématique :

❖ **La notoriété** peut être d'emblée **générale** si elle concerne toute une espèce ou bien une substance prise dans sa généralité. Dans ce cas, l'assiette notoire ne doit pas être précédée par une autre :

- ***Le*** *chien est carnivore.*
- *Il est de ceux chez qui* ***l'****intérêt l'emporte sur toute autre considération.*

❖ **La notoriété** est dite **occasionnelle** lorsque le GN est connu comme tel sans qu'il y ait besoin de complément explicite. Deux cas peuvent se présenter :

- **La notoriété occasionnelle** sera qualifiée de **capitale** (du latin *« caput » = la tête*) si on désigne l'individu qui occupe la tête de toute l'espèce envisagée à un moment donné :
  - *Cela alla si loin que* ***le*** *roi s'en fâcha.*
  - *Le mécontentement gagnait l'ensemble des infirmières. Leurs revendications furent à peine entendues par* ***le*** *premier ministre.*
- **La notoriété occasionnelle** sera **circonstancielle** si elle succède à l'assiette transitoire ou à l'assiette présentatoire (l'une d'elles précise les circonstances de la désignation du GN) ou bien si les circonstances du discours contribuent à définir le GN (contexte) :
  - *Un individu se leva.* ***L'****homme prit la parole.*
  - *Au stade de Montréal, les joueurs sont réunis sur le terrain.* ***L'****entraîneur*▼ *leur parle.*
  - *Cela s'était passé à Versailles à la Noël de 1666. On n'en informa* ***le*** *roi qu'un mois plus tard…* (d'après les circonstances, ce ne peut être que Louis XIV.)

❖ **La notoriété** sera appelée **particulière** si les éléments qui la définissent sont directement complémentaires du GN (adjectif épithète, complément du nom ou apposition). Deux cas s'offrent également :

▼ apparaitre.
▼ *entraineur.*

- **La notoriété particulière** est dite **spéciale** (dans le sens de *appartenant à une espèce*) si le complément du GN définit une ***sous-espèce*** de la substance :
  - ***Les** élèves **qui ont terminé leurs études secondaires** peuvent accéder à l'université*[1].
  - ***Le** littoral **méditerranéen** commence à être gravement pollué à son tour.*
  - ***Le** champion **national de tennis** tentera sa chance l'année prochaine à Roland-Garros.*
- **La notoriété particulière intralimitale** considère un choix précis dans un éventail donné, grâce au contexte et aux expansions du nom :
  - *Il y a cinq règles à retenir : deux générales et trois particulières. **Les deux** règles **générales** sont faciles.*
  - *Trois issues s'offraient à nos héros. **Le** chemin **de droite** paraissait plus sûr. Ils s'y engagèrent.*

§225 | Considérations complémentaires

C'est dans l'***analyse de textes*** ou la ***création narrative*** que toute cette étude fonctionnelle des déterminants prend sa pleine dimension. Pour ne citer qu'un exemple, on peut déjà, dans ce petit texte très connu qu'est *La colombe et la fourmi* de La Fontaine[2], découvrir une application remarquable du rôle des déterminants. Il n'est que de scruter les noms *ruisseau, colombe, fourmis, croquant, brin d'herbe* et leurs synonymes de la fable pour en être convaincu.

Le ***déterminant possessif*** désigne une **notoriété particulière spéciale**, puisqu'il permet de définir une sous-espèce :

- ***votre** livre =* ***le** livre **que vous possédez***
- ***nos** élèves =* ***les** élèves **dont nous nous occupons***

Des ***raisons stylistiques*** peuvent volontairement ***perturber*** les emplois fonctionnels :

- *Ton frère est **un** véritable Harpagon !*

(le nom propre n'a pas besoin d'article, mais ici l'assiette transitoire fait régresser le nom propre - notoriété par excellence - au rang de simple nom commun désignant l'avarice.)

- *– Hector : Les autres sont comme moi. **L'**armée que j'ai ramenée hait la guerre.* (notoriété particulière spéciale)
  *– Andromaque : C'est **une** armée à mauvaises oreilles.* (assiette transitoire)

(J. Giraudoux, *La guerre de Troie n'aura pas lieu.*)

(ici, l'inversion des déterminants par rapport à leur fonction logique dévalue la 2e apparition du GN : ce n'est plus l'armée d'Hector, mais une armée parmi bien d'autres.)

1 Il s'agit bien évidemment, dans cet exemple, d'une enchassée relative **déterminative**, voir § 182.

2 *Fables*, Livre II, 12.

III-LE FONCTIONNEMENT DES PRONOMS DANS UN TEXTE

Prérequis	Utilisations
• les pronoms, §§ 80 à 97 • l'antécédent, §§ 93 et 181 • le contexte	• notions de thème et de rhème, §§ 217-218 • l'agencement du thème, § 219

§226 | La pronominalisation est un procédé courant de la répétition du thème[1].

Le pronom fait référence à un terme employé avant lui dans le texte (**antécédent**).
Ainsi la phrase : *« Le mien est plus gentil que le tien. »*
n'est compréhensible que si dans le texte, avant cette phrase, figure un antécédent (par exemple, *nos chiens*).

Le pronom représente donc un antécédent.
Il peut le faire de différentes façons, soit :

❖ il reprend TOTALEMENT l'antécédent

▸ ***Jacques*** *est content de ses résultats :* ***il*** *a obtenu 90% de moyenne.*
antécédent = **pronom**

« Il » reprend le terme « Jacques » sans rien y ajouter ou y soustraire.

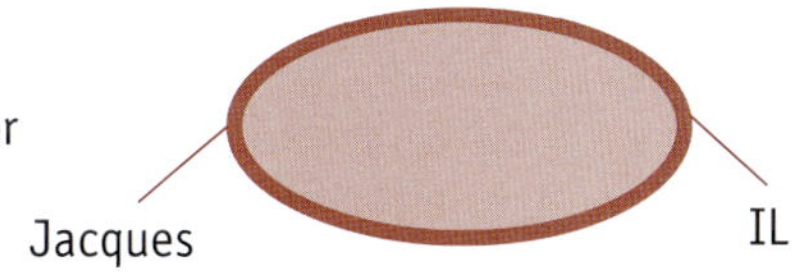

❖ il reprend PARTIELLEMENT l'antécédent

▸ ***Les électeurs*** *ont voté ce dimanche :* ***certains****, comprenant l'importance du droit de vote, l'ont fait avec conscience;* ***d'autres*** *ont simplement accompli leur devoir par crainte d'une réprobation.*

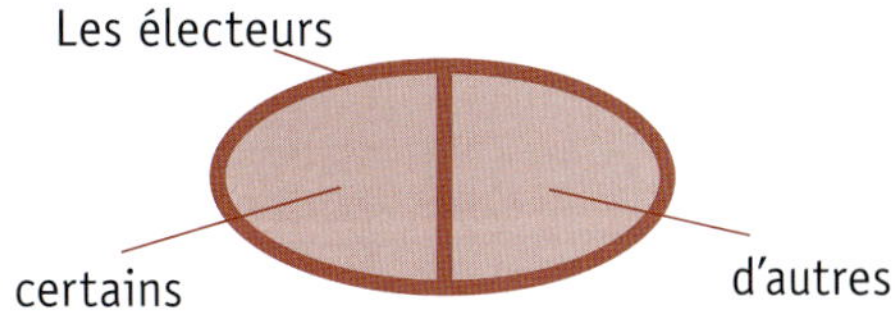

Les électeurs = **antécédent**
certains = **une partie** des électeurs
d'autres = **une partie** des électeurs

1 Voir § 217.

❖ **il renvoie simplement au CONTEXTE, mais sans idée d'identification**

▸ ***Mon mode de vie*** *est différent de* ***celui*** *des Américains.*

antécédent — rappelle le **contexte** : *mode de vie*

§227 | Anaphore et cataphore

On appelle **anaphore** le procédé selon lequel certains segments du discours ne peuvent être compris qu'en fonction de la ***relation*** qu'ils entretiennent ***avec d'autres segments*** qui sont **apparus *antérieurement*** (= antécédents).

❖ Le rapport du ***pronom*** avec son ***antécédent*** relève de ce procédé :

▸ ***La voiture*** *est en panne.* ***Elle*** *sort pourtant du garage.*

❖ Le même procédé est employé quand un ***substitut*** remplace un nom, une phrase ou un groupe de phrases :

▸ *Je possédais* ***un superbe chien. Ce pauvre animal*** *est mort l'an dernier.*

▸ *Notre chat s'était perdu. Nous l'avions cherché longtemps et l'avions enfin retrouvé.* ***Cette aventure*** *avait duré huit heures.* (***aventure*** reprend tout le passage précédent.)

La **cataphore** est le procédé inverse : en cas de cataphore, ***le substitut précède*** l'élément qu'il représente.

▸ ***Elle*** *est belle.* ***Elle*** *est gentille.* ***Elle*** *est intelligente. C'est* ***ma fille.***

La cataphore permet notamment la ***mise en évidence*** (procédé emphatique[1]). Elle est souvent employée en ***publicité***.

1 Voir §§ 166 et 423.

IV - ÉNONCÉ / ÉNONCIATION DISCOURS / RÉCIT

Prérequis	Utilisations
• le schéma de la communication, §§ 1 à 6 • les pronoms, §§ 80 à 97 • les adverbes, §§ 112 à 117 • le présentatif, §§ 135 et 136	• distinguer dans un texte les interventions du narrateur • situer un texte dans un contexte

§228 | Énoncé / énonciation

L'énoncé est l'ensemble des informations transmises à l'oral ou à l'écrit.

L'énonciation est la manière dont le locuteur montre sa présence dans son discours.

Afin de bien saisir l'énoncé, il convient d'identifier les marques laissées par le locuteur dans son discours. Quatre pistes sont possibles :

❖ Identification de l'émetteur et du/des récepteur(s)

Divers outils grammaticaux le permettent :

ex. : l'emploi des ***pronoms personnels ou possessifs*** :

- 1re personne : moi - je - nous - mon - ma - mes - nos - ... ▸ locuteur(s)
- 2e personne : tu - te - vous - ton - ta - tes - vos - ... ▸ destinataire(s)

▸ *L'hiver était là : le froid envahissait **nos** corps et **nos** cœurs. Seul dans **ma** chambre, **j'**attendais **ton** retour...*

❖ Identification du lieu dans l'énonciation

Toutes les indications du lieu se font par rapport à la place occupée par le locuteur et sont indiquées :

- par des ***adverbes*** ou des ***loc. adverbiales*** : près d'ici - plus loin - ...
- par des ***démonstratifs*** : ceci - cela - ...
- par des ***présentatifs*** : il y a - voici - voilà - ...

▸ ***Ici, il n' y a*** *que deux saisons : l'hiver et l'été. Les deux sont splendides et ne manquent pas de charme. Pendant la saison froide, chaussé de **ceci** - mes raquettes - je fais de longues promenades dans la campagne enneigée; et quand il fait chaud, **voilà** mon canoë grâce auquel je parcours les nombreux lacs de la région.* [Le locuteur est Canadien.]

❖ **Identification du temps dans l'énonciation**

Le moment de référence est celui où l'énoncé est créé. C'est à partir de ce moment que l'auteur organise la chronologie (antériorité, simultanéité, postériorité).

- ***24 avril 1927.*** - ***Depuis que*** *le facteur m'a apporté cette lettre, je ne sais plus que faire.* ***Hier****, j'étais heureux;* ***aujourd'hui****, je suis désemparé et* ***demain*** *je risque d'être perdu.*

❖ **Identification de l'attitude adoptée par le locuteur par rapport à son énoncé**

Ces **modalités** sont détectables grâce au **choix des mots** opéré par le locuteur (emploi de ***péjoratifs***, de ***mélioratifs***, du ***vocabulaire affectif***, de celui de la ***subjectivité***, d'***adverbes*** du type *peut-être, sans doute, probablement, bien sûr...*)

- *Vous avez* ***peut-être*** *raison.* ***Bien sûr****, je ne serai jamais certain de rien. Votre imagination* ***débridée*** *me pousse à beaucoup de* ***circonspection****.*

§229 | Discours / récit

Au sein des énoncés, on distingue :

❖ **les discours**

Ce sont **les énoncés où les références à l'énonciation sont fréquentes** pour influer sur le(s) destinataire(s).

❖ **les récits**

Il s'agit **d'énoncés sans référence à l'énonciation**.

Les ***temps utilisés*** constituent un bon indicateur pour répartir discours et récits.

Ainsi :
- dans le **récit**, seront essentiellement employés : *le passé simple, l'imparfait, le plus-que-parfait et le présent de narration;*
- dans le **discours**, il sera plus souvent fait usage *du présent, du passé composé ou du futur.*

Qui parle dans le récit ?

Trois solutions sont possibles :

- ❖ **L'auteur** et **le narrateur** sont nettement ***distincts***.
- ❖ **L'auteur** et **le narrateur** sont ***confondus*** (situation d'énonciation proche des situations du discours).
- ❖ **L'auteur** intervient ***momentanément*** dans le récit.

Remarque :

- L'auteur, c'est celui qui signe l'œuvre.
- Le narrateur, c'est un personnage fictif qui raconte l'histoire, le récit.

V - LES FONCTIONS DU LANGAGE

Prérequis	Utilisations
• le schéma de la communication, §§ 1 à 6 • dénotation et connotation, § 381 • l'apostrophe, § 135, rem. 2 • l'apposition, § 156 • les constituants, §§ 133, et 161 à 168 • connecteurs, articulations, organisateurs textuels, §§ 238 à 244 • figures de style, §§ 390 à 413 • la P non verbale, §§ 135 et 193 • la P incise, § 175 • la duplication, § 397	• énoncé / énonciation, § 228 • discours / récit, § 229 • choix d'un type de narration, §§ 246 à 250 • choix du statut du narrateur, § 246 • les techniques de persuasion, §§ 254 à 259 • la typologie des textes, §§ 245 à 266

§230 | Considérations liminaires

* Toute communication orale ou écrite utilise un ou plusieurs types d'énonciation pour traduire des intentions différentes du locuteur.
Ces **intentions** peuvent être ***conscientes***, ***avouées***, ou appartenir au ***subconscient*** du locuteur, ou encore faire partie d'une ***stratégie*** non dévoilée au récepteur (par exemple, dans les techniques de persuasion).

✲ **Les différents types d'énonciation constituent les fonctions du langage** et reflètent des opérations mentales différentes. Ces fonctions sont axées chacune sur l'un des éléments du schéma de la communication :

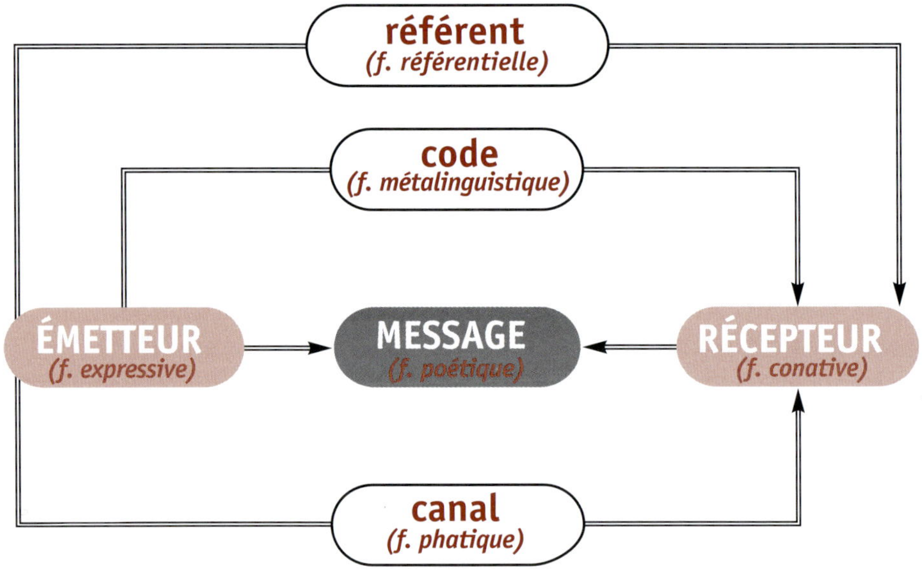

§231 | La fonction référentielle ou dénotative

✲ Elle agit sur **le référent**, c'est-à-dire principalement **le *contexte*, la situation ou la réalité objectives**, les éléments sur lesquels émetteur et récepteur sont censés être d'accord sans nécessité d'interprétation (que la définition de ces éléments appartienne à l'entendement commun ou qu'elle ait été précisée à un autre moment de la transmission du message).

✲ Au moyen de la fonction référentielle, le locuteur ***communique simplement un fait, un savoir, un événement***▼, ou bien ***décrit une situation,*** mais de manière « ***neutre*** », objective. Il s'agit d'une **pure information, sans valeur affective**.

❖ ***Exemples au niveau phrastique :***

- *Organisation sur demande d'une promenade guidée dans le vieux Montréal.*
- *Lyon possède notamment une cathédrale gothique (XIIe - XVe s.).*
- *Il est interdit de fumer dans les lieux publics.*

▼ ***évènement.***

❖ ***Exemples au niveau textuel :***

- le compte rendu objectif (ex. : un formulaire de constat amiable d'accident)
- le récit pur; le résumé d'une œuvre littéraire ou cinématographique
- le bilan impartial d'une activité, d'une société
- les textes légaux (journal officiel, code civil, code pénal...)
- l'information scientifique pure
- le fait divers ou l'actualité non commentés, le communiqué de presse
- l'ordre du jour d'une réunion, l'avis administratif
- ...

✲ ***Marques spécifiques :***

- 3e personne du singulier ou du pluriel, IL impersonnel
- pronoms démonstratifs « neutres » : ce*la, ça*...
- P nominale
- P impersonnelle

Remarques :

1) ***Tout écrit*** contient une ***part de fonction référentielle :*** même les textes à connotation expressive ou impressive... ont **pour base** une information de type référentiel.
2) Certaines créations poétiques semblent bannir presque complètement la fonction référentielle, ne visant plus à la communication, mais à la conception d'une ***poésie « pure » :***

   ▸ *Le loriot entra dans la capitale de l'aube.*
   L'épée de son chant ferma le lit triste.
   Tout à jamais prit fin.

René Char, *Le Loriot.*
Éd. Gallimard.

§232 | La fonction expressive ou émotive

- Elle est principalement centrée sur la personne du locuteur, c'est-à-dire **l'émetteur** du message.

- La fonction expressive permet au locuteur de ***révéler ses propres sentiments, ses jugements***; de ***se livrer personnellement*** en dévoilant sa personnalité et ses émotions. La ***subjectivité*** peut ainsi entrer dans le message.

  - ***Exemples au niveau phrastique :***
    - *J'avais eu raison, j'avais encore raison, j'avais toujours raison.* (A. Camus.)
    - *À mon avis, on devrait modifier cette explication.*
    - *Ne serait-il pas plus juste de revoir ce procès ?*
    - *Mon Dieu ! Il ne va tout de même pas abandonner si près du but !*
  - ***Exemples au niveau textuel :***
    - les lettres personnelles
    - les journaux intimes
    - les mémoires, les récits autobiographiques
    - la poésie lyrique (c'est-à-dire où s'expriment avec passion les sentiments personnels de l'auteur)
    - le compte rendu critique (littéraire, artistique...)
    - les essais, la dissertation
    - ...

- ***Marques spécifiques :***

  - 1re personne du singulier ou du pluriel (voir remarque 1 ci-dessous)
  - interjections
  - exclamations
  - affirmations catégoriques
  - V de sentiments à la première personne
  - adjectifs et adverbes exprimant des jugements de valeur (ex. : *préférable, malencontreux, favorablement...)*
  - tournures impersonnelles de jugement (ex. : *ce qui est important, c'est... ; il est permis de croire que...)*
  - répétitions d'insistance
  - ...

Remarques :

1) Certains auteurs utilisent la fonction émotive en masquant la 1re personne du singulier par modestie ou pour éviter une attitude par trop provocante. Sachons donc retrouver les ***« je » camouflés*** sous un « nous » ou occasionnellement sous un « on » englobant l'auteur et tous ceux qu'il pense être de son avis !
2) Ne confondons pas la fonction expressive avec les marques de l'énonciation. Le locuteur est bien sûr concerné par ces deux notions, mais l'énonciation couvre un champ d'investigations plus large : manière dont le locuteur identifie le récepteur, dont il organise les lieux et le temps[1]...

§233 | La fonction conative[2] ou impressive

- Elle est principalement centrée sur le destinataire, c'est-à-dire le **récepteur** du message.

- L'émetteur utilise la fonction conative chaque fois qu'il souhaite ***agir sur le destinataire*** du message, pour ***faire pression*** sur lui, pour le ***persuader***, pour le ***faire agir*** ou encore pour ***l'impliquer*** dans la communication et le mettre « de son côté ».

  - ***Exemples au niveau phrastique :***
    - *Silence ! Je parle.*
    - *Si j'étais de vous, je relirais mieux avant de remettre ma copie.*
    - *Ibrahim, s'il te plaît▼, fais-le pour me faire plaisir !*
  - ***Exemples au niveau textuel :***
    - les exhortations et incitations diverses (ex. : un dépliant touristique)
    - les publicités
    - le discours ou les tracts politiques
    - la prédication religieuse
    - les plaidoiries
    - les explications législatives (ex. : comment remplir une déclaration d'impôt)
    - les techniques didactiques (ex. : les consignes pour l'élève, dans un manuel)
    - la poésie lyrico-supplicative (où les sentiments personnels entrent dans une prière, dans une imploration)

1 Voir l'**Énonciation**, § 228.
2 Du latin **conari, conatus** = ***s'efforcer de, entreprendre de*** [d'agir sur le récepteur !].

▼ *plait.*

Marques spécifiques :

- 2e personne du singulier ou du pluriel
- impératif
- infinitif d'injonction
- futur d'injonction
- apostrophe[1]
- constituant interrogatif (par exemple, la question oratoire[2])
- certaines P nominales à fonction injonctive (ex. : *« La porte ! », « Attention ! », « Silence ! »*)
- …

§234 | La fonction phatique[3] ou de contact

Cette fonction agit sur le **canal** de la communication, sur le ***support oral ou visuel*** du message : voix, téléphone, lettre, geste…

Le locuteur se sert de la fonction phatique pour ***s'assurer que la communication est établie, n'est pas perturbée ou rompue***. Il vérifie si la ***réception*** (physique ou psychologique) est ***correcte*** ou il prend des précautions pour qu'elle le soit.

Exemples au niveau phrastique :

- *Je t'en prie, ne raccroche pas, je veux rester en bons termes avec toi !*
- *Eh bien, voyons, disons…, personnellement j'ai confiance.*
- *Non ! non ! non ! et non ! Je ne puis accepter cette attitude.*
- *Ce personnage, tu comprends, est parfaitement abject.*

Exemples au niveau textuel :

- une communication téléphonique
- certains dialogues de théâtre
- le langage des enfants (ex. : *Dis, maman…*)
- la mise en page et le lettrisme (particulièrement dans les publicités)

1 Cette fonction se traduit en latin par la déclinaison au **vocatif** : ce mot dérive du V **vocare** signifiant ***appeler, interpeller*** [le récepteur du message].
2 Voir § 412.
3 Forme du V grec φημι (phèmi) = ***dire, affirmer***, ou du nom φατις (phatis) = ***la parole***.

Marques spécifiques :

- mots creux, vides de sens (ex. : *allô, euh, hein, alors, eh bien, bon, n'est-ce pas...*)
- certaines incises (ex. : *vous me suivez, ne coupez pas...)*
- certaines apostrophes
- les répétitions voulues (duplication[1])
- les formules de politesse (ex. : *veuillez agréer, si je n'abuse pas de votre temps, il fait beau aujourd'hui...*)

Remarque :

Le rôle phatique du langage peut être poussé beaucoup plus loin[2]. On facilite la communication en rendant un texte **LISIBLE**, non particulièrement au sens de « soin de l'écriture », mais par un ***choix de mots et de structures***[3] simplifiant la compréhension du message, améliorant l'indice de lisibilité[4].

Vont, par exemple, dans le « sens » phatique :

- les mots courts
- les mots anciens (éviter les néologismes dont le sens mal connu peut faire obstacle)
- les mots simples (sans affixes[5])
- les mots polysémiques[6]
- les mots chargés d'affectivité
- les mots redondants (répéter les mots-clés rendant plus aisée la compréhension)
- des articulations ou connecteurs précis
- une syntaxe simple (GNS + V + complément)
- un choix judicieux de la place des mots importants

Nous nous trouvons ici presque à la ***charnière entre la fonction phatique et la fonction métalinguistique***, puisque ces choix délibérés vers plus de lisibilité visent à éviter de donner des explications sur le code utilisé.

1 Voir § 397.
2 D'après F. Vanoye, *Expression et Communication*. Éd. Armand Colin.
3 C'est ainsi que Michel Tournier, par exemple, a réécrit *Vendredi ou les limbes du Pacifique*, dans une version simplifiée à l'usage des enfants, intitulée *Vendredi ou la vie sauvage*.
4 Formule complexe permettant de définir le degré de lisibilité d'un texte, cet indice est généralement calculé dans la plupart des traitements de texte.
5 Voir § 378.
6 C'est-à-dire qui ont plusieurs significations, un vaste champ sémantique (voir § 389.), par exemple : *faire, battre...*

§235 | La fonction métalinguistique[1]

- Elle se préoccupe du **code** utilisé pour faire passer le message. Il s'agit ici du **langage qui traite de lui-même !**

- Le locuteur cherche à ***permettre la compréhension*** de son message en ***définissant*** des termes, en joignant un ***commentaire*** ou en ***clarifiant sa pensée*** par tout moyen.

  - ***Exemples au niveau phrastique :***
    - *Le complément circonstanciel de [GNS + GV],* ***c'est-à-dire le complément de phrase****, donne souvent des précisions utiles.*
    - *La mononucléose (****une augmentation du nombre des mononucléaires présents dans le sang****) nécessite beaucoup de repos pour être combattue.*
    - *Une étude sérieuse –* ***j'entends par là un travail quotidien de durée suffisante*** *– vous permettra d'intérioriser ces nouveaux concepts.*
    - *L'outarde,* ***oiseau échassier au corps lourd****, est recherchée pour sa chair savoureuse.*
  - ***Exemples au niveau textuel :***
    - tout texte qui a un rapport avec des ***définitions*** (dictionnaire, mots croisés, jeux de langage...)
    - grammaires, ouvrages de référence sur la langue (linguistique, règles de versification...)
    - récits éducatifs
    - analyse de texte, commentaire composé
    - exposé scientifique ou technique
    - toute leçon scolaire, toute communication pédagogique
    - ...

- ***Marques spécifiques :***

  - définition d'un mot
  - brève explication ou bref commentaire (souvent au sein d'***appositions***, parfois entre ***tirets*** ou entre ***parenthèses***)
  - utilisation d'articulations ou de connecteurs spécifiques, généralement signes d'équivalence[2] (ex. : *c'est-à-dire, en clair, en d'autres termes, au sens de, au même titre que, alias, ou, disons, autrement dit, en somme, en un mot, pour ainsi dire, je veux dire par là que, j'entends par là que...)*

1 Du grec μετα (méta) = ***avec, après*** [= après la linguistique ou le langage, donc qui dépasse et englobe le langage pour le décrire, l'expliquer.].
2 Voir **Les organisateurs textuels,** §§ 238 à 244.

Remarques :

1) Selon les sources, la fonction métalinguistique peut être définie de façon stricte ou large. Nous avons opté pour la deuxième interprétation. C'est ainsi que notre dernier exemple phrastique est rejeté par certains.
2) Certains **langages spécialisés** (langage ***juridique***, ***législatif***, ***informatique...***), paradoxalement importants à manier pour devenir des êtres responsables et autonomes, deviennent tellement hermétiques (proches d'un jargon !) qu'ils ***se rapprochent d'un métalangage*** et qu'il faut un « décodeur » pour les aborder.

§236 | La fonction poétique

- Elle agit sur le **message** lui-même pour le mettre en valeur aux niveaux formel et structurel.

- Le locuteur utilisera tout ce qui peut apporter un ***supplément de sens*** au message, soit dans un ***but d'embellissement*** pur (le genre poétique) soit au ***service d'une autre fonction*** (expressive, impressive, conative, voire même métalinguistique[1]).

❖ ***Exemples au niveau phrastique :***

- *L'auteur de mes jours m'a promis une bonne raclée si je recommence.*
- *J'explose de joie, car j'ai fait accepter mon idée par le conseil d'administration.*
- *Il l'emparouille et l'endosque contre terre...* (Henri Michaux.)
- *Le Kremlin était comme un immense gâteau tartare*
  Croustillé d'or,
  Avec les grandes amandes des cathédrales toutes blanches
  Et l'or mielleux des cloches...
  (Blaise Cendrars, *La Prose du Transsibérien et de la Petite Jehanne de France.*)
- *L'essentiel est dans Lactel.* (publicité.)

❖ ***Exemples au niveau textuel :***

- la poésie sous toutes ses formes
- les comptines enfantines
- les textes publicitaires
- les slogans en tous genres
- le théâtre
- les descriptions romanesques
- certains discours politiques ou philosophiques
- certains textes épistolaires
- ...

1 Une comparaison ou une image peuvent souvent éclairer utilement un texte technique ou didactique.

Marques spécifiques [1] :

- comparaison, métaphore, métonymie
- personnification, antithèse
- litote, euphémisme, hyperbole, périphrase
- allitération, harmonie imitative, jeu sur les sonorités
- rythme, chiasme
- ponctuation, pauses
- règles de la versification[2]

§237 | Considérations subséquentes

Les six fonctions du langage sont rarement pratiquées séparément. Elles ***coexistent*** en proportions variables dans presque toute communication.

Il peut être intéressant, pour déceler les caractéristiques d'un texte, d'analyser :
- ***les fonctions dominantes***
- ***les fonctions accessoires***

En effet, ce sont les jeux et les interactions complexes des fonctions entre elles qui déterminent le genre, l'objet, le but du message et la manière dont il est communiqué[3].

Ces notions s'inscrivent bien dans la mouvance de la ***grammaire textuelle***, puisqu'elles impliquent une analyse globale comprenant les intentions avouées ou cachées du destinateur comme du destinataire et servent à ordonner ainsi qu'à structurer le texte.

1 Voir **Questions de sens**, §§ 390 à 413.
2 Voir §§ 261 à 266.
3 Voir **Typologie des textes**, § 245 à 266.

VI - LES ORGANISATEURS TEXTUELS

Prérequis	Utilisations
• les sous-classes de mots : - adverbe, §§ 112 à 117 - préposition, §§ 121 à 124 - conjonction, §§ 125 à 131 • l'anaphore, § 227 • les différentes expressions des circonstances, §§ 414 à 420 • énoncé / énonciation, § 228 • les fonctions du langage, §§ 230 à 237	• construction de textes persuasifs, §§ 254 à 259 • construction de textes informatifs, § 253 • compréhension de textes

§238 | Définition - Terminologie - Fonctionnement

La ***clarté d'un texte*** tient en grande partie au ***choix des mots et des signes qui entretiennent les rapports entre ses parties***. Ces termes appartiennent à plusieurs sous-classes grammaticales :

- **l'adverbe et la locution adverbiale**
- **les adverbes corrélatifs**
- **la préposition et la locution prépositive**
- **la conjonction et la locution conjonctive** { **de coordination** / **de subordination** }
- **des expressions lexicales** (par ex. : au début, pour commencer)

On regroupe ces termes sous ***diverses appellations*** :

- **adverbes et mots de liaison** (appellation purement ***grammaticale***)
- **outils ou connecteurs**
- **articulations**
- **termes articulants**
- **organisateurs textuels**

} (appellations liées à la ***grammaire textuelle***)

Fonctionnement :

Les organisateurs textuels aident à :
- montrer ***comment s'articulent les informations*** et/ou ***les arguments*** présentés
- montrer ***comment fonctionnent la pensée et le raisonnement du locuteur*** quant à la manière de présenter ces informations
- assurer la ***cohérence générale du texte***

Une bonne maîtrise▼ du **sens des organisateurs textuels** permet donc :
- de ***déjouer certains pièges*** du raisonnement (raisonnements erronés, volontairement ou non)
- d'***éviter un certain conditionnement*** du lecteur
- de ***développer un vocabulaire*** plus adapté et plus varié dans ce domaine

§239 | Classification[1]

Les ***listes*** ci-dessous ne sont ***pas exhaustives***. Elles proposent de nombreux exemples et donc un choix suffisamment étendu au niveau sémantique.
D'autre part, la répartition en sous-classes grammaticales n'est pas notre propos ici. Une telle classification aurait entraîné▼ des redites (par exemple, ***avant*** peut être préposition ou adverbe selon l'emploi dans la phrase).

☞ *En **italiques grasses** apparaissent les termes les plus fréquents.*

§240 | Organisateurs d'ordre typographique ou technique

- les alinéas[2] et les paragraphes[3]
- les caractères *italiques* ou **gras**
- l'utilisation de CAPITALES
- le soulignement
- la numérotation d'éléments (1°, 2°, 3°...)
- le renvoi à une note en bas de page ([1])

1 Nous nous inspirons de plusieurs travaux (voir bibliographie), mais aucune typologie n'a le privilège de la perfection : notre intention est uniquement de clarifier la pensée en proposant des listes fonctionnelles.
2 Retrait d'une ligne au début d'un paragraphe, v. § 21.
3 Partie d'un texte marqué par un retour à la ligne et par une certaine unité de pensée.

▼ maitrise.
▼ entrainé.

§241 | Organisateurs utilisant des signes de ponctuation

- les tirets, dans les énumérations d'éléments ou de faits, et dans le discours direct.
- les parenthèses.
- les guillemets pour les citations et le discours direct.

§242 | Organisateurs de l'agencement général du discours par rapport au locuteur

Début du discours

au départ	***d'abord*** *(et d'abord,* ***tout d'abord)***	***en premier lieu***
au préalable	*dans un premier temps*	***premièrement***
avant tout	*en préambule*	***pour commencer***
		…

Déroulement du discours

au reste	*de surcroît*▼	***ensuite***
autre aspect de…	*du reste*	***et***
ceci/cela dit	***encore***	*et ainsi de suite*
cela étant	***en deuxième/troisième… lieu***	***et aussi***
d'autre part	*en outre*	*par ailleurs*
de plus	*en plus*	***puis***
		…

Conclusion du discours

au fond	***en conclusion***	*en un mot*
aussi	***en dernier lieu***	***finalement***
bref	*en définitive*	*in fine (latin)*
dans le fond	***enfin***	***pour conclure/terminer***
de là	*en fin de compte*	*pour toutes ces raisons*
donc	***en résumé***	*somme toute*
d'où	*en somme*	…
en bref	*en substance*	

Apport d'une digression

à (ce) propos	***disons (aussi)***	*soit dit en passant*
au fait	*entre parenthèses*	…
au passage	***si l'on peut dire***	

▼ *de surcroit.*

⁂ Le locuteur soutient l'argumentation :

a fortiori
bien entendu
bien sûr
c'est (dire) que
d'autant (plus) (que)
de fait
de toute évidence
effectivement
en effet
évidemment
justement
même *(que)*
n'empêche que
notez (bien) que
parfaitement
quand même
qui plus est
réellement
surtout (que)
tout à fait
vraiment
...

⁂ Le locuteur pose des objections ou discute le fait :

à la rigueur
au contraire
au reste
à vrai dire
cependant
certes
d'un côté... de l'autre
d'une part... d'autre part
du reste
en revanche
il est vrai que
il n'en est pas moins vrai que
inversement
loin de
mais (bien)
malgré cela
néanmoins
ne fût-ce que
n'empêche que
(ne)... pas... pour autant
ne serait-ce que
or
par ailleurs
par contre
plutôt que de
pourtant
quand même
seulement
tout au moins/plus
tout de même
toutefois
...

⁂ Le locuteur explique ou tente de justifier :

à plus forte raison
à savoir que
au fond
au sens de
autrement dit
à vrai dire
car
c'est-à-dire
c'est pourquoi
c'est que
d'ailleurs
dans le fond
d'autant (plus) (que)
de fait
dès lors
effectivement
en clair
en d'autres termes
en effet
en fait
en quelque sorte
en réalité
il est vrai que
pour ainsi dire
pour cette raison
puisque
voilà pourquoi
...

Le locuteur nuance sa pensée (au niveau du degré de certitude de ce qu'il avance) :

absolument	***c'est certain***	*il semble que*
à l'évidence	***c'est un fait***	*il y a de fortes chances pour que*
à ne pas douter	*de toute évidence*	***probablement***
apparemment	***évidemment***	***réellement***
aussi... que possible	***il est certain/possible/ probable que***	***sans (aucun) doute***
autant que possible	*il est hors de doute que*	*sans conteste*
cela va sans dire	*il ne fait pas de doute que*	***sûrement***▼
certainement	*indiscutablement*	***vraiment***
certes		...

Le locuteur intervient personnellement[1] :

(= marques de l'énonciation[2])

(= fonction expressive ou émotive du langage[3])

à mon avis	*hélas*	*pour ma part*
à mon point de vue	***heureusement***	*quant à moi*
d'après moi	***malheureusement***	...
en ce qui me concerne	*pour autant que je sache*	

§243 | Organisateurs spatio-temporels

(liés le plus souvent aux marques de l'énonciation[2])

Organisateurs temporels

Chronologie (antériorité, simultanéité, postériorité[4])

actuellement	***à l'avenir***	*à mesure de/que*
à la fois	*à l'heure actuelle*	***anciennement***
à la suite (de)	*à l'issue de*	*antérieurement*
à l'avance	***alors (que)***	***après (que)***

1 La 1re personne du **singulier** qui figure sous forme de déterminants ou de pronoms dans ces expressions peut fort bien être transformée en **pluriel** majestatif : *à notre avis, d'après nous...*

2 Voir § 228.

3 Voir § 232.

4 Rappelons que, contrairement aux idées reçues, *avant que, jusqu'à ce que...*, marquent une **postériorité** et *après que* indique une **antériorité**. L'emploi d'une ligne du temps explique clairement ces positions chronologiques.

▼ ***surement.***

au fur et à mesure de/que
au cours de
aujourd'hui
au moment où/de
auparavant
au préalable
autrefois
avant de/que
avant tout
bientôt
ce faisant
cependant *(que)*
comme
d'abord
dans l'immédiat
d'avance
demain
en cours (de)
en même temps (que)
ensuite
entre(-)temps
hier
il y a *(+ indication temporelle)*
immédiatement
initialement
jadis
lors de
lorsque
maintenant (que)
naguère
par la suite
passé (+ indication temporelle)
pendant (que)
pendant ce temps
postérieurement
pour l'instant
préalablement
précédemment
prochainement
puis
quand
récemment
simultanément
suite à
tandis que
ultérieurement
voici/voilà *(+ indication temporelle)*
…

❖ **Durée** (liée à l'indication d'un **point de départ**, d'un **point final** ou d'un **espace de temps**)

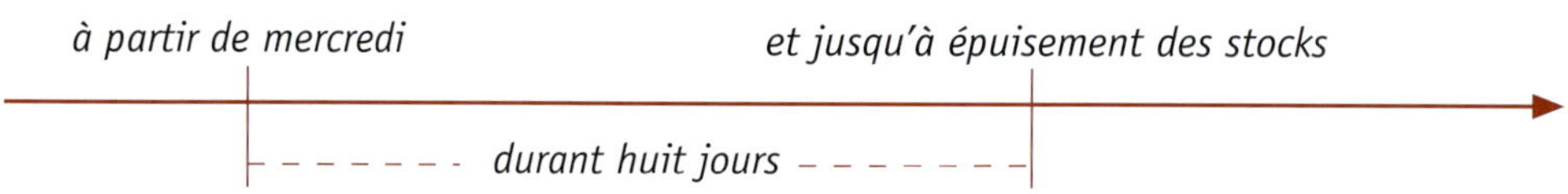

à brève échéance
à court terme
actuellement
à la fin (de)
à la limite (de)
à l'aube de
à l'extrême fin (de)
à l'extrémité (de)
à long terme
à longue échéance
à l'origine (de)
alors
à moyen terme
anciennement
à terme
au bout de
au commencement (de)
au début (de)
au départ (de)
aujourd'hui
aussi longtemps (que)
aussitôt (que)
au terme de
autrefois
bientôt
dans l'immédiat
dans un premier temps
de bout en bout
déjà
demain
de nos jours
depuis (que)
depuis lors
depuis peu
dès
désormais
de tout temps
d'ici là
dorénavant

du moment où
durant
en *(+ indication temporelle)*
en cours (de)
en l'espace de
entre
hier
initialement
jadis
jusqu'à (ce que)
jusqu'alors
jusqu'à présent
jusqu'au moment où
jusque
jusqu'ici
le temps de/que
maintenant
naguère
passé
pendant (que)
postérieurement
pour *(+ indication temporelle)*
pour l'instant
provisoirement
quand
récemment
sitôt (que)
tant que
tard
tôt (ou tard)
une fois
…

❖ **Itération :**

à tout instant
à tout moment
chaque fois (que)
couramment
de nouveau
de temps à autre
de temps en temps
d'habitude
d'ordinaire
épisodiquement
fréquemment
habituellement
parfois
par instant(s)
par moment
périodiquement
quelquefois
régulièrement
sans arrêt
sans cesse
sans relâche
souvent
sporadiquement
tantôt … tantôt
toujours
toutes les fois (que)
tout le temps
…

Organisateurs spatiaux

❖ **Simple position dans l'espace** (= adverbe latin : **ubi**)

à côté (de)
à droite (de)
à gauche (de)
ailleurs
à la fin (de)
à hauteur de
à la limite (de)
à la place (de)
à l'arrière (de)
à l'avant (de)
à l'écart (de)
alentour
à l'extérieur (de)
à l'extrémité (de)
à l'intérieur (de)
à même [le sol, par ex.]
à proximité (de)
au bord (de)
au bout (de)
au centre (de)
au cœur de
au commencement (de)
au début (de)
au-delà (de)
au départ (de)
au-dessous (de)
au-dessus (de)
au détour de
au fond (de)
au milieu (de)

au niveau de	***de près***	***ici (ou là)***
auprès de	***derrière***	***là***
au sein de	***dessous***	***le long de***
au seuil de	***dessus***	***loin de***
autour (de)	***devant***	***nulle part***
au voisinage de	***du côté de***	***où***
autre part	*en amont (de)*	***par-ci par-là***
çà et là	*en aval (de)*	*par delà*
chez	*en contact (avec)*	***par-dessus***
ci-après	*en deçà (de)*	***par endroits***
ci-contre	***en dehors (de)***	***parmi***
ci-dessous	***en dessous (de)***	***partout***
ci-dessus	***en face (de)***	***près (de)***
contre	*en regard (de)*	***quelque part***
dans *(l'axe de)*	*en travers (de)*	***sous***
dedans	***entre***	***sur***
dehors	***face à***	…
de part et d'autre (de)	***hors de***	

❖ **Origine** (= adverbe latin : **unde**)

à la base (de)	***depuis***	***en partant de***
à partir de	***d'ici***	…
de (là)	***d'où***	

❖ **Direction, mouvement** (= adverbe latin : **quo**)

ailleurs	***en arrière***	***jusque***
autre part	***en avant***	***jusqu'où***
chez	***en direction de***	***où***
dans la direction de	***jusqu'à***	***vers (où)***
		…

❖ **Passage** (= adverbe latin : **qua**)

à travers	***en passant par***	*via*
au travers	***par (ici/là/où)***	…

§244 | Organisateurs relatifs aux faits (circonstances)

Condition ***(fait indispensable à l'existence d'un autre)***

Hypothèse ***(probabilité)***

à cette condition
à condition de/que
à moins de/que
à n'en pas douter
à supposer que
au cas où
auquel cas
comme si
dans la mesure où
dans l'hypothèse où
du moment que
en admettant que
en cas de
en pareil cas
le cas échéant
même si
moyennant (quoi)
pour autant que
pour le cas où
pour peu que
pourvu que
quand (bien même) (+ indicatif conditionnel)
sachant que
sans (aucun/nul) doute
sans quoi
sauf si
si
sinon
tout comme si
...

Cause ***(fait qui produit un effet)***

à cause de*/que*
à force (de)
à la lumière de
à l'occasion de
alors (que)
attendu (que)
car
c'est la raison pour laquelle
comme
compte tenu de
de par
dès lors (que)
du fait de/que
en raison de
en vertu de
en vertu du fait que
étant donné (que)
eu égard à
grâce à
non que ... mais parce que
non parce que ... mais parce que
par (suite de)
parce que
pour cette raison
pourquoi
puisque
sous couvert de
sous l'effet de
sous prétexte de/que
suite à
surtout que
vu (que)
...

Conséquence ***(effet entraîné▼ par un fait)***

à ce/tel point que
ainsi
assez ... pour que
au point de/que
aussi
c'est pourquoi
de manière que
de là
dès lors
de (telle) sorte que
donc
d'où
en retour
par conséquent
par la même

▼ ***entrainé.***

par suite	*si ... que*	***tellement (...) que***
partant	***sinon***	***tel (...) que***
par voie de conséquence	*subséquemment*	***trop ... pour (que)***
sans que	*sous peine de*	...
si bien que	***tant (...) que***	

Concession ***(cause entraînant▼ un effet contraire à celui attendu)***

à la rigueur	*encore que*	***pourtant***
après tout	*en dépit de*	***quoique***
au mépris de	***malgré (que)***	***quoi qu'il en soit***
au risque de	***malgré tout***	***si***
aussi ... que	*néanmoins*	*si* (+ adjectif ou adverbe) *que*
bien que	*nonobstant*	***toutefois***
cependant	*pour (+ adjectif ou adverbe) que*[1]	*tout ... que*
		...

Opposition ***(contradiction entre deux faits)***

a contrario	***cependant***	*inversement*
à l'encontre de	***contrairement à***	***mais (bien)***
à l'inverse (de)	***contre***	***or***
à l'opposé (de)	***d'un côté ... de l'autre***	***par contre***
alors que	***d'une part ... d'autre part***	***par opposition***
au contraire	*en contrepartie*	***pourtant***
au lieu que	*en revanche*	***tandis que***
		...

Restriction ***(fait dont la portée est limitée, rétrécie)***

abstraction faite de	*hormis*	***si ce n'est***
à défaut de	*ne fût-ce que*	*sinon que*
à moins de/que	*ne ... que*	***seulement***
à tout le moins	*ne serait-ce que*	*sous réserve de/que*
au moins	*pour autant que*	*tout au moins*
au plus	***pourtant***	*tout au plus*
du moins	***sans (que)***	...
faute de	***sauf que/si***	

1 Exemple : « *Pour intelligent qu'il soit...* »

▼ ***entrainant.***

But ***(conséquence voulue, recherchée)***

Destination ***(rôle, emploi, prévu pour quelqu'un ou quelque chose)***

à cet effet
à (seule) fin de
afin de/que
à l'attention de
à l'égard de
au bénéfice de
au détriment de
au profit de
aux dépens de
dans le but de
dans l'intention de
dans l'intérêt de
de façon à (ce que)
de manière à (ce que)
de peur de/que
de (telle) sorte que
en faveur de
en prévision de
en sorte que
envers
en vue de
pour (que)
pour ce faire
pour le compte de
pour quoi (en 2 mots !)
vis-à-vis de
…

Addition ***(donner à un fait une plus grande dimension)***

ainsi que
aussi (bien)
de plus
de surcroît▼
du reste
encore
en outre
en plus (de)/(de ce que)
et
et ainsi de suite
etc. *(et cetera ou et cætera)*
même
non seulement … mais aussi
non seulement … mais également
non seulement … mais encore
non seulement … mais de même
outre (le fait que)
par extension
qui plus est
voire (même)
y compris
…

Manière ***(façon d'être ou de faire)***

à
ainsi (que)
à la manière de
à l'épreuve de
à propos
au prix de
avec
comme
comment
de cette façon/manière
d'une façon/manière (+ adjectif)
en collaboration (avec)
en commun (avec)
en contact (avec)
en l'absence de
en liaison avec
en pratique
en présence de
en théorie
par
sans (que)
sous l'égide de
…

▼ *de surcroit.*

Moyen (fait dont on a besoin)

à
à base de
à la faveur de
à l'aide de
à la lumière de
au moyen de
au prix de
avec
compte tenu de
d'après
en collaboration (avec)
en commun (avec)
en contact (avec)
en liaison avec
en présence de
en vertu de
en vertu du fait que
grâce à (ce que)
moyennant (quoi)
par (ce qui)/(ce que)
par le biais de
par l'entremise de
par le truchement de
par l'intermédiaire de
sans (que)
sous couvert de
sous l'égide de
sous prétexte de/que
sur (la) base de
...

Comparaison (différences, ressemblances ou équivalences entre des faits)

ainsi que
à la différence de/que
à la manière de
à l'exemple de
à l'instar de
à titre de
au même titre que
au/en regard de
aussi (... que)
autant (que)
comme (si)
conformément à
dans l'axe de
davantage
de même (que)
en accord avec
en comparaison (avec/de)
en conformité avec
en forme de
en guise de
en parallèle
en pareil cas
en quelque sorte
inversement
le même que
le moins
le plus
moins ... que
par analogie (avec)
parallèlement
par comparaison avec
plus ... que
plutôt que (de)
sous (la) forme de
sous l'aspect de
tel que
tout comme (si)
...

Corrélation (relation entre des faits qui varient en fonction les uns des autres)

a fortiori
à mesure (de/que)
à plus forte raison (si)
au fur et à mesure de/que
d'autant (plus) (que)
en corrélation avec
en fonction de
en parallèle
moins ... moins
moins ... plus
parallèlement
plus ... moins
plus ... plus
tel ... tel
...

✲ *Point de vue* ***(manière d'envisager les faits)***

❖ Manière universelle (totalité ou quasi-totalité des cas, pleine extension)

au sens large	***d'une manière*** (+ adjectif)	*globalement*
communément	*d'un point de vue* (+ adjectif)	*in extenso*
dans l'ensemble	***en général***	*pour l'essentiel*
dans une certaine/large mesure	***en gros***	***sans exception***
dans tous les cas	*en règle générale*	…
d'une façon (+ adjectif)	***généralement***	

❖ Manière particulière (limitée à un petit nombre de cas)

au sens strict	*de ce point de vue*	*pour l'essentiel*
dans ce cas-ci/-là	*d'une façon* (+ adjectif)	***quant à***
dans certains cas	***d'une manière*** (+ adjectif)	*sous cet angle*
dans le cas contraire	*d'un point de vue* (+ adjectif)	*stricto sensu*
dans le cas présent	*en marge de*	*sur ce plan*
dans une moindre mesure	***ici***	…

VII - LA TYPOLOGIE DES TEXTES

Prérequis	Utilisations
• les constituants, §§ 133, et 161 à 168 • les pronoms personnels, §§ 83 à 89 • les expansions du nom, §§ 151 à 156 • les connecteurs, §§ 238 à 244 • le thème / le rhème, §§ 217 à 219 • les fonctions du langage, §§ 230 à 237	• déceler l'intention d'un texte • adapter les caractéristiques d'un texte à son type

§245 | Intentions de communication

✲ L'intention de l'émetteur peut s'exprimer, au niveau de la phrase, par l'application des constituants[1]. De même, lorsqu'une personne écrit un texte, elle peut le faire dans un ***but bien précis***. Elle adapte alors son texte à son intention de communication.

Si le but est de :		*Alors, le texte est :*
• **raconter**	→	***narratif***
• **décrire**	→	***descriptif***
• **informer**	→	***informatif***
• **faire agir**	→	***injonctif***
• **convaincre**	→	***argumentatif***

Le texte narratif

✲ ***Il raconte une histoire et est l'émanation d'un narrateur.***

§246 | Points de vue

✲ Face à son récit, le narrateur peut adopter des points de vue différents :

❖ **Point de vue en JE**
Le narrateur raconte l'histoire en s'y inscrivant comme ***acteur***. Il fait partie de l'action.

1 Voir §§ 133, et 161 à 168.

❖ **Point de vue en IL/ELLE**

Le narrateur raconte l'histoire de l'extérieur, en ***spectateur***. Il voit tout et sait tout ce qui se passe – on parle de point de vue **omniscient** – sans participer à l'action.

Remarques :

1) JE devient parfois NOUS si le récit est l'émanation d'un groupe de narrateurs (ou encore s'il s'agit d'un NOUS de modestie ou d'un NOUS de majesté[1]).
2) De même, IL/ELLE devient ILS/ELLES au pluriel.
3) De rares fois se rencontre le **point de vue en TU/VOUS** qui vise à une ***interpellation du/des destinataire(s)*** ou à une ***vision plus intimiste*** du récit.
4) • Dans le cas de la **narration à la 1re personne,** le narrateur peut être :
   - un ***personnage*** de l'action
   ou - l'***auteur*** du récit (autobiographie).
   • Lorsque le texte est écrit à la **3e personne du singulier,** l'auteur peut :
   - ***ne pas intervenir*** dans le récit et se contenter de raconter (ton de neutralité)
   - ***intervenir de manière indirecte*** et émettre un jugement sous forme d'épithètes[2], de propos anticipés ou encore de notes d'érudition
   - ***intervenir directement*** par des questions ou des jugements sur les évènements▼ en cours (Dans ce cas, il y a parfois confusion entre le raisonnement de l'auteur et celui du personnage.)

§247 | Les verbes de la narration

⁂ Le texte narratif a pour objet de raconter (narrer) des faits. Les verbes du texte présenteront la plupart du temps un **aspect momentané** (passé simple, passé antérieur, passé composé – pour les temps du passé –). Ceux-ci permettent de situer les ***actions au premier plan du récit*** (par opposition à la description, qui se situe à l'arrière-plan[3]).

§248 | Schéma narratif simple

⁂ La plupart des textes narratifs procèdent d'une même logique, celle du ***schéma narratif***, qui est composé d'une **situation initiale** (S.I.), d'un **élément modificateur**[4] (E.M.), de **transformations** (Tr.$_1$, Tr.$_2$...) et d'une **situation finale** (S.F.).

1 Voir § 83, remarque.
2 Voir §§ 73, 152, 153.
3 Voir § 196, rem. 2.
4 Parfois appelé aussi élément perturbateur.

▼ évènements.

LE SCHÉMA NARRATIF SIMPLE

S.I.

Présente les éléments nécessaires à la compréhension :

QUI ? - toujours le(s) ***personnage(s)*** ou actant(s) [1]

OÙ ? / QUAND ? - très souvent le ***lieu*** et le ***moment*** de l'action

POURQUOI ? - très souvent l'action ***produite, projetée ou subie*** par les personnages (***cause - but***)

ARTICULATION

E.M.

- en ***rupture*** avec la S.I.
  - par le ***temps du V***
  - par l'utilisation d'une ***articulation temporelle***
- fait ***démarrer***, par son contenu, le déroulement du récit
- a une fonction dramatique, tragique, fantastique ou positive [2]

TRANSFORMATIONS

POSSIBLES NARRATIFS [3]

AMÉLIORATION ou (ou alternance) **DÉGRADATION** → POSSIBILITÉS ↓ | étapes / progression / Articulations

1 Utilisation des CHAMPS LEXICAUX [4] :

ensembles / inventaires | de différents | mots / expressions | se rapportant à | un même thème / une même idée

2 INVESTISSEMENTS COURTS (dans toute phase du récit) :

- expansions du GN, de l'adj. ou du GV
- procédé de ***l'énumération***

3 INVESTISSEMENTS LONGS (dans toute phase du récit) :

= plusieurs P contenant des *investissements courts*

= *description du cadre* [5]

→ utilisation des ***« plans » cinématographiques*** (gros plan, panoramique, zoom, plongée, etc.)

ARTICULATION (***signe conclusif*** syntaxique ou lexical)

S.F.

Retour à un **équilibre** achevant le processus de la Transformation. (obtention ou non de l'amélioration ou de la dégradation.)

1 Voir § 250.
2 C'est-à-dire, consistant en une amélioration de la S.I.
3 À partir de la S.I. et d'un E.M. donnés, il est possible d'imaginer un nombre considérable de suites.
4 Voir §§ 387-388.
5 Voir § 251.

§249 | Schéma narratif complexe

✻ Très souvent, dans un texte long, plusieurs schémas narratifs s'assemblent pour former un ***schéma narratif complexe*** (S.N.C.). Ces schémas peuvent s'unir :

- **par enchaînement**▼
- **par enclave**
- **par accolement**

Un texte est d'ailleurs souvent un amalgame des trois possibilités.

❖ Le S.N.C. par enchaînement▼ (ou bout à bout)

On multiplie le nombre de séquences en veillant à ce que chaque S.F. serve de tremplin à la S.I. suivante. Ce S.N.C. sert souvent de ***structure de base du récit.***

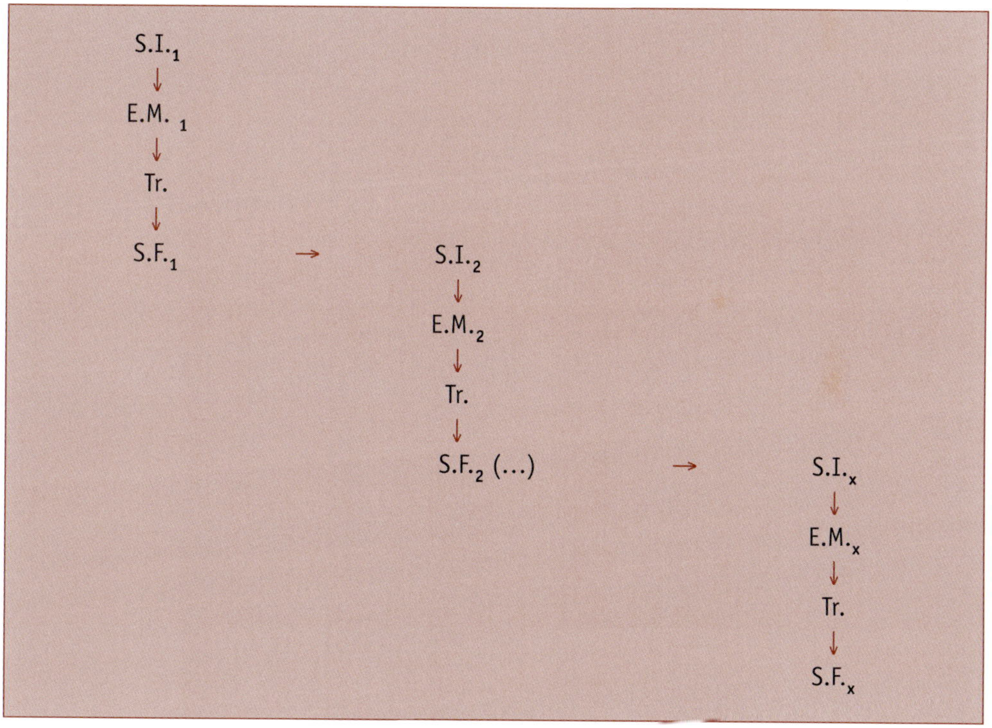

▼ enchainement.

❖ **Le S.N.C. par enclave**

Un S.N. indépendant vient s'insérer dans l'une des étapes d'un autre S.N. Il permet d'***ajouter des péripéties*** au sein d'une intrigue principale. Ce procédé est notamment utilisé dans les romans policiers.

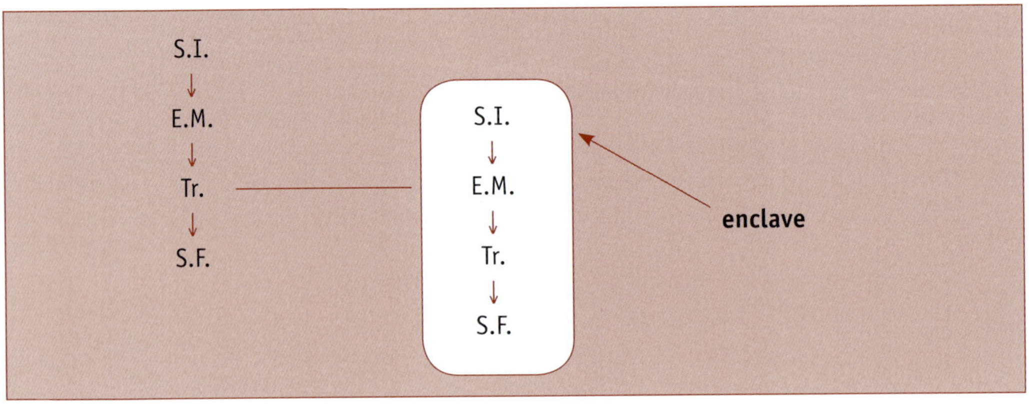

❖ **Le S.N.C. par accolement**

Un S.N. se déroule ***parallèlement*** à un autre. Il permet, entre autres, de relater un même événement▼ selon des points de vue différents en variant l'identité du locuteur.

▼ évènement.

⁂ Voici un exemple de ce que peut donner une **combinaison des trois types** de S.N.C. :

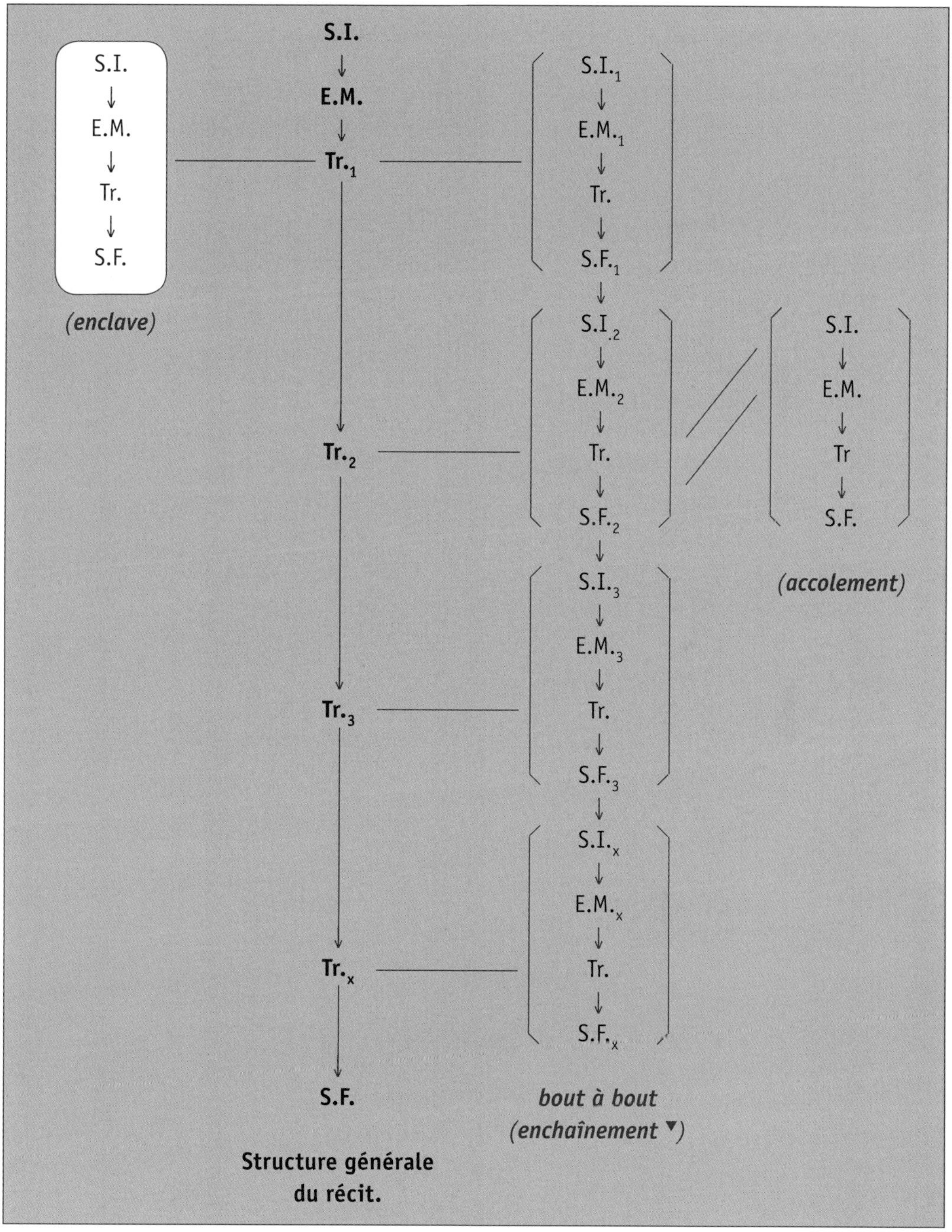

Structure générale du récit.

▼ *enchainement*.

§250 | Modèle actanciel (ou actantiel)

À ne pas confondre avec le schéma narratif, le ***modèle actanciel*** (ou ***actantiel***) distingue les ***différents actants*** (acteurs au sens large du terme).

On peut, dans un récit, partager les actants en six grandes classes, et cela en fonction du rôle joué dans l'histoire.

1 **Le sujet**
C'est l'acteur principal, celui qui agit tout au long du récit. Il mène une quête : la recherche d'un bien ou l'aboutissement d'une idée, d'une cause bonne ou mauvaise…

2 **L'objet**
Il s'agit de l'objet de la quête.

3 **Le destinateur**
Il désigne l'objet de la quête, confie la mission au sujet.

4 **Le destinataire**
Il est censé recevoir l'objet de la quête.

5 **L'adjuvant**
Il aide le sujet dans sa démarche.

6 **L'opposant**
Il entrave le sujet dans son action.

Ils ont entre eux les rapports distribués selon le schéma suivant :

Destinateur	→	OBJET	→	**Destinataire**
		↑		
Adjuvant	→	SUJET	←	***Opposant***

L'exemple du « *Petit Chaperon Rouge* » est éclairant :

Sujet :	Petit Chaperon Rouge	***Destinataire*** :	la grand-mère
Objet :	porter les galettes	***Adjuvant*** :	les chasseurs
Destinateur :	la mère du Chaperon Rouge	***Opposant*** :	le loup

Remarques :

1 Plusieurs personnages peuvent jouer un même rôle actanciel.
2 Un seul personnage peut parfois tenir plusieurs rôles actanciels.
3 Un rôle actanciel peut être tenu par un personnage, mais aussi par un élément naturel, un animal ou un concept.
4 Parfois même, un personnage change de rôle au cours du récit.
5 Parfois aussi, l'un des actants est ***absent***.
6 Le modèle actanciel s'applique particulièrement au récit composé d'une quête. Dans d'autres cas, il est parfois difficile de l'appliquer.

Le texte descriptif

✲ Son objet est la description d'une chose, d'un état, d'un décor intérieur ou extérieur (le ***paysage***, dans ce dernier cas), ou encore d'une personne (on parle alors de **portrait)**.

§251 | Description d'une chose, d'un état, d'un décor, d'un paysage...

✲ Différents principes peuvent guider l'auteur d'un texte descriptif :

❖ **Organiser** la description :

- ***par le choix d'un plan descriptif*** approprié, à l'exemple de certaines techniques cinématographiques (avant-plan, gros plan, zoom, plongée, contre-plongée...)

ou

- ***par la présentation*** construite ***autour d'un centre d'intérêt*** justifié par le récit.

❖ **Sélectionner** les ***informations*** et le ***vocabulaire*** de la façon la plus originale possible en utilisant le système des **expansions** du **GN**[1], du **Gadj.**[2] et du **GV**[3].

❖ **Articuler** les éléments de la description au moyen de ***mots de liaison*** (notamment pour la ***situation dans l'espace***[4])

❖ Veiller à la **bonne intégration** de cette dernière dans le récit par le choix d'une **fonction appropriée** :

- ***exhaustivité*** (information ou précisions utiles)
- ***expressivité*** (enrichissement assez court)
- ***suspension de l'action*** (créer un suspense)

❖ Se servir de **procédés d'expression** adéquats :

- énumération[5]
- champ lexical significatif[6]
- emphase[7]
- comparaison[8], métaphore[9], métonymie[10]...
- personnification[11]

Remarque :

Pour l'emploi des temps dans la description, voir **Syntaxe des modes et des temps**, le mode indicatif, § 196, rem. 2.

---

1 Voir §§ 151 à 156.
2 Voir § 157.
3 Voir §§ 98, et 141 à 150.
4 Voir **Les Organisateurs textuels,** § 243.
5 Voir § 408.
6 Voir §§ 387 et 388.
7 Voir §§ 166 et 423.
8 Voir § 391.
9 Voir § 392.
10 Voir § 393.
11 Voir § 409.

§252 | Le portrait

Ce dernier possède les caractéristiques suivantes :

- **présentation**
  - portrait de face, de profil, de trois quarts...
  - tout ou partie (portrait en pied, ou seulement le buste, la tête)
  - du haut vers le bas (ou l'inverse)
  - physique, ensuite psychologique ou moral (ou l'inverse)
  - différents traits caractéristiques convergeant vers une dominante du caractère
- **typologie**
  - portrait purement physique
  - portrait axé sur les traits de caractère ou la psychologie
  - portrait mixte (= physique et psychologique)
- **fonction au sein du récit**
  - **fonction purement descriptive** (ou d'identification)
  - **fonction narrative ou dilatoire**[1]
  - **fonction laudative** (mise en valeur du personnage)
- **exploitation des champs lexicaux**[2]
  - pour souligner les traits physiques
  - pour mettre en valeur les traits de la personnalité
- **emploi de procédés d'emphase**[3]
  - présentatifs (voici, c'est, il y a...)
  - gallicismes (c'est ... qui, c'est ... que)
  - reprise expressive (d'un nom par un pronom)
  - déplacement de groupes (épithète détachée, CP déplacé, etc.)
  - duplication[4] (répétition voulue, pour insister)
  - énumérations
  - ponctuation abondante

1 *Dilatoire* : qui vise à retarder, à différer, à gagner du temps.
2 Voir §§ 387 et 388.
3 Voir §§ 166 et 423.
4 Voir § 397.

Le texte informatif et le texte injonctif

§253 | Définition :

Ces textes, par une mise en page et une présentation particulières, communiquent des informations, des explications, ou des consignes pour faire agir.

Remarque :

Certains textes informent seulement (**textes informatifs**), d'autres poussent à agir (**textes injonctifs**), d'autres enfin présentent un caractère mixte (par exemple, la description et le fonctionnement d'un appareil, un rapport).

Constantes[1]

Texte informatif	Texte injonctif
• ne suggère pas de passer à l'action	• suggère au lecteur de passer à l'action
• cherche uniquement à informer en donnant des renseignements ou des indications	• montre le résultat à atteindre
	• développe, pour guider, des étapes chronologiques dont l'ordre est difficile à modifier
• emploie fréquemment l'indicatif	• emploie l'impératif, l'infinitif ou l'indicatif présent présent et futur pour exprimer un ordre, une suggestion...
• emploie fréquemment la 3e personne	• emploie fréquemment la 2e personne

Constantes communes

- mise en page bien étudiée
- existence de titres et de sous-titres
- emploi de caractères typographiques variés
- présence de documents non textuels (dessins, photos, schémas)

1 D'après : *Apprendre à écrire le français au collège*, p. 79 *(voir bibliographie)*.

Le texte argumentatif

§254 | Définition

- Ce type de texte vise à ***convaincre le ou les lecteurs.***
  À cet effet, l'émetteur fait appel à une série d'arguments afin d'amener le destinataire à partager sa prise de position.

§255 | Les types d'arguments

La valeur argumentative d'un propos peut se justifier de différentes manières :

1- L'argument par l'exemple (I.Ex. [1])

Sans doute le plus simple, il est souvent adjoint à un autre type d'argument plus abstrait pour l'illustrer. Le mécanisme de la pensée est d'ordre ***déductif*** (si mon exemple est correct, j'en déduis que…), mais il faut se méfier de généralisations abusives à partir d'un exemple unique et/ou mal étayé.

Il est utile de varier la forme de l'illustration :

- petite narration
- exemple rapporté
- explication partielle
- citation
- affirmation
- comparaison

2- L'argument par analogie ou ressemblance

Ce procédé utilise ***l'induction***, en établissant une sorte de rapport proportionnel, mais dont tous les éléments ne sont pas toujours cités :

$$\frac{A}{B} = \frac{C}{D}$$ (A est à B comme C est à D)

Exemple :

- *Le public est au théâtre ce que les fidèles sont à un prédicateur* :

$$\frac{\text{public}}{\text{théâtre}} = \frac{\text{fidèles}}{\text{prédicateurs}}$$

- Ce qui peut donner au sein d'une argumentation :
  Un théâtre sans public est invivable. Imaginerait-on un prédicateur n'exhortant que lui-même ?

1 I. Ex. : idée-exemple, voir § 256.

Cas particuliers :

- la ressemblance peut se limiter à une simple ***identité*** :
  - **L'argument « a pari »**[1]
    - *Si tu reçois un chocolat, j'ai également droit à en recevoir un.*
    - *Édith a reçu un cadeau, j'en aurai bientôt un aussi.*
- le principe ***inverse*** peut donner lieu à :
  - **L'argument par différence**
    - *Impossible de comprendre ce qui se passe à l'Est si vous n'êtes pas Slave.*
    - *L'automobile est un problème pour ceux qui en ont besoin.*

Remarque :

Rappelons que l'analogie est à la base de la ***métaphore***[2].

3- L'argument « a fortiori »[3] ou « a minori »[4]

Si A < B et B < C → A < C

Le premier procède par ***induction***, le second par ***déduction***.

Le premier élargit une relation à des circonstances plus englobantes; inversement, le deuxième restreint une relation à des circonstances moins englobantes.

- *Il ne sait même pas ce qu'il fera la semaine prochaine, alors ne lui demandez pas ses projets pour l'année à venir.* (« a fortiori »)
- *S'il a beaucoup d'amis, il en trouvera facilement un pour l'accompagner à notre fête.* (« a minori »)

4- L'argument « a contrario »

Basé sur une sorte ***d'antithèse***[5], il montre que les contraires doivent être traités de manière opposée.

- *Il faut travailler pour vivre et non vivre pour travailler.*

5- L'argument par l'absurde

Il s'agit de montrer le caractère inacceptable d'une thèse adverse en raison de la ***contradiction*** qu'elle renferme.

- *C'est au nom du régime personnalisé que ces médicaments se fabriquent en série et en grande quantité.*

---

1 Du latin : **par** = égal, semblable.

2 Voir § 392.

3 Du latin scolastique, = en partant de ce qui est plus fort.

4 Du latin : **minor** = moindre, inférieur.

5 Voir § 402.

6- L'argument du silence

Taire un fait connu ou prétendre qu'il est inutile de rappeler que... peut permettre le renforcement de certaines prises de position.

- *vanter les mérites de telle lessive-miracle, et ne pas montrer le linge bien blanc lavé par d'autres marques.*
- *un accusé qui prétend n'avoir aucune déclaration à faire laisse présumer une part de culpabilité.*

7- L'argument d'autorité

Argument courant, dont la validité peut être très variable, il fait appel à un expert, à une personne dont la compétence est reconnue. Mais il est souvent bien difficile de vérifier la valeur d'une autorité.

- *Einstein a dit que...*

8- L'argument « ad hominem » ou personnel

Il fait partie des sentiments d'ordre émotif. Il implique de se mettre à la place de l'interlocuteur pour utiliser ses arguments contre lui.

Cas particulier :

Si je mets l'interlocuteur en cause personnellement, j'emploie :

- **L'argument « ad personam »**
  - *Avant de me faire ce reproche, avoue que tu as déjà commis la même bêtise que moi.*
  - *Est-ce à vous de parler d'exemple ?*

Remarques :

1- On découvrira d'autres types d'arguments moins fréquents au cours de l'analyse de textes.

2- ***L'ironie*** peut être une arme assez dangereuse au service de l'argumentation.

3- La contradiction et le paradoxe sous-tendent plusieurs types d'arguments.

§256 | L'agencement du texte argumentatif

L'émetteur prend position, émet un avis à propos d'un sujet. Il va étayer son propos par une série de paragraphes.
Le paragraphe d'argumentation se compose de ***3 parties*** :

1- L'idée-prise de position (I.P.P.)[1]
Souvent en tête du paragraphe, c'est la **thèse**, l'**idée essentielle** dont on veut convaincre le lecteur.

❖ **Caractéristiques :**

- P énonciative ou P interrog. négative, parfois emphatique
- séparée de la suite par une ponctuation ***forte***
- vocabulaire abstrait annonciateur du champ lexical qui sera développé
- ***contenu*** : - vérité générale
  - citation
  - idée formulée par l'auteur du paragraphe

2- L'idée-argument (I.A.)
Formulation **abstraite** qui **explicite l'I.P.P.**, tout en exprimant l'idée commune aux exemples qui suivent.

❖ **Caractéristiques :**

- la reformulation peut se faire sur des ***modes variés*** (additif, causal, concessif, consécutif, comparatif...)
- la reformulation peut expliciter ***tout*** ou ***partie*** de l'I.P.P.

3- L'idée-exemple (I.Ex.)
Formulation **concrète** qui **illustre** I.P.P. et I.A.

❖ **Caractéristiques :**

- détails ***précis***, « palpables »
- formes variées (petite narration, explication partielle, exemple rapporté, affirmation, comparaison...)

Remarques :

1) L'importance relative des 3 parties est donnée par l'ordre de leur présentation.
2) C'est l'exploitation d'un champ lexical qui crée la cohérence au sein de l'argumentation.

1 Cette abréviation et les suivantes sont proposées par commodité par notre source principale : le C.E.P.E.C. (in : *Apprendre à écrire le français au collège*, v. bibliographie).

§257 | L'introduction

L'introduction permet d'aborder le sujet, mais ne doit pas dévoiler d'emblée l'idée-prise de position ou l'idée-argument.
Une anecdote, un récit humoristique ou imagé, un fait divers bien typé, une interpellation du lecteur : les moyens abondent, pas de limite à l'imagination.

Le rédacteur de l'introduction aura à l'esprit de développer avec plus ou moins de force, selon le thème donné, les trois composantes-clés :

- la ***problématique :*** poser clairement le problème (= I.P.P. globale) en suscitant l'intérêt.
- le ***sujet annoncé :*** de quoi s'agit-il ?
- le ***plan annoncé :*** comment vais-je m'y prendre, d'une manière générale, pour organiser mon argumentation ?

§258 | La conclusion étayée

L'émetteur termine son argumentation par une conclusion exprimant clairement sa prise de position.
Celle-ci comprend généralement deux ou trois parties :

❖ **une synthèse des arguments essentiels**
- rappel rapide sans anecdotes ni exemples
- définir le point de convergence de ce qui a été dit

❖ **un élargissement du problème évoqué**
- placer le problème dans un contexte plus large qui lui soit favorable (scruter l'avenir, relier à d'autres problèmes semblables…)

❖ **une formulation choc**
- ***émouvoir*** par des termes bien choisis
- terminer par une interrogation mettant ***habilement*** en cause le lecteur (fonction conative[1])
- utiliser une ***formule lapidaire***[2]
- …

1 Voir § 233.
2 Lapidaire = concis et vigoureux, laconique.

§259 | Les types d'argumentation

L'argumentation générale du texte peut procéder par :

- **l'accumulation :** un argument est étayé par plusieurs arguments secondaires qui renforcent le point de vue adopté.
- **la liaison faits/causes/conséquences :** on énonce un fait capable d'illustrer la prise de position, on analyse les causes et les origines du fait, et on en tire enfin les conséquences. Ce type de raisonnement est fréquent pour expliquer les phénomènes historiques et géographiques, ainsi que pour des recherches scientifiques.
- **l'opposition :** on présente les arguments « **POUR** », ensuite les arguments « **CONTRE** », ou bien on alterne les deux types d'arguments.
  - Il convient d'établir les ***liens entre les arguments.***
  - On ordonnera les arguments selon une ***progression*** (par exemple, terminer par l'argument **pour** le plus convaincant, par l'argument **contre** le moins étayé, par l'argument qui fait le plus appel à la sensibilité...).

Remarque :

Procède aussi de la technique pour/contre, **la réfutation.**

Réfuter, c'est répondre aux objections exprimées ou prévisibles, au moyen d'un raisonnement qui permet d'écarter les arguments de la partie adverse. Souvent, l'ironie, la dérision, le paradoxe soutiennent efficacement la réfutation.

Les genres littéraires

§260 | Typologie des textes et textes littéraires

- On ne confondra pas la typologie des textes avec les différents ***textes littéraires*** qui peuvent, selon le cas, être ***composés de différents types de textes.***

- Notons comme différents ***genres littéraires :***

  - **le roman** ***(policier, d'aventures, d'amour, de fiction...)***
    Récit ou narration d'événements▼ imaginés ou basés sur des faits réels et comprenant souvent des descriptions.
  - **la nouvelle**
    Roman en miniature.
  - **le théâtre**
    Œuvre destinée à une communication directe avec le public (représentation sur scène) et essentiellement basée sur le dialogue et le discours direct[1].
  - **l'essai**
    Ouvrage littéraire de type informatif ou argumentatif, traitant de sujets divers (scientifiques, historiques, philosophiques, moraux...).
  - **le poème**
    Ouvrage qui répond à certaines règles ou contraintes[2] (rythme, rimes, nombre de syllabes, structure du texte...) et/ou qui utilise un langage plus imagé.

1 Voir §§ 213 et 214.
2 Voir ci-après, §§ 261 à 266.
▼ évènement.

Les lois de la versification

Prérequis	Utilisations
• la typologie des textes, §§ 245 à 266	• la création poétique • la fonction poétique du langage, § 236

§261 | Introduction

La poésie contemporaine fait souvent fi de règles, quelles qu'elles soient. Nous ne portons pas de jugement sur cette attitude, la création poétique parvenant à s'exprimer par d'autres moyens.

Mais toute la poésie actuelle ne suit pas cette tendance. De plus, l'analyse d'auteurs requiert une certaine connaissance des règles classiques. Nous tentons de les présenter à la fois clairement et succinctement.

§262 | Versification

Un vers est un ***fragment d'énoncé*** commençant par une **majuscule** et formant une **unité au niveau du rythme** par l'application de règles diverses.
Celles-ci peuvent se répartir en trois catégories :

- celles qui concernent **la rime**
- celles qui concernent **le nombre de syllabes**
- celles qui concernent **le rythme** proprement dit

§263 | La rime

C'est la ***répétition d'une même sonorité*** à la fin de deux vers (il s'agit bien de **sons**, même si l'orthographe est différente !).

> *Roule, roule ton flot indolent, morne* ***Seine***. –
> *Sous tes ponts qu'environne une vapeur mal****saine*** *(…)*

(P. Verlaine, *Poèmes saturniens.*)

Qualité de la rime :

a) rimes faibles ou pauvres : un son identique seulement (voyelle).

> *Mes ancêtres pourtant (du moins je peux le suppos****er****) (…)*
> *ils n'avaient pas alors la prétention de philosoph****er***

(R. Queneau, *Courir les rues.)*

b) rimes suffisantes : deux sons identiques (voyelle + consonne, ou l'inverse)

- *Car bientôt il le voit aux portes du tré**pas**.*
  *Il le voit; mais il ne rit **pas**, (...)*

(La Fontaine, *Fables*, Livre XII.)

c) rimes riches : à partir de trois sons identiques (voyelle + consonne + voyelle **ou** consonne + voyelle + consonne)

- *(...) Qui seront trop loin des trottoirs fr**agiles***
  *Et sur ces ciments devenus d'ar**gile** (...)*

(Gilles Vigneault, *Étraves*.)

❖ **Nature de la rime :**

a) masculine : **non terminée par un e muet**[1]

- *Tout va de pis en pis; le sujet a brisé*
  Les serments qu'il devait à son Roi méprisé; (...)

(Ronsard, *Odes, hymnes, élégies.)*

b) féminine : **terminée par un e muet**

- *Cet esprit offensé dedans soi se retir**e**,*
  *Et comme en quelque coin se cachant il soupir**e**, (...)*

(Agrippa d'Aubigné, *Les Tragiques*.)

❖ **Disposition des rimes :**

Habituellement, ***on alterne*** les rimes masculines et les rimes féminines, selon les trois dispositions suivantes :

a) rimes plates ou suivies : **deux** vers masculins alternent avec **deux** vers féminins

a	*Le loup le quitte alors et puis il nous regard**e**.*	(rime féminine)
a	*Les couteaux lui restaient au flanc jusqu'à la gard**e**,*	(rime féminine)
b	*Le clouaient au gazon tout baigné dans son sang;*	(rime masculine)
b	*Nos fusils l'entouraient en sinistre croissant.*	(rime masculine)
c	*Il nous regarde encore, ensuite il se recouch**e**,*	(rime féminine)
c	*Tout en léchant le sang répandu sur sa bouch**e**, (...)*	(rime féminine)

(Alfred de Vigny, *La mort du loup*, in *Destinées*.)

b) rimes croisées : les vers masculins et féminins alternent **un** à **un**

a	*Lune, quel esprit sombr**e***	(rime féminine)
b	*Promène au bout d'un fil,*	(rime masculine)
a	*Dans l'ombr**e**,*	(rime féminine)
b	*Ta face et ton profil ?*	(rime masculine)

(Alfred de Musset, *Ballade à la Lune.)*

1 C'est-à-dire un ***e*** non accentué (≠ é, è, ê), [ə].

c) rimes embrassées : **deux** vers masculins placés ***entre* deux** vers féminins, ou l'inverse

- **a** *Booz ne savait point qu'une femme était là,* (rime masculine)
  b *Et Ruth ne savait point ce que Dieu voulait d'elle.* (rime féminine)
  b *Un frais parfum sortait des touffes d'asphodèle;* (rime féminine)
  a *Les souffles de la nuit flottaient sur Galgala.* (rime masculine)

(Victor Hugo, *La Légende des Siècles*.)

§264 | Le nombre de syllabes

Pour ***déterminer*** le nombre de syllabes et donc ***le type de vers***, on observera que **le e muet** :

- **compte** entre 2 consonnes
- **mais non** en fin de mot s'il est suivi d'une voyelle ou d'un h muet
- **et non plus** en fin de vers (donc, en cas de rime féminine)

12 syllabes (alexandrin)
(utilisé notamment pour le théâtre en vers)

- *Ce loup rencontre~un dogue~aussi puissant que beau,* (La Fontaine.)
  1 2 3 4 5 6 7 8 9 10 11 12

11 syllabes

- *Et c'est la nuit, la nuit bleue~aux mille~étoiles.* (Verlaine.)
  1 2 3 4 5 6 7 8 9 10 11

10 syllabes (décasyllabe)
(dans les chansons de gestes, ainsi que chez Marot, du Bellay, Ronsard.)

- *Je sens guérir cette~amoureuse rage,* (Ronsard.)
  1 2 3 4 5 6 7 8 9 10

9 syllabes

- *De la musique~avant toute chose,*
  1 2 3 4 5 6 7 8 9
  Et pour cela préfère l'impair... (Verlaine, *L'Art poétique*.)
  1 2 3 4 5 6 7 8 9

8 syllabes (octosyllabe)
(notamment dans les fabliaux)

- *Par le deuil et par les années,* (Victor Hugo.)
  1 2 3 4 5 6 7 8

❖ **7 syllabes**

- *« Si tu veux, faisons un rêve : (...) »* (Victor Hugo.)
  1 2 3 4 5 6 7

❖ **6 syllabes**

- *(...) Si mollement ouverte* (A. de Noailles.)
  1 2 3 4 5 6

❖ **5 syllabes**

- *Vous aviez mon cœur,*
  1 2 3 4 5
  Moi, j'avais le vôtre : (Marceline Desbordes-Valmore.)
  1 2 3 4 5

❖ **4 syllabes**

- *Tout est si simple.* (George Ribemont-Dessaignes.)
  1 2 3 4

❖ **3 et 2 syllabes**

- *Sauve-moi*
  1 2 3
  Joue~avec moi
  1 2 3 4
  Oiseau (Prévert.)
  1 2

❖ **1 syllabe**

a *Fort*
b *Belle,*
b *Elle*
a *Dort;* (***Sonnet*** composé de quatrains à rimes embrassées

a *Sort*
b *Frêle !*
b *Quelle*
a *Mort !*

et

c *Rose*
c *Close,*
d *La*
e *Brise* de 2 tercets rassemblés.)
d *L'a*
e *Prise.* (P. de Resseguier.)

§265 | Le rythme

Il est essentiellement dû aux ***pauses***, aux ***syllabes accentuées*** et aux ***jeux de sonorités.***

La coupe ou césure

- Généralement, dans l'alexandrin, la ***césure*** partage le vers en ***deux hémistiches (rythme binaire)*** (2 x 6 syllabes)
  - *Est-il vice plus bas,// est-il tache plus noire, (...)* (Corneille.)
- ***Deux coupes*** permettent un ***rythme ternaire*** (3 x 4 syllabes)
  - *Qu'ai-je trouvé ?// Je vois la mort// peinte en vos yeux.* (Racine.)
- ***Trois coupes*** créent un ***rythme quaternaire*** (4 x 3 syllabes)
  - *Doña Sol,// prends le duc,// prends l'enfer,// prends le roi !* (V. Hugo, *Hernani.*)

Remarque :

D'autres coupes existent, qui traduisent les nuances des sentiments : elles ont été inventées à l'époque romantique.

Les accents

Un vers contient plusieurs syllabes accentuées. Le poète tire parti de la ***combinaison des syllabes longues ou rapides :***

- *Dans un chemin mon**tant**, sablon**neux**, malai**sé**,*

(La Fontaine, *Le coche et la mouche.*)

L'enjambement

L'enjambement ***supprime la pause de la fin du vers :***

[Elle] *Va, vient, fait l'empressée; il semble que ce soit* →
Un sergent de bataille allant en chaque endroit (...)

(La Fontaine, *Le coche et la mouche.*)

Leurs yeux, d'où la divine étincelle est partie,
Comme s'ils regardaient au loin, restent levés →
Au ciel; on ne les voit jamais vers les pavés (...)

(Ch. Baudelaire, *Les Aveugles.)*

Jeux de sonorités

Ils contribuent à ***l'harmonie du vers.*** Le choix de la succession des voyelles et des consonnes permet de développer ***l'expressivité.***

- **L'allitération** concerne la **répétition d'une *même consonne***, souvent en tête de mots
  - *Elle **m**eurt dans **m**es bras d'un **m**al qu'elle **m**e cache.*

(Racine.)

- **L'harmonie imitative combine l'allitération à la répétition d'une voyelle** (assonance)
  - *Sur **l**e **lu**gubre **l**ac dont c**l**apotaient **l**es eaux.* (José-Maria de Heredia.)

§266 | Types de poèmes

Un poème se compose généralement d'un certain nombre de **strophes** ou groupes de vers (de même longueur, ou qui alternent des vers inégaux[1]). Chaque strophe présente un sens complet.

On peut nommer :

- le **distique** (strophe de 2 vers)
- le **tercet** (strophe de 3 vers)
- le **quatrain** (strophe de 4 vers)
- le **quintain** (strophe de 5 vers)
- le **sixain** ou **sizain** (strophe de 6 vers)
- le **septain** (strophe de 7 vers)
- le **huitain** (strophe de 8 vers)
- le **neuvain** (strophe de 9 vers)
- le **dizain** (strophe de 10 vers)

Les principaux **poèmes à forme fixe** sont :

- **La ballade[2] :** *3 couplets (strophes) de 7 à 8 vers + 1 envoi de 4 vers.*
  Chaque couplet et l'envoi se terminent par un vers identique, le ***refrain***.
  François Villon (XVe s.) et *Christine de Pisan* (XIVe s.) ont brillamment manié cette forme.
- **Le sonnet :** *14 vers (2 quatrains et 2 tercets).*
  Les quatrains portent chacun sur 2 rimes et l'ensemble des tercets sur 3 rimes, ce qui donne la disposition suivante :
  - **a b b a / a b b a / c c d / e d e**

  (voir l'exemple du sonnet d'une syllabe, § 264, mais où les tercets ont été rassemblés.)
  Ronsard, Du Bellay et *les Parnassiens* sont passés maîtres▼ dans cet art.
- On citera d'autres poèmes à forme fixe : **le lai**, **le virelai**, **le rondeau**, qui n'ont guère survécu après le XVe siècle.

1 *Les Fables* de La Fontaine alternent très souvent des vers inégaux.
2 Avec 2 **l** (≠ balade, promenade).

▼ maitres.

Synthèse 4 : le texte

§§ 217 à 266

A- L'AGENCEMENT DU TEXTE.

Le texte articule **le thème** (ce dont on traite) et **le rhème** (ce que l'on dit de ce dont on traite). Le thème revient donc régulièrement dans le texte par **répétition**, **pronominalisation**, usage de **synonymes** et certains autres procédés ***(métaphore, métonymie...)***.

Les relations thème/rhème se fondent sur 3 principes :

- **progression linéaire** (le rhème précédent devient thème dans l'énoncé suivant);
- **progression à thème constant** (le même thème perdure durant tout le texte);
- **progression à thèmes dérivés** (le thème est éclaté en sous-thèmes).

Ces différentes progressions se combinent généralement dans un texte.

B- RÔLES DES DÉTERMINANTS DANS LE TEXTE.

Les déterminants servent à indiquer le degré de connaissance des interlocuteurs relatif à un GN déterminé.

- existence douteuse, imaginaire, irréelle du GN (**assiette illusoire**) : pas de déterminant
- première rencontre avec un GN existant (**assiette transitoire**) : déterminant indéfini
- GN connu des interlocuteurs (**assiette présentatoire**) : déterminant démonstratif
- GN bien connu de tous (**assiette notoire**) : déterminant défini ou possessif

C- RÔLES DES PRONOMS DANS LE TEXTE.

Le pronom peut reprendre **totalement** ou **partiellement** son antécédent par **anaphore** (l'antécédent précède le pronom) ou **cataphore** (l'élément substitué suit le pronom). Le pronom peut aussi simplement renvoyer au **contexte**.

D- ÉNONCÉ / ÉNONCIATION.

Le texte est un énoncé qui peut reprendre des éléments d'énonciation (traces de la présence de l'auteur, du lieu et du temps de production de l'énoncé ou encore de l'attitude adoptée par le locuteur face à son énoncé).

E- DISCOURS / RÉCIT.

Dans le discours, les références à l'énonciation sont fréquentes; dans le récit, non. L'un et l'autre sont marqués par l'usage des temps :

- passé simple, imparfait, plus-que-parfait, présent de narration pour le récit
- présent, passé composé, futur pour le discours

L'auteur (celui qui écrit le texte) et le narrateur (celui qui raconte le texte) peuvent être distincts ou confondus. L'auteur peut aussi n'intervenir que momentanément dans le récit.

F- FONCTIONS DU LANGAGE.

Le texte remplit plusieurs fonctions de langage :

- **fonction référentielle :** communication d'un fait, d'un savoir...
- **fonction expressive : l'émetteur** se dit, se révèle
- **fonction conative :** centrée sur le **récepteur**
- **fonction phatique** (ou de contact) **:** centrée sur le **canal** de communication
- **fonction métalinguistique :** orientée vers le **code**, elle aide à la compréhension
- **fonction poétique : le message** (au niveau du sens ou de l'esthétique) en est l'objet

Synthèse 4 : le texte

G- ORGANISATEURS TEXTUELS.

Pour être clair, le texte doit contenir des mots (marqueurs) indiquant les rapports entre ses parties. Il peut aussi recourir à cet effet à des éléments d'ordre typographique ou à la ponctuation. Quant aux marqueurs, ils indiquent la cause, la conséquence, le but... (cf. §§ 242-244).

H- TYPOLOGIE TEXTUELLE.

Le texte poursuit une intention. À partir de celle-ci, on peut établir la typologie suivante :

✲ **Texte narratif** (raconter)

- narrateur en **JE** ou en **IL**
- narration selon un **schéma** - **simple** (situation initiale, élément modificateur, transformations, situation finale)
  ou - **complexe** (par enchaînement▼, enclave ou accolement)
- **modèle actanciel** (Un sujet est en quête d'un objet pour un destinataire. Sa mission lui est confiée par un destinateur. Il est aidé par des adjuvants et gêné par des opposants.)

✲ **Texte descriptif** (décrire) / **portrait**

- choix d'un ordre de description
- sélection d'informations et du vocabulaire
- bonne intégration (exhaustivité, expressivité, suspense)

✲ **Texte informatif** (communiquer) / **texte injonctif** (pousser à agir)

- mise en page étudiée
- titres et sous-titres
- typographie recherchée
- documents non textuels

Le texte informatif, au contraire du texte injonctif, ne vise qu'à informer sans chercher à faire agir.

✲ **Texte argumentatif** (convaincre)

- utilisation d'arguments (argument par l'exemple, par analogie, « a fortiori » ou « a minori », « a contrario », par l'absurde; argument du silence, d'autorité, « ad hominem » ou « ad personam »)
- présence de paragraphes argumentatifs (idée-prise de position, idée-argument, idée-exemple)
- l'introduction aborde le sujet
- la conclusion est étayée
- organisation générale par accumulation, liaison faits/causes/conséquences, opposition (dont la réfutation)

I- GENRES LITTÉRAIRES :

roman, **nouvelle**, **théâtre**, **essai**, **poème** sont les genres majeurs.

La poésie recourt souvent à la **versification**, laquelle obéit à certaines règles bien définies (rime, nombre de syllabes, rythme...) qui évoquent une certaine musicalité.

▼ enchainement.

Troisième partie

L'orthographe

1 Orthographe d'usage

Prérequis	Utilisations
• les affixes, la dérivation, § 378 • les familles de mots, § 378 • les homonymes, § 382 • conjugaison : le PPé, §§ 344 et 345 • les sous-classes de mots, §§ 42 à 131	• accord du PPé, §§ 305 à 321 • distinction de certaines formes de conjugaison, §§ 343 à 367 • amélioration de l'orthographe générale

§267 | Objectif poursuivi

Les difficultés relatives à l'**orthographe d'usage** – c'est-à-dire à l'***écriture des mots, exception faite de leurs accords au sein d'une phrase*** – se résolvent facilement à l'aide d'un bon dictionnaire. Ce n'est donc pas un objectif fondamental pour une grammaire.

Toutefois, afin de mettre en œuvre des procédures plus actives et opérantes, nous présentons sous forme de tableau sommaire – et donc forcément incomplet – les principales remarques relatives à l'orthographe d'usage. Nous éliminons de cette présentation les mots difficiles d'usage trop peu fréquent.

§268 | Natures des principales difficultés

Connaître▼ les types de difficultés ne permet pas d'office de les résoudre, mais du moins d'y être attentif.

Les ***principaux problèmes*** rencontrés concernent :

- **les affixes** (préfixes, suffixes – spécialement ceux d'origine grecque –) et **leur agglutination** au mot
- **l'homophonie** (mêmes sons écrits différemment)
- **la finale du PPé** masculin singulier
- **les doubles lettres internes** de certains mots
- **les accents** (aigus, graves ou circonflexes) et **le tréma**

▼ Connaitre.

§269 | Résolution des problèmes

Quelques **grands principes**, qui devraient devenir des automatismes, permettent de résoudre assez facilement une série de cas :

- **N°1 - Mettre au féminin** permet de découvrir les ***lettres finales non prononcées***
  - de noms, d'adjectifs... : → *petit* > *petite*
  - de PPés : → *surpris* > *surprise*
- **N°2 - Chercher un dérivé** permet souvent de ***découvrir les lettres finales non prononcées***
  - *un brancard : un brancardier*
  - *un propos : proposer*
  - *du lard : entrelarder*
- **N°3 - Analyser une forme verbale** dans son ***contexte*** permet de ***distinguer les finales homophones*** de temps différents
  - *Travailler est pénible.*
  - *J'ai travaillé avec plaisir.*
  - *Je travaillai très dur pendant plusieurs années.*
  - *Travaillez et vous serez récompensés.*
- **N°4 - Lier l'orthographe finale au sens d'un suffixe**
  - *drapeau, berceau* (suffixe ***diminutif : -eau***)
  - *bavard, chauffard* (suffixe ***péjoratif : -ard***)
  - *indien, pharmacien, électricien, chrétien* (suffixe ***-ien*** désignant ***sectes, religions, professions ou nationalités***)
- **N°5 - Reconnaître▼ l'origine étrangère** d'un mot
  - *soprano, numéro, bravo* (origine italienne)
- **N°6 - Analyser la composition** d'un mot pour découvrir comment un ***préfixe*** (ou un ***suffixe***) s'y est rattaché
  - *acclamer* (**ad** + **c**lamer > ac-clamer par assimilation)
  - *innombrable* (**in** + **n**ombrable)

Remarque :

Les *numéros* de ces principes seront repris dans le *tableau des difficultés, § 271*.

▼ **Reconnaitre.**

§270 | Les accents

La plupart des difficultés concernent les ***formes verbales*** : nous renvoyons donc à la partie « Conjugaison »[1].
En dehors de ces cas, peu d'irrégularités sont à signaler. Rappelons toutefois :

Accent grave ou aigu

é

a) *abr**é**gement* ▼, *all**é**gement* ▼, *all**é**grement* ▼, *c**é**leri* ▼, *cr**é**merie* ▼, *cr**é**nelage* ▼, *cr**é**neler* ▼, *cr**é**nelure* ▼, *év**é**nement* ▼, *héb**é**tement* ▼, *r**é**glementaire* ▼, *r**é**glementairement* ▼, *r**é**glementation* ▼, *r**é**glementer* ▼, *s**é**cheresse* ▼, *s**é**nevé* ▼, *v**é**nerie* ▼.

Remarque :
La plupart de ces graphies cohabitent déjà avec celles des « *Rectifications de 1990* » dans les éditions récentes des dictionnaires.

b) apparition d'un **é** dans ***certains adverbes en -ment***[2] :
- formés sur un ***adjectif masculin terminé par une consonne :***
  - *commun**é**ment, confus**é**ment, diffus**é**ment, express**é**ment, importun**é**ment, obscur**é**ment, (in)opportun**é**ment, précis**é**ment, profond**é**ment.*
- formés sur un ***adjectif masculin terminé par e :***
  - *aveugl**é**ment, conform**é**ment, commod**é**ment, incommod**é**ment, énorm**é**ment, immens**é**ment, intens**é**ment, uniform**é**ment.*

è

- *ass**è**chement*

pas d'accent :

- *ass**e**ner* ▼, *rec**e**ler* ▼, *r**e**fréner* ▼.
- *r**e**volver* [pron. : Re].

1 Voir §§ 343 à 367.
2 Voir § 115.

- ▼ abr**è**gement
- ▼ all**è**gement
- ▼ all**è**grement
- ▼ c**è**leri
- ▼ cr**è**merie
- ▼ cr**è**nelage
- ▼ cr**è**neler
- ▼ cr**è**nelure
- ▼ év**è**nement
- ▼ héb**è**tement
- ▼ r**è**glementaire
- ▼ r**è**glementairement
- ▼ r**è**glementation
- ▼ r**è**glementer
- ▼ s**è**cheresse
- ▼ s**è**nevé
- ▼ v**è**nerie
- ▼ ass**é**ner
- ▼ rec**é**ler
- ▼ r**é**fréner

✱ L'accent circonflexe ▼

- ❖ permet de ***distinguer certains homonymes :***
  - *mûr*▼ ≠ *mur, sûr*▼ ≠ *sur, jeûne* ≠ *jeune* (mais *déjeuner*), *hâler* ≠ *haler, tâche* ≠ *tache, côte* ≠ *cote, rôder* ≠ *roder, le nôtre* ≠ *notre, pêcheur* ≠ *pécheur.*
- ❖ s'emploie **pour le suffixe -âtre** (sens ***péjoratif*** ou marqueur d'***approximation***) :
  - *un bellâtre* (mais *psychiatre*, qui n'est pas composé du même suffixe)
  - *acariâtre, jaunâtre, verdâtre* (adjectifs)
- ❖ entre dans la **composition de certains adverbes en -ment**[1] :
  - *assidûment*▼, *(in)congrûment*▼, *continûment*▼, *crûment*▼, *(in)dûment*▼, *goulûment*▼, *nûment*▼ *(ou nuement).*
- ❖ l'accent circonflexe **ne se transmet pas toujours aux dérivés** du mot :
  - *arôme et aromatique* — *extrême et extrémité* — *pôle et polaire*
  - *câble et encablure* — *fût*▼ *et futaie* — *râteau et ratisser*
  - *cône et conique, conifère* — *grâce et gracieux* — *tâter et tatillon*
  - *diplôme et diplomate* — *infâme et infamie* — *etc.*
- ❖ **quelques confusions** fréquentes :
  - *abîme*▼ mais : *cime*
  - *château, gâteau* mais : *bateau*
  - *goût*▼ mais : *égout*
- ❖ **accent circonflexe dans quelques mots courants :**

â

âge	*câlin*	*fâcher*	*mât*
âme	*châle*	*flâner*	*pâle*
âne	*châssis*	*gâchette*	*pâte*
appât▼	*châtaigne*	*gâteau*	*pâturage*
bâcler	*château*	*hâte*	*râle*
bâtir	*crâne*	*lâche*	*râpe*
bâton	*dégât*	*mâcher*	*tâter*
			…

1 Voir § 115.

▼ **Les rectifications de 1990 ont supprimé tous les accents circonflexes sur *i* et sur *u*, *sauf* en conjugaison** et dans les cas où il permet de distinguer des **homonymes** (sur/sûr - mur/mûr : attention, l'accent ne subsiste donc dans les adjectifs qu'au masculin singulier !)

▼ mûr, murs, mure, mures.
▼ sûr, surs, sure, sures.
▼ assidument
▼ (in)congrument
▼ continument
▼ crument
▼ (in)dument
▼ goulument
▼ nument
▼ fut
▼ abime
▼ gout
▼ appas - masc. plur. - [charmes d'une femme] devient appâts.

ê	*ancêtre*	*dépêcher*	*hêtre*	*quête*
	apprêter	*empêcher*	*honnête*	*rêve*
	arête	*extrême*	*mêler*	*suprême*
	arrêter	*être*	*même*	*tempête*
	bêche	*fêler*	*pêche*	*tête*
	bête	*fenêtre*	*pêcheur*	*trêve*
	blême	*frêle*	*pêle-mêle*	*vêtir*
	chêne	*gêne*	*poêle*	…
	crêpe	*grêle*	*prêter*	
	crête	*guêpe*	*prêtre*	
î ▼	*abîme*	*dîner*	*huître*	*traître*
	aîné	*épître*	*île*	…
	boîte	*faîte*	*maître*	
	chaîne	*fraîcheur*	*surcroît*	
	cloître	*gîte*	*traîne*	
ô	*apôtre*	*diplôme*	*hôpital*	*rôle*
	aumône	*dôme*	*hôtel*	*rôti*
	chômer	*drôle*	*impôt*	*tôle*
	clôture	*entrepôt*	*ôter*	*tôt*
	contrôle	*frôler*	*polynôme*	*trône*
	dépôt	*geôle*	*pylône*	…
û ▼	*affût*	*bûche*	*flûte*	*piqûre*
	août	*coûter*	*goût*	*voûte*
	brûler	*croûte*	*mûrir*	…

▼ *abime, ainé, boite, chaine, cloitre, diner*, etc.

▼ *affut, aout, bruler, buche, couter*, etc.

Le tréma ▼

❖ Le tréma a pour fonction d'indiquer qu'une ***voyelle doit être prononcée***, et non se fondre en un seul son avec une autre :

- *mais* (conjonction de coordination) ≠ *maïs* (nom)
- *aïeul, baïonnette, canoë, capharnaüm, celluloïd, faïence, haïr, naïveté, Noël...*

❖ Parfois, il indique que l'on doit ***prononcer séparément la voyelle qui le précède :***

- noms : *ciguë*▼, *ambiguïté*▼, *exiguïté*▼, *contiguïté*▼.
- féminins d'adjectifs : *aiguë*▼, *ambiguë*▼, *contiguë*▼, *exiguë*▼, *suraiguë*▼.

❖ Plusieurs mots ne portant ***pas de tréma*** doivent néanmoins ***faire entendre le* u *:***

- *gageure*▼, *aiguille.*

La cédille

Étant liée à la lettre **c**, la cédille sera abordée dans le tableau alphabétique des difficultés (voir ci-dessous, § 271).

§271 | Tableau alphabétique des principales difficultés en orthographe d'usage

Ce tableau indique successivement :

- ***la graphie difficile***
- ***la situation de la difficulté*** dans le mot : **D** = début, **I** = intérieur, **F** = finale
- ***l'explication*** du problème
- ***le moyen de résoudre le problème*** **(par les chiffres 1 à 6, qui renvoient au § 269)**
- ***quelques exemples*** (il va de soi que les dérivés des mots cités adoptent la même orthographe, sauf exceptions indiquées)
- ***les exceptions éventuelles (ou des mots qui ne suivent pas la résolution annoncée par le N°)***

Remarque :

La présentation alphabétique ne peut être qu'approximative, étant donné les diverses graphies d'un même son.

▼ Le tréma se met désormais toujours ***sur la lettre à prononcer***.

▼ cigüe, ▼ ambigüité, ▼ exigüité, ▼ contigüité.

▼ aigüe, ▼ ambigüe, ▼ contigüe, ▼ exigüe, ▼ suraigüe.

▼ gageüre.

Graphies concernées	Situation	Explication	Résolution N°	Exemples	Exceptions
[A]					
-a	F	**Finales homophones**	5	bo**a**, com**a**, delt**a**, mazurk**a**, opér**a**, polk**a**	
-ac -ach -ah			2 5 5	• estom**ac** • alman**ach** • All**ah**, Jéhov**ah**	
-ap			2	dr**ap**	
-as			2	am**as**, caden**as**, comp**as**, embarr**as**, matel**as**, t**as**, trép**as**	anan**as** [5], vergl**as**
-at			2	attent**at**, célib**at**, déb**at**, scélér**at**	dég**ât**, sabb**at** [5], secrétari**at**
-ail /-aille	F	• **-ail** pour les noms *MASC.* • **-aille** pour les noms *FÉM.*		• berc**ail**, ém**ail**, épouvant**ail**, évent**ail**, trav**ail** • brouss**aille**, ferr**aille**, vol**aille**	
-air	F	**Finales homophones**	2	écl**air**, fl**air**	**air**
-aire		*indique un lieu :* *indique un agent ou un métier :*	4 4	• **aire**, rep**aire**, sanctu**aire**, vesti**aire**... • libr**aire**, locat**aire**, milit**aire**, vétérin**aire**...	
-er			2	canc**er**, ***cuiller***, f**er**...	enf**er**, hiv**er**, m**er**
-ère		*noms masculins :* *noms féminins :* *féminin des noms en -er :*		• caract**ère**, cimeti**ère**, p**ère**, myst**ère**... • bi**ère**, ***cuillère***, goutti**ère**, mani**ère**, vip**ère**... • cuisini**ère**, fermi**ère**...	
-erre			2	gu**erre**, pi**erre**, t**erre**, v**erre**...	tonn**erre**
-ers			2	rev**ers**, trav**ers**, univ**ers**...	env**ers**, ti**ers**
-ert			2	conc**ert**, couv**ert**, dés**ert**, exp**ert**...	piv**ert**, transf**ert**
-ar	F	**Finales homophones**	2	cauchem**ar**[1], nect**ar**, tz**ar** (ts**ar**, cz**ar**)...	baz**ar**, hang**ar**, nénuph**ar**▼ [5]
-ard		*suffixe péjoratif :*	4 2	• bav**ard**, chauff**ard**, grogn**ard**, vant**ard**... • caf**ard**, l**ard**, plac**ard**...	têt**ard**, vieill**ard**

1 cauchemar admet 2 dérivations, dont la deuxième peut induire en erreur : *cauchemaresque* ou *cauchemar**d**esque*.

▼ nénu**f**ar.

Graphies	Sit.	Explication	Rés.	Exemples	Exceptions
-are		*(pas de résolution particulière)*		**are**, g**are**, guit**are**, ph**are**...	
-arre		*(pas de résolution particulière)*		bag**arre**, b**arre**, tintam**arre**...	*arrhes*
-art			2	**art**, éc**art**, p**art**, qu**art**...	remp**art**
-ars		*(pas de résolution particulière)*		g**ars** [pron. : ga], j**ars**	
-amp	F	**Finales homophones**	2	c**amp**, ch**amp**...	
-an			1 2	• alez**an**, courtis**an**, musulm**an**, partis**an**... • artis**an**, canc**an**, tit**an**, turb**an**, tymp**an**, tyr**an**...	bil**an**, él**an**, vétér**an**...
-anc			2	b**anc**, fl**anc**, fr**anc**...	
-and			2	brig**and**, gl**and**, march**and**...	goél**and**
-ang			2	r**ang**, s**ang**...	ét**ang**, *hareng*
-ant			2 1	• ch**ant**, gal**ant**, péd**ant**... • ascend**ant**, extravag**ant**, mécré**ant**...	cerf-vol**ant** (p. prés.), arc-bout**ant** (p. prés.)
-aon		*commun à des animaux :*		f**aon**, p**aon**, t**aon**...	
-ens			2	aux dép**ens** de, enc**ens**, en susp**ens**...	guet-ap**ens**
-ent			2 1	• accid**ent**, conting**ent**, excéd**ent**, innoc**ent**, mécont**ent**, monum**ent**, pénit**ent**, sentim**ent**... • adolesc**ent**, concurr**ent**, imprud**ent**, néglig**ent**, pati**ent**...	antécéd**ent**, afflu**ent**, firmam**ent**
a-	D	*marquant la privation (suivi d'une seule consonne) :*		**a**patride, **a**pesanteur, **a**temporel, **a**tome, **a**tonalité, **a**trophie...	
ab(b)-	D	*toujours un seul b :*		**ab**aisser, **ab**îme▼, **ab**ord...	**abb**é (+ ***dérivés***)
ac(c)-	D	*double consonne cc :*		**acc**aparer, **acc**élérer, **acc**ent, **acc**ident, **acc**lamer, **acc**oler, **acc**oster, **acc**ourir...	**ac**adémie, **ac**ajou, **ac**ariâtre, **ac**olyte, **ac**ompte, **ac**oustique
acq-	D			**acq**uérir, **acq**uiescer, **acq**uitter...	**Rem. : *homonymes :*** *acquis* (nom) < de acquérir ≠ *acquit* (nom) < de acquitter

▼ ab**i**me.

Graphies	Sit.	Explication	Rés.	Exemples	Exceptions
ad(d)-	D	*toujours un seul d :*		**ad**apter, **ad**ieu, **ad**orer, **ad**oucir, ***adresse***...	**add**ition et **add**uction (+ ***dérivés***, car préfixe ad + d...) (anglais : ***address*** !)
af(f)-	D	*double consonne ff :*	(6)	**aff**able, **aff**abulation, **aff**aire, **aff**iner, **aff**olement, **aff**oler...	**af**in, **Af**rique (+ ***dérivés***)
ag(g)-	D	*toujours un seul g*		**ag**rafe, **ag**ression, **ag**ripper...	**agg**raver, **agg**lomérer, **agg**lutiner (+ ***leurs dérivés***, car préfixe ad + g [6])
al(l)-	D	*double consonne ll :*	6	**all**aiter, ***alléger***, **all**onger, **all**umer...	**al**arme, **al**erte, **al**igner, **al**imenter, **al**iter, ***alourdir***, **al**unir
am(m)-	D	*toujours un seul m :*		**am**asser, **am**ener, **am**ical...	**amm**oniac (+ ***dérivés***)
an(n)-	D	*double consonne nn :*		**ann**oncer, **ann**oter, **ann**uaire...	**an**oblir, **an**orak
an-/en-	D	*homonymes :*		**an**cre (du bateau) ≠ **en**cre (pour écrire)	
ap(p)-	D	*double consonne pp :*	6	**app**arition, **app**auvrir, **app**eler, ***appétit***, **app**laudir, **app**réhender, **app**rocher, **app**rofondir...	**ap**aiser, **ap**ercevoir, ***apéritif***, **ap**eurer, **ap**itoyer, **ap**lanir, **ap**latir, **ap**ostropher
at(t)-	D	*double consonne tt:*		**att**aquer, **att**eler, **att**endre, **att**errir, **att**raper...	**at**oll, **at**ome, **at**one, **at**out, **at**roce, **at**rophie

[B]

Graphies	Sit.	Explication	Rés.	Exemples	Exceptions
b/pt	I	*le dérivé change de son :*		absor**b**er/absor**pt**ion [ps], résor**b**er/résor**pt**ion [ps]	

[C]

Graphies	Sit.	Explication	Rés.	Exemples	Exceptions
ç	I	*cédille devant a, o, u pour prononcer* [s] *:*		ger**ç**ure, gla**ç**on, for**ç**at...	dou**ce**âtre▼
-cc-	I	*double consonne cc :*		co**cc**inelle, co**cc**yx, e**cc**hymose, impe**cc**able (adj.), pe**cc**adille, sa**cc**age...	
-c-/-qu-	I	*qu > c devant a ou o, ou en finale :*		ban**qu**e/ban**c**aire, cho**qu**er/cho**c**, édu**qu**er/édu**c**ation, s'embus**qu**er/embus**c**ade, fabri**qu**er/fabri**c**ant, pi**qu**er/pi**c**oter, provo**qu**er/provo**c**ation, flo**c**on...	atta**qu**able, criti**qu**able, imman**qu**able, lo**qu**ace, remar**qu**able, **qu**artier, **qu**asi, **qu**otidien (+ les ***p. prés.*** des V en -**qu**er : -**qu**ant)

▼ dou**ç**âtre.

Graphies	Sit.	Explication	Rés.	Exemples	Exceptions
-c-/-ss-	I	*2 graphies dans une même famille :*		bracelet/bra**ss**ard, **c**il/de**ss**iller▼, nourri**c**e, nourri**c**ier/nourri**ss**on	(ou dé**c**iller)
-c-/-t-	I	*noms en -ance et -ence > adjectifs en -tiel [s] :*		péni**tence**/péni**tentiel**, prési**dence**/prési**dentiel**, subs**tance**/subs**tantiel**	circons**tance**/circons**tanciel**
ch-	D/I	**prononciation [k]**	5	ar**ch**aïque, ar**ch**ange, ar**ch**éologique, **ch**aos, **ch**aotique, **ch**iasme, **ch**orale, or**ch**estre, or**ch**idée...	
		• *préfixe grec cheir-, chir- (la main) :*	5/6	• **ch**iromancie, **ch**iropracteur...	
		• *préfixe grec chlor(o)- (vert) :*	5/6	• **ch**lore, **ch**lorophylle...	
		• *préfixe grec chromat-/chrom(o)- (couleur) :*	5/6	• **ch**romosome...	
		• *préfixe grec chrono- (temps) :*	5/6	• **ch**ronologie, **ch**ronomètre...	
		• *préfixe grec chrys(o)- (or) :*	5/6	• **ch**rysalide, **ch**rysanthème...	
		• *préfixe grec cholé- (bile) :*	5/6	• **ch**olestérol...	
cl-	D	*double graphie :*		clé ou cl**ef**	
-cule	F	*suffixe latin diminutif (un seul l) :*		animal**cule**, fasci**cule**, pelli**cule**, renon**cule**, testi**cule**, tuber**cule**...	cal**cul**, re**cul**...

[D]

Graphies	Sit.	Explication	Rés.	Exemples	Exceptions
d-	D	*homonymes :*		**da**vantage (adv.) ≠ **d'a**vantage (prép. + nom), da**tt**e (fruit) ≠ da**t**e (époque), dégo**û**ter▼ (inspirer du dégoût▼) ≠ dégou**tt**er (couler goutte à goutte)	

[E]

Graphies	Sit.	Explication	Rés.	Exemples	Exceptions
-é	F	**Finales homophones** *noms masculins :*		• bl**é**, caf**é**, ét**é**, doigt**é**, th**é**...	n**ez**, pi**ed**
		noms féminins abstraits :	4	• amiti**é**, anxiét**é**, beaut**é**, charit**é**, duret**é**, timidit**é**...	cl**é** (ou cl**ef**)
		PPés employés comme noms :	6	• inculp**é**, march**é**, protég**é**, réfugi**é**...	

▼ dé**c**iller (seule graphie subsistante), ▼ dégouter, ▼ dégout.

Graphies	Sit.	Explication	Rés.	Exemples	Exceptions
-ée		*noms masculins :*		• athée, athénée, lycée, musée, pygmée…	
		noms féminins :		• araignée, giboulée, nuée, risée…	
		noms fém. venant d'un PPé :	6	• allée, assemblée, butée, dictée, montée…	
		noms fém. indiquant une quantité contenue :	4	• cuillerée, poignée, portée, potée…	pâtée
-(i/y)er		*noms de personnes :*	4	• berger, brigadier, boucher, horloger, joaillier▼, quincaillier▼	
		noms de végétaux :	4	• cacaoyer, caféier, châtaignier, groseillier, marronnier, noyer…	
		noms d'endroits, de récipients :	4	• bûcher▼, encrier, grenier, poudrier, poulailler…	
-aie		*noms fém. de plantations :*	4	• chênaie, futaie, haie, hêtraie, palmeraie, roseraie…	
		autres noms fém. :		• baie, craie, laie, plaie, taie…	
-ès	F	**Finales homophones**	2	• accès, congrès, progrès, succès…	jockey, legs (avec *g* prononcé ou non)
		(pas de résolution particulière)		• abcès, décès…	
-et		*suffixe diminutif :*	4	• feuillet, jardinet, mulet, muret, œillet, tonnelet…	pamphlet
		dérivés d'un V :		• guet, hochet…	
-ets		*(pas de résolution particulière)*		aux aguets, entremets, mets, rets…	
-ai		*(pas de résolution particulière)*		balai, délai, essai, geai, minerai, quai…	paix
-ais		*langues : (ou Nationalités)*[1] *:*	4	• anglais, français, japonais… Anglais, Français, Japonais…	
			2	• biais, engrais, niais, rabais…	
		(pas de résolution particulière)		• laquais, marais, palais, relais…	
-ait		*anciens PPés :*	2	• bienfait, forfait, retrait, souhait…	lait
		anciens PPés :		• attrait, extrait, méfait, trait…	
-eu	F	**Finales homophones** *(pas de résolution particulière)*		adieu, (dés)aveu, cheveu, enjeu, essieu, feu, jeu, lieu, milieu, neveu, pieu, pneu…	queue

1 Pour l'**emploi de la majuscule** dans ces cas, voir § 24.

▼ joailler, ▼ quincailler, ▼ bucher

Graphies	Sit.	Explication	Rés.	Exemples	Exceptions
-eux		*(pas de résolution particulière)*		• gueux…	**yeux** (plur. de œil)
		adjectifs employés comme noms :		• cr**eux**, lépr**eux**, malheur**eux**, paress**eux**, pr**eux**…	
-œu		*cas divers :*		v**œu**, n**œu**d	• Pluriels : **œufs**, b**œufs** (au sing., prononciation [əf]) • f**œ**tus (prononciation [e])
-eur	F	**Finales homophones**			
		noms masculins de personnes :	2	• fact**eur**, fum**eur**, navigat**eur**, rêv**eur**, travaill**eur**…	h**eurt** postéri**eur**
		noms féminins abstraits :	2	• douc**eur**, fur**eur**, sent**eur**, terr**eur**…	dem**eure**, h**eure** *Adj. comparatifs pris comme noms :* maj**eur(e)**, min**eur(e)**, supéri**eur(e)**…
-eurre		*noms masculins :*		bab**eurre**, b**eurre**, l**eurre**…	
-e(u)il / -e(u)ille	F	*-e(u)il pour les noms masculins :*		• év**eil**, **œil** (prononciation : [əj]), ort**eil**; accu**eil**, recu**eil**; bouvr**euil**, cerf**euil**, s**euil**, tr**euil**…	*Les dérivés masculins de « feuille », sauf cerfeuil :* porte**feuille**, chèvre**feuille**…
		-e(u)ille pour les noms féminins :		• corb**eille**, corn**eille**, os**eille**; f**euille**…	
eff-	D	*double consonne ff :*		e**ff**acer, e**ff**ervescent, e**ff**euiller, e**ff**riter…	é**f**aufiler, é**f**ourceau
-el/-elle	F	*-el :* *-elle :*		• carame**l**, tunne**l**… • polichine**lle**, rebe**lle**, vermice**lle**, violonce**lle**…	

[F]

Graphies	Sit.	Explication	Rés.	Exemples	Exceptions
f	D	*homonymes :*		• fond (partie basse) ≠ fond**s** (argent) ≠ fon**ts** (baptismaux) • foi (conviction) ≠ foi**e** (organe) ≠ foi**s** (multiplication) • fétu (brin) ≠ f**œ**tus (stade postérieur à l'embryon, prononciation [fetys])	
-afe	I	*un seul f :*		agra**fe**, cara**fe**, gira**fe**, para**fe** (ou para**phe**)…	**gaffe**

GRAPHIES	SIT.	EXPLICATION	RÉS.	EXEMPLES	EXCEPTIONS
déf-	D	*un seul f :*		défaut, défenseur, déficit, définition, défoliant…	
aff- eff- off-	D	*voir aux lettres* A, E *ou* O.			
-ff-	I	*double consonne ff :*		• buffle, chauffer, diffamer, ébouriffer, gouffre, joufflu, raffiner, souffrir, suffire, suffixe, suffrage…	échafaud, emmitouflé, gaufre, gifle, infamie, moufle, mufle, pantoufle, rafale, rafistoler, rafle, rafraîchir▼, soufre, trèfle ***(et leurs dérivés)***
		famille de siffler :		• sifflement, sifflet, siffleur, sifflotement, siffloter…	persiflage▼, persifler▼, persifleur▼
		famille de souffler :		• essoufflement, essouffler, insufflation, insuffler, souffle, souffleur *(+ dérivés)*	boursouflage▼, boursouflement▼, boursoufler▼, boursouflure▼

[G]

GRAPHIES	SIT.	EXPLICATION	RÉS.	EXEMPLES	EXCEPTIONS
g		*prononcé* [g] *• devant a, o, u :*		• augure, gare, gorge, langage…	V en ***-guer***[1] (en ***anglais*** : language !)
		• devant ui, ue :		• dialogue, guerre, guitare…	
		prononcé [ʒ] *• devant e, i :*		• genou, girafe…	
		• devant ea, eo, eu :		• orangeade, mangeoire, rougeole, gageure▼ [y], mangeure▼ [y]…	
		Rem. : geo/jo		• geôle, geôlier	enjôler, cajoler (de même origine que geôle !)
-g-		*graphie particulière :*		**oignon▼ (i muet)**	
ag(g)-	D	*voir lettre* A.			

1 Voir **Conjugaison** § 358, tableau 4.

▼ rafraichir
▼ persifflage, ▼ persiffler, ▼ persiffleur
▼ boursoufflage, ▼ boursoufflement, ▼ boursouffler, ▼ boursoufflure
▼ gageüre, ▼ mangeüre
▼ ognon

Graphies	Sit.	Explication	Rés.	Exemples	Exceptions

[H]

Graphies	Sit.	Explication	Rés.	Exemples	Exceptions
-ch- -ph- -rh- -th-	D/I	*voir lettre* C. *voir lettre* P. *voir lettre* R. *voir lettre* T.			
h	I	*h muet intercalé (en dehors des graphies -ch-, -ph-, -rh-, -th-)*	(5) *ou* (6)	ab**h**orrer, ad**h**érer ***(+ dér.)***, anni**h**iler, appré**h**ender, brou**h**a**h**a, bo**h**émien, ***bonhomme***, ca**h**ot, co**h**érent ***(+ dér.)***, compré**h**ension, da**h**lia, ex**h**aler ***(+ dér.)***, in**h**aler ***(+ dér.)***, ex**h**ausser, ex**h**iber ***(+ dér.)***, ex**h**orter ***(+ dér.)***, ex**h**umer ***(+ dér.)***, men**h**ir, myrr**h**e, sil**h**ouette, sou**h**ait, vé**h**icule...	***bonhomie***▼
h	F	***h muet en finale***		almanac**h**, mammout**h**	**(almanach : c muet également !)**
h	D	***h muet (= élision et liaison : l'héroïne, une~héroïne, des~héroïnes) :***		**h**abiller, **h**abitat, **h**abitude, **h**aleine, **h**allucination, **h**ameçon, **h**armonica, **h**armonie, **h**ebdomadaire, **h**ébergement, **h**écatombe, **h**émisphère, **h**erbe, **h**ériter, ***héroïne***, **h**ippopotame, **h**istoire, **h**iatus, **h**iver, **h**ommage, **h**onneur, **h**oroscope, **h**orreur, **h**ortensia, **h**ôpital, **h**ostie, **h**ostile, **h**uile, **h**umain, **h**umble, **h**umide, **h**umilier, **h**ymne, **h**ypnotiser ***(et leurs dérivés).***	**Remarque :** la distinction ***h muet / h aspiré*** est importante pour le langage oral et les problèmes d'élision, mais aussi pour le cas de l'adverbe **tout** qui varie devant un mot féminin commençant par une consonne ou un **h aspiré**[1].
		h aspiré (ni élision, ni liaison : le homard, des/homards) :		**h**acher, **h**aie, **h**aïr, **h**all, **h**alle, **h**alte, **h**amac, **h**ameau, **h**anche, **h**andicapé, **h**angar, **h**apper, **h**arangue, **h**arasser, **h**arceler, **h**areng, **h**arem, **h**aricot, **h**arpon, **h**asard, **h**ase, **h**âter, **h**ausse, **h**ennir, **h**érisson, **h**ernie, **h**éron, ***héros***, **h**erse, **h**eurt, **h**ibou, **h**ideux, **h**iérarchie, **h**ome, **h**omard, **h**onte, **h**orde, **h**oublon, **h**oue, **h**ouille, **h**ousse, **h**oux, **h**ublot, **h**uer, **h**uit, **h**umer, **h**utte ***(et leurs dérivés).***	

1 Voir **Accord de tout**, § 331.

▼ bonho**mm**ie

Graphies	Sit.	Explication	Rés.	Exemples	Exceptions
[I]					
-i	F	**Finales homophones** ***noms masculins :***		***abri***, appui, canari, céleri▼, confetti, cri, ennemi, étui, ***favori***, gui, képi, ***merci*** (parole), ***pli***, souci, travesti, tri...	***abriter*** (contre-indication du dérivé !), ***favorite*** (contre-indication du féminin), ***merci*** (féminin, = grâce), ***surplis***, fourmi (féminin)
-ie		***noms féminins :***		bizarrerie, charcuterie, énergie, hypocrisie, insomnie, nostalgie, péripétie, philosophie, stratégie, théorie...	***masculins :*** amphibie, génie, incendie, parapluie, sosie
-is		***noms masculins :***	 2	• ***acquis***, châssis, cliquetis, fouillis, gazouillis, logis, parvis, pont-levis, radis, ***surplis***, torticolis, treillis... • anis, coloris, mépris, vernis...	***féminins :*** brebis, souris ***(pli)***
-it			2	***acquit***, bandit, débit, édit, érudit, esprit, nuit, profit...	• appétit, habit, manuscrit, pissenlit • puits
-ix				crucifix, perdrix, prix...	
-id/-iz			2	nid, riz	
-il/-ile	F	• ***adjectifs : -ile*** [1] • ***noms masculins : -ile***		• débile, docile, futile, gracile, habile, hostile, juvénile, ***mobile***... • ***mobile***, textile, ustensile, ***volatile***...	• ***-il :*** civil, puéril, subtil, vil, viril, ***volatil*** • gentil [l muet] (fém. : gentille [j]) • tranquille [il]
-in	F	**Finales homophones**	2 et/ou 1	assassin, burin, butin, chagrin, dessin, galopin, grappin, larcin, pin, tambourin, tremplin, sanguin...	gourdin, requin
-ain		***personnes :*** ***« collections » :*** ***dérivés de V en -gner :***	4 4 4	• châtelain, écrivain, Mexicain, nain, parrain, riverain... • huitain, quatrain... • bain (baigner), dédain, regain...	massepain, pain
-aim			2	essaim, faim	daim

1 Voir § 273, 2.

▼ cèleri

Graphies	Sit.	Explication	Rés.	Exemples	Exceptions
-ein		*(pas de résolution particulière) :*		dess**ein**, fr**ein**, r**ein**, s**ein**…	
-ien/ -yen		*professions, sectes, religions, nationalités :*	4	• chrét**ien**, cito**yen**, Ind**ien**, music**ien**, pharmac**ien**…	mo**yen**
		dérivés de noms propres :	4	• balzac**ien**, cartés**ien**, cornél**ien**…	
		dérivés de composés du V tenir :	4	• entret**ien**, maint**ien**, sout**ien**…	
-en				exam**en**	
-inct			2	dist**inct**, inst**inct**, succ**inct**…	
in(n)- im(m)- il(l)- ir(r)-	D	• *in- (= privation) : inintelligent* • *in- (= dans) : inflammable* (le ***redoublement*** dépend de l'assimilation du préfixe par la consonne initiale du mot)	6	• **redoublement :** **inn**é, **inn**ocent, **inn**ombrable, **inn**over, **imm**émorable, **imm**uable, **ill**ettré, **ill**isible, **irr**éel, **irr**éprochable, **irr**ésistible… • **non-redoublement :** **in**accessible, **in**aptitude, **in**effaçable, **in**gérence, **in**imaginable, **in**inflammable, **in**opportun…	• **î**le▼ (+ dér.), **i**mage, **i**miter (+ dér.), **i**rascible, **i**re, **i**ris, **i**ronie… • ***ininflammable :*** préfixe privatif suivi du préfixe signifiant « dans ».
-ill(i)-	I	*-ill [j] (ll mouillés) :* *-illi- [j] (ll mouillés) :* *-illi- (ll non mouillés) : nombres*		• embrou**ill**amini, fam**ill**e, jonqu**ill**e, ma**ill**on, poula**ill**er… • grose**illi**er, joa**illi**er▼, quinca**illi**er▼… • bi**lli**on, mi**lli**ard, mi**lli**er, mi**lli**on, tri**lli**on…	osci**ll**ation ***(ll non mouillés !)***

[J]

Graphies	Sit.	Explication	Rés.	Exemples	Exceptions
-j-	I	*paronymes :*		***conjecture*** (supposition fondée sur des apparences) ≠ ***conjoncture*** (situation résultant d'un concours de circonstances)	

▼ **i**le
▼ joailler, ▼ quincailler

Graphies	Sit.	Explication	Rés.	Exemples	Exceptions

[K]

Graphies	Sit.	Explication	Rés.	Exemples	Exceptions
k-	D	*parmi les mots assez courants :*		**k**aki, **k**angourou, **k**apok, **k**araté, **k**ayak, **k**épi, **k**ermesse, **k**etchup, **k**ibboutz, **k**idnapper, **k**ilo(gramme), **k**ilomètre, **k**ilt, **k**imono, **k**inésithérapie, **k**iosque, **k**iwi, **k**laxon, **k**nock-out (K.-O.), **k**oala, **k**yrielle, **k**yste...	
-k-	I		---	• an**k**yloser, ka**k**i, knoc**k**-out, nic**k**el, tic**k**et...	
k	F		---	• anora**k**, kapo**k**, kaya**k**...	

[L]

Graphies	Sit.	Explication	Rés.	Exemples	Exceptions
-il(e)	F	*voir lettre* i.			
-el/-elle	F	*noms masculins :* • *-el* • *-elle*	---	• carame**l**, tunne**l**... • polichine**lle**, rebe**lle**, vermice**lle**, violonce**lle**...	• *-èle :* fid**èle**, mod**èle**, z**èle** • *féminins :* dent**elle**, étinc**elle**
-l-/-ll-	I	• *après e muet : un seul l*	---	chame**l**ier (≠ chamelle), chape**l**ier (≠ chapellerie), dente**l**ure (≠ dentelle), oise**l**ier (≠ oisellerie)...	dente**ll**ière▼ (< dentelle), prune**ll**ier▼ (< prunelle) interpe**ll**er▼
		• *Familles irrégulières :* • **cou** • **fou** • **nul** • **famille** • **salle** • **fourmi** • **fusil** • **sourcil**	---	• co**ll**et, se co**ll**eter, co**ll**erette, co**ll**ier • fo**ll**e, feu fo**ll**et, fo**ll**ement • nu**ll**e, nu**ll**ement, nu**ll**ité • fami**ll**e • sa**ll**e • fourmi**ll**ement, fourmi**ll**er • fusi**ll**ade, fusi**ll**er • sourci**ll**er, sourci**ll**eux	acco**l**ade, acco**l**er, enco**l**ure, tortico**l**is. affo**l**ement, affo**l**er, (batifo**l**er), fo**l**âtre, fo**l**ie annu**l**ation, annu**l**er famil**i**al, famil**i**er sa**l**on fourmi**l**ier, fourmi**l**ière fusi**l**ier sourci**l**ier/**l**ière
		• *un seul l :* • **el-** • **bal-** • **pal-**	---	• é**l**aborer, é**l**astique, é**l**ectricien, é**l**ite, é**l**oge... • ***balade***, ba**l**afre, ba**l**eine, ba**l**ançoire, ba**l**ourd, ba**l**ustrade... • pa**l**ace, pa**l**ette, pa**l**ier, pa**l**issade...	e**ll**ipse (+ dér.) ***ballade*** (poésie), ba**ll**ast, ba**ll**e (+ dér.), ba**ll**et, ba**ll**ot (+ dér.) pa**ll**ier[1] (+ dér.)

1 *Pallier* ***à*** est une tournure critiquée, seulement tolérée.

▼ dentelière, ▼ prunelier, ▼ interpeler

Graphies	Sit.	Explication	Rés.	Exemples	Exceptions
		• pol-		• polaire, police, politesse, polygone…	pollen (+ dér.), polluer (+ dér.)
		• sol-		• soleil, solennité, solide, solitude, solution…	solliciter (+ dér.)
		• tel-		• télescope, télévision…	tel(le), tellement, tellurique (adj.)
		• *double ll :* • col-		collaborer, collation, collecte, collège, colline, collision (choc) ≠ collusion (entente secrète), colloque… (+ voir famille de ***cou***, ci-dessus)	colère, colibri, colimaçon, colique, colonne
		• *mots courants divers :*		fille, ***imbécillité***▼, tranquillité…	bandoulière, docilité, filial, ***imbécile***, subtilité
-ul(l)(e)	F	• *un seul l :*		campanule, conciliabule, tentacule (voir ***mots en -cule***, lettre **C**)	• bulle, tulle • calcul, consul, recul
-ol(l)e	F	• *un seul l :*		agricole (adj.), bestiole, camisole, profiterole…	corollaire▼, corolle▼, girolle▼
-lle	F	• *féminin des adjectifs en -el, -eil, -ul* [1] *:*		cruel(**le**), pareil(**le**), nul(**le**)…	
-le		• *féminin des adjectifs en -al, -il : voir lettre* i.		banal(**e**), civil(**e**), oriental(**e**)…	• ***masc. = fém. :*** mâle, ovale, pâle, sale…

[M]

Graphies	Sit.	Explication	Rés.	Exemples	Exceptions
-mb- -mm- -mp-	I	*N > M devant b, m, p :*		bo**mb**e, e**mb**arras, plo**mb**, ta**mb**our; e**mm**ener, i**mm**ense; a**mp**le, i**mp**atience…	bo**nb**on, bo**nb**onne, bo**nb**onnière, embo**np**oint, mai**nm**ise, néa**nm**oins
-m-/ -mm-	I	*familles irrégulières :* • *homme*		• bonho**mm**e, ho**mm**age, ho**mm**e, prud'ho**mm**e▼	bonho**m**ie▼, ho**m**icide, prud'ho**m**al▼, prud'ho**m**ie▼
		• *mamelle*		• ma**mm**aire, ma**mm**ifère	ma**m**elle, ma**m**elon

1 Voir § 273,3.

▼ imbécilité

▼ corolaire, ▼ corole, ▼ girole

▼ bonho**mm**ie, ▼ prudho**mm**e, ▼ prudho**mm**al, ▼ prudho**mm**ie

Graphies	Sit.	Explication	Rés.	Exemples	Exceptions
		• *nom*		• dénommer, innommable, ***innommé***, nommément, nommer, prénommer, renommée, surnommer	dénominateur, ***innomé***▼, nomenclature, nominal, nominatif, nomination ***(+ leurs composés)***
		différence liée à la nature du préfixe :	6	immerger ***(+ dér.)*** immigrer ***(+ dér.)***	émerger ***(+ dér.)*** émigrer ***(+ dér.)***
-mm-	I	***double mm :*** • ***com-***		• commémorer, commencer, commerce, commission, communauté...	coma, comédie, comestible, comète, comique, comité
		• ***som-***		• sommaire, somme, sommeil, sommet...	somatique
-m-		***un seul m :*** • ***dom-***		• domaine, dôme, domination, domino...	dommage, dommageable
		• ***ém-***		• émail, émeraude, émerger, émettre, émigrer, émoi, émouvoir...	• emment(h)al • ***préfixe en- assimilé par la consonne initiale du mot :*** emménager, emmener, emmitoufler, emmurer...
		• ***ram-***		• ramadan, ramage, ramasser, rame, rameau, ramifier, ramollir, ramonage...	
-m-	I	***m* muet *intercalé (seul le* n *qui suit est prononcé) :***		automne, damner (+ ***dér. :*** damné, condamnation...)	indemniser (prononciation : [ɛmn])
-um	F	***finale prononcée [ɔm] (origine latine) :***	5	album, aquarium, critérium, géranium, hélium, linoléum, maximum, minimum, muséum, post-scriptum▼, référendum...	***même prononciation pour :*** opium (origine grecque), rhum

[N]

Graphies	Sit.	Explication	Rés.	Exemples	Exceptions
n	F	***n final prononcé (= sonore) :***		abdomen, dolmen, hymen, lichen, pollen, spécimen...	
n > m	I	***voir lettre*** M.			
-on(n)-	I	***double nn après o :***		badigeonner, bonbonne, bonbonnière, ***carbonnade*** (ou ***carbonade***), charbonnier, ***citronnade***, connaître▼ ***(+ dér.)***, connexion, connotation, éperonner, pensionnat, professionnel,	aumône, aumônier, carbone ***(+ dér.)***, colonie ***(+ dér.)***, cône, conique, daltonien,

▼ innommé (seule orthographe admise, suivant les rectifications.).
▼ postscriptum (sans trait d'union, dans la liste RENOUVO de 2005.).
▼ connaitre ***(+ dér.)***.

Graphies	Sit.	Explication	Rés.	Exemples	Exceptions
				rayonnement, ***sablonneux***, savonner, sermonner, sonner...	daltonisme, draconien, s'époumoner, erroné ***(+ dér.)***, ***limonade***, ***limoneux***, national ***(+ dér.)***, ramoner ***(+ dér.)***, régional ***(+ dér.)***, téléphoner ***(+ dér.)***, thonier, timonier, trombone... ***+ les finales en -onie, -onisme, -oniste :*** Wallonie [mais : wallon(ne)], violoniste...
	I	***familles irrégulières:***			
		• bon		• bonnement, débonnaire	bonace, bonasse, boni, bonification, bonifier
		• canton		• cantonnement, cantonner, cantonnier	cantonal
		• colonne		• colonnade, colonne, colonnette	colonel
		• don		• donnée, donner, pardonner	donataire, donateur, donation, donatrice
		• honneur		• déshonnête, déshonneur, honnête, honneur	déshonorant, déshonorer, honorable, honoraire(s), honorer, honorifique
		• million		• millionnaire	millionième
		• monnaie		• monnayage, monnayer, (faux-) monnayeur	démonétiser ***(+ dér.)***, monétaire ***(+ dér.)***
		• noble		• ennoblir	anoblir
		• patron		• patronne, patronner, patronnesse	impatroniser, patronage, patronal, patronat
		• raison		• raisonnable, ***raisonnement***, ***raisonner***, rationnel	rationalisation, rationaliser, rationalisme
		• son		• consonne, ***résonnement***, ***résonner***, sonner, sonnerie, sonnet, sonnette, sonneur	assonance, consonance, dissonance, résonance, sonate, sonore, sonorité
		• ton		• ***détonner* (= hors du ton)**, entonner, étonnant, étonnement, étonner, tonner, tonnerre	atone, ***détoner* (= exploser)** ***(+ dér.)***, intonation, monotone, monotonie, tonalité, tonique, tonitruant
		• tradition		• traditionnel ***(+ dér.)***	traditionaliste ***(+ dér.)***
-an(n)-	I	***un seul n :***		banal, banalité, banane, cabane ***(+ dér.)***, ***cane* (canard femelle)**, canular, courtisane, faisane, Méditerranée, panier, ***panonceau***,	bannir, ***canne* (pour marcher)**, ***enrubanner***, manne, panne, ***panneau***, paysanne,

Graphies	Sit.	Explication	Rés.	Exemples	Exceptions
				panoplie, panorama, printanier, ***rubanerie (+ dér.)***, sultane, ***tanin***...	tanner ***(+ dér.)***, ***tannin***, tyrannie ***(+ dér.)***, vanner, vannerie ***(+ dér.)***
-en(n)-	I	***un seul n :***		énergie, énergumène, énigme, s'enivrer, énoncé, enorgueillir, énorme...	• ennemi, ennui ***(+ dér.)*** • ***préfixe en- assimilé par la consonne initiale du mot :*** enneiger, ennoblir, ennuager
-in(n)-	I	***un seul n :***		colline, piétinement ***(+ dér.)***, pinède, raffinerie ***(+ dér.)***, raviné, tartine...	pinnipède
-nne	F	• ***féminin des noms et des adjectifs*** [1] ***en -on, -ien :***		bonne, espionne; ancienne, chienne, musicienne...	
-ne	F	• ***féminin des noms et des adjectifs*** [2] ***en -an, -ain, -in :***		faisane, sultane; châtelaine, hautaine; chagrine, cousine...	paysanne

[o]

Graphies	Sit.	Explication	Rés.	Exemples	Exceptions
	F	**Finales homophones**			
-o		• ***origine italienne :***	5	• allégro, alto, bravo, loto, numéro, presto, soprano, zéro...	
		• ***origine latine :***	5	• duo, folio, lavabo, recto, verso...	
		• ***origine grecque :***	5	• écho, halo...	
		• ***origine espagnole ou hispano-américaine :***	5	• cacao, tango	
-oc		• ***dérivations par -qu- ou -ch- :***	2	accroc (accrocher), croc (croquer), escroc (escroquerie)...	
-os			2	• dos, enclos, propos, repos...	
		• ***origine grecque :***	5	• chaos, héros...	
-ot			2	• argot, ballot, bigot, cahot, chariot▼, culot, fagot, goulot, idiot, lingot, matelot, pivot, rabot...	calicot, cuissot▼ (de gibier), hublot, javelot
		• ***suffixe diminutif :***	4	• angelot, bibelot...	
		• ***noms d'animaux ou de végétaux :***	4	• abricot, cachalot, coquelicot, escargot, haricot, manchot, mulot, pavot, turbot...	

1 Voir § 273, 3.
2 Voir § 273, 2.

▼ charriot ▼ cuisseau (graphie devenue commune avec ***cuisseau*** = partie du veau.)

GRAPHIES	SIT.	EXPLICATION	RÉS.	EXEMPLES	EXCEPTIONS
-ôt		• *dérivation via des V en -oser :*	2	dép**ôt**, entrep**ôt**, imp**ôt**...	prév**ôt**, tant**ôt**
-op			2	gal**op**, sir**op**...	
-au		• *-au précédé par y ou une voyelle :*		• boy**au**, flé**au**, gru**au**, joy**au**, tuy**au**...	
		• *(pas de résolution particulière) :*		• ét**au**, land**au**, sarr**au**...	
-aud			2	• bad**aud**, échaf**aud**, mar**aud**...	cabill**aud**, crap**aud**, réch**aud**
		• *suffixe péjoratif :*	4	• fin**aud**, lourd**aud**, mar**aud**, nig**aud**, pen**aud**, roug**eaud**, salig**aud**...	
-aut			2	arich**aut**, ass**aut**, s**aut**, soubres**aut**, surs**aut**...	déf**aut**, hér**aut**, ***levraut***
-eau		• *suffixe diminutif (y compris pour les jeunes d'animaux) :*	4	• - arbriss**eau**, berc**eau**, drap**eau**, ham**eau**, pip**eau**... - ***lapereau***, lionc**eau**, louvet**eau**, perdr**eau**, pigeonn**eau**, renard**eau**, souric**eau**, vermiss**eau**...	
		• *(pas de résolution particulière) :*		• chalum**eau**, chapit**eau**, cuiss**eau** (partie du v**eau**), fard**eau**, fourr**eau**, pinc**eau**, pot**eau**, roul**eau**, s**eau**, taur**eau**, terr**eau**...	
		• *jamais -eau suivi de d ou t !*			rou**ge**aud (ici, à cause du son [ʒ])
-oin	F	**Finales homophones** *dérivation par des V en -o(i)gner :*	2	bes**oin**, c**oin**, gr**oin**, l**oin**, s**oin**, tém**oin**...	f**oin**
-oing		(pas de résolution particulière) :		c**oing**, p**oing**	
-oint		*dérivés des V joindre et poindre/pointer :*	2	adj**oint**, app**oint**, conj**oint**, embonp**oint**, p**oint**, pourp**oint**, rond-p**oint**...	
-ouin		• *désignation d'animaux :*	4	• bab**ouin**, mars**ouin**, ping**ouin**, sag**ouin**...	
		• *idée de bruit :*	4	• barag**ouin**, tint**ouin**...	
-oir	F	**Finales homophones** • *noms masculins (indiquant un lieu, un endroit - au sens large -) :*	4	abatt**oir**, abreuv**oir**, boug**eoir**, dort**oir**, dress**oir**, fum**oir**, lav**oir**, man**oir**, ostens**oir**, parl**oir**, repos**oir**, terr**oir**...	esp**oir**, l**oir**, peign**oir**

Graphies	Sit.	Explication	Rés.	Exemples	Exceptions
-oire		• *noms féminins (= objet, chose, qui sert à...) :*	4	• écrit**oire**, écum**oire**, gliss**oire**, mâch**oire**, mange**oire**, mém**oire**, pass**oire**, rôtiss**oire**...	traject**oire**, vict**oire**
		• *noms masculins (lieux ou objets) :*	4	• access**oire**, audit**oire**, cib**oire**, conservat**oire**, déb**oire**(s), iv**oire**, laborat**oire**, observat**oire**, orat**oire**, promont**oire**, purgat**oire**, réfect**oire**, répert**oire**, territ**oire**...	interrogat**oire**, réquisit**oire**
		• *adjectifs masculins :*		• aléat**oire**, girat**oire**, mérit**oire**, not**oire**, probat**oire**, provis**oire**...	n**oir**
-oi	F	**Finales homophones** *noms masculins :*		beffr**oi**, charr**oi**, conv**oi**, désarr**oi**, effr**oi**, ém**oi**, empl**oi**, octr**oi**, renv**oi**, r**oi**, tourn**oi**...	***féminins : foi**, l**oi**, par**oi***
-oie		*noms féminins :*		j**oie**, **oie**, pr**oie**, s**oie**, ***voie***...	***masculin : foie***
-ois		*noms masculins* • *dérivations possibles :*	2	• b**ois**, bourge**ois**, cham**ois**, pat**ois**, pav**ois**...	
		• *autres :*		• anch**ois**, carqu**ois**, min**ois**, m**ois**, ***pois***, put**ois**...	***féminin : fois***
-oit		*noms masculins :*	2	dr**oit**, expl**oit**, t**oit**...	détr**oit**, endr**oit**
oid(s)			2	***poids*** (pondérer), fr**oid** (froidure)...	d**oigt** (doigté)
-oix		*(pas de résolution particulière) :*		ch**oix**, cr**oix**, n**oix**, ***poix***, ***voix***...	
-on	F	**Finales homophones**	2	can**on**, chaudr**on**, d**on**, poltr**on**, pris**on**, rais**on**, tis**on**...	bis**on**, tois**on**
-onc			2	tr**onc**, j**onc**	aj**onc**
-ond			2	b**ond**, r**ond**, vagab**ond**	g**ond**, g**ong** [gɔ̃g], morib**ond**
-ont			2	affr**ont**, am**ont**, fr**ont**, m**ont**, p**ont**...	
-omb			2	apl**omb**, pl**omb**, surpl**omb**	

Graphies	Sit.	Explication	Rés.	Exemples	Exceptions
-tion/ -ssion	F	**Finales homophones** [s] • *-ation :*		• abla**tion**, accéléra**tion**, acclama**tion**, aggrava**tion**, consola**tion**, na**tion**, publica**tion**, ra**tion**...	(com)pa**ssion**
		• *-ition :*		• défini**tion**, fini**tion**, inani**tion**, puni**tion**, reddi**tion**...	• mi**ssion** (*et suffixe -mission :* permi**ssion**, etc.), sci**ssion** • suspi**cion**
		• *-otion :*		• commo**tion**, émo**tion**, no**tion**, po**tion**...	
		• *-ution :*		• ablu**tion**, allocu**tion**, élocu**tion**, exécu**tion**, persécu**tion**...	concu**ssion**, discu**ssion**, répercu**ssion**
		• *-ession :*		• agre**ssion**, compre**ssion**, digre**ssion**, progre**ssion**, régre**ssion**, se**ssion**...	discré**tion**, sécré**tion**, sujé**tion**
-ou	F	**Finales homophones** *noms masculins :*		acaj**ou**, bamb**ou**, bij**ou**, cl**ou**, écr**ou**, fil**ou**, f**ou**, jouj**ou**, p**ou**, s**ou**, verr**ou**...	caoutch**ouc**, j**oug** (**consonnes finales *muettes***)
-oue		*noms féminins :*		b**oue**, h**oue**, j**oue**, m**oue**, pr**oue**, r**oue**...	
-oup			2	contrec**oup**, c**oup**...	l**oup**
-ous		*(pas de résolution particulière) :*		burn**ous**, dess**ous**, rem**ous**...	p**ous**ls ([*l muet*], dér. : pulser)
-out/-oût			2	a**oût**▼, c**oût**▼, dég**oût**▼, ég**out**, g**oût**▼, marab**out**, rag**oût**▼	at**out**, bag**ou(t)**, m**oût**▼, passe-part**out**
-oux			2	courr**oux**, ép**oux**, jal**oux**, r**oux**, t**oux**...	h**oux**, saind**oux**
oc(c)-	D	*double consonne cc :*		**occ**asion, **occ**ident [ksi], **occ**ulte, **occ**uper... *(+ dér.)*	**oc**ulaire, **oc**uliste
of(f)-		*double consonne ff :*		**off**ense, **off**ice, **off**rande, **off**re...	
op(p)-		*un seul p :*		**op**ale, **op**aque, **op**éra, **op**ération, **op**inion, **op**ium, **op**ulence...	• **opp**ortun, **opp**oser, **opp**resser, **opp**rimer *(et leurs dérivés)* • **opp**robre
or(r)-		*un seul r :*		**or**age, **or**al, **or**ange, **or**ateur, **or**ée, **or**eille, **or**ient, **or**ifice, **or**igine...	
œ-	D	*prononciation* [e] *ou* [ø] *!*		**œ**cuménique, **œ**nologie, **œ**sophage, **œ**dème [e] *ou* [œ]...	**œ**uvre [œ]

▼ aout, ▼ cout, ▼ dégout, ▼ gout, ▼ ragout, ▼ mout

[P]

Graphies	Sit.	Explication	Rés.	Exemples	Exceptions
p	D	*homonymes :*		• **pain** (nourriture) ≠ **pin** (du sapin) • **pan**ser (une plaie) ≠ **pen**ser (réfléchir) • **pau**se (arrêt) ≠ p**o**se (poser) • **plan** (de ville) ≠ **plant** (plantation) • plutôt[1] (de préférence) ≠ plus tôt (>< plus tard) • **poing** (main) ≠ **point** (ponctuation) • **pois** (légume) ≠ **poids** (peser) ≠ **poix** (colle) • **port** (bateau) ≠ **porc** (cochon) ≠ **pore** (de la peau)	
-p-	I	***p** muet intercalé (seul le **t** qui suit est prononcé) :*		ba**p**tême *(+ dér.)*, com**pt**e *(+ dér. :* acom**pt**e...), dom**pt**er *(+ dér.)*, exem**pt** *(+ dér.)*, prom**pt** *(+ dér.)*, scul**pt**eur *(+ dér.)*, ***sept**, **sept**ième*	***mais p est prononcé dans : septembre, septennat, septentrion... et leurs dérivés.***
ap(p)-	D	*voir lettre **A**.*	6		
-p-/-pp-	I	*séries irrégulières :*		• tra**pp**e, tra**pp**eur, tra**pp**iste... • attra**p**e, attra**p**er, chausse-tra**p**e▼	tra**p**èze, tra**p**u ou : chausse-tra**pp**e▼
-ap(p)-	I	*un seul **p** :*		ca**p**e, ca**p**itaine, ca**p**italisme, cla**p**oter, ja**p**onais, la**p**er, râ**p**e, ta**p**e, ta**p**er...	écha**pp**er, fra**pp**er, gra**pp**e, ha**pp**er, ja**pp**er, ma**pp**emonde, na**pp**e
-ip(p)-		*un seul **p** :*		antici**p**ation, émanci**p**er, partici**p**e, princi**p**e, tri**p**e...	agri**pp**er, gri**pp**er
-op(p)-		*un seul **p** :*		antilo**p**e, cho**p**e, escalo**p**e, galo**p**er, héliotro**p**e, microsco**p**e, varlo**p**e...	dévelo**pp**er, écho**pp**e, envelo**pp**e ***(anglais :*** *envelo**p**e* ***!)***, sto**pp**er
-up(p)-		*double consonne **pp** :*		hu**pp**e, su**pp**lanter, su**pp**lément, su**pp**lice, su**pp**lier, su**pp**orter, su**pp**osition, su**pp**urer, su**pp**uter...	• su**p**erbe, su**p**ercherie, su**p**rématie • ***les composés des préfixes*** su**p**er- et su**p**ra-
ph-	D	*origine grecque (prononciation* [f]*) :*	5	**ph**alange, **ph**are, **ph**arisien, **ph**énix, **ph**lébite, **ph**oque, **ph**rase, **ph**ylactère...	

1 Voir **Homophones grammaticaux**, § 272, 23.

▼ chaussetrappe (en un mot, seule graphie conservée).

GRAPHIES	SIT.	EXPLICATION	RÉS.	EXEMPLES	EXCEPTIONS
		préfixes grecs (prononciation [f]*) :*			
		• *pharmac(o)- (médicament) :*	5/6	• **ph**armacologie, **ph**armacie...	
		• *pharyn(go)- (gosier) :*	5/6	• **ph**aryngite, **ph**arynx...	
		• *phén(o)- (apparaître▼) :*	5/6	• **ph**énomène...	
		• *phil(o)- (qui aime) :*	5/6	• **ph**ilanthrope, **ph**ilatélie, **ph**ilharmonie, **ph**ilodendron, **ph**ilologie, **ph**ilosophie...	
		• *phon(o)- (voix) :*	5/6	• **ph**onétique, **ph**onographe, **ph**onothèque...	
		• *phos- ou photo- (lumière) :*	5/6 5/6	• - **ph**osphate, **ph**osphore... • - **ph**otocopie, **ph**oto(graphie), **ph**otogénique...	
		• *phréno- (pensée, intelligence) :*	5/6	• **ph**rénologie...	
		• *phyll(o)- (feuille) :*	5/6	• **ph**ylloxéra...	
		• *phys(io)- (nature) :*	5/6	• **ph**ysiologie, **ph**ysionomie, **ph**ysique...	
-ph-	I/F	- *préfixe grec (prononciation* [f]*) : amph(i)- (double, autour) :*	5/6	am**ph**ibie, am**ph**ithéâtre, am**ph**ore...	
		- *suffixes grecs (prononciation* [f]*) :*			
		• *-phage (manger) :*	5/6	• aéro**ph**agie, anthropo**ph**age, œso**ph**age, sarco**ph**age...	
		• *-graphe- (préfixe et suffixe) (écrire) :*	5/6	• biogra**ph**ie, ethnogra**ph**ie, géogra**ph**ie, gra**ph**isme, gra**ph**ite, gra**ph**ologie, sismogra**ph**e, typogra**ph**e...	
		• *-phile (ami) :*	5/6	• biblio**ph**ile, haltéro**ph**ilie...	
		• *-phobe (haine, peur) :*	5/6	• anglo**ph**obe, claustro**ph**obie, xéno**ph**obie...	
		• *-phone (voix, son) :*	5/6	• a**ph**one, eu**ph**onie, franco**ph**one, magnéto**ph**one, micro**ph**onc, sym**ph**onie, télé**ph**one...	
		• *-phylle (feuille) :*	5/6	• chloro**ph**ylle...	

▼ *apparaitre.*

Graphies	Sit.	Explication	Rés.	Exemples	Exceptions
		- origines diverses (souvent grecques) :		apostro**ph**e, as**ph**alte, as**ph**yxie, atmos**ph**ère, atro**ph**ie, blas**ph**ème, catastro**ph**e, dau**ph**in, dia**ph**ragme, ***éléphant***, em**ph**ase, é**ph**émère, épita**ph**e, hémis**ph**ère, nénu**ph**ar▼, or**ph**elin, pam**ph**let, ***paraphe***, péri**ph**érie, pro**ph**ète, sa**ph**ir, sca**ph**andre, stro**ph**e, triom**ph**e, ty**ph**on…	***olifant/oliphant*** ***parafe***

[Q]

Graphies	Sit.	Explication	Rés.	Exemples	Exceptions
-qu-	D/I	***q toujours suivi de u :***		atta**qu**e, cro**qu**er, pi**qû**re▼, **qu**adriller, **qu**alité, **qu**estion, **qu**eue…	
-qu-/-c-	I	***• voir lettre* C.** ***• dérivés de V en -quer : c***		abdi**qu**er/abdi**c**ation, appli**qu**er/ appli**c**ation, bibliothè**qu**e/ bibliothé**c**aire, cho**qu**er/cho**c**, débar**qu**er/débar**c**adère, s'embus**qu**er/ embus**c**ade, é**qu**arrir/**c**arré, par**qu**er/ par**c**…	
-q	F	***q final :***		cin**q**, co**q**	

[R]

Graphies	Sit.	Explication	Rés.	Exemples	Exceptions
r-	D	***homonymes :***		**rai**sonner (réfléchir) ≠ **ré**sonner (produire des sons)	
-rr-/-r-	I	***familles irrégulières :*** ***• barrique :*** ***• bourre :*** ***• char :*** ***• courir :***		• ba**rr**ique • bou**rr**atif, bou**rr**e, bou**rr**eau, bou**rr**er… • ca**rr**iole, ca**rr**osse ***(+ dér.)***, ca**rr**ousel, cha**rr**etier, cha**rr**ette, cha**rr**oi, cha**rr**on, cha**rr**ue… • chasse à cou**rr**e, concu**rr**ence, cou**rr**ier, occu**rr**ence ***(+ leurs dérivés)***	ba**r**il ébou**r**iffé cha**r**iot▼ cou**r**eur, cou**r**ir ***(+ composés)***
		un seul r : ***• mar-***		• ma**r**about, ma**r**ais, ma**r**athon, ***mare***, ma**r**écage, ***mariage***, ma**r**in, ***maronner***, ma**r**otte…	ma**rr**aine, ***marre (+ dér.)***, (anglais : ***marriage*** !), ***marron (+ dér.)***

▼ nénu**f**ar
▼ piq**u**re
▼ cha**rr**iot

Graphies	Sit.	Explication	Rés.	Exemples	Exceptions
		• *par-*		• parabole, parachute, paradis, paradoxe, parafer/parapher, paragraphe, parallèle, parapluie, parasite, paravent, paresse, pari, parodie, paroi, paroisse, parole, parure, parution...	parrain *(+ dér.)*, parricide
		• *ser-*		• serein, sérénade, série, sérieux, seringue, séropositif, sérum...	serre, serrer, serrure *(+ leurs dérivés)*
		double consonne rr :			
		• *bour-*		• bourre *(v. familles irrégulières, ci-dessus)* • bourrasque, bourrelier, bourrique, bourru...	
		• *ir-*		• ***voir lettre* i.** • irréductible, irrégulier, irréprochable, irresponsable, ***irruption...***	irascible, ire, iris, ironie *(+ leurs dérivés)*; ≠ ***éruption***
		• *ter-*		• terrasse, terre, terreur... *(et leurs dérivés)*	térébenthine
		• *mots courants divers :*		• amarrer, ***arrêter*** *(+ dér.)*, arrimer, arrhes, bagarre, barre, barricade, bigarré, bizarre, corrélatif *(+ dér.)*, correspondre, corridor, corrompre *(+ dér.)*, diarrhée, embarrasser, garrot, hémorragie, larron, ***myrrhe***, ***nourrir***, pourrir *(+ dér.)*...	***arête*** (de poisson) baraque, barioler, baron, baroque, corail, corolle▼, gare, harasser ***mire***, ***mourir***
-r	F	*r final prononcé (= sonore) :*		cuiller, éther, magister (mot latin, = pédant), mœurs (prononciation [œʀ] ou [œʀs])	(ou cuillère) (≠ magistère = autorité)
r(e)-	D	*préfixe re- (= à nouveau, une 2ᵉ fois) :*	6		
		• *+ consonne :* ***re***		• **re**boisement, **re**centrer, **re**loger, ***resurgir...***	(ou ***ressurgir***)
		ou ré		• **ré**chauffer...	
		• *+ voyelle :* ***r***		• **r**adoucir, **r**afraîchir▼, **r**acheter, **r**entrer...	
		ou ré		• **ré**abonnement, **ré**action, **ré**alisable, **ré**animation, **ré**arranger, **ré**enregistrer, **ré**équilibrer, **ré**évaluer, **ré**implantation, **ré**inscrire, **ré**occuper, **ré**organiser, **ré**union, **ré**utiliser...	

▼ corole ▼ rafraichir

Graphies	Sit.	Explication	Rés.	Exemples	Exceptions
		ou choix • *+ h : re ou ré*		• **ré**ajuster ou **r**ajuster, **ré**assortir ou **r**assortir, **ré**apprendre ou **r**apprendre, **ré**écrire ou **r**écrire, **ré**emploi ou **r**emploi, **ré**emprunter ou **r**emprunter, **ré**engager ou **r**engager, **ré**essayer ou **r**essayer • **ré**habiliter, **ré**habituer, **re**hausser, **ré**hydrater...	**r**habiller
rh-	D	*mots d'origine grecque, pour la plupart :*	5	**rh**apsodie (ou ***rapsodie***), **rh**ésus, **rh**étorique, **rh**inite, **rh**inocéros, **rh**ino-pharyngite, **rh**izome, **rh**ododendron, **rh**ubarbe, **rh**um (mot anglais), **rh**umatisme, **rh**ume...	**rh**abiller (préfixe re-)
-ur(e)	F	*en général, ure :*		aug**ure**, carb**ure**, carr**ure**, gage**ure**▼ (prononciation [ʒyʀ], merc**ure**, m**ûre**▼ (fruit), murm**ure**, parj**ure**, pédic**ure**, pel**ure**, piq**ûre**▼, ray**ure**, sculpt**ure**, verd**ure**...	az**ur**, fém**ur**, fut**ur**, m**ur**
-eur(e)	F	*voir lettre* E.			

[S]

Graphies	Sit.	Explication	Rés.	Exemples	Exceptions
s-	D	*homonymes :*		sou**f**re (matière) ≠ sou**ff**re (V souffrir), **s**ire (le roi) ≠ **c**ire (d'abeille), **s**ite ≠ **c**ité, **s**ensé (qui a du bon sens) ≠ **c**ensé (supposé, présumé)	
-s(s)-	I	*paronymes :*		cou**ss**in ≠ cou**s**in poi**ss**on ≠ poi**s**on de**ss**ert ≠ dé**s**ert	
-s-	I	*prononciation [z] :*		carrou**s**el, cou**s**in, dé**s**ert, mai**s**on, poi**s**on, ro**s**e...	**[s]** : contre**s**ens, dy**s**enterie, para**s**ol, soubre**s**aut, tourne**s**ol, vrai**s**emblable ***(+ dér.)***, **re**saler, **re**salir...
-ss-/-c-	I	*familles irrégulières :*		• bra**ss**ard • nourri**ss**ant, nourri**ss**on • vermi**ss**eau • de**ss**iller▼ • **prémisses** (= fait, proposition)	bra**c**elet nourri**c**e, nourri**c**ier vermi**c**elle (ou dé**c**iller), **c**il, sour**c**il **prémices** (commencement)
-ss-/-s-				• **assourdir**	**abasourdir**

▼ gage**ü**re
▼ m**u**re, ▼ piq**u**re
▼ dé**c**iller (seule graphie subsistante.)

Graphies	Sit.	Explication	Rés.	Exemples	Exceptions
-s-/-c-	I	*confusions à éviter :*		• disper**s**er, disper**s**ion • **souris**	per**c**er, transper**c**er **souriceau**
sc-	D	*prononciation* [s] *:*		**sc**eau, **sc**élérat, **sc**eller, **sc**énario, **sc**eptique, **sc**ission...	[ʃ] : **sch**éma, **sch**iste
-sc-	I	*prononciation* [s] *:*		acquie**sc**er, adole**sc**ent, a**sc**ension, conde**sc**endre, convale**sc**ent, di**sc**erner, di**sc**iple, efferve**sc**ent, fai**sc**eau, fa**sc**icule, fa**sc**iner, ***s'immiscer***, imputre**sc**ible, incande**sc**ent, ira**sc**ible, o**sc**iller, pi**sc**ine, plébi**sc**ite, recrude**sc**ence, rémini**sc**ence, su**sc**iter, tran**sc**endant...	[ʃ] : cre**sc**endo ***immixtion***
-s	F	*s final prononcé (= sonore) :*		cactu**s**, iri**s**, li**s**, myosoti**s**, oasi**s**...	
		origine latine du s sonore :	5	détritu**s**, eucalyptu**s**, fœtu**s** (prononciation : [fe]), hiatu**s**, humu**s**, ibi**s**, lotu**s**, mœur**s** (prononciation [œʀs] ou [œʀ]), omnibu**s**, papyru**s**, prospectu**s**, rictu**s**, tamari**s**, tournevi**s**, typhu**s**, viru**s**, vi**s**...	
-s	F	*s final muet :* • *famille de cours :* • *dérivation possible :* • *autres :*	2	• concour**s**, cour**s**, discour**s**, parcour**s**, recour**s**, secour**s**... • ani**s**, embarra**s**, fatra**s**, maqui**s**, mor**s**, paradi**s**, pay**s**, poul**s**, tier**s**, treilli**s**, vergla**s**... • brebi**s**, cambouis, caneva**s**, cervela**s**, chao**s**, châssi**s**, coutela**s**, croqui**s**, cyprè**s**, dai**s**, décè**s**, frima**s**, gla**s**, harnai**s**, hér**os**, ju**s**, laquai**s**, leg**s** ([lɛ] ou [lɛg]), lila**s**, mâchicouli**s**, marai**s**, met**s**, mœur**s** (prononciation [œʀ] ou [œʀs]), palai**s**, parvi**s**, piloti**s**, plâtra**s**, poid**s**, poi**s**, pui**s**, puit**s**, putoi**s**, relai**s**, remord**s**, remou**s**, salsifi**s**, surpli**s**, taudi**s**, torchi**s**, torticoli**s**, velour**s**...	
- (s)sion	F	*voir lettres* **O** *et* **T** *(-tion).*			

GRAPHIES	SIT.	EXPLICATION	RÉS.	EXEMPLES	EXCEPTIONS
[T]					
t-	D	***homonymes :***		• tante (oncle) ≠ tente (camping), tribu (groupe humain) ≠ tribut (impôt)	
-t(t)-	I			• butter (entourer de terre) ≠ buter (heurter)	
-t	F	***t final prononcé (= sonore) :*** ***• adjectifs masculins :*** ***• noms masculins :***		• abrupt, brut, compact, infect, intact, ***mat***, net... • abrupt, tact...	(≠ un ***mât***, t muet)
-tt-/-t-	I	***familles irrégulières :*** ***• battre***		• abattage, abattement, abattis, abattre, batterie, batteur, battoir, battre, battue, combattant, combattre, embattre...	abats, bataille, bataillon, combatif▼, combativité▼, courbature, courbatu, ***ou :*** embatre▼
		• but		• butte, butter	buter, se buter
		• chat		• chatte, chattemite, chatterie	chatière, chaton, chatoyer
		• égout		• égouttage, égouttement, égoutter, égouttoir	égoutier
		• gratter		• grattage, gratter, grattoir	gratin, gratiné, gratinée, gratiner
		• hutte		• hutte	cahute▼
		• patte		• patte, pattu	épatement, épater, patin, patinage, patiner, patinette, patineur, patinoire...
-tte/-te	F	***féminin des noms et des adjectifs[1] en :*** ***• -at***		• chatte	candidate, lauréate, rate...
		• -et		• fluette, muette, poulette	(in)complète, concrète, désuète, (in)discrète, inquiète, préfète, secrète, replète.
		• -ot		• linotte, pâlotte, sotte, vieillotte...	bigote, dévote, falote, idiote, manchote.
-att/-at	D	***voir lettre A.***			

1 Voir § 273, 2 et 3.

▼ combattif, ▼ combattivité, ▼ embattre
▼ cahutte

Graphies	Sit.	Explication	Rés.	Exemples	Exceptions
-att-/-at-	I	*un seul t* • *rat-* • *autres :*		• râteau, ratifier, ration, raton, rature • colmater, dater, hâter, mater, relater...	rattacher *(+ dér.)*, rattraper *(+ dér.)* flatter *(+ dér.)*, gratter *(+ dér.)*
et-/ êt-	D	*un seul t :*		étable, étaler, étalon, étendre, éternuer, étiquette, étonner, étourdir, étouffer, être, étude...	
-itt-/-it-	I	*un seul t :* • *suffixe -ite (= maladie, inflammation) :* • *suffixe -ite (désignant un produit) :* • *autres :*	4 4	• appendicite, bronchite, gingivite, méningite... • anthracite, bauxite, malachite (prononciation : [**k**]) • abriter, agiter, (s')aliter, citer, débiter, gîte▼, habiter, imiter, ingurgiter, irriter, marmite, piteux, réciter, site, visiter...	acquitter, quitter *(+ leurs dérivés)*, pittoresque
-utt-/-ut-	I	*un seul t :*		affûter▼, amputer, brute, cahute▼, chute, culbute, débutant, discuter, flûte▼, mutation, recruter, supputer...	butte, hutte, lutte
-ott-/-ot-	I	*V, noms et dérivés :* • *consonne double tt :* • *un seul t :*		• ballotter, biscotte, botter, bouillotte, boycotter, carotter, calotter, crotter, culotter, flotter, frotter, frisotter, garrotter, grelotter, grotte, hotte, linotte, marmotte, marmotter, mascotte, menotte, polyglotte, trotter... • annoter, antidote, barboter, camelote, capote, chuchoter, clignoter, comploter, compote, cote, crachoter, dénoter, despote, dorloter, échalote, gargote, gigoter, grignoter, grotesque, mijoter, picoter, sangloter, siffloter, suçoter, trembloter, tricoter...	**Rem. :** on trouvera souvent dans la liste ci-contre le suffixe itératif[1] **-oter**.

1 Voir l'**Aspect**, § 102.

▼ gite
▼ affuter
▼ cahutte
▼ flute

Graphies	Sit.	Explication	Rés.	Exemples	Exceptions
t = c	F	*adjectifs en -tiel (prononciation [s]) dérivés de noms en :*			
		• *-ance*		• subst**ance**/substan**tiel**	circonst**ance**/ circonstan**ciel**
		• *-ence*		• confid**ence**/confiden**tiel**, différ**ence**/ différen**tiel** (nom et adj.), ess**ence**/ essen**tiel**, pestil**ence**/pestilen**tiel**, préfér**ence**/préféren**tiel**, présid**ence**/ présiden**tiel**, provid**ence**/ providen**tiel**, résid**ence**/résiden**tiel**	révér**ence**/ révéren**ciel**
t = s	I	*prononciation [s] :*			
		• *-tia-*		• abba**tia**l, gen**tia**ne, impar**tia**l, ini**tia**le, ini**tia**tive, insa**tia**ble, mar**tia**l, nup**tia**l, par**tia**l, plénipoten**tia**ire, péniten**tia**ire...	
		• *-tie(-)*		• balbu**tie**r, calvi**tie**, facé**tie**, iner**tie**, ini**tie**r, lillipu**tie**n, minu**tie**, par**tie**l, pa**tie**nce, péripé**tie**, torren**tie**l, sa**tié**té...	
		• *-tio-*		• ra**tio**nalisme, ra**tio**nnel...	
-tion/ -ssion/ -sion/ -cion/ -xion	F	*-tion (prononciation [s]) (voir aussi lettre 0) :*			
		• *-ation*		• abla**t**ion, accéléra**t**ion, acclama**t**ion, aggrava**t**ion, colla**t**ion, condamna**t**ion, exhorta**t**ion, ***inclination***, opéra**t**ion, oscilla**t**ion, ra**t**ion, répara**t**ion...	pa**ss**ion, compa**ss**ion ≠ ***inclinaison***
		• *-otion*		• commo**t**ion, dévo**t**ion, émo**t**ion, no**t**ion, po**t**ion...	
		• *-ition*		• addi**t**ion, défini**t**ion, fini**t**ion, immix**t**ion, inani**t**ion, perdi**t**ion, puni**t**ion, reddi**t**ion...	sci**ss**ion, permi**ss**ion (+ les autres mots en ***-mission***) suspi**c**ion,
		• *-ution*		• ablu**t**ion, allocu**t**ion, élocu**t**ion, exécu**t**ion, persécu**t**ion...	concu**ss**ion, discu**ss**ion, percu**ss**ion, répercu**ss**ion
		• *-étion*		• discré**t**ion, sécré**t**ion, sujé**t**ion...	agre**ss**ion, digre**ss**ion, pre**ss**ion, progre**ss**ion, régre**ss**ion, se**ss**ion
		cas divers :			
		• *-sion (prononciation [s])*		• appréhen**s**ion, contor**s**ion, dissen**s**ion, ten**s**ion, exten**s**ion	mais : atten**t**ion [s], inten**t**ion [s], interven**t**ion [s]
		• *-xion (prononciation [ks])*		• conne**x**ion, crucifi**x**ion, immi**x**tion (t muet), infle**x**ion, réfle**x**ion...	
		• *-ption (prononciation [ps])*		• absor**pt**ion (absor**b**er), résor**pt**ion (résor**b**er)	

Graphies	Sit.	Explication	Rés.	Exemples	Exceptions
-et-	I	*e muet toujours suivi d'un seul t :*		bonn**et**erie, briqu**et**erie (briquette), caqu**et**age, charr**et**ier (charrette), cloch**et**on (clochette), lun**et**ier (lunetterie), marqu**et**erie, nois**et**ier (noisette), pap**et**erie, pell**et**erie, tabl**et**ier (tablette)...	
(-)th-	D/I	*préfixes ou suffixes d'origine grecque :*	5/6		
		• *-patho- (maladie)*		• homéopa**th**ie, névropa**th**e, pa**th**ogène, pa**th**ologie, télépa**th**ie...	
		• *théo- (dieu)*		• **th**éocratie, **th**éologie...	
		• *-thèque (armoire, lieu où est placé quelque chose)*		• biblio**th**èque, disco**th**èque, ludo**th**èque...	
		• *-thérapie (guérison)*		• ergo**th**érapie, hydro**th**érapie, kinési**th**érapie, **th**érapeute, **th**érapie...	
		• *-therm(o)- (chaleur)*		• hydro**th**ermal, iso**th**erme, **th**ermes, **th**ermidor, **th**ermodynamique, **th**ermomètre, **th**ermos...	
		autres mots d'origine grecque :	5	• an**th**ologie, an**th**racite, an**th**ropophage, a**th**énée, a**th**lète, **th**éorème, **th**éorie, **th**ésauriser, **th**èse, **th**on, **th**orax, **th**rombose, **th**uya, **th**ym, **th**yroïde...	lu**th**, lu**th**ier (origine arabe) **th**riller (mot anglais)

[U]

Graphies	Sit.	Explication	Rés.	Exemples	Exceptions
-u	F	**Finales homophones** *noms masculins :*		absol**u**, boss**u**, conten**u**, dispar**u**, d**û**, éc**u**, ***fétu***, fich**u**, hurluberl**u**, imprév**u**, imprompt**u**, inconn**u**, individ**u**, ins**u**, men**u**, n**u**, parven**u**, reç**u**, superfl**u**, tiss**u**, zéb**u**...	***noms féminins :*** br**u**, gl**u**, ***tribu***, vert**u**
-ue		*noms féminins :*		cig**uë**▼, cr**ue**, entrev**ue**, fond**ue**, gr**ue**, m**ue**, n**ue**, r**ue**, stat**ue**...	
-us			2	ab**us**, intr**us**, ob**us**, recl**us**, ref**us**...	dess**us**, ***fœtus*** [fetys], j**us**, percl**us**, surpl**us**, tal**us**
-ut			2	aff**ût**▼, attrib**ut**, bah**ut**, b**ut** (prononciation : t muet *ou* sonore), déb**ut**, f**ût**▼, reb**ut**, sal**ut**, scorb**ut** (prononciation : t sonore), stat**ut**, ***tribut***...	
-ux		*(pas de résolution particulière) :*		afflu**x**, influ**x**, reflu**x**	flu**x** (dér. : fluxion)

▼ cigüe ▼ affut, ▼ fut

[V]

GRAPHIES	SIT.	EXPLICATION	RÉS.	EXEMPLES	EXCEPTIONS
v-	D	*homonymes :*		• **v**antail▼ (battant) ≠ **v**entail (partie d'un casque) • **v**eine (vaisseau) ≠ **v**aine (fém. de vain = inutile) • **v**in (boisson) ≠ **v**ain (vanité) ≠ **v**ingt (20) • **v**oie (route) ≠ **v**oix (sons humains) • **v**oir (regarder) ≠ **v**oire (adverbe, = et aussi, même)	
		orthographe particulière :		vis-à-vis	

[W]

GRAPHIES	SIT.	EXPLICATION	RÉS.	EXEMPLES	EXCEPTIONS
w-	D	*prononciation [w] :*		• **w**alkman → **w**allon, **w**apiti, **w**aters, **w**att, **w**eek-end▼, **w**estern, **w**hisky, **w**hite-spirit, **w**itloof...	**Rem. :** préférer le terme français ***baladeur***.
		prononciation [v] :		• **w**agnérien, **w**agon, **w**alkyrie, **w**eber...	

[X]

GRAPHIES	SIT.	EXPLICATION	RÉS.	EXEMPLES	EXCEPTIONS
-x	F	• *Voir pluriel des noms, § 279, 3 à 6.*			
		• *x muet :*	2	• afflu**x**, croi**x**, fai**x**, fau**x**, hou**x**, influ**x**, perdri**x**, poi**x**, reflu**x**, tau**x**... • crucifi**x**, flu**x**...	
		• *x sonore :*		• bomby**x**, laryn**x**, lyn**x**, ony**x**, phéni**x**, sphin**x**...	cocc**yx** (prononciation : [ksis])
x-	D	*prononciation [ks] :*		**x**énon, **x**énophile, **x**énophobe, **x**ylophone...	
-x-	I	*prononciation [z] :*		di**x**ième (comme di**z**aine)	

▼ ventail

▼ weekend

Graphies	Sit.	Explication	Rés.	Exemples	Exceptions
ex-	D	• *prononciation* [ɛgz] : *a) exh- (le h appartient à la racine du mot) :*	6	• **exh**alaison, **exh**aler, *exhausser*, **exh**austif, **exh**iber, **exh**orter, **exh**umer *(et leurs dérivés)*	(≠ *exaucer* un vœu)
		b) ex- (+ voyelle)		• **ex**acerber, **ex**actitude, **ex**action, **ex**agérer, **ex**alter, **ex**amen, **ex**aspérer, *exaucer*, **ex**écrable, **ex**écrer, **ex**emple, **ex**emption, **ex**ergue, **ex**iger, **ex**iguïté▼, **ex**iler, **ex**ode, **ex**onérer, **ex**orbitant, **ex**otisme, **ex**ubérant, **ex**ulter... *(et leurs dérivés)*	*eczéma*▼
		• *prononciation* [ɛks] : *a) exc-*		• **exc**avation, **exc**éder, **exc**eller, **exc**entricité, **exc**eption, **exc**essif, **exc**iter, **exc**lamation, **exc**ursion, **exc**user... *(et leurs dérivés)*	
		b) ex- + autre consonne		• **ex**patrier, **ex**pansion, **ex**pulsion, **ex**périence, **ex**ploit, **ex**pression, **ex**quis, **ex**sangue [ɛks] ou [ɛgz], **ex**suder, **ex**tase, **ex**tension, **ex**ténuer, **ex**tinction, **ex**traire, **ex**traordinaire... *(et leurs dérivés)*	

[Y]

Graphies	Sit.	Explication	Rés.	Exemples	Exceptions
-y-	I	• *prononciation* [i] *ou, selon la combinaison avec les lettres voisines,* [ɛ̃], [e] :		• acol**y**te, am**y**gdale *(g muet)*, anon**y**me, bar**y**ton, bomb**y**x, catacl**y**sme, chloroph**y**lle, chr**y**salide, chr**y**santhème, cocc**y**x [ksis], cr**y**pte, c**y**clamen, c**y**cliste, c**y**clone, c**y**gne, c**y**mbale, c**y**nique, c**y**près, d**y**namo, d**y**nastie, d**y**senterie, ét**y**mologie, embr**y**on, enc**y**clopédie, eucal**y**ptus, ge**y**ser [e], gl**y**cine, g**y**mnase, hémic**y**cle, h**y**ène, h**y**mne, h**y**perbole, h**y**pocrisie, k**y**rielle, lab**y**rinthe, lar**y**nx, l**y**nx, *martyr* **(personne)**, m**y**osotis, m**y**riade, m**y**rtille, m**y**stère, m**y**stique, *mythe*, m**y**thologie, n**y**mphe, ol**y**mpiade, od**y**ssée, pap**y**rus, paral**y**sie, phar**y**nx, ph**y**sionomie, ph**y**sique, pol**y**gone, pol**y**glotte, presb**y**tère, ps**y**chologie, p**y**jama, p**y**lône, p**y**ramide, *python*, r**y**thme, *satyre*, s**y**mbole, s**y**métrie, s**y**mphonie, s**y**mptôme, s**y**ncope, s**y**stème, t**y**mpan, t**y**pe, ***typhon***, t**y**ran, zéph**y**r ...	(≠ *martyre*, **torture ou douleur**) (≠ *mite*) (≠ *piton*) (≠ *satire*) (≠ *siphon*)

▼ exigüité

▼ exéma

GRAPHIES	SIT.	EXPLICATION	RÉS.	EXEMPLES	EXCEPTIONS
		• *prononciation* [j] *(ne pas confondre avec -ill, ll mouillés) :*		• balay**u**res, écu**y**er, fra**y**eur, la**y**ette, méta**y**er, mito**y**en, mo**y**en, no**y**ade, ***plaidoyer***, vo**y**elle, **y**acht [jot]...	(***plaidoirie***)

[z]

GRAPHIES	SIT.	EXPLICATION	RÉS.	EXEMPLES	EXCEPTIONS
z-	D			**z**akouski, **z**apper, **z**èbre, **z**ébu, **z**èle, **z**énith, **z**éphyr, **z**éro, **z**este, **z**ézayer, **z**igzag, **z**inc, **z**izanie, **z**odiaque, **z**one, **z**oologie, **z**oom, **z**ozoter, **z**ouave, **z**ut, **z**ygomatique...	
-z-	I			ali**z**é, a**z**imut, ama**z**one, a**z**ote, ben**z**ine (prononciation [b ɛ̃]), ***bazar***, ***bizarre***, by**z**antin, bon**z**e, chimpan**z**é, ec**z**éma▼, ga**z**e, ga**z**ette, ga**z**on, ga**z**ouillis, hori**z**on, lé**z**ard(e), ***magazine***, topa**z**e, trapè**z**e, zig**z**ag, zi**z**anie, zo**z**oter...	(ba**s**ané) (ha**s**ard) **(magasin)**
		(pour -s- prononcé [z]*, voir lettre* S)			
-z	F			• ga**z** (prononciation [z]) • che**z**, asse**z** (prononciation [e]) • quart**z** (prononciation [ts])	

▼ exéma

2 Orthographe grammaticale

I - HOMOPHONES GRAMMATICAUX

Prérequis	Utilisation
• les sous-classes de mots, §§ 42 à 131 • les types de verbes, §§ 105 à 111 • conjugaison à l'indicatif présent et imparfait, §§ 344-345	• amélioration de l'orthographe grammaticale

§272 | Tableau des homophones

* Pas mal d'erreurs orthographiques sont liées à un ***manque d'analyse de l'environnement d'un terme***. Réfléchir à la signification précise ou utiliser un petit truc (remplacer par un autre mot, changer le temps du V) peuvent aider considérablement l'apprenant en détresse, s'il veut faire l'effort de vérifier systématiquement tant qu'il n'est pas sûr de lui.

* Le tableau ci-dessous suit l'ordre alphabétique des difficultés et indique la brève analyse à effectuer pour orthographier correctement. D'une manière générale, l'existence d'un V peut être prouvée par un changement de temps (la mise à l'imparfait, par exemple).

Mots à comparer	Sous-classe	Comment éviter la confusion :
1	**A - À**	
• **a** • **à**	***V avoir***, indic. prés., 3e pers. sing. ***préposition***	• remplacer par l'indic. imparfait **avait** • permuter la préposition avec **avec, dans, de, par, vers...**
▸ *Aurore* ***a (avait)*** *soif. Elle va* ***à (dans)*** *la cuisine chercher de l'eau.*		
2	**AUSSI TÔT - AUSSITÔT**	
• **aussi tôt** • **aussitôt**	***groupe adverbial*** ***adverbe***	• antonyme de **aussi tard** • synonyme de **immédiatement**, **tout de suite**
▸ *Je ne me suis jamais levé* ***aussi tôt (aussi tard)****. En retard, je suis parti* ***aussitôt (immédiatement)****.*		
3	**BIEN TÔT - BIENTÔT**	
• **bien tôt** • **bientôt**	***groupe adverbial*** ***adverbe***	• antonyme de **bien tard** • synonyme de **prochainement**
▸ ***Bientôt (prochainement)****, vous maîtriserez*▼ *l'orthographe courante. Jimmy est arrivé* ***bien tôt (bien tard)*** *à l'école ce matin !*		
4	**ÇA - ÇÀ**	
• **ça** • **çà**	***pronom démonstratif*** ***adverbe*** ou ***interjection***	• synonyme de **cela**, **cette chose-là** • marque le **lieu** (**çà et là**) ou l'**étonnement** (**Ah çà !**)
▸ ***Ah çà ! (étonnement)*** *Je m'indigne que vous puissiez lui faire* ***ça (cela)****.*		

▼ *maitriserez.*

5	CE - SE	
• **ce**	***déterminant démonstratif masc. sing.*** ou ***pronom démonstratif***	• placé en **tête d'un GN** (ajouter la particule adverbiale -**ci** ou -**là**) • placé **devant un V** (ou dans des expressions : **sur ce**, **ce que**...)
• **se**	***pronom personnel non sujet, 3e pers. sing.***	• placé **après un GNS ou un pronom personnel sujet** et **avant un V pronominal**
▸ ***Ce que*** *tu es distrait :* ***ce*** *chemin* ***(-ci) se*** *dirige droit vers un précipice !*		

6	CES - SES - C'EST - S'EST	
• **ces**	***déterminant démonstratif pluriel***	• placé **en tête d'un GN** (ajouter la particule adverbiale -**ci** ou -**là**)
• **ses**	***déterminant possessif***	• pluriel de **son** ou **sa**, placé **en tête de GN** (vérifier en remplaçant par le **singulier**)
• **c'est**	***élision de* ce, ça *ou* cela *+ V être***, indic. prés., 3e pers. sing.	• remplacement par **ce**, **ça** ou **cela** + V être à l'indic. imparfait **était**
• **s'est**	***élision de* se *+ V être***, indic. prés., 3e pers. sing.	• placé **après un GNS ou un pronom personnel sujet** et **avant un V pronominal** (remplacer **est** par **était**)
▸ *Albert* ***s'est (s'était)*** *éloigné de* ***ses (son)*** *enfant(s).* ***Ces*** *ingrats* ***(-là)*** *l'ont délaissé.* ***C'est (cela était)*** *dommage.*		

7	C'ÉTAIT - S'ÉTAIT	
• **c'était**	***élision de* ce, ça *ou* cela *+ V être***, indic. imparfait, 3e pers. sing.	• remplacement de ***c'*** par **ça** ou **cela**
• **s'était**	***élision de* se *+ V être***, indic. imparfait, 3e pers. sing.	• placé **après un GNS ou un pronom personnel sujet** et **avant un V pronominal**
▸ ***C'était (cela était)*** *en avril dernier : Catherine* ***s'était*** *décidée à trouver du travail.*		

8	DANS - D'EN	
• **dans**	*préposition*	• indique un **lieu** (permuter avec **à l'intérieur de**, **avec**, **vers**, **sur**...)
• **d'en**	*préposition* **de** + *pronom personnel ou adverbe de lieu*	• remplacer par **de + cela**, **il(s)**, **elle(s)** ou **là**
▸ *Il y a bien du bruit* ***dans (à l'intérieur de)*** *la chambre voisine. Qu'il se hâte* ***d'en*** *sortir* ***(de sortir de là)***.		

9	D'AVANTAGE - DAVANTAGE	
• **d'avantage**	*déterminant article partitif + nom*	• remplacer par **un avantage**
• **davantage**	*adverbe de quantité*	• synonyme de **plus**, **plus longtemps**
▸ *Je ne trouve pas* ***d'avantage (un avantage)*** *à m'attarder ici* ***davantage (plus longtemps)***.		

10	DE LÀ - DELÀ	
• **de là**	*préposition* **de** + *adverbe de lieu* **là**	• remplacer par **de là-bas** ou **à partir de là**
• **delà**	*adverbe*	• souvent employé dans une **locution** : **au-delà**, **par-delà**...
• **de-ci de-là**	*locution adverbiale*	• synonyme de **par endroits**
▸ *Nous irions* ***de là (de là-bas)*** *jusqu'à Lyon, mais pas* ***au-delà***, *car* ***de-ci de-là (par endroits)*** *la route est dangereuse.*		

11	-ER - -É - -EZ - -AI	
• **-er**	***finale de l'infinitif*** (V du 1er groupe) ***ou de noms en -er*** [1]	• remplacer par un **infinitif en -ir, -oir ou -re** • ***un*** *boulanger,* ***le*** *déjeuner*... (un **déterminant** précède)
• **-é**	***finale du PPé*** (V du 1er groupe) ***ou de noms en -é*** [1]	• remplacement **impossible par un infinitif** en -ir, -oir ou -re • remplacement **possible par un PPé en -i ou -u** • ***la*** *bonté,* ***la*** *simplicité*... (un **déterminant** précède)

1 Les noms en ***-er*** et en ***-é*** relèvent plutôt de l'orthographe d'usage.

• **-ez**	***terminaison de la 2e pers. plur.*** (indic. prés., imparf., fut. simple, condit. prés.; subj. prés.; impér. prés.)	• chercher le pronom **vous**, ou le **contexte** en cas d'impératif
• **-ai**	***terminaison de la 1re pers. sing., indic. passé simple, des V en -er***	• chercher le pronom **je**

▸ ***Je*** *retrouv**ai** alors le colis que **vous** avi**ez** abandonn**é** **(reçu)**, mais je ne pus le rapport**er** **(le rendre)** à temps.*

12	LA - L'A - LÀ - LAS	
• la	***déterminant article défini*** ou ***pronom personnel CD***	• remplacer par **une** (place : **en tête de GN)** • chercher le **nom** ou le **pronom féminin** que remplace le pronom (place : **devant un V)**
• l'a	***pronom personnel CD + V avoir, indic. prés., 3e pers. sing.***	• mettre à l'indic. imparfait : **l'avait**
• là	***adverbe de lieu***	• indique un **lieu** ou bien **renforce** une **idée** ou un **déterminant démonstratif** *(Vous dites **là** une chose intéressante.) (ce livre-**là**)*
• las	***adjectif qualificatif (= très fatigué)***	• mettre au **féminin** (**lasse**). Fonctions : le plus souvent **attribut** ou **épithète détachée**

▸ *Je **la (= elle)** vois bien dans **la (une)** pièce de Molière. Il **l'a (l'avait)** écrite pour elle. **Cette** saison-**là** (**renforcement**), ils étaient tous **las** (**elles étaient toutes lasses** - attribut) des multiples répétitions.*

13	LEUR - LEURS	
• leur/leurs	***déterminant possessif, singulier ou pluriel, de la 3e personne du pluriel***	• remplacer par un **déterminant possessif d'une autre personne** (place : en **tête de GN**)
• les leurs	***pronom possessif***	• en composition avec **les**
• leur	***pronom personnel CI, 3e pers. plur. (invariable)***	• **CI** d'un V; mettre au singulier : leur > **lui**

▸ ***Leurs*** *amis **(mes)** ne **leur** **(lui)** ont rien dit.*

14	MA - M'A	
• **ma**	***déterminant possessif féminin, 1re pers. sing.***	• faire suivre de **la mienne** (place : en **tête de GN**)
• **m'a**	***pronom personnel non sujet, 1re pers. sing. + V avoir, indic. prés., 3e pers. sing.***	• mettre à l'imparfait : **m'avait** (place : **devant un PPé**, pour former l'indic. passé composé)
▸ ***Ma*** *sœur* ***(= la mienne) m'a (m'avait)*** *offert un livre passionnant.*		

15	MAIS - MES	
• **mais**	***conjonction de coordination***	• indique une **opposition**, une **précision**, un **renforcement** de l'idée *(Mais naturellement !)*; se remplace souvent par **pourtant**, **cependant**
• **mes**	***déterminant possessif pluriel, 1re pers. sing.***	• faire suivre de **les miens** ou **les miennes** (place : **en tête d'un GN au pluriel**)
▸ ***Mes*** *élèves* ***(= les miens)*** *travaillent bien,* ***mais (cependant)*** *ils préfèrent pratiquer leur sport favori.*		

16	MON - M'ONT	
• **mon**	***déterminant possessif masculin (féminin devant voyelle ou h muet), 1re pers. sing.***	• faire suivre de **le mien** (**la mienne** devant voyelle ou h muet) (place : en **tête de GN**)
• **m'ont**	***pronom personnel non sujet, 1re pers. sing. + V avoir, indic. prés., 3e pers. pluriel***	• mettre à l'imparfait : **m'avaient** (place : **devant un PPé**, pour former l'indic. passé composé)
▸ ***Mon*** *professeur* ***(= le mien)*** *et le tien* ***m'ont (m'avaient)*** *conseillé de me méfier de* ***mon*** *invention* ***(= la mienne)****.*		

17	NI - N'Y	
• **ni**	***conjonction de coordination***	• idée d'**addition négative**; souvent en emploi **répété** (remplacement possible par **et**)
• **n'y**	***adverbe de négation + pronom personnel ou adverbe de lieu***	• l'adverbe est complété par **pas**, **rien**, **guère**... ; ***y*** peut être remplacé par **à cela** ou **là**
▸ ***Ni (et)*** *les travailleurs* ***ni (et)*** *les syndicats* ***n'y*** *comprennent* ***plus*** *grand-chose* ***(= à cela)****.*		

18	ON - ON N' - ONT	
• **on**	*pronom indéfini, 3e pers. sing.*	• remplacer par **quelqu'un** ou **il/elle**
• **on n'**	*pronom indéfini, 3e pers. sing. + adverbe de négation*	• remplacer par **quelqu'un** ou **il/elle** et chercher la 2e partie de la locution adverbiale : **que**, **plus**, **rien...**
• **ont**	*V avoir, indic. prés., 3e pers. plur.*	• remplacer par l'indic. imparfait : **avaient**
▸ ***On (quelqu'un) n'****a* ***que*** *les indices qui* ***ont (avaient)*** *guidé les policiers.*		

19	OU - OÙ	
• **ou**	*conjonction de coordination*	• remplacer par **ou bien**
• **où**	*pronom relatif nominal ou représentant* ou encore ***adverbe ou adverbe interrogatif***	• indique le plus souvent un **lieu**, parfois un **temps**, un **moment**
▸ *C'est l'heure* ***où (moment)*** *je vais dormir : après avoir bu un verre d'eau* ***ou (ou bien)*** *de lait, je monte là* ***où (lieu)*** *m'attend un lit douillet.*		

20	PAR TOUT - PARTOUT	
• **par tout**	*préposition + déterminant ou pronom indéfini*	• rechercher une **circonstance** de **lieu**, de **temps**, de **moyen**, de **cause** ou un **complément d'agent** (compl. du V passif)
• **partout**	*adverbe de lieu*	• remplacer par **en tout lieu**, **n'importe où**
▸ ***Partout (en tout lieu)****, les hommes droits sont préoccupés* ***par tout (c. d'agent)*** *ce qui enfreint la justice.*		

21	PEU - PEUT	
• **peu**	*adverbe de quantité*	• remplacer par **faiblement**, **en petite quantité**, **légèrement**, ***ou*** rechercher la **locution adverbiale** (*à* ***peu*** *près, avant* ***peu****, sous* ***peu****, depuis* ***peu****,* ***peu*** *à* ***peu****...*) **ou conjonctive** (*pour* ***peu*** *que, si* ***peu*** *que...*) dont il fait partie
	ou ***déterminant indéfini quantifiant***	• précédé de **un** ou **le**, et suivi par **de**
• **peut**	*V pouvoir, indic. prés., 3e pers. sing.*	• remplacer par l'indicatif imparfait : **pouvait**
▸ *On* ***peut (pouvait)*** *toujours mettre* ***un peu d'****eau dans son vin.*		

22	PEUT ÊTRE - PEUT-ÊTRE	
• **peut être**	*V pouvoir, indic. prés., 3e pers. sing. + V être à l'infinitif*	• mettre le 1er V à l'imparfait : **pouvait**
• **peut-être**	*adverbe (de doute)*	• remplacer par **sans doute**, **probablement**

▸ *Avec un peu de volonté, l'orthographe* ***peut être (pouvait être)*** *maîtrisée*▼*. Lucie est* ***peut-être (sans doute)*** *découragée.*

23	PLUS TÔT - PLUTÔT	
• **plus tôt**	*groupe adverbial*	• antonyme de **plus tard**
• **plutôt**	*adverbe*	• synonyme de **de préférence**, **assez**

▸ *Pourquoi ne m'as-tu pas dit* ***plus tôt (plus tard)*** *que son discours était* ***plutôt (assez)*** *ennuyeux ?*

24	QUAND - QUANT À - QU'EN	
• **quand**	*conjonction de subordination* ou *adverbe interrogatif*	• marque le **temps** (parfois la **concession** ou l'**hypothèse**)
• **quant à**	*locution prépositive*	• remplacer par **en ce qui concerne**, **pour ce qui est de**, **à l'égard de**
• **qu'en**	*élision de la conjonction de subordination* **que** *+ préposition* **en** (parfois en corrélation avec ne)	• décomposer en **que en** et chercher **l'enchâssée complétive** • ***ne … qu'en*** : remplacer par **seulement en**

▸ ***Quant à moi (en ce qui me concerne), quand (temporel)*** *tu viens, je* ***n'****éprouve de joie* ***qu'en (seulement en)*** *t'écoutant réciter Verlaine. Je pense* ***qu'en (que en + complétive CD)*** *hiver on peut passer de bons moments ainsi.*

▼ *maitrisée.*

25	QUELLE - QU'ELLE	
• **quelle**	***déterminant exclamatif ou interrogatif***	• placé en **tête de GN** ou en tant qu'**attribut du sujet en tête de phrase**
• **qu'elle**	***adverbe exclamatif + pronom personnel***	• remplacer ***que*** par **combien**
	ou ***conjonction de subordination (souvent dans une locution circonstancielle) + pronom personnel***	• détecter l'**enchâssée circonstancielle** (comparaison, concession, but, cause...)

▸ ***Quelle*** *difficulté ?* ***(tête de GN)*** *Cette règle?* ***Qu'elle (combien elle)*** *est facile, bien* ***qu'elle (concession)*** *doive être analysée au préalable !* ***Quelle (attribut du sujet)*** *qu'elle soit, une épreuve doit toujours être surmontée avec courage.*

26	SANS - S'EN - C'EN - SENS	
• **sans**	***préposition***	• antonyme de **avec**
• **s'en**	***pronom personnel non sujet, 3e pers. sing. + pronom personnel*** **en**	• en équivaut à **de cela**, **de là** (place : **devant un V pronominal)**
• **c'en**	***élision de*** **ce** ***ou*** **cela** ***+ pronom personnel*** **en**	• rétablir l'expression non élidée : **cela en**
• **sens**	***nom commun***	• le **s final** est **sonore** [s], sauf dans l'expression **sens dessus dessous**

▸ *Il* ***s'en*** *moque* ***(= de cela) sans (>< avec)*** *regrets, car* ***c'en (cela en)*** *est fait, cette mode n'a plus de* ***sens [s]****.*

27	SES - CES - S'EST - C'EST
(voir **CES**..., n° 6)	

28	S'ÉTAIT - C'ÉTAIT
(voir **C'ÉTAIT**..., n° 7)	

29	SI - S'Y	
• **si**	***conjonction de subordination*** ou ***marqueur de l'interrogation indirecte***	• marque une **condition** • pose une **question** au sein d'une enchâssée complétive
• **si**	***adverbe d'intensité*** ou ***adverbe d'affirmation***	• synonyme de **tellement** • synonyme de **oui** après une P à **constituant interrogatif**
• **s'y**	***pronom personnel non sujet élidé, 3e pers. sing. + pronom personnel ou adverbe de lieu y***	• ***y*** se remplace par **là**, **en cela** (place : **devant un V pronominal**)

▸ *J'ignore **si (question)** ce collègue **s'y (en cela)** connaît*▼ ***si (tellement)*** *fort en informatique. Le sais-tu, toi ? – **Si. (oui)***

30	SON - SONT	
• **son**	***déterminant possessif masculin (féminin devant voyelle ou h muet), 3e pers. sing.***	• faire suivre de **le sien** (**la sienne** devant voyelle ou h muet) (place : en **tête de GN**)
• **sont**	***V être, indic. présent, 3e pers. plur.***	• remplacer par l'indicatif imparfait : **étaient**

▸ ***Son*** *professeur **(le sien)** et sa mère se **sont** (s'**étaient**) rencontrés hier devant **son** école **(la sienne)**.*

31	SUR TOUT - SURTOUT	
• **sur tout**	***préposition + déterminant ou pronom indéfini***	• rechercher une **circonstance** de **lieu**, de **cause**, etc.
• **surtout**	***adverbe***	• synonyme de **principalement**, **particulièrement**

▸ ***Sur tout (lieu)*** *le continent africain, j'ai **surtout (principalement)** observé une malnutrition généralisée.*

▼ *connait.*

32	TA - T'A	
• ta	***déterminant possessif féminin, 2e pers. sing.***	• faire suivre de **la tienne** (place : en **tête de GN**)
• t'a	***pronom personnel non sujet, 2e pers. sing. + V avoir, indic. prés., 3e pers. sing.***	• mettre à l'imparfait : **t'avait** (place : **devant un PPé**, pour former l'indic. passé composé)
▸ ***Ta*** *mémoire* ***(la tienne) t'a (t'avait)*** *encore fait défaut.*		

33	TON - T'ONT	
• ton	***déterminant possessif masculin (féminin devant voyelle ou h muet), 2e pers. sing.***	• faire suivre de **le tien** (**la tienne** devant voyelle ou h muet) (place : en **tête de GN**)
• t'ont	***pronom personnel non sujet, 2e pers. sing. + V avoir, indic. prés., 3e pers. plur.***	• mettre à l'imparfait : **t'avaient** (place : **devant un PPé**, pour former l'indic. passé composé)
▸ ***Ton*** *intelligence* ***(la tienne)*** *et ta ténacité* ***t'ont (t'avaient)*** *permis de réussir* ***ton*** *travail* ***(le tien)****.*		

II - FÉMININ DES ADJECTIFS ET DES NOMS

Prérequis	Utilisation
• les sous-classes de mots, §§ 42 à 131 • les suffixes, § 380 • orthographe d'usage (consonnes doubles) , § 268 et § 271	• l'accord de l'adjectif, § 322

§273 | Cas et formes

Nous disposons délibérément en ***un seul tableau*** comparatif le féminin des noms et celui des adjectifs; de ***nombreuses similitudes*** facilitent en effet la mémorisation par une présentation simultanée des points communs.

En outre, ***certains mots*** présentent une ***double nature*** qui peut les faire figurer dans les deux colonnes (par exemple : *créateur, menteur, maître*▼, *traître*▼, *vieux...)*

▼ *maitre.*
▼ *traitre.*

CAS	ADJECTIFS			NOMS		
1 **RÈGLE GÉNÉRALE + e**						
	clair	▸	clair**e**	candidat	▸	candidat**e**
EXCEPTIONS :	***a) les adj. déjà terminés par e :***					
	limpide	▸	limpide			
	b) les adj. invariables en genre :					
	chic ***et*** kaki[1]					
2 **NE DOUBLENT PAS LA CONSONNE FINALE (-an, -ain, -in, -un, -at, -il)**						
-an				faisan	▸	faisan**e**
EXCEPTIONS :				***paysan***	▸	***paysanne***
				Jean	▸	***Jeanne***
-ain	hautain	▸	hautain**e**	châtelain	▸	châtelain**e**
EXCEPTION :				***copain***	▸	***copine***
-in	voisin	▸	voisin**e**	cousin	▸	cousin**e**
-un	commun	▸	commun**e**			
-at	délicat	▸	délicat**e**	candidat	▸	candidat**e**
EXCEPTION :				***chat***	▸	***chatte***
-il	civil	▸	civil**e**			
	puéril	▸	puéril**e**			
EXCEPTION :	***gentil***	▸	***gentille***			
3 **DOUBLENT LA CONSONNE FINALE (-el, -eil, -ul, -on, -en, -ien, -ot, -et)**						
-el	cruel	▸	crue**lle**	colonel	▸	colone**lle**
-eil	pareil	▸	parei**lle**			
-ul	nul	▸	nu**lle**			
-on	bon	▸	bo**nne**	espion	▸	espio**nne**
-en	moyen	▸	moye**nne**	citoyen	▸	citoye**nne**
-ien	ancien	▸	ancie**nne**	chien	▸	chie**nne**
-ot	pâlot	▸	pâlo**tte**	*linot	▸	lino**tte**
	sot	▸	so**tte**			
	vieillot	▸	vieillo**tte**			

1 De plus, ***kaki*** est souvent invariable en nombre également.

EXCEPTIONS :	*idiot*	▸	*idiote*	*idiot*	▸	*idiote*
	falot	▸	*falote*			
	dévot	▸	*dévote*	*dévot*	▸	*dévote*
	manchot	▸	*manchote*	*manchot*	▸	*manchote*
-et	muet	▸	mue**tte**	cadet	▸	cade**tte**
EXCEPTIONS :	*(in)complet*	▸	*(in)complète*	*préfet*	▸	*préfète*
	concret	▸	*concrète*			
	désuet	▸	*désuète*			
	secret	▸	*secrète*			
	(in)discret	▸	*(in)discrète*			
	inquiet	▸	*inquiète*			
	replet	▸	*replète*			
4 COMPARATIFS[1] EN -eur (+e)						
	antérieur	▸	antérieur**e**			
	postérieur	▸	postérieur**e**			
	ultérieur	▸	ultérieur**e**			
	extérieur	▸	extérieur**e**			
	intérieur	▸	intérieur**e**			
	majeur	▸	majeur**e**			
	mineur	▸	mineur**e**	mineur	▸	mineur**e**
	supérieur	▸	supérieur**e**	supérieur	▸	supérieur**e**
	inférieur	▸	inférieur**e**	inférieur	▸	inférieur**e**
	meilleur	▸	meilleur**e**	prieur	▸	prieur**e**
5 MODIFICATIONS DU SUFFIXE						
eur > euse	rieur	▸	ri**euse**	**chasseur**	▸	**chasseuse**
	trompeur	▸	tromp**euse**	danseur	▸	dans**euse**
	menteur	▸	ment**euse**	voleur	▸	vol**euse**
				chanteur	▸	chant**euse**/**can-tatrice** (opéra)
teur > trice	consolateur	▸	consola**trice**	directeur	▸	direc**trice**
	créateur	▸	créa**trice**	inspecteur	▸	inspec**trice**

1 En latin, ces mots se terminaient par le suffixe ***-ior*** du comparatif.

eur > eresse	enchanteur	▸	enchant**eresse**	**chasseur**	▸	**chasseresse**[1]
	vengeur	▸	veng**eresse**	demandeur	▸	demand**eresse**[2]
	pécheur	▸	péch**eresse**	défendeur	▸	défend**eresse**[2]
EXCEPTIONS :	***vainqueur***	▸	***victorieuse***	***gouverneur***	▸	***gouvernante***
	sauveur	▸	***salvatrice***	***serviteur***	▸	***servante***
			(sauveuse)	***docteur***	▸	***doctoresse***
				empereur	▸	***impératrice***
				ambassadeur	▸	***ambassadrice***
e > esse	traître▼	▸	traîtr**esse**▼	comte	▸	comt**esse**
	maître▼	▸	maîtr**esse**▼	abbé	▸	abb**esse**
				hôte	▸	hôt**esse**[3]
				nègre	▸	n**é**gr**esse**[4]
				ogre	▸	ogr**esse**
				âne	▸	ân**esse**

6 MODIFICATIONS ORTHOGRAPHIQUES

a) Mots terminés par -s ou -x.						
+ e	gris	▸	gris**e**	bourgeois	▸	bourgeois**e**
	ras	▸	ras**e**			
> se	heureux	▸	heureu**se**	époux	▸	épou**se**
				lépreux	▸	lépreu**se**
> ce	doux	▸	dou**ce**			
> sse	bas	▸	ba**sse**			
	gros	▸	gro**sse**			
	métis	▸	méti**sse**			
	exprès	▸	expre**sse**			
	faux	▸	fau**sse**			
	roux	▸	rou**sse**			

1 Terme poétique.
2 Terme juridique.
3 = celle qui reçoit (celle qui est reçue conserve la forme du masculin : une hôte).
4 Attention au changement d'accent (également pour : poète ▸ po**é**tesse, prophète ▸ proph**é**tesse).

▼ traitre. ▼ traitresse. ▼ maitre. ▼ maitresse.

b) Cas divers						
f ou p > ve	bre**f**	▸	brè**ve**	veu**f**	▸	veu**ve**
	neu**f**	▸	neu**ve**	capti**f**	▸	capti**ve**
	vi**f**	▸	vi**ve**	lou**p**	▸	lou**ve**
er > ère	lég**er**	▸	lég**ère**	bouch**er**	▸	bouch**ère**
gu > guë▼	ai**gu**	▸	ai**guë**[1]▼			
g > gu	lon**g**	▸	lon**gue**			
c > che	blan**c**	▸	blan**che**			
	se**c**	▸	sè**che**			
c > que	tur**c**	▸	tur**que**			
	ammonia**c**	▸	ammonia**que**			
	publi**c**	▸	publi**que**			
	cadu**c**	▸	cadu**que**			
s > ch	frai**s**	▸	fraî**che**▼			
in > igne	bén**in**	▸	bén**igne**[2]			
	mal**in**	▸	mal**igne**[2]			
eau > elle	jum**eau**	▸	jum**elle**	jouvenc**eau**	▸	jouvenc**elle**
				cham**eau**	▸	cham**elle**
EXCEPTIONS :	***grec***	▸	***grecque***			
	hébreu	▸	***hébraïque***			
7 FORMES SPÉCIALES (liste non exhaustive)						
	andalou	▸	andalou**se**	héros	▸	héro**ïne**
	favori	▸	favori**te**	compag**non**	▸	compag**ne**
	rigolo	▸	rigolo**te**	devin	▸	devin**eresse**[3]
	coi	▸	coi**te**	dieu	▸	déesse
	mou (mol[4])	▸	molle	duc	▸	duchesse
	vieux (vieil[4])	▸	vieille	neveu	▸	nièce
	beau (bel[4])	▸	belle	gendre	▸	bru

1 Contrairement à la logique, le tréma se place sur le **e**, alors qu'il devrait avertir de la modification de la prononciation du **u** ! Il en est de même pour ambigu, exigu, contigu...

2 Prononciation : [iɲ]

3 Terme poétique.

4 Devant un nom masculin commençant par une voyelle ou un **h** muet.

▼ Le tréma se place désormais sur la lettre à prononcer, c'est-à-dire le **u** : aig**ü**e, ambig**ü**e, exig**ü**e, contig**ü**e...

▼ Voir ci-dessus.

▼ fra**i**che

	nouveau (nouvel[1])	▸	nouvelle	coq	▸	poule	ANIMAUX
	le tiers monde	▸	une tierce personne	daim	▸	daine	
				mulet	▸	mule	
				bélier	▸	brebis	
				bouc	▸	chèvre	
				singe	▸	guenon	
				cerf	▸	biche	
				jars	▸	oie	
				lièvre	▸	hase	
				sanglier	▸	laie	
				taureau	▸	vache	
				veau	▸	génisse	
				verrat	▸	truie	
				canard	▸	cane[2]	
				dindon	▸	dinde	
				étalon	▸	jument	
8	**TROIS NOMS SONT masculins AU singulier ET féminins AU pluriel :**			amour délice orgue (désignant un seul instrument)			
	▸ *un merveilleux amour - de merveilleuses amours* ▸ *un grand orgue - de grandes orgues*						

§274 | Féminin = masculin

Dans certains cas, seul le déterminant article permet de reconnaître▼ le féminin, car le mot a la ***même forme pour les deux genres*** **:**

▸ *un(e) acrobate* *un(e) conseil* *un(e) enfant* *un(e) mannequin*
un(e) artiste *un(e) écrivain*[3] *un(e) journaliste* *un(e) marin*
un(e) chef *un(e) élève* *un(e) malade* *un(e) médecin*
un(e) violoniste...

§275 | Féminins ou masculins anciennement inexistants

Certains mots n'existent qu'en **un seul genre.** Il faut alors recourir à une ***périphrase***[4] pour désigner l'autre genre ou bien ***utiliser le masculin*** :

▸ *un crapaud femelle* ▸ *une grenouille mâle*

1 Devant un nom masculin commençant par une voyelle ou un **h** muet.
2 Un seul **n**, contrairement à ***canne***, bâton pour s'appuyer en marchant.
3 On dit aussi : *une écrivain**e**, une auteur**e***.
4 Expression d'une notion par un groupe de mots, lorsque le mot unique n'existe pas, ou encore pour des raisons stylistiques (voir § 411.).

▼ reconnaitre.

En ce qui concerne les noms de ***métiers***, de ***fonctions***, de ***grades*** ou de ***titres***, on appliquera les règles suivantes[1] :

- noms masculins se terminant par une *voyelle* ou par une *consonne* : **+ e**
  - *une député**e**, une apprenti**e**, une agent**e**, une marchand**e**, une principal**e**...*
- noms masculins se terminant par *a*, *e* ou *o* : **+ Ø**
  - *une aide, une comptable, une dactylo, une mécano...*

Remarques :

1) Pour les formes spéciales (redoublement de la consonne finale, apparition de l'accent grave...) , voir les règles générales, **§ 273** (exception : clerc ▸ clerque).

2) ***Exceptions :***

- les noms masculins en ***-eur*** ont la forme féminine en ***-euse*** si au nom correspond un verbe en rapport sémantique direct :

  ▸ *un cherch**eur*** ▸ *chercher* ▸ *une cherch**euse***

- les noms masculins en ***-eur*** ont la forme féminine en - ***eur*** s'il n'y a pas de verbe en rapport sémantique direct[2] :

  ▸ *un doct**eur*** ▸ **docter* ▸ *une doct**eur** (ou une doctoresse)*

  Sauf : *une ambassadrice, une chroniqueuse...*

- les noms masculins en ***-teur*** ont la forme féminine en :

  - ***-teuse***, s'il existe un verbe correspondant comprenant un ***t*** dans sa terminaison :

  ▸ *un ache**teur*** ▸ *ache**t**er* ▸ *une ache**teuse***

  Sauf : *une éditrice, une exécutrice, une inspectrice...*

  - ***-trice***, s'il n'existe aucun verbe correspondant ou si ce verbe ne comprend pas de ***t*** dans sa terminaison :

  ▸ *un avia**teur*** ▸ **avier* ▸ *une avia**trice***

  Mais : *un direc**teur*** ▸ *diriger* ▸ *une direc**trice***

§276 | Double genre

Une série de noms présentent un double genre, avec ***des sens différents***. Par exemple :

- un aide (homme qui aide) ≠ une aide (secours)
- le carpe (os) ≠ la carpe (poisson)
- le crêpe (tissu) ≠ la crêpe (galette légère)
- le manche (d'un outil) ≠ la manche (partie d'un vêtement)

1 Dans ce cas, on recourt évidemment aux déterminants féminins. De même, les adjectifs et les participes en relation avec les noms concernés s'accordent au féminin, y compris dans les appellations professionnelles complexes : *une conseillère principale, cette présidente directrice générale* ... Les adverbes ou adjectifs à valeur adverbiale restent invariables : *une haut fonctionnaire*.

2 Certains usagers adoptent dans ce cas en Belgique le féminin en **-eure** (*auteure, ingénieure, successeure*...), comme au Québec ou en Suisse : le respect de l'usage amène à les accepter d'autant plus qu'ils assoient la visibilité des femmes. Le **e** final est alors purement graphique (sauf dans *contractuelle, mineure*...).

- le manœuvre (travailleur manuel) ≠ la manœuvre (action de manœuvrer)
- le mémoire (texte écrit) ≠ la mémoire (le fait de se souvenir)
- le mode (en conjugaison, ou moyen) ≠ la mode (manière, coutume)
- le moule (pour faire une empreinte) ≠ la moule (mollusque)
- le mousse (marin) ≠ la mousse (plante, écume, préparation culinaire)
- le parallèle (terme de géographie) ≠ la parallèle (terme de géométrie)
- le physique (constitution du corps) ≠ la physique (science)
- le poêle (appareil de chauffage) ≠ la poêle (ustensile de cuisine)
- le poste (lieu, fonction, appareil de radio ou de T.V.) ≠ la poste (qui achemine le courrier)
- le solde (somme inscrite sur un compte, ou marchandise vendue avec réduction) ≠ la solde (la paie du soldat)
- le somme (sommeil) ≠ la somme (addition)
- le vapeur (navire) ≠ la vapeur (gaz)
- le vase (récipient) ≠ la vase (boue)
- le voile (étoffe, toile) ≠ la voile (qui, à l'aide du vent, propulse un navire)
- ...

§277 | Masculins mal maîtrisés▼

⁂ ***Tous les noms suivants sont masculins***, mais un usage erroné les situe parfois dans le registre des mots féminins :

un acrostiche	**un** amphithéâtre	**un** asile	**un** emblème	**un** intervalle
un ail	**un** antre	**un** asphalte	**un** emplâtre	**un** interstice
un alvéole	**un** apogée	**un** astérisque	**un** épilogue	**un** orbe
un amalgame	**un** apothème	**un** augure	**un** haltère	**un** pétale
un ambre	**un** appendice	**un** chrysanthème	**un** hémisphère	**un** pétiole
un amiante	**un** armistice	**un** edelweiss	**un** hymne	**un** planisphère
un amphibie	**un** arôme	**un** effluve	**un** insigne	**un** tentacule
				...

§278 | Féminins mal maîtrisés▼

⁂ ***Tous les noms suivants sont féminins***, mais un usage erroné les situe parfois dans le registre des mots masculins :

une acoustique	**une** anagramme	**une** atmosphère	**une** encaustique	**une** impasse
une acné	**une** ancre	**une** azalée	**une** épître▼	**une** oasis
une agrafe	**une** antichambre	**une** chrysalide	**une** équivoque	**une** orbite
l'algèbre	**une** apothéose	**une** ecchymose	**une** glaire	**une** oriflamme
une amnistie	**une** artère	**une** écritoire	**une** immondice	...

▼ **maitrisés.**

▼ épitre.

III - PLURIEL DES ADJECTIFS ET DES NOMS

Prérequis	Utilisations
• les sous-classes de mots, §§ 42 à 131	• l'accord de l'adjectif, § 322 • l'accord du V et du GNS, §§ 287 à 304

§279 | Noms et adjectifs simples

Comme pour le féminin, nous présentons un tableau comparatif qui permet d'observer les ***similitudes*** entre les variations des noms et des adjectifs. Ici aussi, ***certains mots*** à ***double nature*** pourraient figurer dans les deux colonnes (par exemple : *jumeau, bleu...*).

CAS	ADJECTIFS			NOMS		
1 RÈGLE GÉNÉRALE +s						
+ s	clair	▸	clair**s**	élève	▸	élève**s**
2 FINALES EN -s, -x, -z. (INVARIABLES)						
-s	gris	▸	gris	fils	▸	fils
				pays	▸	pays
				os	▸	os[1]
-x	poudreux	▸	poudreux	voix	▸	voix
	orageux	▸	orageux	époux	▸	époux
				silex	▸	silex
ou -z	(pas d'adjectif en -z)			gaz	▸	gaz
				nez	▸	nez

1 Variation de la prononciation : un os [ɔs] ▸ des os [o].

3 FINALES EN -au, -eau, -eu.						
-au + x				noyau	▸	noyau**x**
EXCEPTIONS :				***landau***	▸	***landaus***
				sarrau	▸	***sarraus***
-eau + x	beau	▸	beau**x**	seau	▸	seau**x**
	nouveau	▸	nouveau**x**	râteau	▸	râteau**x**
	jumeau	▸	jumeau**x**			
-eu + x	hébreu	▸	hébreu**x**	feu	▸	feu**x**
				jeu	▸	jeu**x**
				lieu	▸	lieu**x**
EXCEPTIONS :	***bleu***	▸	***bleus***	***bleu*** [1]	▸	***bleus***
	feu [2]	▸	***feus***	***pneu***	▸	***pneus***
				émeu [3]	▸	***émeus***
				lieu [4]	▸	***lieus***
4 FINALE EN -ou.						
-ou + s				clou	▸	clou**s**
				chou	▸	***choux***
				bijou	▸	***bijoux***
				genou	▸	***genoux***
EXCEPTIONS [5] ***:***				***joujou***	▸	***joujoux***
				hibou	▸	***hiboux***
				caillou	▸	***cailloux***
				pou	▸	***poux***
5 FINALE EN -al.						
-al > -aux	original	▸	origin**aux**	cheval	▸	chev**aux**
	mondial	▸	mondi**aux**			

1 Ce mot peut avoir jusqu'à 4 sens différents en tant que nom. À vérifier au dictionnaire !

2 = défunt.

3 Oiseau australien.

4 Poisson (colin).

5 Une petite chanson bien connue permet de retenir facilement les 7 exceptions !

EXCEPTIONS :	***fatal***	▸	***fatals***	***bal*** [1]	▸	***bals***
	natal	▸	***natals***	***carnaval*** [1]	▸	***carnavals***
	naval	▸	***navals***	***festival*** [1]	▸	***festivals***
	bancal	▸	***bancals***	***récital*** [1]	▸	***récitals***
				pal	▸	***pals***
				cal	▸	***cals***
				étal	▸	***étals***
				chacal	▸	***chacals***
				cérémonial	▸	***cérémonials***
				régal	▸	***régals***
				serval [2]	▸	***servals***
				val	▸	***vals*** [3]
AU CHOIX :	austral	▸	austral**s** / austr**aux**			
	banal	▸	banal**s**[4] / ban**aux**[5]			
	boréal	▸	boréal**s** / boré**aux**			
	choral	▸	choral**s** / chor**aux**			
	final	▸	final**s** / fin**aux**	final	▸	final**s** / **Ø**
	glacial	▸	glacial**s** / glaci**aux**			
	idéal	▸	idéal**s** / idé**aux**	idéal	▸	idéal**s** / idé**aux**
	jovial	▸	jovial**s** / jovi**aux**			
	pascal	▸	pascal**s** / pasc**aux**			

1 Ces quatre premiers mots sont faciles à retenir : ils recèlent une idée de fête !
2 Grand chat sauvage d'Afrique.
3 Sauf dans l'expression : ***par monts et par vaux.***
4 Au sens de : ***commun, ordinaire.***
5 Au sens de : ***bénéficiant du droit de banalité*** (acception médiévale), par exemple *des fours ou des moulins banaux.*

6 FINALE EN -ail.		
-ail + s		chandail ▸ chandails
		bail ▸ ***baux***
		(du) ***bétail*** ▸ (des) ***bestiaux***
		émail ▸ ***émaux***
		corail ▸ ***coraux***
EXCEPTIONS :		***soupirail*** ▸ ***soupiraux***
		vitrail ▸ ***vitraux***
		vantail▼[1] ▸ ***vantaux***▼
		ventail[2] ▸ ***ventaux***
		fermail ▸ ***fermaux***
		travail ▸ ***travaux***[3]
		ail ▸ ail**s**[4]
AU CHOIX :		a***ulx***
7 CAS DIVERS :		
		œil ▸ yeux
		mais dans les noms composés :
		œil-de-bœuf ▸ œil**s**-de-bœuf
		œil-de-perdrix ▸ œil**s**-de-perdrix
		œuf ▸ œuf**s**[5]
		bœuf ▸ bœuf**s**[5]
		aïeul ▸ aïeul**s**[6] / aïeu**x**[7]
		ciel ▸ ciel**s**[8] / cieu**x**[9]

1 Partie mobile d'une porte ou d'une fenêtre (= battant).
2 Partie de la visière des casques par laquelle passait l'air (le vent); parfois écrit : ventaille.
3 travail**s**, dans le sens de l'appareil pour maintenir de grands animaux domestique (cheval...) pendant qu'on les ferre.
4 En botanique.
5 Variation de la prononciation: singulier [œf] ▸ pluriel [ø].
6 Pour le sens de : ***grands-parents***.
7 Pour le sens de : ***ancêtres***.
8 Pour les sens de : ***ciels de lit***, ou en ***météorologie***.
9 Pour les sens de : ***voûte***▼ ***céleste***, ***paradis***.

▼ v**e**ntail. ▼ v**e**ntaux. ▼ vo**u**te céleste

§280 | Noms et adjectifs désignant des couleurs

Un seule règle toute simple à retenir :
SEUL L'ADJECTIF SIMPLE S'ACCORDE, en genre et en nombre.

- *des livres brun**s***

Conséquences :

1) les **mots composés** sont **invariables**
   - *des revues brun clair*
2) les **noms** qui désignent une couleur sont **invariables**
   - *des couvertures paille*

Exceptions : ROSE, MAUVE, POURPRE et ÉCARLATE sont 4 anciens noms devenus adjectifs : ils **varient** donc.

Remarques :

1) **fauve** existe en tant que nom et en tant qu'adjectif : il **varie** donc aussi quand il désigne une couleur :
   - *des tons fauve**s***
2) **pie** (= noir et blanc ***ou*** roux et blanc) est un adjectif simple **invariable** car il provient, par analogie, du nom de l'oiseau.
3) **alezan** est un adjectif simple, donc **variable** :
   - *une jument alezan**e***

   Il est accessoirement utilisé comme nom :
   - *un alezan*
4) **couleurs coordonnées :**
   - *des assiettes blanc et bleu* (= assiettes bicolores, donc mot composé **invariable**)
   - *des assiettes blanch**es** et bleu**es*** (réduction pour : des assiettes blanches et des assiettes bleues, donc 2 adjectifs simples **variables**)
5) **châtain :**
   - **varie** très souvent en nombre, au **masculin pluriel** :
     - *des cheveux châtain**s***
   - l'usage est plus **incertain** pour le **féminin** :
     - *une chevelure châtain**(e)*** - *des chevelures châtain**(es)***

§281 | Noms étrangers, empruntés à d'autres langues

L'usage est hésitant :

- ou bien, ils suivent la graphie de leur ***pluriel d'origine***
- ou bien, ils se comportent ***comme les noms français* (+ s, la plupart du temps)**▼

C'est cette dernière tendance qui semble l'emporter à l'heure actuelle. Il est aussi recommandé de remplacer le nom étranger par un nom français correspondant; par exemple :

▸ *les gardiennes d'enfants*, au lieu de *les baby-sitters*

Quelques exemples :

Noms anglais

- **-man > -men ou -mans**
  - ▸ *des record**men*** ou *des record**mans***
  - ▸ *des bar**men*** ou *des bar**mans***
- **-y > -ies ou -ys**
  - ▸ *des bab**ies*** ou *des bab**ys***
  - ▸ *des whisk**ies*** ou *des whisk**ys***

  Remarque :

  Toutefois, les dictionnaires signalent uniquement : *des dandys.*
- **-ch > -ches ou chs**
  - ▸ *des mat**ches*** ou *des mat**chs***
  - ▸ *des sandwi**ches*** ou *des sandwi**chs***

  ainsi que : ▸ *des flas**hes*** ou *des flas**hs***

Noms italiens

- le **pluriel français** est souvent de règle, même à partir d'un pluriel italien
  - ▸ *un bravo* > *des bravo**s***
  - ▸ *un spaghetti* (plur. italien) > *des spaghetti**s*** (ou *des spaghetti*)
  - ▸ *un graffiti* (plur. italien) > *des graffiti**s*** (ou *des graffiti)*

▼ Les rectifications de 1990 insistent pour que les **pluriels** de ces mots soient **francisés** : ***des zakouskis, des raviolis, des confettis, des scénarios, des jazzmans, des matchs, des solos, des maximums, des lieds...*** Elles préconisent aussi la **soudure de mots composés**, ce qui simplifie la mise au pluriel : ***des weekends, des hotdogs, des bluejeans, des ossobucos...***

- *un confetti* > *des confetti**s***
- *un concerto* > *des concerto**s***

• **Cas particuliers**

- *un crescendo* > *des crescendo*▼ (ce mot est un ***adverbe*** italien !)
- *un impresario* > *des impresar**ii***
  mais : *un impr**é**sario* > *des impr**é**sar**ios***

❖ ***Noms latins***

• le **pluriel français** tend à remplacer les formes latines

- *un intérim* > *des intérim**s***
- *un référendum* > *des référendum**s***
- *un minimum* > *des minimum**s*** (ou *des minim**a***[1])
- *un alibi* > *des alibi**s***
- *un extra* > *des extra**s***
- *un forum* > *des forum**s***
- *un duplicata* > *des duplicata**s*** (ou *des duplicata)*
- *un veto*▼ > *des veto**s***▼ (ou *des veto*)

• **Cas particuliers**

- *un erratum* > *des errat**a*** (plur. latin)
- *un post-scriptum*▼ > *des post-scriptum*▼ (inv.)

❖ ***Noms allemands***

- *un lied* > *des lied**s*** (ou *des lied**er***)
- *un leitmotiv* > des *leitmotiv**s*** (ou *des leitmotiv**e**)*

§282 | Noms ordinairement singuliers

✻ Ce sont souvent des ***noms abstraits :***

- *la soif, le manger, le courage, la justice, la haine...*

ainsi que : ▸ *le bercail.*

1 Sous la **forme adjectivale,** la langue actuelle développe les formes ***maximal***, ***minimal***, ***optimal***, dont les pluriels sont réguliers (***-aux)***.

▼ *crescendos*
▼ *véto* ▼ *vétos*
▼ *postscriptum(s)*

§283 | Noms toujours pluriels

Les noms suivants ne s'emploient guère au singulier :

masculin pluriel :

agissements
aguets
alentours
appas▼
appointements
confins
décombres
dépens
environs
frais
gravats
honoraires
pénates
pourparlers

féminin pluriel :

affres
ambages
annales
archives
armoiries
arrhes
calendes
entrailles
fiançailles
funérailles
hardes
mœurs[1]
obsèques
pierreries
représailles
semailles
ténèbres
vêpres

§284 | Pluriel modificateur de sens

Les noms suivants ont un ***sens supplémentaire au pluriel :***

- *une assise* (base) ≠ *des assises* (séances des tribunaux)
- *une bouche* (début du tube digestif) ≠ *les bouches* (embouchure d'un fleuve)
- *un ciseau* (instrument tranchant du menuisier) ≠ *des ciseaux* (instrument à deux branches tranchantes)
- *un gage* (garantie) ≠ *des gages* (rémunérations des domestiques ou d'un tueur)
- *une lettre* (signe graphique, écrit) ≠ *les lettres* (culture et activités littéraires)
- *une lunette* (instrument d'optique, ou ouverture d'une cuvette de W.C.) ≠ *des lunettes* (verres correcteurs de la vue)
- *la toilette* (action de se laver) ≠ *les toilettes* (W.-C.)
- *la vacance* (temps durant lequel un poste est sans titulaire) ≠ *les vacances* (période de congé)

1 Avec **s** prononcé ou muet.

▼ app**â**ts

§285 | Noms composés▼

✻ De nombreuses hésitations relatives à la formation du pluriel ou à l'usage du trait d'union imposent un recours fréquent aux dictionnaires (dans la mesure où ceux-ci ne sont pas en contradiction entre eux !).

▼ Les rectifications de 1990 ont tenu à unifier les règles d'accord hésitantes pour de nombreux cas :

1) **Agglutination et pluriel comme les noms simples**, sauf pour les expressions adverbiales (listes non exhaustives) :

a) **V + N** *ou* **V + tout :** (+ s)

arrachepied (d') (adv.)
boutentrain
brisetout
chaussetrappe
clochepied (à) (adv.)
couvrepied
crochepied
croquemadame
croquemonsieur
croquemort
fourretout
mangetout
mêletout
passepartout
passepasse
piquenique
porteclé
portecrayon
portemine
portemonnaie
portevoix
poussemousse
risquetout
tapecul
tirebouchon
tirebouchonner (V)
tournedos
vanupied

b) **N + Adj.** *ou* **N + N :** (+ s)

arcboutant
autostop
autostoppeur, euse
bassecour
branlebas
chauvesouris
cinéroman
hautparleur
jeanfoutre
lieudit
millefeuille
millepatte
millepertuis
platebande
potpourri
prudhomme
quotepart
sagefemme
saufconduit
téléfilm
terreplein
véloski

c) **onomatopées ou mots expressifs divers :**

blabla
coincoin
froufrou
grigri
kifkif
méliméio
pêlemêle
pingpong
prêchiprêcha
tamtam
tohubohu
traintrain
tsétsé

2) **Noms composés avec trait d'union (V + N** *ou* **prépos. + N) :** ***pluriel final*** uniquement, comme des noms simples, ***indépendamment du sens !*** Exemples :

un pèse-lettre ▸ *des pèse-lettre**s***
un cure-dent ▸ *des cure-dent**s***
un cure-ongle ▸ *des cure-ongle**s*** (et non plus *cure-ongles* au singulier comme au pluriel !)
un porte-avion ▸ *des porte-avion**s*** (et non plus *porte-avions* au singulier comme au pluriel !)

❖ **Un seul mot▼ (= agglutination) : *pluriel comme les noms simples***

un entresol	▸	*des entresol**s***
un portefeuille	▸	*des portefeuille**s***
un portemanteau	▸	*des portemanteau**x***

Remarque :

Font **exception** et ont un ***pluriel interne* :**

un bonhomme	▸	*des bon**s**homme**s***
un gentilhomme	▸	*des gentil**s**homme**s***
un monsieur	▸	*des **mes**sieurs*
madame	▸	***mes**dames*
mademoiselle	▸	***mes**demoiselles*

❖ **Plusieurs mots**

- retenons surtout ceci : **seuls les *Noms* et les *Adjectifs* prennent *ou non* la marque du pluriel *selon le sens*▼.**
- tous les autres mots restent invariables (y compris les verbes, supposés conjugués à la 3e personne du singulier).

un wagon-citerne	▸	*des wagon**s**-citerne**s***
*un porte-avion**s***	▸	*des porte-avion**s***
un gratte-ciel	▸	*des gratte-ciel*
un/une après-midi	▸	*des après-midi*
un petit-beurre	▸	*des petit**s**-beurre* (= petits [biscuits] ***au*** beurre.)
un pur-sang	▸	*des pur-sang* (= des chevaux ***au sang*** pur)
un en-tête	▸	*des en-tête**s***
un passe-partout	▸	*des passe-partout*
un timbre-poste	▸	*des timbre**s**-poste* (= pour ***la*** poste)
un haut-parleur	▸	*des haut-parleur**s*** (haut : adjectif pris adverbialement[1].)

1 Voir **Accord de l'adjectif**, § 325.

un/une perce-neige	▸	*des perce-neige**s*** (et non plus des perce-neige)
un après-midi	▸	*des après-midi**s***
un sans-abri	▸	*des sans-abri**s***

3) Cas modifié : garde

On ne distingue plus s'il s'agit d'une personne (= gardien) ou du V garder proprement dit. En effet, dans les deux cas, garde a une origine verbale !

▸ *des garde-malade**s***

4) Exceptions :

un prie-Dieu	▸	*des prie-Dieu* (en raison du nom propre)
un trompe l'œil	▸	*des trompe-l'œil* (en raison du déterminant article singulier)

▼ Voir ci-dessus, **1) a).**

▼ Les rectifications de 1990 ont évacué la notion de sens. Voir ci-dessus, **2).**

Remarques :

1) Le sens impose le singulier à des ***groupes « figés » :***

un tête-à-tête ▸ *des tête-à-tête*

2) Si le 2e nom est ressenti comme ***complément du nom***, il reste ***invariable :***

un chef-d'œuvre ▸ *des chef**s**-d'œuvre*

une pomme de terre ▸ *des pomme**s** de terre*

un œil-de-bœuf ▸ *des œil**s**-de-bœuf*

❖ **Cas particuliers :**

- **garde**▼ ne prend **s** que s'il désigne une ***personne*** (= gardien). Sinon, il prend pleinement son sens verbal.

  donc ▸ *des garde**s**-malade**s**, des garde**s**-meuble**s*** (officiers gardant les meubles du roi).

  mais ▸ *des garde-robe**s**, des garde-meuble**s*** (lieux pour garder les meubles).

- **si le premier élément se termine par o**, il reste ***invariable*** :

  ▸ *des électro-aimant**s*** (souvent agglutiné : *des électroaimant**s***).

  ▸ *des vidéo-cassette**s*** (ou : *des vidéocassette**s***).

- **grand**

  - accord régulier au ***masculin pluriel :***

  ▸ *des grand**s**-père**s***

  - ***pas*** d'accord ***en genre au féminin pluriel***; l'accord ***en nombre***, longtemps inexistant, est ***de plus en plus courant*** aujourd'hui :

  ▸ *des grand(**s**)-mère**s***

  ▸ *des grand(**s**)-maman**s***

  ▸ *des grand(**s**)-messe**s***

  ▸ *des grand(**s**)-tante**s***

  ▸ *des grand(**s**)-route**s***

  - accord ***en genre et en nombre :***

  ▸ *une grand**e**-duchesse* - *des grand**es**-duchesse**s***

- **sans trait d'union**

  ▸ *un ayant droit* - *des ayant**s** droit*

  ▸ *une pomme de terre* - *des pomme**s** de terre*

▼ Règle modifiée selon les Rectifications de 1990 : voir ci-dessus, **3)**.

§286 | Noms propres

Bien des hésitations entourent également ces règles.

- **Les noms propres ne prennent *généralement* pas la marque du pluriel :**
  - ***noms de personnes***
    - *Les **Antoine** et les **Duval** se sont encore disputés hier.*
  - ***pluriel emphatique***
    - *Les **Racine**, les **Corneille** sont de grands tragédiens français.*
  - ***titres, publications***
    - *J'ai cherché en vain ce mot dans deux **Larousse**[1] d'années différentes.*
  - ***marques commerciales***
    - *Deux **Citroën**[2] sont entrées en collision.*
  - ***œuvres, ou personnages pris comme modèle :*** usage indécis, mais tendance à l'invariabilité
    - *On croit parfois naïvement rencontrer des petits **Mozart(s)**[3] lors des concours de jeunes solistes.*
    - *Ma bibliothèque contient dix **Balzac(s)**[4].*
    - *Les **Apollon(s)** du Louvre...*
- **Prennent toutefois la *marque du pluriel* :**
  - **les noms de peuples et les autres termes géographiques**
    - *les Suisse**s**, les Andalou**s**, les deux Nèthe**s**, les Flandre**s**...*

    C'est le ***seul cas de pluriel absolument obligatoire*** pour les noms propres !
  - **les noms de familles à la fois illustres et anciennes**
    - *les Bourbon**s**, les Stuart**s**, les Guise**s**...*

    Mais dans ce cas ***on admet aussi l'invariabilité***.

1 Emploi métonymique (Voir § 393).

2 Idem.

3 Emploi métaphorique (Voir § 392).

4 Emploi métonymique.

IV - ACCORD DU VERBE ET DU GROUPE NOMINAL SUJET

Prérequis	Utilisations
• les sous-classes de mots, §§ 42 à 131 • l'enchâssée relative, §§ 181 à 184 • l'énumération, § 408 • les types de V (V impersonnel), § 109 • les fonctions (sujet, attribut), §§ 141 et 144 • les jonctions de P par juxtaposition et par coordination, §§ 171 à 179 • la grammaire de texte, §§ 217 à 227	• une orthographe grammaticale correcte • éviter une équivoque.

§287 | La règle fondamentale

Dans tous les cas :

LE (ou LES) SUJET(S)[1] COMMANDE(NT) L'ACCORD DU (ou DES) VERBE(S).
CET ACCORD A LIEU EN *PERSONNE* ET EN *NOMBRE*.

Quatre types de structures peuvent se présenter :

- **un sujet pour un verbe**
  - *Les amies de Christine sont passionnées de cinéma.*
- **plusieurs sujets pour un verbe**
  - *Anne-Sophie, Romain, Évelyne, Nathalie essaient d'étudier le mieux possible.*

    (• plusieurs sujets au singulier entraînent▼ donc le ***V au pluriel***.)
- **un sujet pour plusieurs verbes**
  - *Dès qu'il eut compris la situation, il prit son arme, descendit l'escalier, arriva dans la cour et poursuivit le malfrat dans la rue.*

    (• effet stylistique : l'effacement des pronoms sujets donne une ***impression de rapidité.***)

1 On entend par là le sujet grammatical support de la prédication (***prédication*** : en grammaire, attribution d'une propriété ou d'une caractérisation à un sujet, cf. aussi §§ 217-218).

▼ entraînent.

❖ **plusieurs sujets pour plusieurs verbes**

- *Le crapaud et la grenouille appartiennent à la classe des amphibiens, vivent à proximité des plans d'eau, mais diffèrent par leurs mœurs.*

Remarque :

Les difficultés d'accord développées dans les cas particuliers sont le plus souvent liées à une analyse erronée du sujet ou du sens de la phrase.

Quelques pièges :

❖ **l'inversion du sujet**

- *Le chanteur autour duquel* **se sont groupées** ***des admiratrices*** *signe des autographes.*
- *Et voilà que nous* **arrivent** ***de nouveaux ennuis.*** (tentation de prendre pour sujet le pronom complément **nous.**)

❖ **le sujet est séparé (éloigné) du V**

- *C'est ce que m'***ont expliqué***, dans la fièvre des préparatifs de la soirée,* ***les deux copains de Sylvette.***

❖ **le pronom indéfini ON**

Malgré l'idée de pluralité, le V est ***toujours au singulier.***

- ***On*** **parlait** *de nos souvenirs de colonies de vacances.*
- ***On*** **avait remarqué** *sa présence.*
- *Trois femmes nous accompagnaient.* ***On*** **était** *enfin* **arrivés** *de l'autre côté de la forêt*[1].

ACCORD DU V AVEC UN SEUL SUJET

§288 | Cas du V impersonnel

Accord avec le sujet IL (sans tenir compte du complément du V impersonnel).

- ***Il*** *nous* **arrive** *des masses de problèmes imprévus.*
- ***Il*** **est arrivé** *trois camions sanitaires débordant de médicaments.*

Remarque :

Un moyen pratique pour détecter à coup sûr le **IL impersonnel** : si on peut le remplacer par un ***prénom masculin,*** c'est un ***pronom personnel.*** Dans le cas contraire, il s'agit d'une tournure impersonnelle.

- *Il est arrivé à huit heures.* > *Pierre est arrivé à huit heures.*
- *Il est arrivé une catastrophe.* > Ø

1 Le PPé accordé avec le sujet ON se met souvent au pluriel s'il est manifeste que l'on désigne plusieurs personnes.

§289 | Pronom CE sujet

Ici, la forme « neutre » du sujet ne permet pas d'y déceler les marques d'accord.

Ce (ou C') + V être *joue souvent le rôle d'un* présentatif :

- Normalement, **on *accorde avec le GN ou le pronom* qui suit *l'expression.***
- Toutefois, la ***langue familière*** (= non littéraire) contemporaine tend à privilégier le **singulier**.
  - *Ce **sont** (c'**est**) trois véritables garnements, les enfants du voisin !*
  - *C'**étaient** (c'**était**) des amis de longue date.*
  - *Tout ce bruit, ce **sont** (c'**est**) des décibels inutiles.*

Remarque :

Les mêmes principes s'appliquent si l'expression est : ***ce doit être*** ou ***ce peut être*** :

- *Ce **doivent** (ce **doit**) être tes enfants qu'on aperçoit au loin.*

Emplois emphatiques :

Le gallicisme *(c'est/ce sont … qui; c'est/ce sont … que)* et ***le détachement*** (ce qui... c'est/ce sont; ce que... c'est/ce sont; ce dont... c'est/ce sont) laissent le **choix** entre le ***singulier*** et le ***pluriel***, **mais** le ***singulier*** s'impose toutefois ***si le GN concerné n'est ni GNS ni CD :***

- **Ce *sont/c'est*** *les plus courageux* **qui** *réussissent.*
- **Ce que** *je redoute,* **ce *sont/c'est*** *les questions indiscrètes.*
- ***C'est*** *du décollage et des trous d'air* **que** *j'ai le plus peur.* (**CI**)
- ***C'est*** *dans les Landes* **que** *j'aimerais passer des vacances.* (**CP**)

Le singulier est obligatoire dans les cas suivants :

- Le GN qui suit comporte un ***déterminant numéral*** qui précède une **quantité considérée dans son *ensemble*** (souvent heures ou argent) :
  - *C'est **seize heures** qui sonnent.*
  - *C'est **mille francs** que vous me devez.*
  - *C'est **deux cents maisons** que cet architecte a construites.*

  Mais :
  - *Ce **sont** deux longues heures d'examen épuisant.*
    (on insiste ici sur la ***durée***, sur une ***suite d'éléments***.)
- • Le pronom qui suit est **NOUS** ou **VOUS** :
  - *C'est **nous** qui avons raison ! C'est **vous** qui avez tort !*

- Par contre, pour **EUX**, le ***choix*** existe :
  - *C'**est eux** qui partiront tôt demain matin.*
  - *Ce **sont eux** qui remporteront la victoire.*

❖ **Certaines *expressions* dites *« figées »*** n'existent qu'au singulier : *si ce n'est*[1], *fut-ce, fût-ce*[2], *sera-ce, ne fût-ce que*[3], *c'eût été, est-ce [que]...*

- *Quels sont les coupables ?* **Si ce n'est *les gens*** *que j'ai aperçus, il faut trouver une autre piste.*
- *Attends-moi,* **ne fût-ce que *deux minutes*** *!*

§290 | Pronom relatif QUI sujet

Accord en nombre et en personne avec l'ANTÉCÉDENT

- que ce dernier soit ou ne soit pas attribut (voir ci-dessous)
- en tenant compte de ***règles particulières*** qui peuvent interférer avec celle-ci (par exemple, un déterminant quantifiant[4], un collectif[5]...)
  - ***Toi*** *qui* ***es*** *riche, pense aux pauvres.*
  - *Vous êtes donc* ***cet individu*** *qui* ***participe*** *à toutes les campagnes antitabac !*

    Attr. du GNS **vous**
  - ***Un tas d'ordures*** *qui* ***encombrai(en)t*** *le trottoir fu(ren)t dispersé(es) par le vent.* (règle du collectif)

Accord avec le pronom sujet de la P matrice

- **si *l'antécédent* est *attribut***

et • s'il exprime une ***idée de pluralité***

et • qu'il n'est ***pas précédé de* le (l') *ou* ce**

- **Vous** *êtes* ***des petits diables*** *qui ne* ***reculez*** *devant rien.*

  Attr. du GNS **vous**
- *Vous êtes* ***l'élève*** *qui* ***a*** *la plus belle écriture.*

  Attr. du GNS **vous**

1 ***Si ce n'est*** a une valeur de **locution prépositive** (= excepté). Voir l'**Accord du PPé employé seul**, § 307.
2 ***Fût-ce*** a une valeur adverbiale : = même.
3 ***Ne fût-ce que*** a aussi une valeur adverbiale : = seulement.
4 Voir ci-après, § 291.
5 Voir ci-après, § 292.

▸ *N'êtes-**vous** pas* **ce *garnement*** *qui **a cassé** le carreau ?*
Attr. du GNS **vous**

▸ **Nous** *sommes* ***quelques-uns*** *qui* **souhaiterions** *nous entretenir avec vous.*
Attr. du GNS **nous**

▸ **Nous** *étions* ***trois petits cochons*** *qui* ***avions*** *peur du loup.*
Attr. du GNS **nous**

Mais : ▸ **Nous** *étions* **les *trois petits cochons*** *qui* ***avaient*** *peur du loup.*
Attr. du GNS **nous**

(On insiste plus sur l'ensemble que sur la pluralité, en raison du déterminant article défini.)

⁜ Voir aussi, dans les **cas particuliers**, le **§ 303 (un(e) [...] de + expansion + qui)**.

§291 | Locutions régissant l'accord avec leur expansion

❖ DÉTERMINANT QUANTIFIANT
(assez de, beaucoup (de), la plupart (de), un grand/petit nombre (de), quantité (de), trop (de), combien (de)...)

❖ PLUS D'UN...

❖ MOINS DE DEUX...

⁜ ***L'accord** se fait **toujours avec l'expansion*** du déterminant, ***même*** lorsque - et c'est le cas pour ***plus d'un***[1] et ***moins de deux*** - l'application de cette règle va ***à l'encontre du sens logique*** de l'expression :

▸ **Beaucoup d'animaux *sont abandonnés*** *pendant les vacances.*

▸ **La plupart des boulangers *travaillent*** *la nuit.*

▸ **La plupart d'entre vous *comprendront*** *ma remarque.*

▸ **Combien d'élèves** *n'**ont** pas **fini** leur travail ?*

▸ **Trop d'automobilistes *méconnaissent*** *le code de la route.*

▸ **Plus d'un technicien *a essayé*** *de réparer cette télévision.*

▸ **Moins de deux ans *se sont écoulés*** *depuis cet abominable attentat.*

⁜ **Si ces mêmes locutions fonctionnent *seules*** (c'est-à-dire sans expansion), leur sens commande le ***pluriel*** :

▸ **Beaucoup** *ne **sont** pas* **venus**.

▸ **La plupart *étaient*** *des réfugiés politiques.*

Mais : ▸ **Plus d'un** *m'**a regardé** avec étonnement.*

1 Toutefois, en cas de **réciprocité**, ou s'il est **répété**, ***plus d'un*** entraîne▼ un ***pluriel*** :

▸ ***Plus d'un*** *fripon* ***se dupent l'un l'autre.***

▸ ***Plus d'un*** *héros,* ***plus d'un*** *grand homme* **sont montrés** *comme des exemples pour l'humanité.*

▼ entraine.

Remarque :

Voir aussi, dans les **cas particuliers**, le **§ 299 (Collectif ou déterminant chiffré)**.

§292 | Collectif et le peu de : accord selon le sens.

L'accord SELON LE SENS ne signifie pas « au choix », en toute liberté. Il convient, au contraire, d'***analyser la phrase*** avec discernement, en tenant compte de l'***intention de son auteur.***

❖ Le collectif :

- **l'ensemble** désigné par le collectif est ***considéré dans sa totalité*** : accord au **SINGULIER** (priorité du quantifiant)[1].

  Remarque :

  C'est presque toujours le cas lorsque le collectif est précédé d'un ***déterminant défini, démonstratif ou possessif***[2].

- ***les éléments* de l'ensemble** désigné ***prédominent*** dans l'intention du locuteur : accord au **PLURIEL** (priorité du qualifiant)[3].

Pour trancher, il faut prendre en considération le contexte, et se représenter mentalement l'image qui en émane :

- *Un tas de cailloux **obstrue** le chemin.*
- *Un tas de cailloux **dévalent** dans le ravin.*

(visualiser la situation.)

- *Une foule de gens **pensent** comme nous.*
- *Une foule de gens **bloquait** l'entrée.*

(une foule n'est pas douée de pensée.)

- *Une armée de servantes, de marmitons **se démenaient**.* (E. Moselly.)
- *Une armée de marmites et de casseroles **reposait** sur un lit de braise.*

(E. Moselly.)

(cité dans Bled.)

- ***Une** foule d'élèves **sortirent** du laboratoire.*
- ***La** foule d'élèves **quitta** aussitôt l'école.*

(déterminant défini désignant la totalité.)

1 Quantifiant : mot ou ensemble de mots visant à l'expression de la quantité.

2 C'est-à-dire lors de l'utilisation d'une ***assiette notoire*** ou ***présentatoire***, voir **Grammaire de texte,** §§ 220 à 225.

3 Qualifiant : mot ou ensemble de mots visant à définir un GN.

❖ **Le peu de :**

- accord au **SINGULIER** si l'expression ***domine*** dans la pensée ou marque l'***insuffisance***, la ***restriction***, le ***manque*** (un ***constituant négatif*** peut renforcer cette analyse) (priorité du quantifiant)[1].
- accord au **PLURIEL** pour marquer une ***potentialité minime***, une ***petite quantité suffisante*** (priorité du qualifiant)[2].
  - *Le peu d'efforts qu'il a fourni* **n'a pas suffi** *à l'amener à la réussite.*
  - *Le peu de billets qu'il avait sur lui l'****a forcé*** *à remettre ses achats au lendemain.*
  - *Le peu de timbres qu'il a en double ne lui* **permettent** *pas beaucoup d'échanges.*
    (***pas beaucoup***, mais cependant ***quelques-uns***, malgré le constituant négatif !)
  - *Le peu de mouvements effectués dans cette atmosphère suffocante le* ***faisaient*** *transpirer abondamment.*

ACCORD DU V AVEC PLUSIEURS SUJETS

§293 | Sujets de personnes différentes

Le V se conjugue au **PLURIEL**, ***à la « plus petite » personne*** (numériquement). (C'est ce que l'on pourrait appeler une ***règle antimathématique***, puisque dans ce cas 1 > 2 > 3 !) :

- *La cousine Martine et* ***moi avons*** *fait une longue promenade.*
  3 + 1 = 1
- *Le mécanicien et* ***vous êtes*** *parvenus à réparer l'alternateur.*
  3 + 2 = 2
- *Ta sœur et* ***moi****, nous nous* ***entendons*** *bien.*
  3 + 1 = 1
- *Eux et* ***nous sommes*** *convaincus de ton innocence.*
  3 + 1 = 1
- *Son directeur, vous et* ***moi allons*** *conquérir tout le marché du textile.*
  3 + 2 + 1 = 1
- *Ni lui ni* ***toi*** *n'****osez*** *prendre vos responsabilités.*
  3 + 2 = 2

1 Cf. note 1, page précédente.
2 Cf. note 3, page précédente.

§294 | Énumérations

Sauf dans les trois cas présentés ci-dessous, l'énumé ration sujet entraîne▼ logiquement le V au **PLURIEL** (voir règle fondamentale, **§ 287** : ***plusieurs sujets pour un verbe***) :

- *Un lion féroce, deux tigres du Bengale et une petite panthère **évoluaient** dans la cage.*

❖ Si l'**énumération sujet est résumée par un mot *singulier*** (*aucun, tout, rien, chacun, nul, personne...*), on accorde avec ce mot, au **SINGULIER** :

- **a + b + c = x**
  - *Un chien, un chat, une souris, **tout** l'**effrayait**.*
  - ***Chacun**, le riche, le pauvre, le doué, le moins doué, **a** un itinéraire à parcourir, avec son lot de soucis.*
  - *Cadeaux, fleurs, repas de fête, **rien** n'**est** superflu pour ma fiancée.*
  - ***Chacun**, Français, Belge, Québécois, Suisse, **parle** une langue riche, mais pleine de subtiles complexités.*

❖ Si l'**énumération sujet** comprend des **noms *plus ou moins* synonymes**, on accorde au **SINGULIER**, le plus souvent avec le ***dernier élément :***

- **a + a' + a'' = a''**
  - *Cette **maison**, cette **demeure** confortable, cette **habitation** coquette **restera** toujours parmi mes meilleurs souvenirs.*
  - *Le **dénuement** complet, l'**indigence**, la **misère est** souvent mal **secourue** par les organismes officiels.*
  - *La **beauté**, la **grâce inspire** les poètes.*

❖ Si l'**énumération sujet** présente des **éléments en gradation** (c'est-à-dire formant une ***progression ascendante ou descendante***), on accorde également au **SINGULIER**, le plus souvent avec le ***dernier élément :***

- 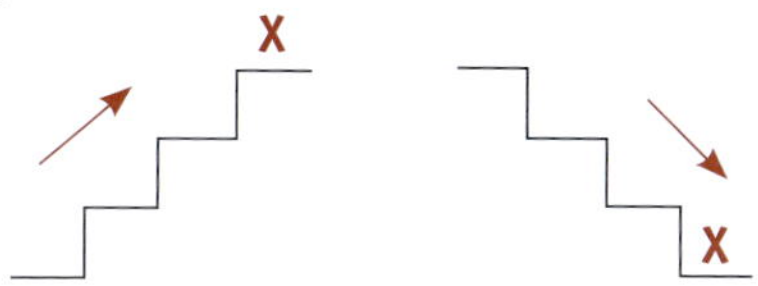

  - *Un **aboiement**, un **souffle**, une **ombre est redoutée** par le lièvre.*
  - *Un **mot**, un **geste**, un **souffle suffit** à trahir le coupable.*
  - *Une **pénombre** savamment dosée, un **éclairage** tamisé, puis l'**éclat** de nombreux projecteurs **fait** apparaître▼ progressivement les protagonistes.*

Remarque :

Il peut s'agir aussi d'une ***sorte de gradation***, si la conjonction de coordination **mais** est placée ***devant le dernier terme*** de l'énumération, dans une structure ***avec corrélatifs :***

- ***Non seulement** ses amis et sa sœur, **mais** son père le lui **avait** déconseillé.*

▼ entraine.

▼ *apparaitre.*

§295 | Complétives ou infinitifs unis par ET

* L'accord se fait **selon le sens :**
  * au **PLURIEL**, selon la règle générale, **en cas d'addition**
    * ***Vaincre et mourir* sont** *les devoirs du soldat.* (sic !)
    * ***Skier et nager* sont** *deux activités sportives qui me passionnent.*
    * ***Qu'il ait rendu sa feuille avant les autres et qu'il ne l'ait pas relue* sont** *des indices sérieux d'une fraude.*
  * au **SINGULIER**, si les infinitifs ou les complétives sont plus ou moins ***synonymes*** ou évoquent une ***idée unique***
    * ***Boire et manger* est** *une nécessité physique dont on ne peut se passer.*
    * ***Vaincre et triompher** des difficultés* **est** *le secret espoir de tout élève courageux.*
    * ***Qu'il ait relu sa copie, qu'il l'ait bien vérifiée,** me* **fait** *espérer un bon résultat.*

§296 | Sujets unis par AINSI QUE, COMME...

(... aussi bien que, autant que, de même que...)

* L'accord se fait **selon le sens :**
  * au **PLURIEL**, selon la règle générale, **en cas d'addition**
    * *Annie* ***comme*** *Nathalie* ***adorent*** *les films d'horreur.*
    * *Le savoir-vivre* ***ainsi que*** *la politesse* ***doivent*** *s'apprendre dès le plus jeune âge.*
  * au **SINGULIER**, ***avec le premier sujet***, s'il y a **comparaison**. Dans ce cas, ***deux virgules*** encadrent souvent le comparé, ce qui permet de le rendre mobile
    * *Le* ***loup, ainsi que*** *le renard****, est*** *un mammifère carnassier.*

      (Ainsi que le renard**,** le loup est...)

      (Le loup est... , ainsi que le renard.)
    * *Une* ***patineuse, comme*** *une skieuse,* ***doit*** *faire preuve de souplesse, d'élégance et pouvoir rapidement rétablir son équilibre.*

§297 | Sujets unis par OU, NI

* L'accord se fait **selon le sens :**
  * au **PLURIEL**, selon la règle générale, **en cas d'addition**
    * **Ni *toi* ni *moi*** *n'****avons*** *fait preuve d'endurance.*
    * ***La joie* ou *le plaisir*** *de la découverte* ***peuvent*** *vous encourager à persévérer.*

- au **SINGULIER**, pour marquer l'**exclusion**, la **disjonction**, ou au contraire la **synonymie**
  - **Ni** ***Richard*** **ni** ***Robert*** *n'**accédera**▼ au poste de directeur dans cette entreprise.*
  - ***Mon cousin*** **ou** ***sa sœur a maraudé*** *dans le verger. Je me demande quel est le coupable.*
  - ***La courtilière*** **ou** ***taupe-grillon est*** *nuisible dans les potagers.* (synonymie)
- voir aussi, dans les **cas particuliers**, le **§ 302 (Corrélatifs).**

§298 | L'UN [...] L'AUTRE

Cette expression se comporte **en fonction du mot coordonnant** (voir **§§ 296 et 297**, ci-dessus), **selon le sens de la phrase :**

- **L'un ET l'autre :** souvent au **PLURIEL**
  - *L'un **et** l'autre député **jouaient** le jeu de l'opposition.*

  Mais : *L'une **et** l'autre surprise le **remplissait** de bonheur.*
- **L'un OU l'autre :** souvent au **SINGULIER**
  - *Parmi les trois candidats, l'un **ou** l'autre **sera choisi** pour nous représenter.*

  Mais : ***Fréquemment arrivaient*** *l'un **ou** l'autre de mes amis.* (car **aspect itératif**[1])
- **NI l'un NI l'autre : SINGULIER** ou **PLURIEL selon le sens**
  - ***Ni*** *l'un **ni** l'autre ne **deviendra** mon assistant.*
  - ***Ni*** *l'un **ni** l'autre ne **parviendront** à leurs fins.*
- **L'un COMME l'autre :** souvent au **SINGULIER**
  - *L'un **comme** l'autre **croit** dur comme fer à la réussite.*
  - *Tous deux ont gagné au loto : l'un **comme** l'autre **dansent** de joie.*

CAS PLUS PARTICULIERS OU MOINS FRÉQUENTS

§299 | Collectif ou déterminant chiffré

(fraction, pourcentage, nom numéral[2])

Si le COMPLÉMENT (l'expansion) est au PLURIEL

- et qu'il s'agit d'une **fraction ou d'un nom numéral au SINGULIER, ou encore d'un pourcentage :**
  - accord au **SINGULIER** pour insister sur ***l'ensemble*** désigné ou sur un ***nombre précis***
    - ***Une dizaine*** *de ces mouchoirs **coûtait**▼ cinq francs.* (Colette) (= 5 F la dizaine)
    - ***90%*** *des élèves **a compris** l'explication.*
    - ***Un quart*** *des finances **est réservé** à l'aide sociale.*

1 Voir l'**Aspect**, § 102.

2 Nom commun exprimant un nombre, par exemple : ***une trentaine, un millier, des milliards...***

▼ *accèdera.*

▼ *coutait.*

- accord au **PLURIEL** si le ***nombre*** n'est qu'***approximatif*** et que l'esprit ***envisage l'expansion*** du groupe
  - *Une vingtaine* ***de voyous entouraient*** *un malheureux.*
  - *90%* ***des élèves ont compris*** *l'explication.*
  - *Un quart* ***des habitants seront expulsés*** *du quartier.*

❖ et qu'il s'agit d'une **fraction ou d'un nom numéral au PLURIEL :**

- accord au **PLURIEL** (au féminin pluriel, si le complément est féminin pluriel)
  - *Les trois quarts des invités* ***sont satisfaits.***
  - *Deux dizaines de mouchoirs* ***coûtent***▼ *deux euros.*
  - *Deux tiers* ***des maisons auraient été dévastées.***

Si le COMPLÉMENT (l'expansion) est au SINGULIER

❖ et qu'il s'agit d'une **fraction au SINGULIER, ou d'un pourcentage :**

- accord au **SINGULIER** avec le complément, **sauf si** le complément n'a ***pas de déterminant***
  - *20% de cette* ***dépense*** *vous* ***sera remboursée.***
  - *10% de ristourne* ***sont accordés*** *aux clients fidèles.* (ristourne : pas de déterminant)
  - *Le tiers* ***de la forêt a été brûlée***▼.

❖ et qu'il s'agit d'une **fraction au PLURIEL :**

- accord au **masculin PLURIEL**
  - ***Deux tiers*** *de la campagne* ***sont couverts*** *de blé.*
  - ***Les trois quarts*** *de la population* ***sont atteints*** *par la famine.*

Autres cas :

❖ **pourcentage seul** (= sans expansion) : **SINGULIER.**

- *25%* ***est*** *une belle remise !*

❖ **nom numéral sujet, ou déterminant numéral + sujet :**

- accord **d'après le sens**, selon que l'on envisage l'***ensemble*** (sing.) ou la ***quantité*** (plur.)
  - *Dix milliards* ***représente*** *une belle économie pour le gouvernement.*
  - *Dix milliards* ***ont servi*** *au développement de l'Éducation.*
  - *Vingt bougies* ***équivaut*** *à un âge fort enviable.*
  - *Vingt bougies* ***peuvent*** *être facilement soufflées.*

▼ ***coutent.***
▼ ***brulée.***

§300 | Sujet et attribut *inversés*

Soi(en)t les deux phrases suivantes :

- *La rentrée scolaire est son cauchemar.*
  Son cauchemar est la rentrée scolaire.

L'analyse de P selon les tests pour reconnaître▼ les fonctions[1] (encadrement par **c'est ... qui** pour le GNS, pronominalisation par **l'** pour l'attribut du GNS) aboutit à considérer ***la rentrée scolaire*** comme **sujet** dans les deux cas.

- **L'accord se fait *généralement* avec l'attribut antéposé :**
  - ***Son repas quotidien*** *est* ***deux biscottes beurrées.***
    Attr. du GNS — GNS
  - ***La cause de sa chute*** *fut* ***ses ennemis politiques.***
    Attr. du GNS — GNS

§301 | Sujets postposés

On accorde avec le seul sujet antéposé :

- *Daniel* ***arriva****, ensuite Philippe et Vanessa.*
  (en effet, le même V peut être considéré comme sous-entendu après les sujets postposés : *Daniel arriva, ensuite Philippe et Vanessa [* ***arrivèrent****.]*)

§302 | Sujets unis par des corrélatifs[2]

Les **corrélatifs** se comportent, **selon leur sens et celui de la phrase**, en ***marqueurs d'addition*** (accord au **PLURIEL**) ou bien en ***marqueurs d'exclusion*** (accord au **SINGULIER**), de la même manière que pour **ou** et **ni** (voir **§ 297**, ci-avant) :

- ***Parfois*** *la faim,* ***parfois*** *le froid le* ***faisait*** *souffrir.*
- ***Soit*** *ta mère,* ***soit*** *notre fils* ***a brisé*** *le vase de Chine.*
- ***Ou*** *le procureur* ***ou*** *l'avocat général m'****assaillent*** *de questions.*

§303 | Un(e) (...) de + expansion (+ qui)

Le **SINGULIER ou le PLURIEL** dépendent une fois de plus du ***sens de la phrase*** : insiste-t-on sur un seul élément ou sur l'ensemble ?

- ***Un des*** *deux satellites* ***qui ont été lancés*** *le mois dernier* ***dévie*** *de sa trajectoire.*
- ***Un des*** *deux satellites,* ***qui dévie*** *de sa trajectoire,* ***a été lancé*** *le mois dernier.*

1 Voir les **Fonctions**, §§ 141 et 144.
2 Voir § 130.

▼ reconnaitre.

- ***Une*** *nouvelle* ***sorte de*** *fourmis* ***ont été examinées*** *en laboratoire.*
- ***Ce type de*** *fourmis* ***semble*** *assez dangereux.*[1]
- ***Un de*** *mes amis* ***qui est*** *menuisier* ***réalise*** *de très beaux meubles.*
- ***Un de*** *mes amis* ***qui ont fait*** *des études de menuiserie* ***a réalisé*** *un très beau meuble.*

§304 | Verbes ... figés ?

QU'IMPORTE, RESTE : pluriel, ou **singulier** s'ils sont considérés comme ***V impersonnels***

- ***Qu'importent*** *les résultats, du moment qu'on a fourni un effort.*
- ***Que*** *m'****importe*** *les autres ? Je suis un fieffé égoïste.* (= Qu'il m'importe...)
- *Mon choix s'atténue :* ***reste*** *les études sociales.* (= Il reste...)
- ***Restaient*** *dix arbres à élaguer.* (= Dix arbres restaient à élaguer.)
- ***Restait*** *dix arbres à élaguer.* (= Il restait dix arbres à élaguer.)

VIVE, SOIT : souvent au **singulier**

- ***Soit*** *cinq propositions. Laquelle choisissez-vous ?*
- ***Vive*** *les élèves de troisième année !*

  (ancienne formule de souhait, au subjonctif présent : = *[je souhaite que] vivent...*)

Mais :

- ***Vive(nt)*** *les vacances !*
- ***Soient*** *deux triangles rectangles...*

  (le pluriel appartient surtout au langage des mathématiciens.)

N'ÉTAIT, N'EÛT ÉTÉ : tendent à être considérés comme des ***prépositions*** (= ***sans***) et à rester **invariables**

- *Il aurait survécu,* ***n'eût été*** *les complications soudaines de sa maladie.*
- *Il aurait abandonné,* ***n'étai(en)t*** *les amis qui venaient l'encourager.*

1 Comme pour le ***collectif*** (voir ci-avant, **§ 292**), l'emploi d'un **déterminant défini ou démonstratif** entraîne▼ le ***singulier***.

▼ entraine.

V - ACCORD DU PARTICIPE PASSÉ

Prérequis	Utilisations
• les fonctions (sujet, CD, CI), §§ 141 à 143 • la conjugaison active, temps composés, § 350 • la conjugaison passive, § 352 • la conjugaison pronominale, § 353 • les sous-classes de mots, §§ 42 à 131 • les enchâssées complétives, §§ 185 à 187 • l'accord de l'adjectif, §§ 322 à 330 • l'accord du V et du GNS, §§ 287 à 304	• orthographe grammaticale correcte des formes verbales composées • l'adjectif épithète, §§ 152 et 153 • les réductions d'enchâssées, § 192

§305 | Vue d'ensemble

S'il est tentant d'applaudir l'analyse d'André Thérive selon laquelle *« (...) on pourrait soutenir que l'accord du participe passé ne sert à rien, ne plaît▼ à personne et gêne tout le monde. »* [1] et s'il est sensé de penser qu'une réforme de l'orthographe devrait, par priorité, s'attaquer à ce problème, il n'en reste pas moins qu'actuellement, on ne peut échapper à ces règles.

Remarques préliminaires à propos de l'évolution de la langue :

1) La règle d'accord du PPé employé avec l'auxiliaire AVOIR (§ 310) est liée à une codification non fondée qui complique l'accord. Elle se base sur une modification de l'ordre des mots dans la phrase (**J'ai pomme* ***mangée*** [épithète] ▸ *J'ai mangé* ***une pomme*** [CD]). La règle générale de l'invariabilité du PPé employé avec AVOIR trouve de plus en plus d'adeptes, mais à ce jour n'est pas acceptée par la norme.
2) Le PPé d'un V pronominal (§§ 319-320) est toujours employé avec ÊTRE. Il obéit toutefois à des règles d'accord spécifiques. Un mouvement se dessine qui permettrait, au contraire, d'aligner l'accord du PPé du V pronominal sur celui des PPés employés avec ÊTRE.

❖ L'accord du PPé peut ne pas demeurer une « bête noire », à condition de bien connaître **3 ou 4 règles fondamentales** et de mémoriser **sur laquelle se fonde chaque cas particulier**. C'est dans ce but que nous donnons d'abord le tableau suivant qui montre la prépondérance des règles liées à l'auxiliaire ***avoir*** :

1 André Thérive, *Clinique du langage*, p. 260, cité dans le *Nouveau dictionnaire des difficultés du français* par J. Hanse, Éd. Duculot, 1987.

▼ *plait.*

PPÉ

EMPLOYÉ **SANS AUXILIAIRE**	EMPLOYÉ AVEC **ÊTRE**	EMPLOYÉ AVEC **AVOIR**	EMPLOYÉ DANS LA **CONJUGAISON PRONOMINALE**
• attendu, y compris, (et la valeur prépositionnelle)		• V impersonnels	• pronom non sujet **avec** fonction
• ci-annexé... (et la valeur adverbiale)		• pronom **en** CD	• pronom non sujet **sans** fonction
		• CD **l'** neutre	• PPés toujours invariables
		• PPé entre 2 marqueurs d'enchâssement	
		• PPé + **être** ou **avoir été**	
		• PPé + infinitif (laissé + inf.) ↔	• PPé + infinitif (se laisser + inf.)
		• dit, dû, cru... + infinitif ou enchâssée sous-entendus	
		• V transitifs directs ou intransitifs	

PPé EMPLOYÉ SANS AUXILIAIRE

§306 | PPé employé seul

On parle communément, par facilité, du PPé employé SEUL.

● **RÈGLE :**
Ce participe s'accorde { **en genre** et **en nombre** } avec ou { le **nom** / le **pronom** ***auquel il se rapporte*.** }

Il a, en fait, un ***rôle adjectival*** et se comporte comme une **épithète** ou une **épithète détachée**[1] :

- *À la sortie du cirque, nous avons rencontré des **enfants** encore **étonnés**.*
- *Les **enfants**, très **étonnés**, ont ouvert de grands yeux ahuris.*
- ***Étonnés** au plus profond d'eux-mêmes, les **enfants** ont observé le prestidigitateur.*
- *Les **papiers** et les **bouteilles répandus** sur le sol prouvaient, si nécessaire, l'inconscience collective.*

● **CAS PARTICULIERS :**

§307 | Attendu, compris (y compris, non compris), entendu, étant donné, excepté, mis à part, ôté, ouï, passé, supposé, vu

❖ Placés **devant le GN**, ces participes équivalent à une **PRÉPOSITION**, et cette valeur de ***mot de liaison*** les rend **INVARIABLES** :

- ***attendu, étant donné, vu*** = ***à cause de***
- ***excepté, mis à part*** = ***sauf***
- ***ôté*** = ***sans***
- ***passé*** = ***au-delà de, après***

❖ **Derrière le GN**, ils reprennent leur rôle d'***épithète*** et **VARIENT**. Attention, toutefois, dans l'analyse, aux ***épithètes détachées*** qui peuvent entraîner▼ la confusion avec la valeur prépositionnelle.

- ***Mis à part** trois erreurs impardonnables, ce texte est correct.*
- *Ces dernières **réflexions mises à part**, vous avez tout à fait raison.*
- ***Mises à part**, ces **espèces** ne seront plus confondues avec les plantes vénéneuses.* (épithète détachée.)
- ***Supposée** ou non, cette **relation** des faits me paraît▼ plausible.* (épithète détachée.)
- *Pourquoi ne veux-tu voir personne, **Bernard** et **Évelyne exceptés** ?*
- ***Vu** ses mauvais antécédents, nous nous méfions d'elle.*

§308 | Ci-annexé, ci-inclus, ci-joint

❖ Placés **devant le GN**, ces participes équivalent à un **ADVERBE**, et cette valeur les rend évidemment **INVARIABLES** :

- ***ci-inclus, ci-joint*** = ***conjointement, ici***
- ***ci-annexé*** = ***ci-après, ci-contre***

1 Voir **Accord de l'Adjectif,** § 322.

▼ entrainer.
▼ *parait.*

❖ **Derrière le GN**, ils reprennent leur rôle d'***épithète*** et **VARIENT**.

- ***Ci-joint*** *la somme que je vous dois.*
- *Les* ***traités ci-annexés*** *seront paraphés par tous les membres du Conseil de Sécurité.*
- ***Ci-incluses****, ces* ***feuilles*** *dactylographiées vous parviendront plus sûrement*▼. (épithète détachée, voir remarque 1 ci-dessous.)
- *Les* ***échantillons ci-joints*** *vous permettront de choisir.*
- ***Ci-inclus*** *deux nouvelles propositions à soumettre à la direction de l'école.*

Remarques :

1) La place d'***épithète détachée***, avant le GN, ne confère aucune valeur adverbiale : il y a accord.
2) Un usage qui tend à disparaître▼ permet l'***accord devant le GN si ce dernier possède un déterminant et que le PPé n'est pas en tête de P***. On peut comprendre ce cas en le rapprochant d'un ***attribut du complément de V :***
   - *Vous trouverez* ***ci-incluse*** *une réponse à votre question.*
     (= Vous la trouverez ci-incluse.)

PPé EMPLOYÉ AVEC L'AUXILIAIRE ÊTRE

§309 | PPé employé avec être

● **RÈGLE :** Ce participe s'accorde { **en genre** et **en nombre** } avec le ***SUJET***.

Il se comporte comme un **adjectif attribut**[1].

- *Les régions qui furent* ***découvertes*** *par Christophe Colomb ont été honteusement* ***exploitées****.*
- *Vous êtes* ***arrivés*** *tous trop tard.*
- *La plupart sont* ***repartis*** *sans autorisation.*
- *Audrey ou ta sœur sera* ***passée*** *par là à l'improviste.*
- *Faute avouée est à moitié* ***pardonnée****.*
- *Elles souhaitaient toujours être* ***assises****.*

Remarques :

1) La règle est la même s'il s'agit de ***V analogues*** à être, mais on considère plutôt que le PPé est alors en emploi adjectival (attribut du sujet) :
   - *Ces forêts* demeureront ***exploitées*** *pendant dix ans encore.*

1 Voir **Accord de l'Adjectif**, § 322.

▼ *surement.*
▼ disparaitre.

2) L'utilisation de l'auxiliaire avoir pour conjuguer les temps composés de être ne doit pas décontenancer lors de l'analyse :
   - *Ils* ont été ***prévenus*** *à temps.* (indic. passé composé du V être, pour former la voix passive)
3) Il faut tenir compte de la ***forme polie*** (pronom **VOUS**) et du ***pluriel de majesté ou de modestie*** (pronom **NOUS**) :
   - *Soyez **assuré**, Monsieur le Directeur, de ma plus haute considération.*
   - *Nous, roi de…, sommes **persuadé** du bien-fondé▼ de nos propositions.*
4) **FINI**, ***devant un GN***, dans une ***phrase non verbale,*** peut être considéré comme une **réduction de P à V être**, tantôt en **tournure personnelle**, tantôt en **tournure impersonnelle**. Dans ce dernier cas, il ne varie pas.
   - ***Finies** les corvées inhumaines !*
     (= Les corvées inhumaines sont **finies**.
     ou : Elles sont **finies**, les corvées inhumaines.)
   - ***Fini** les corvées inhumaines !*
     (= C'est **fini**, les corvées inhumaines.)

PPé EMPLOYÉ AVEC L'AUXILIAIRE AVOIR

§310 | PPé employé avec avoir

● **RÈGLE :**

Ce participe s'accorde et { **en genre** et **en nombre** } avec le ***COMPLÉMENT DIRECT*** de verbe **seulement** si ce CD est placé ***AVANT le participe.***

❖ ***Conséquences :***

1- Il est invariable si le CD suit le participe.
2- Il est invariable dans les phrases sans CD.

❖ ***Précisions pour l'analyse :***

1- On recherche le CD au moyen des tests définitoires[1], notamment la ***pronominalisation*** par ***le, la, les.***
2- Le CD **que** dans une enchassée relative renvoie au genre et au nombre de son ***antécédent***.

1 Voir **Fonctions**, § 142.

▼ *bienfondé.*

3- Seul le ***dernier participe*** peut varier, dans le cas de temps surcomposés.

- *Les travaux que son père a eu vite **finis** ont été exécutés avec soin.* (temps surcomposé.)
- *J'ai **proposé** des solutions que vous n'avez pas **retenues**.*
- *Ils devaient remplir de nombreux formulaires : ils ont **terminé**.*
- *Les plus aptes, on les a **nommés** responsables de l'entreprise.*
  (le CD ***les*** précède, et un attribut du CD suit le participe.)
- *Elle tremblait et nous l'avons **crue perturbée** par les événements*▼.
  (le 2e PPé, employé comme adjectif, est un attribut du CD.)

● **CAS PARTICULIERS :**

§311 | V essentiellement ou occasionnellement impersonnels

> Les participes de ces V sont **toujours INVARIABLES**
> (que l'auxiliaire soit *être* ou *avoir*, que le V soit ou non pronominal).

- *Les pluies qu'il y a **eu** ont nui aux récoltes.*
- *Les efforts qu'il a **fallu** pour déblayer la voie ont été considérables.*
- *On a pu éviter la sécheresse*▼*, malgré les chaleurs qu'il a **fait**.*
- *Il s'est **glissé** plusieurs erreurs dans cet exercice.*
- *Il est **sorti** cinq numéros pairs au jeu de loto !*

Remarque :

Nous avons rangé ce cas parmi les particularités des participes conjugués avec AVOIR, parce que c'est ici qu'une erreur d'accord peut le plus facilement se glisser !

§312 | Participes précédés de EN

> **Si EN est CD** du V, le participe est **INVARIABLE**.
> (***en*** est alors considéré comme ***pronom NEUTRE*** et a, comme certains déterminants, un ***sens partitif***[1] : = *une partie de cela*)

Toutefois, si ***en*** n'est pas CD et qu'***un autre mot CD précède*** le participe, l'accord se fait selon la ***règle habituelle.***

- *Les explications sont nombreuses, mais j'**en** ai **prévu** deux.*
- *Des félicitations ? Je n'**en** ai guère **reçu**.*
- *Ce sont des manifestations grandioses, comme on **en** a rarement **vu**.*

Mais :

1 Voir §§ 56, 68 et 83.

▼ *évènements.*
▼ *sècheresse.*

- *Il a placé beaucoup d'argent. Les bénéfices* ***qu'****il en a* ***tirés*** *sont fabuleux.*
- *Mon voisin s'y connaît▼ en jardinage : les conseils* ***que*** *j'en ai* ***reçus****, je les ai mis en pratique immédiatement.*

Remarque :

Ce cas particulier fonctionne ***aussi avec le PPé des V pronominaux :***

- *Elle a vu faire des gants, puis elle s'****en*** *est* ***fabriqué****.*

§313 | Participes précédés de L'

> **Si le *l' CD*** peut être **remplacé par CELA**, il est considéré comme ***pronom « neutre »*** et le PPé reste **INVARIABLE**.

- Ce **l'** représente alors toute une ***proposition*** souvent génératrice de ***comparaison***.
- L'analyse doit être menée avec précision, car **l' peut représenter un *nom précis* engendrant *l'accord habituel*.**
- De plus, **une *double interprétation* est *parfois possible*** selon le sens que l'on veut donner au texte.
  - *Ta sœur, je* ***l'****ai* ***croisée*** *hier à Montréal.* (règle générale.)
  - *Elle m'a paru plus cool que je* ***l'****avais* ***pensé****.*
    (j'avais pensé ***l'*** = ***cela*** = ***qu'elle paraît▼ cool.***)
  - *Elle était pourtant plus belle que je* ***l'****avais* ***imaginé(e).***
    (**double interprétation :** j'imagine ***cela*** [le fait d'être beau], ou je l'imagine ***elle*** en tant que personne belle.)
  - *La guerre est survenue comme on* ***l'****avait* ***prédit****.*
  - *La guerre fut telle que nous* ***l'****avions* ***prédite****.*
  - *Les racistes sont malheureusement plus nombreux qu'on ne* ***l'****avait* ***imaginé****.*
  - *Qu'il n'avait pas pris la bonne route, je* ***l'****avais* ***vu*** *tout de suite.*
  - *Les épreuves sont moins difficiles que nous ne* ***l'****avions* ***prévu****.*
  - *La nature était encore plus belle que nous ne* ***l'****avions* ***imaginé(e)****.* (double interprétation.)

  Remarque :

  Dans : « *Ils* ***l'****ont échappé belle.* », il s'agit d'une expression figée, donc difficile à analyser logiquement, et **invariable**. (Le **l'**, CD à l'origine, est plutôt compris aujourd'hui comme un CI.)

▼ *connait.*
▼ ***parait.***

§314 | PPé en sandwich entre 2 marqueurs d'enchâssement

QUE + PPé + QUI **QUE + PPé + QUE**	Le PPé est **INVARIABLE,** ***à moins que la 2e enchâssée soit CI de verbe.***

Explications :

- La tournure QUE + PPé + QUI comprend ***2 pronoms relatifs*** dont le 2e est illogique, mais conduit dans tous les cas à un **PPé invariable.**
  - *On a retrouvé les enfants* ***qu'****on a* ***cru qui*** *étaient perdus.*
  - *Les adolescents* ***que*** *j'ai* ***vu qui*** *se battaient ont été interpellés*▼ *par la police.*
- Dans la tournure QUE + PPé + QUE :
  - le ***1er*** QUE est ***pronom relatif,*** CD du V de l'enchâssée complétive, ou parfois CD dans l'enchâssée relative,
  - le ***2e*** QUE est une ***conjonction de subordination*** introduisant une ***complétive CD ou parfois CI :***
  - *La surprise* ***qu'****il avait* ***espéré qu'****on lui ferait concernait aussi sa mère.*

    CD de l'enchâssée — enchâssée **CD**

    (= Il avait espéré ***qu'on lui ferait*** la surprise [= que].)
    CD

  - *Voici les élèves* ***qu'****on a* ***informés qu'****ils avaient réussi.*

    CD de informer — enchâssée **CI** de informer

    (= On a informé ***les élèves*** [= que] ***de ce qu'ils avaient réussi.***)
    CD — **CI** (de ce qu' = relatif nominal.)

C'est seulement dans ce 2e exemple que le PPé est précédé d'un CD qui s'y rapporte, donc l'accord a lieu.

Autres exemples :

- *Les demandes* ***que*** *nous avions* ***prévu qu'****on introduirait sont parvenues au Sénat.*
- *Les usagers* ***qu'****on avait* ***avertis qu'****il y avait grève n'ont pu emprunter les transports en commun.*
- *Les raisons,* ***que*** *j'ai* ***cru qu'****on approuverait, ont été combattues.*

▼ *interpelés.*

§315 | PPé suivi de être ou avoir été

Le participe suivi de ÊTRE à l'*infinitif présent ou passé* est toujours INVARIABLE.

L'***infinitif*** **équivaut** en effet à une ***enchâssée*** introduite par **qui** et nous retrouvons dès lors la construction du PPé en « sandwich » entre 2 marqueurs dont le second est un qui (voir **§ 314**, ci-dessus).

- *Ce sont des Palestiniens qu'on a* ***supposé*** avoir été *blessés par des balles perdues.* (= ***qu'***on a ***supposé qui*** avaient été blessés...)
- *La réponse que j'ai* ***cru*** être *la meilleure était pourtant inexacte.* (= ***que*** j'ai ***cru qui*** était la meilleure.)

§316 | PPé suivi d'un INFINITIF précédé ou non d'une préposition

Malgré les réticences de certains grammairiens, nous préconisons le raisonnement suivant qui convient pour la quasi-totalité des cas (***sauf*** pour celui du **§ 315,** ci-dessus).

Rechercher le CD **de V et** ***appliquer la règle générale*** **du participe employé avec** ***avoir*** **SI** ***et seulement SI*** **le CD peut être considéré comme GNS de l'infinitif** (c'est-à-dire comme faisant l'action exprimée par cet infinitif).

Raisonnement :

cas n°1 : *Les clowns que j'ai* ***vus*** évoluer *étaient très drôles.*

- 1) CD = **que**, mis pour ***les clowns.***
- 2) **ce sont *les clowns* qui** évoluent.
- 3) clowns = GNS de l'infinitif = ACCORD.

cas n°2 : *Les bananes que j'ai* ***vu*** cueillir *étaient mûres*▼.

- 1) CD = **que**, mis pour ***les bananes.***
- 2) ce ne sont **PAS *les bananes*** qui cueillent !
- 3) bananes n'est **pas GNS** de l'infinitif = INVARIABLE.

Remarques :

1) Cette règle sera aussi d'application pour le ***PPé des V pronominaux suivis d'un infinitif*** (voir ci-après).
2) Le **PPé fait + infinitif** est ***toujours invariable*** parce qu'il est considéré comme formant une locution verbale avec l'infinitif. (On pourrait d'ailleurs envisager d'élargir l'invariabilité à tous les PPés suivis d'un infinitif.)

▼ *mures.*

3) ▼Le **PPé laissé + infinitif** divise les grammairiens, que ce soit en emploi avec l'auxiliaire ***avoir*** ou avec un ***V pronominal***. On peut appliquer la même règle que pour les autres PPés suivis d'un infinitif, mais la tendance actuelle est à l'***INVARIABILITÉ dans tous les cas***.
4) Les PPés des V ***avoir à*** et ***donner à*** + INFINITIF ont aussi tendance à rester **invariables** dans tous les cas, et ***certainement s'il y a une idée d'obligation*** (d'autant plus que si on applique le raisonnement que nous avons proposé, le CD n'est jamais GNS de l'infinitif avec ces verbes).

- *La vedette que j'ai* **entendue** chanter *a eu un succès triomphal.*
- *Les refrains que j'ai* **entendu** chanter *étaient rythmés.*
- *La femme que j'ai* **vue** peindre *deviendra peut-être une grande artiste.*
- *La femme que j'ai* **vu** peindre *par Paul Delvaux était très belle.*
- *Ces amateurs, je les ai* **vus** jouer *Molière comme des professionnels.*
- *Ces pièces de Molière, je les ai* **vu** jouer *par des amateurs.*
- *La maison qu'il a* ***refusé de*** construire *était trop chère.*
- *Les élèves qu'on a* ***habitués à*** travailler *avec méthode réussissent mieux.*
- *Je regrette les mauvais traitements qu'on leur a* ***fait*** endurer.
- *Les tableaux qu'on a* ***fait*** apporter *de l'étranger complètent bien l'exposition.*
- *On les a* ***laissé(s)*** dire.
- *La maison que vous avez* ***laissé*** abattre *avait un certain style.*
- *Que de luttes ils ont* ***eu à*** mener. (idée d'obligation.)
- *Vous ne devinerez pas la peine que j'ai* ***eu(e) à*** m'échapper. (pas d'idée d'obligation.)
- *Les calculs qu'on nous a* ***donné à*** vérifier *comportaient plusieurs erreurs.* (idée d'obligation.)

§317 | DIT, DÛ, CRU... (+ infinitif ou enchâssée sous-entendus)

Les participes	**dit**	**su**	**permis**	
	dû	**pu**	**pensé**	
	cru	**voulu**	**prévu**	**...**

sont **INVARIABLES** à condition qu'on puisse ***sous-entendre*** à leur suite un ***infinitif*** ou une ***enchâssée complétive.***

Explication :
L'ellipse de l'infinitif ou de l'enchâssée s'explique par le fait qu'ils reprendraient, sous forme de ***répétition inutile***, le V de la P matrice.

▼ **Laissé + INFINITIF** est ***toujours invariable***, en emploi pronominal comme en emploi avec avoir :
- *Elle s'est* ***laissé*** *mourir.* - *Je les ai* ***laissé*** *partir.*

Raisonnement :

On peut expliquer l'invariabilité de deux manières :

a) Si l'***on sous-entend un infinitif*** (seule possibilité pour **dû** et **pu**), on reprend le raisonnement des **PPés suivis d'un infinitif** (**§ 316**, ci-dessus) et on aboutit immanquablement à ce que le CD ne puisse pas lui servir de GNS.

b) Si l'***on sous-entend une enchâssée complétive***, on retrouve le cas du **PPé en « sandwich » entre 2 marqueurs d'enchâssement** (**§ 314**, ci-dessus) et c'est aussi l'invariabilité qui est de rigueur.

- *Il nous a rendu tous les services* ***qu'****il a* ***dit*** [**qu'**il nous ***rendrait***].
- *Ils ne nous ont pas accordé toutes les facilités* ***qu'****ils auraient* ***voulu*** [nous ***accorder***], *mais seulement celles* ***qu'****ils ont* ***pu*** [nous ***accorder***].
- *Nous lui avons donné toute l'affection* ***que*** *les circonstances ont* ***permis*** [de lui ***donner***] (ou) [**que** nous lui ***donnions***].
- *J'ai réalisé tous les bénéfices* ***que*** *j'avais* ***pensé*** [***réaliser***] (ou) [**que** je ***réaliserais***].

Remarque :

Ces ***mêmes participes*** peuvent fonctionner sans infinitif ou sans enchâssée sous-entendus, et suivent alors la ***règle générale :***

- *Il n'a jamais renié les paroles qu'il a* ***dites****.*

§318 | PPé des V tantôt transitifs directs tantôt intransitifs

Principaux V soumis à ce cas :

courir	*marcher*	*régner*
coûter▼	*mesurer*	*souffrir*
dormir	*payer*	*valoir*
durer	*peser*	*vivre* …

Explications et raisonnement :

1) ***Si leur complément peut devenir prépositionnel et est alors CC de [GNS + GV],*** **le PPé est INVARIABLE :**

- ***Les heures que*** *j'ai dormi m'ont fait du bien.* (= ***pendant lesquelles*** j'ai dormi)

2) ***Si leur complément NE peut devenir prépositionnel et est complément de V,*** **il existe deux possibilités :**

a) **le complément de V est un « terme technique »** ***(argent, mesure, poids) non suivi d'un GNP complément du nom***[1] **et le PPé est alors INVARIABLE :**

- ***Les deux cents grammes que*** *ce paquet a* ***pesé*** *m'ont fait payer une surtaxe.*

1 L'adjonction d'un GNP complément du nom range habituellement le cas parmi les emplois au sens figuré (voir **2, b**) :

- *Les trois kilos de farine que j'ai* ***pesés*** *étaient destinés à la pâtisserie.*

▼ *couter.*

b) **le complément de V n'est pas un « terme technique » (= *sens figuré* [1]) et le PPé est alors VARIABLE :**

- ***Les trois cents soldats que*** *cette intervention nous a coût**és** auraient pu être épargnés.*

Remarques :

1) ***Exceptions :*** *avoir, dépenser, gagner, parier, perdre, prêter, rapporter* sont ***toujours*** considérés comme ***transitifs directs***, même au sens « technique » :
   - ***Les cinquante euros que*** *j'ai perd**us** au jeu m'ont fait réfléchir !*
2) En réalité, l'analyse porte, par facilité, sur l'antécédent du complément, mais ne perdons pas de vue que c'est ***le pronom relatif représentant*** qui ***revêt la fonction*** à analyser !

Autres exemples :

- *Que d'efforts sa réussite lui a **coûtés**.* (sens figuré, = occasionnés.)
- *Je n'oublierai jamais **les vingt-cinq euros que** cette réparation m'a **coûté**.* (terme technique.)
- *Elle n'a pas retrouvé **les cinq euros qu'**elle avait **perdus** à cause de son désordre habituel.* (V toujours transitif direct.)
- ***Les élèves que*** *nous avons **mesurés** sont fort grands pour leur âge.* (sens figuré[2], = pris la mesure.)
- ***Les huit kilomètres que*** *Pierre a **couru** ne l'ont pas essoufflé.* (= pendant lesquels...)
- ***Les trois heures qu'a duré*** *notre attente étaient insoutenables.* (= pendant lesquelles...)
- *Cette voiture ne vaut plus **les mille cinq cents euros qu'**elle a **valu** il y a deux ans.* (terme technique.)

PPé DES VERBES PRONOMINAUX

§319 | Les catégories de V pronominaux

✲ La complexité des cas a engendré de nombreuses explications parfois difficiles à suivre ou peu satisfaisantes. Avant de cheminer dans l'analyse des accords, il sera nécessaire de distinguer différentes catégories de V pronominaux qui vont permettre de comprendre les cas d'accord[3].

1 **sens propre :** sens ***premier***, le plus proche du sens étymologique du terme.
sens figuré : sens imagé, lié à une figure de style (le sens est transféré d'une image concrète à une signification ***plus abstraite***).

2 Le sens propre serait : ***avoir une telle mesure*** *(Les élèves mesurent plus d'un mètre soixante.)*

3 Voir § 305, remarque 2.

❖ 1- V pronominaux dont le pronom non sujet A UNE FONCTION (*V occasionnellement pronominaux)*

La vérification s'opère à l'aide des tests définitoires[1] :

• ils { **se** coiffent. / **les** (CD)	• ils { **se** parlent. / **leur** (CI)
• elles { **se** baignent. / **les** (CD)	• elles { **se** voient. / **les** (CD)

Les exemples de la colonne de **gauche** sont aussi appelés ***V réfléchis***, parce que l'action part du sujet pour revenir sur lui.

Les exemples de la colonne de **droite** sont aussi appelés ***V réciproques***, parce que plusieurs éléments agissent les uns sur les autres.

Cette distinction n'est pas déterminante pour la règle d'accord du PPé.

❖ 2- V pronominaux dont le pronom non sujet est SANS FONCTION

Ils peuvent être répartis en 3 sous-catégories :

- **V TOUJOURS (= essentiellement) pronominaux**

  Ils n'existent pas sans le pronom non sujet.

  ▸ *Elles se lamentent.* (*On ne lamente pas quelqu'un !)

  ▸ *Ils s'ébattent.* (*On n'ébat pas quelqu'un !)

  Quelques exemples :

s'absenter	*s'entraider*	*se prosterner*
s'abstenir	*s'ensuivre*	*se raviser*
s'accroupir	*s'envoler*	*se rebeller*
s'arroger	*s'évader*	*se rebiffer*
se démener	*s'évanouir*	*se récrier*
s'ébattre	*s'exclamer*	*se réfugier*
s'écrier	*s'extasier*	*se renfrogner*
s'écrouler	*s'immiscer*	*se rengorger*
s'efforcer	*s'ingénier*	*se repentir*
s'emparer	*se lamenter*	*se soucier*
s'en aller	*se méfier*	*se souvenir*
s'enfuir	*se méprendre*	*se suicider*
s'enquérir	*s'obstiner*	…

1 Voir **Fonctions**, §§ 142 et 143.

- **V qui changent de sens en devenant pronominaux (*donc occasionnellement pronominaux*)**
  - *Tu t'aperçois de l'erreur.*
    (= se rendre compte, ≠ distinguer; *On n'aperçoit pas quelqu'un d'une erreur.)
  - *Tu t'attends à une réussite.*
    (= espérer, ≠ se tenir dans un lieu; *On n'attend pas quelqu'un à une réussite.)

  Autres exemples :
  se carrer, se douter de, s'ennuyer, s'ingérer, se jouer de, se plaindre, se taire...
- **V pronominaux à SENS PASSIF** (vérifier par ***passivation***) **(*V occasionnellement pronominaux*)**
  - *Ces fruits se vendent bien.*
    (= ont été bien vendus [par le marchand]; *Les fruits ne vendent pas eux-mêmes.)
  - *La bataille s'est livrée ici.*
    (= a été livrée ici [par les soldats]; *Une bataille ne livre pas elle-même.)

  Autres exemples :
  se diviser, s'élever, se semer... (selon le contexte.)

§320 | Règles d'accord

PPé des V pronominaux dont le pronom non sujet A UNE FONCTION

On accorde *avec le CD de V placé devant le V*, que ce soit le pronom non sujet ou un autre pronom :

- *Cette tranche de pain, Marcel se **l'**est **beurrée** avec plaisir.*
- *Ils **se** sont **lavés**.*
- *Elles se sont **dit des paroles blessantes.***
- *Ils se sont **assuré des provisions** pour tenir six mois.*
- *Ils **se** sont **assurés** de la validité de la démonstration.*

❖ ***Raisonnement :*** pour déterminer cette fonction, on opère en 2 temps :

1- on remplace le V être par le V avoir.

2- on recherche le CD :

- soit en modifiant le pronom non sujet (application des tests définitoires[1]), même si le sens de la phrase s'en trouve changé
  - *Ils se sont rencontrés.* > *Ils **les** ont rencontrés.*
  - *Elles se sont parlé.* > *Elles **leur** ont parlé.*

1 Voir **Fonctions**, §§ 142 et 143.

- soit en effaçant provisoirement le pronom non sujet et en le remplaçant après le V par un pronom équivalent
  - ▸ *Ils se sont rencontrés.* > *Ils* ont *rencontré* ***eux-mêmes.***
  - ▸ *Elles se sont parlé.* > *Elles* ont *parlé* ***à elles-mêmes.***

⁂ PPé des V pronominaux dont le pronom non sujet est SANS FONCTION

❖ **S'il y a un CD**, indépendamment de la valeur du pronom, on applique la ***règle générale* des participes employés avec *avoir***[1] :

- ▸ *Ils se sont* ***arrogé des droits inacceptables.***
- ▸ *Les droits* ***qu'****ils se sont* ***arrogés*** *sont inacceptables.*

❖ **S'il n'y a pas de CD, on accorde *avec le SUJET du V* dans tous les cas** (c'est-à-dire pour les V toujours pronominaux, les V qui changent de sens et les V à sens passif) :

- ▸ ***Ils*** *se sont* ***évanouis.***
- ▸ ***Nous*** *nous sommes* ***doutés*** *de l'erreur.*
- ▸ ***Les perdants*** *se sont* ***lamentés*** *toute la soirée.*
- ▸ ***La bataille*** *s'est* ***livrée*** *dans les Ardennes.*

⁂ PPé toujours INVARIABLE

Certains V pronominaux dont le pronom non sujet **a** ou **n'a pas** de fonction sont toujours invariables car ils ne sont jamais précédés d'un CD :

- ***se plaire*** (et composés : ***se déplaire, se complaire***)
- ***se rire de***
- ***se sourire, se succéder, se ressembler, se parler***[2]***, se nuire (s'entre-nuire), se survivre, se suffire, se convenir...***
- locutions verbales : ***se faire (+ mal, tort, face, fort, l'écho, peur, injure, honneur), se rendre compte, se donner rendez-vous...*** (le GN qui suit est en réalité un CD agglutiné à l'expression.)
  - ▸ *Ils se sont* ***plu*** *dès le premier regard.*
  - ▸ *Les rois qui se sont* ***succédé*** *n'ont pas régné bien longtemps.*
  - ▸ *Valérie et Jean se sont* ***parlé****, se sont* ***souri*** *et se sont appréciés.*
  - ▸ *Nous nous sommes* ***fait l'écho*** *de nouvelles alarmantes.*
  - ▸ *Vous êtes-vous* ***rendu compte*** *de la portée de vos propos, messieurs ?*

---

1 Mais ***s'écrier*** et ***s'exclamer***, même dans ce cas, s'accordent avec le sujet :
- ▸ *« Ah bon ! », s'était-elle écriée.* (CD = l'interjection.)
- ▸ *Ils se sont exclamés qu'il était trop tard.* (enchâssée complétive CD.)

2 Sauf en cas de sens passif : ▸ ***La langue latine*** *s'est* ***parlée*** *durant de nombreux siècles.*

Les V pronominaux et les autres règles d'accord

Nous rappelons ici certaines règles énoncées précédemment et qui s'appliquent également aux V pronominaux :

- ***V pronominaux impersonnels (voir § 311)***
  - ***Il** s'est **trouvé** deux amis chez moi hier soir.*
- ***V pronominaux et précédés de EN CD (voir § 312)***
  - *Elle aime les tartes aux fraises au point qu'elle s'**en** est **confectionné**.*
- ***V pronominaux et précédés de L' neutre (voir § 313)***
  - *C'était encore plus terrible que je ne me **l'**étais **imaginé**.*
- ***V pronominaux suivis d'un infinitif (voir § 316)***
  - *Ils s'étaient **fait** suivre sans s'en rendre compte.*
  - *Elle s'était **sentie** glisser progressivement dans la faille.*
  - *Nous nous sommes **laissé** entraîner*▼ *par de mauvaises fréquentations.*
  - *Ayant perdu son petit, la chienne s'est **laissé(e)***▼ *mourir de chagrin.*

§321 | Le PPé et l'accord du verbe

L'accord du PPé est parfois lié à celui du GNS et du V. Il convient dès lors de lui appliquer toutes les règles particulières découvertes dans ce chapitre-là, et notamment :

- le V impersonnel
- le déterminant quantifiant, *plus d'un, moins de deux...*
- le collectif et *le peu de*
- les énumérations (synonymes, résumées par un mot singulier, et en gradation)
- les sujets unis par *ainsi que, comme...*
- les sujets unis par *ou, ni*
- *l'un [...] l'autre*
- le déterminant chiffré (fraction, pourcentage, nom numéral)
- les sujets postposés
- les sujets unis par des corrélatifs
- *un(e) (...) de* + expansion (+ *qui*)
- la forme polie (*vous*)

  - *La colonne de soldats qui a été **aperçue** était impeccablement **alignée**.* (collectif.)
  - *La moitié du restaurant a été **calciné**.* (fraction.)
  - *La plupart des leçons que nous avons **étudiées** ne présentaient aucune difficulté.* (déterminant quantifiant.)

▼ *entrainer.*

▼ ***Se laisser + infinitif*** est toujours **invariable**, selon les rectifications de 1990.

VI - ACCORD DE L'ADJECTIF

Prérequis	Utilisations
• les sous-classes de mots, §§ 42 à 131 • l'épithète, l'attribut, §§ 152/153 et 144/145 • le pluriel des adjectifs, §§ 279 et 280 • le féminin des adjectifs, § 273	• les expansions du GN, §§ 151 à 156 • les réductions d'enchâssées, § 192

ACCORD DE L'ADJECTIF PROPREMENT DIT

§322 | Règle générale

L'adjectif qualificatif, quelle que soit sa fonction, **s'accorde en GENRE et en NOMBRE avec le nom ou le pronom auquel il se rapporte**.

- **Pour la fonction d'ÉPITHÈTE**, ce nom ou ce pronom sera le **centre d'un GN** de n'importe quelle fonction:
  - *Nous avons reçu une communication téléphonique de parents* ***inquiets****.*
  - *Des familles* ***inquiètes*** *nous ont téléphoné.*
  - *Les parents,* ***inquiets****, ont téléphoné à l'école.* (épithète détachée.)
  - ***Inquiets****, ils ont téléphoné à l'école.* (épithète détachée.)
- **Pour la fonction d'ATTRIBUT**, ce nom ou ce pronom sera le ***sujet*** (attribut du GNS) ou le ***CD*** (attribut du complément) :
  - ***Vous*** *semblez* ***inquiets****.* (attribut du GNS.)
  - ***Vous*** *semblez* ***inquiet****.* (forme polie.) (attribut du GNS.)
  - *Nous* ***les*** *avons trouvés fort* ***inquiets****.* (attribut du CD.)
  - *Nous avons trouvé* ***nos amies*** *fort* ***inquiètes****.* (attribut du CD.)
  - *Nous avons trouvé peu* ***rassurantes les attitudes*** *de ce géant.* (attribut du CD.)
- **En liaison avec plusieurs noms :**
  - l'adjectif s'accorde au **PLURIEL**[1];
  - **si les noms sont de *genres différents*, l'adjectif se met au MASCULIN.**
    - *Ariane a eu* ***une*** *idée et* ***une*** *attitude constructiv****es****.*
    - *Ariane a conçu* ***un*** *projet et* ***un*** *plan constructif****s****.*
    - *Ariane a émis* ***une*** *idée et* ***un*** *plan constructif****s****.*

1 Sauf objection due au sens : *Il joue avec sa mère et son frère* ***cadet****.*

§323 | Cas particuliers liés à l'accord du GNS

En outre, l'accord devra tenir compte des constructions particulières rencontrées lors de l'étude de l'accord du GNS et du V (voir **§§ 287 à 303**). Pour la facilité de l'utilisateur, nous les avons rangées dans le même ordre. Nous ne donnons généralement que des exemples et nous renvoyons, pour les explications, au chapitre sur l'accord du V et du GNS.

- ***On (voir § 287)***
  - *On était* ***contents*** *de notre journée.*
- ***Déterminant quantifiant (voir § 291)***
  - *Un petit nombre* ***de mes amis*** *sont* ***impatients.*** (accord avec l'expansion.)
  - *Plus* ***d'un collègue*** *semble* ***content*** *de son travail.* (idem.)
- ***Collectif, et épithète suivant un complément du nom (voir § 292)***
  - *Une troupe de* ***soldats alignés*** *est prête à l'assaut.*
  - *Une* ***troupe*** *de soldats* ***impressionnante*** *est prête à l'assaut.* (selon le sens.)
- ***Énumérations ou GN coordonnés (voir § 294)***
  - *Il a un goût*▼ *et une préférence* ***particulière*** *pour la musique baroque.* (± synonymes, accord avec le dernier nom.)
  - *Un indice, une opinion, une argumentation* ***imprécise*** *ne pourra convaincre le juge.* (gradation, accord avec le dernier nom.)
  - *La cuisine, la chambre, le salon, tout était* ***petit*** *et* ***inconfortable.*** (accord avec le mot qui résume.)
- ***Ainsi que, comme... (voir § 296)***
  - *Ta politesse* ***comme*** *ta conduite* ***impeccables*** *nous permettent de te compter parmi nos amis.* (addition.)
  - *Le léopard,* ***comme*** *le lion, très* ***féroce*** *si on le dérange, peut surprendre une proie inattentive.* (comparaison.)
- ***Ou (voir § 297)***
  - *Cette recherche devra être menée par un étudiant* ***ou*** *une étudiante très* ***travailleurs.*** (addition.)
  - *Mon cousin* ***ou*** *sa sœur* ***cadette*** *aura maraudé dans le verger.* (exclusion.)
  - *Elle porte au cou une chaîne*▼ ***ou*** *un collier* ***doré.*** (noms synonymes.)
- ***L'un [...] l'autre (voir § 298)***
  - *L'une* ***ou*** *l'autre proposition est* ***bienvenue.***
  - *L'un* ***et*** *l'autre ministre semblent peu* ***convaincants.***

▼ *gout.*
▼ *chaine.*

❖ ***Corrélatifs (voir § 302)***

- ***Tantôt*** *l'avion,* ***tantôt*** *le T.G.V. est* ***performant*** *pour relier deux capitales : tout dépend des circonstances.*
- ***Tantôt*** *lui,* ***tantôt*** *elle sont* ***inquiets*** *pour leur avenir.*

❖ ***Un(e) espèce/sorte/type de (voir § 303) :*** le plus souvent, ***accord avec le complément du nom.***

- *Une sorte de* ***pommes vertes*** *sans pépins vient d'être mise au point.*
- *Une espèce de* ***véhicule*** *fort* ***ancien*** *a quitté le hangar.*
- *Cette* ***sorte*** *de bois est assez* ***courante****.*

§324 | Cas particuliers spécifiques :

§325 | Adjectifs employés adverbialement

✲ Certains adjectifs sont transférés dans la **classe des adverbes**, notamment lorsqu'ils peuvent être remplacés par un adverbe complément de V, et sont dès lors **INVARIABLES**. Ce sont notamment :

bas	*dru*	*haut*
bon	*dur*	*juste*
cher	*faux*	*lourd*
clair	*ferme*	*mauvais*
court	*fort*	*net*
creux	*franc*	*profond*
doux	*gras*	*sec*
droit	*gros*	…

Il faut se garder de les confondre avec un attribut ou une épithète détachée.

- *Tu as vu* ***juste****, cette leçon sera* ***fort*** *courte.*
- ***Haut*** *les mains !*
- *Tenez* ***bon****, j'arrive.*
- *Il s'agira de marcher* ***droit****.*
- *Quel projet ! Elle a vu* ***grand****.*
- *Les personnages s'avançaient,* ***droits*** *dans leur longue tunique.* (épithète détachée.)
- *Il avait les cheveux* ***courts****.* (attribut du complément.)
  ≠ *Avec les cheveux coupés* ***court****, on ne le reconnaîtra*▼ *pas.*

▼ reconnaitra.

La nuance est beaucoup plus subtile entre :

- *La neige tombe* ***dru***. (= d'une manière très serrée.)

et :*La neige tombe* ***drue***. (= est abondante, est drue quand elle tombe; ici : attribut du GNS.)

Remarque :

Voir aussi les adjectifs employés adverbialement dans les ***adjectifs composés*** (**§ 327**).

§326 | Grand dans les noms composés[1]

Invariable en *genre* devant les *noms féminins* (sauf une grande-duchesse), il **varie ou non en *nombre*** devant ces mêmes noms féminins :

- *une grand-mère. > des grand(s)-mères.*
- *une grand-route. > des grand(s)-routes.*

Mais l'usage tend à généraliser l'accord en nombre.

Remarque :

Voir aussi ***grand*** dans les ***adjectifs composés*** (**§ 327**).

§327 | Les adjectifs composés

On applique les **mêmes principes que pour l'accord des noms composés**[2].

ADJECTIF + trait d'union + ADJECTIF : les **2** adjectifs **varient**.

- *des enfants sourd**s**-muet**s**. - des paroles aigre**s**-douce**s**.*

Exceptions (le **1**^{er} **élément** est **invariable**) **:**

- *l'administration* ***grand****-ducale.* (= du grand-duché de Luxembourg.)
- *des enfants* ***mort****-nés.*

ADJECTIF pris adverbialement + (trait d'union) + ADJECTIF : seul le 2e élément **varie.**

- *des hommes* ***haut*** *placé**s*** (= hautement).
- *des théories* ***libre****-échangiste**s*** (= librement).
- *Elle était* ***court****-vêtu**e*** (= courtement).
- *des bébés* ***nouveau****-nés*[3] (= nouvellement).

Exceptions : si le **1**^{er} **élément** est *frais, large, grand, nouveau (sauf nouveau-né), premier,* il **varie.**

- *une rose* ***fraîche***▼ *cueilli**e**, une fenêtre* ***grande*** *ouvert**e**, des portes* ***larges*** *ouvert**es**, des chanteurs* ***nouveaux*** *venus*[4], *les enfants* ***premiers****-né**s**.*

1 Voir § 285 (cas particuliers).

2 Voir § 285.

3 ***Nouveau-né*** peut appartenir à la classe des noms ou des adjectifs (s'il est lui-même accompagné d'un nom).

4 Même remarque que pour ***nouveau-né***, note 3.

▼ ***fraiche***.

❖ **MOT INVARIABLE + ADJECTIF : seul l'adjectif varie.**

- *des récifs **sous**-marins.*
- *des produits **extra**-purs.*
- *l'**avant**-dernière courbe.*
- *des indigènes **sud**-africains.*
- *des chefs **tout**-puissants* (mais : *des personnalités toutes-puissantes*[1]).

❖ **1er élément en -o ou -i + ADJECTIF : seul le 2e** élément **varie.**

- *des études **gréco**-latines.*
- *les amitiés **belgo**-québécoises.*
- *des poésies **héroï**-comiques.*

§328 | Adjectifs liés à des locutions superlatives

POSSIBLE

❖ **1- invariable** (**tournure impersonnelle**, = ***qu'il est possible***):

- *Faites **le plus possible** d'exercices.*
- *Faites **le plus** d'exercices **possible**.*
- *Des gestes **les moins** brusques **possible**.*

❖ **2- variable s'il se rapporte à un nom :**

- ***Le meilleur** des mondes **possibles*** (= réalisables).
- ***La plus belle** des poupées **possibles*** (= réalisables).

❖ **3- variable** normalement **en dehors des locutions superlatives :**

- *Toutes les solutions **possibles** ont été examinées.*
- *Deux itinéraires sont **possibles**.*

DES MOINS..., DES PLUS..., DES MIEUX...

❖ 1- **variable** en ***genre*** et en ***nombre*** (**= *parmi les plus...***):

- *Un restaurant **des plus** renommés.*
- *Ces œuvres sont **des mieux** réussies.*

2- **variable *seulement*** en ***genre*** (degré absolu, **= *très***)

- *Cette situation est **des plus** étonnante.*

1 Cf. la règle de l'adverbe **tout** variable devant un mot féminin commençant par une consonne ou un **h** aspiré (voir § 331.).

3- **invariable** si en rapport avec un ***mot neutre*** ou un ***verbe***.

- *Il a tout oublié, **ce qui** est **des plus** étonnant.*
- *Vous **revoir** lui sera **des plus** pénible.*

§329 | Cas par cas...

Deux principes sous-tendent la plupart des cas suivants :

1) une ***analyse logique*** de la « nature » des mots.
2) • **la place *AVANT*** le nom confère l'**invariabilité** (***nature*** souvent ***adverbiale***, cf. l'accord du PPé, **§ 308**).
   • **la place *APRÈS*** le nom confère la ***nature adjectivale*** **variable**.

❖ **(À) MI-, SEMI-, (À)/(ET) DEMI-** (devant un adjectif ou un nom) : appliquer le **2e principe.**

- *deux demi-douzaines, les yeux mi-clos, des bancs semi-circulaires, des pâtes demi-cuites, à demi-mot* (locution adverbiale invariable).

Remarques :

1) **Après** le nom, DEMI **varie** seulement **en genre :**
   - *deux kilomètres et demi, trois heures et demie*[1].
2) **Le nom** DEMI **varie :**
   - *boire deux demis, la pendule sonne les demies.*
3) À DEMI n'utilise **pas le trait d'union :**
   - *des mouettes à demi mortes de faim, une enfant à demi morte de froid.*

❖ **NU, FRANC DE PORT, PLEIN, SAUF :** appliquer le **2e principe.**

- ***nu**-tête, des fleurs **plein** les vases, j'enverrai **franc de port** tous vos livres, j'ai tout compris **sauf** la dernière règle.*
- *les enfants jouaient pieds **nus**, les poches **pleines** de coquillages, des missives **franches de port**, il a eu la vie **sauve**.*

Exception : langage juridique :

- *les **nus**-propriétaires, la **nue**-propriété*[2].

❖ **FEU (= défunt) :**

- placé **entre** le déterminant et le nom : **varie**.
  - *Ses **feus** amis l'avaient prévenu.*
- placé **avant** le déterminant, ou avant le nom sans déterminant : **invariable**.
  - ***Feu** mes nièces. - **Feu** madame Rose.*

1 Analyse logique du sens !

2 Propriété dont l'usufruit (= droit d'utiliser et de jouir des biens de quelqu'un) revient à quelqu'un d'autre.

❖ **AVOIR L'AIR + ADJECTIF :** appliquer le **1er principe.**

L'adjectif est soit **attribut** (avoir l'air = paraître▼) soit **épithète** du nom ***air*** (= un air...).

- *Ces arbres **ont l'air** abîmés▼.*
- *Vous **avez** tous **l'air** triste**(s)**.*
- *Ces propositions **ont l'air** sérieu**ses**.*
- *Ils **avaient l'air** fâché.*

Remarque :

S'il s'agit de ***choses***, l'adjectif ne peut qu'être ***attribut*** et s'accorder :

- *La récolte **a l'air belle**.*

sauf si l'expression est suivie d'un ***complément du nom :***

- *(...) les oranges **ont l'air** triste **de fruits tombés** (...).* (A. Daudet.)

❖ **ADJECTIF + GENS :**

- **au féminin pluriel :**
  - pour tout adjectif épithète ou tout déterminant le **précédant *immédiatement*** et ayant une terminaison ***différente***[1] pour chaque genre,
  - ainsi que pour toute épithète attachée ou tout déterminant du même GN placés **devant *gens***[2].
    - *J'ai rencontré de charmant**es** gens.*
    - *Tout**es** ces vieil**les** gens vivent dans des conditions pénibles.*
- **au masculin pluriel :** dans tous les ***autres cas.***
  - *Quel**s** bons et honnête**s** gens !* (A. Goosse.)
  - *C'étaient deux vieilles gens, très fin**s**.* (J. et J. Tharaud.)
  - *Les gens âgé**s** ont parfois des problèmes de santé.*
  - *Étonné**s**, ces gens m'ont dit ne pas avoir compris mes propos.*
  - ***Ils** partiraient, toutes ces vieilles gens.*
  - *De nombreu**x** gens de cœur participent aux collectes des O.N.G.* (car c'est ici une expression, quasi un nom composé.)

1 Par exemple, masculin ***gentil*** > féminin ***gentille*** (**et non**, ***brave*** : masculin = féminin).

2 Chaque terme de la règle constitue une condition liée aux autres.

▼ paraitre. / ▼ *abimés.*

ADJECTIF VERBAL OU PARTICIPE PRÉSENT

§330 | Le participe présent et l'adjectif verbal

Une présentation comparative en 2 colonnes va permettre de mieux appréhender les distinctions entre ces formes en **-ant**.

PARTICIPE PRÉSENT	ADJECTIF VERBAL
1 Rôle	
Il fait partie des tableaux de conjugaison et a donc le rôle d'un **verbe** : ***il marque une action en cours*** [1] ***et se rapporte à un sujet exprimé, ou situé dans la phrase matrice.***	Il a un rôle de **simple adjectif qualificatif** (il exprime souvent une caractéristique liée au nom auquel il se rapporte).
2 Accord	
Le participe présent est **INVARIABLE**.	L'adjectif verbal, de la même manière que les autres adjectifs, est **VARIABLE**.
3 Reconnaissance	
❍ *Seul l'examen de la structure de l'énoncé permet une distinction efficace.*	
1 - **ne peut** être précédé par **« très »**	8 - **peut** être précédé par **« très »**
2 - est souvent **suivi d'un complément** de V ou de [GNS + GV] (CP)	9 - a la fonction d'**épithète** ou d'**attribut**, et peut donc être remplacé par un adjectif qualificatif
3 - accepte la **négation** « ne » ou « ne ... pas » qui l'encadre	10 - n'accepte **pas la négation** en encadrement
4 - peut être ***suivi* d'un adverbe**	11 - peut être ***précédé* d'un adverbe** autre que ***ne***
5 - peut **appartenir à un V pronominal**	12 - ne peut **pas appartenir à un V pronominal**
6 - accepte parfois la préposition **« en »** (forme appelée **gérondif**). Dans ce cas, il y a identité du sujet du gérondif et du sujet de la P matrice.	
7 - fonctionne comme **réduction d'enchâssée** relative ou circonstancielle	13 - peut **parfois** fonctionner comme **réduction d'enchâssée** circonstancielle

Remarque :

Les moyens *1* et *8*, ainsi que la *mise au féminin*, sont les ressources les plus faciles à utiliser.

1 C'est-à-dire, au niveau de l'***aspect***, une action ***inachevée*** (non accomplie).

Exemples : ***les chiffres renvoient aux critères de reconnaissance pertinents.***

❖ Participe présent

- ***Se*** prélassant ***dans les prés****, les vaches broutent allègrement.* (**2, 5, 7**)
  (= Pendant qu'elles se prélassent...)
- ***Ne*** sachant ***pas ce qui leur arrivait****, ils ont paniqué.* (**2, 3, 7**)
  (= Comme ils ne savaient pas...)
- Appuyant ***fort*** *sur la gâchette, elle fit malencontreusement partir le coup.* (**2, 4, 7**)
  (= Parce qu'elle appuyait fort...)
- ***En*** vérifiant ***les explications****, nous avons remarqué que nous avions oublié un cas.* (**2, 6, 7**)
  (= Lorsque nous avons vérifié...)
- *Les coureurs* arrivant ***en vue de la tour Eiffel*** *sont presque au bout de leurs efforts.* (**2, 7**)
  (= Les coureurs qui arrivent...)
- *J'ai aperçu peu d'admirateurs leur* demandant ***un autographe****.* (**2, 3, 4, 7**)
  (= ... qui leur demandaient...)
- *Dieu* aidant, *nous réussirons.* (**3, 4, 7**)
  (= Si Dieu aide...)

❖ Adjectif verbal

- ***Toujours hésitante****, Annie n'avance pas dans son travail.* (**8, 9, 11, 13**)
  (> Toujours très gaie...) (= Quand elle est hésitante...)
- *Ces explications sont* ***intéressantes****.* (**8, 9**)
  (> très sérieuses)
- *Charles De Coster fut un* ***excellent*** *écrivain.* (**9, 11**)
  (> fort bon)

❖ Cas difficiles

- *Ils avançaient,* ***hésitant*** *quelquefois sur la direction à prendre.*
- *Ils avançaient,* ***hésitants*** *quelquefois, mais toujours courageux.*
  (Dans les 2 cas, la forme en -***ant*** est ***suivie*** d'un adverbe, mais les critères 1, 2 et 8 permettent une analyse correcte.)
- *Des murs* ***brillants*** *au soleil égayaient le village.*
  (L'adjectif verbal est suivi d'un complément de phrase, mais les critères 8 et 11 fonctionnent. Notons que l'absence d'accord serait aussi parfaitement correct.)
- *Elle était heureuse,* ***finissant*** *de siroter une limonade.*
  (Participe présent fonctionnant comme attribut ou comme épithète détachée.)

PARTICIPE PRÉSENT		ADJECTIF VERBAL
4 Particularités orthographiques		
❖ Les V en **-quer** ont un adjectif verbal en **-cant.**		
communiquant	▸	*communi**cant***
convainquant[1]	▸	*convain**cant***
provoquant	▸	*provo**cant***
suffoquant	▸	*suffo**cant***
vaquant	▸	*va**cant***
❖ Les V en **-guer** ***perdent* le u** quand ils sont adjectifs verbaux[2].		
extravaguant	▸	*extrava**gant***
fatiguant	▸	*fati**gant***
fringuant[3]	▸	*frin**gant***
intriguant	▸	*intri**gant***
naviguant	▸	*navi**gant***
zigzaguant	▸	*zigza**gant***
❖ Beaucoup de V en **-ger** ont un adjectif verbal en **-ent.**		
convergeant	▸	*conver**gent***
détergeant	▸	*déter**gent*** (adjectif ou nom.)
divergeant	▸	*diver**gent***
émergeant	▸	*émer**gent***
négligeant	▸	*négli**gent***
mais : *exigeant*	=	*exige**ant***
❖ D'autres V ont un adjectif verbal en **-ent**.		
adhérant	▸	*adhér**ent*** (adjectif ou nom.)
affluant	▸	*aflu**ent*** (adjectif ou nom.)
coïncidant	▸	*coïncid**ent***
déférant	▸	*défér**ent***
différant	▸	*différ**ent***[4]
équivalant	▸	*équival**ent***

1 Du V convain**cre**, suit le cas des V en ***-quer***.

2 Voir Conjugaison, § 358, tableau 4.

3 Terme familier.

4 Ne pas confondre avec le nom ***différend*** (masculin) signifiant ***désaccord***, ***conflit***.

excellant	▸	*excell**ent***
expédiant	▸	*expédi**ent*** (adjectif ou nom.)
influant	▸	*influ**ent***
interférant	▸	*interfér**ent***
précédant	▸	*précéd**ent***
somnolant	▸	*somnol**ent***
violant	▸	*viol**ent***

Remarques :

1) L'adjectif verbal a parfois un ***sens*** nettement ***différent*** du participe présent correspondant : *violent, vacant...*
2) Des ***noms*** utilisent la forme de l'adjectif verbal : *un habitant, un fabri**c**ant, un conflu**ent**, un résid**ent**, un combattant...*
3) N'abusons pas des mots terminés par **-ant** ou **-ent** dans les écrits : ils ***alourdissent*** le style.
4) La connaissance de la finale (**-ant** ou **-ent**) des adjectifs verbaux est utile pour la formation ***des adverbes en -ment*** dérivés (v. **§ 115**).

VII - ACCORD DE : TOUT - MÊME - QUELQUE

Prérequis	Utilisations
• les sous-classes de mots, §§ 42 à 131 • l'emphase, §§ 133, 166 et 423 • la métonymie, § 393	• orthographe grammaticale correcte • enchâssées circonstancielles de concession, §§ 189 et 191

Les difficultés d'accord de ces trois « indéfinis » justifient un examen de leurs natures spécifiques dans un chapitre séparé.

§331 | TOUT

Déterminant quantifiant indéfini[1]

VARIE en genre et en nombre avec le nom ou le pronom auquel il se rapporte.

- **a) déterminant simple** (signifie généralement : *chaque, n'importe quel(le), seul(e), unique*)
  - ***Tout*** *élève est faible, à moins qu'il n'étudie.*
  - ***Toute*** *femme aime la flatterie.*
  - *Pour* ***toute*** *arme, il n'avait que la parole.*
  - *Écrivez-moi cela en* ***toutes*** *lettres.*
  - ***Nous tous*** [2] *rêvons d'un monde meilleur.* (détermine un pronom, = chacun de nous sans exception.)

1 Le code de terminologie de 1986, privilégiant l'aspect structural, définit comme ***adjectif*** une catégorie de mots accompagnant ***un déterminant* et *un nom***. En suivant ce raisonnement, TOUT, souvent suivi d'un déterminant article, deviendrait adjectif, quoiqu'à une place anormale (devant le déterminant). C'est pourquoi, dans ce cas, le code de 1986 a proposé la terminologie de **déterminant composé**. Voir aussi à ce propos l'information donnée par A. Goosse dans la 12e édition du *« Bon Usage »*, Éd. Duculot, 1988, § 616 (nuances de sens entre *tout* [adjectif] et *tous* [déterminant]).

2 Dans ce cas précis, le déterminant simple a une valeur emphatique plus marquée que le déterminant détaché (voir **c)**).

- **b) déterminant composé** (signifie généralement : *entier, unique, les uns et les autres sans exception*)
  - ***Toute la*** *famille est réunie pour la fête.*
  - *Cette passion pour les timbres est* ***toute ma*** *joie.*
  - ***Tous les*** *efforts sont toujours récompensés.*
- **c) déterminant détaché**
  Le déterminant composé (rarement le déterminant simple) peut être détaché du GN et fonctionner dès lors en ***emploi emphatique*** un peu à la manière d'une apposition : il est alors difficile de préciser s'il s'agit d'un déterminant ou d'un pronom représentant :
  - *Mes amies ne sont pas* ***toutes*** *dans ma classe.*
    (= Toutes mes amies...)
  - *Les dirigeants ne rêvent pas* ***tous*** *de puissance et d'argent.*
    (= Tous les dirigeants...)
  - *Nous rêvons* ***tous***[1] *d'un monde meilleur.*
    (= Nous tous...)

Remarque :

Ce **déterminant** est **invariable** (cas particuliers) :

- ***devant un nom de ville :***
  - *J'ai visité* ***tout*** *La Rochelle.*
    (= toute la ville de...)
- ***devant un nom de personne désignant son œuvre*** (emploi métonymique[2]):
  - *Il a lu* ***tout*** *Madame de Sévigné.*
    (= toute l'œuvre de...)

⁂ Pronom indéfini

- **a) pronom représentant** (= un nom ou un pronom déjà exprimé)
  - ❖ **prend le genre et le nombre du mot représenté :**
    - *Famille, amis, relations,* ***tous*** *l'ont soutenu dans cette terrible épreuve.*
    - *Le chanteur avait de nombreuses admiratrices.* ***Toutes*** *cherchaient constamment à le rencontrer.*
    - *Ces chemises sont splendides. Je les voudrais* ***toutes****.* (attribut du complément.)

1 Voir note 2, page précédente.
2 Voir les **Noms propres**, § 286.

- **b) pronom nominal** (= *toute chose, tout le monde)*
  - ❖ a une valeur « neutre » et est **INVARIABLE** :
    - ▸ *J'ai* ***tout*** *dit : je n'ai plus rien à ajouter.*
    - ▸ ***Tout*** *est bien qui finit bien.*
    - ▸ ***Tout*** *dort déjà dans la maisonnée.*

Nom commun

(= *la chose entière, la somme des parties, la totalité.)*

❖ **reconnaissance :** il est généralement ***précédé*** d'un ***déterminant***.

❖ **VARIABLE au PLURIEL** (rare) : TOUT**S**

- ▸ *Vous connaissiez déjà cette matière : je n'ai pas repris* ***le tout***.
- ▸ *Les verts bosquets forment dans la plaine* ***des touts*** *distincts les uns des autres.*
- ▸ *Risquons* ***le tout*** *pour* ***le tout***.

Adverbe

(= *entièrement, tout à fait.*)

❖ **INVARIABLE :**

- ▸ ***Tout*** *seuls, ils ne parvenaient pas à résoudre leurs problèmes.*
- ▸ *Elles étaient* ***tout*** *étonnées d'apprendre cette nouvelle.*
- ▸ *Cette veste est un article* ***tout*** *laine.*
- ▸ *Elle est* ***tout*** *élégance*[1].

Remarques :

1) **L'adverbe varie (+ e(s)) devant un mot *féminin* commençant par une *consonne* ou un *h aspiré*[2]** :
   - ▸ *Les travailleuses étaient* ***toutes*** *déçues du manque de soutien des syndicats.*
   - ▸ *Elles étaient* ***toutes*** *surprises d'apprendre cette nouvelle.*
   - ▸ *Cette proposition* ***toute*** *hardie a décontenancé les partisans de la peine de mort.*
   - ▸ *Elle est* ***toute*** *compréhension*[3].
2) Suivi d'un **gérondif**[4], ***tout*** est toujours ***adverbe*** :
   - ▸ ***Tout*** *en comprenant votre point de vue, je ne puis m'empêcher d'y faire objection.*
3) Avec le marqueur d'enchâssement TOUT... QUE[5], à valeur concessive (+ indicatif ou subjonctif), ***tout*** est également ***adverbe***, mais peut varier en fonction de la 1re remarque :
   - ▸ ***Tout*** *courageux qu'ils soient, ils n'osent pas, cette fois-ci, prendre leurs responsabilités.*
   - ▸ ***Toute*** *spécialiste qu'elle est en informatique, elle n'a pu encoder correctement les données.*

---

1 Cette tournure désigne la plénitude d'une qualité (= *elle est l'élégance même, la compréhension même)*, cf. ***même*** adjectif indéfini, ci-après, § 332.

2 En cas de doute, on vérifiera au dictionnaire si le H est aspiré. Dans le *Larousse*, le mot est, dans ce cas, précédé d'un *; dans le *Robert*, la notation phonétique du mot commence par '.

3 Voir note 1 ci-dessus.

4 Voir le **Participe présent**, § 209, et **Participe présent et adjectif verbal**, § 330.

5 Dans cette locution, TOUT = ***si, aussi.***

Double interprétation

❖ TOUT + AUTRE

- **tout** est **déterminant** et **varie *s'il se rapporte au nom***
  - ***Toute*** *autre idée est la bienvenue.*
    (= n'importe quelle autre idée, toute idée autre.)
  - ***Toute*** *autre question serait déplacée.*
    (= n'importe quelle autre question...)
- **tout** est **adverbe** et **invariable *s'il se rapporte à AUTRE***
  - *Le soir, la montagne a une* ***tout*** *autre apparence.*
    (= une apparence tout à fait autre.)
  - *Le deuxième paragraphe pose une* ***tout*** *autre question.*
    (= une question tout à fait autre.)

❖ Selon le sens que l'on veut donner à la phrase, tout sera **adverbe** *ou* **déterminant indéfini** :

- *Après cette longue étape, les cyclistes étaient* ***tout*** *fatigués.*
  (adverbe, = *tout à fait, complètement.)*
- *Après cette longue étape, les cyclistes étaient* ***tous*** *fatigués.*
  (déterminant composé détaché, = *les uns et les autres sans exception.*)
- *Les travailleuses étaient* ***toutes*** *déçues du manque de soutien des syndicats.*
  1- (déterminant composé détaché, = *les unes et les autres sans exception.*)
  ou bien : 2- (adverbe devant un mot féminin commençant par une consonne, = *tout à fait, entièrement.*)

§332 | MÊME

Adjectif indéfini

❖ **VARIE en genre et en nombre avec le nom ou le pronom auquel il se rapporte.** Deux structures déterminent des ***sens différents :***

- **placé avant le nom**, = *semblable, identique*
  - *Tous les hommes ont les **mêmes** devoirs face à la misère humaine.*
  - *Les **mêmes** leçons doivent être étudiées plusieurs fois.*
  - *Ces jumeaux sont de **même** taille.* (ellipse du déterminant.)
- **placé après le nom**

  a) = *eux-mêmes, elles-mêmes* ***(emploi emphatique)***
  - *Son regard droit, sa démarche assurée, ses habits **mêmes**, tout inspirait confiance.*
  - *Mes amis, participez vous-**mêmes** à la fête.*
  - *Veuillez rédiger le rapport de la réunion vous-**même**.* (forme polie : singulier.)

  b) désignation d'une ***qualité au plus haut degré, de manière absolue***
  - *Cet enfant est la sagesse et la gentillesse **mêmes** !*

Remarque :

Notons le trait d'union chaque fois que ***même*** suit un ***pronom*** **personnel**.

Adverbe

(= *aussi, jusqu'à, de plus, y compris, quoique.*)

❖ **INVARIABLE :**

- ***Même** tes amis t'ont déconseillé ce voyage !*
- *L'enfant s'imaginait que les adultes **même** ne comprendraient pas cette explication.*
- *Ces timbres, **même** abîmés*▼*, conservent une certaine valeur.*

Remarque :

En cas de doute, on peut ***déplacer* même** devant le GN ou le pronom pour ***vérifier sa valeur adverbiale*** *(même les adultes..., même ces timbres...* et, ci-dessous :
même ces murs..., même ses idées..., même ceux que...).

Double interprétation

Seul le contexte (et donc le sens) permet de trancher, notamment **après un nom** (accompagné d'un déterminant ***possessif*** ou ***démonstratif***) **ou un pronom** (***démonstratif***) :

- *Ces murs **même(s)** ont des oreilles.* (eux-mêmes ou aussi ?)
- *Ses idées **même(s)** sont étonnantes.* (elles-mêmes ou aussi ?)
- *Ceux **même(s)** que vous appréciez vous laissent parfois tomber.*

▼ *abimés.*

Pronom

(le même, la même, les mêmes.)

- **a) pronoms représentants**
  - *J'ai tourné en rond dans ces rues, puis je me suis retrouvé dans* ***la même*** *qu'au départ.*
  - *Il avait égaré deux livres rares, et un jour il a retrouvé* ***les mêmes*** *chez un bouquiniste le long des quais de la Seine.*
- **b) pronoms nominaux**
  - *Pourquoi la vie sourit-elle toujours* ***aux mêmes*** *?*
  - *La vie est monotone : cela revient toujours* ***au même***[1].

§333 | QUELQUE

Nous considérons ce terme sous les différentes graphies qui font difficulté.

Quel(le)(s) que

Cette **locution conjonctive de subordination** (***à valeur concessive***) est ***suivie du V être*** (ou devoir être, pouvoir être...).

❖ **Quel(le)(s)** est un ***attribut antéposé*** qui **s'accorde** en genre et en nombre ***avec le sujet postposé*** (voir ***Accord du V*, § 300**) :

- ***Quelles que*** *soient vos difficultés, ne vous découragez pas.*
- ***Quelle que*** *doit être la force de cet argument, je ne changerai pas d'avis.*
- ***Quels qu'****ils soient, ces visiteurs me semblent trop vouloir s'imposer.* (le sujet pronom retrouve sa place avant le V.)

Quelque

- **a) adjectif ou déterminant indéfini** (selon qu'un autre déterminant est ou n'est pas présent)

❖ ***S'accorde*** **en** ***nombre*** avec le nom auquel il se rapporte.

- au **SINGULIER** = ***un(e) certain(e), un(e) quelconque :***
  - *Ai-je* ***quelque*** *chance de trouver une solution de compromis ?*
  - *Elle a* ***quelque*** *idée qui pourrait faire avancer le projet.*
- au **PLURIEL** = ***plusieurs, une petite quantité de :***
  - *Les* ***quelques*** *amis qui me restent me font confiance.*
  - ***Quelques*** *badauds entouraient le camelot.*

1 J. Hanse considère ***même*** comme un **nom**, dans cette tournure. (*Nouveau dictionnaire des difficultés du français moderne*, Éd. Duculot, 1987, p. 591, n° 5).

- **b) adverbe**

❖ **INVARIABLE.**

= *environ* (placé devant un ***déterminant numéral cardinal***)

▸ *Ils marchèrent pendant* ***quelque*** *dix kilomètres.*

MAIS : ≠ *Ils marchèrent* ***quelques*** *dizaines de kilomètres.* (= plusieurs dizaines de kilomètres, « dizaine » étant un ***nom*** numéral[1].)

≠ *Ce tableau vaut soixante et* ***quelques*** *mille euros.* (= et plusieurs milliers d'euros.)

Remarque :

Quelque est également **adverbe** dans la locution adverbiale ***quelque peu :***

▸ *Je te trouve* ***quelque peu*** *sévère vis-à-vis de tes élèves.*

Quelque ... que

Dans cette locution conjonctive de subordination à ***valeur concessive***, **quelque** est

- tantôt ***déterminant indéfini*** **et variable,**
- tantôt ***adverbe*** **et invariable (=** ***si, aussi*****)**,

selon la structure de l'enchâssée circonstancielle :

❖ **suivi** d'un **ADJECTIF** ou d'un **AUTRE ADVERBE** : il est ***ADVERBE.***

▸ ***Quelque*** grands ***qu'****ils soient, ils n'atteignent pas l'étagère de produits dangereux.*

▸ ***Quelque*** *méchamment* ***qu'****il ait réagi, on lui pardonnera.*

❖ **suivi** d'un **NOM** : il est ***DÉTERMINANT.***

▸ ***Quelques*** mesures ***qu'****il prenne, il ne sera suivi par personne.*

❖ **suivi** d'un **ADJECTIF** *ET* d'un **NOM** :

- il est ***ADVERBE*** si le nom est un **attribut antéposé** (voir ***Accord du V,*** **§ 300**);
- il est ***DÉTERMINANT*** si le nom n'est **pas attribut.**

▸ ***Quelque*** courageux marcheurs ***qu'****ils aient été, ils n'ont pu terminer les « Vingt kilomètres de Bruxelles ».*

(***marcheurs*** : attribut du sujet ***ils.***)

▸ ***Quelque*** courageux marcheurs ***que*** *vous* ***les*** *croyiez, ils n'arriveront pas au terme de la course.*

(***marcheurs*** : attribut du complément ***les.***)

▸ ***Quelques*** bonnes raisons ***que*** *vous donniez, vous ne convaincrez pas les jurés de votre innocence.*

(***raisons*** : n'est pas attribut, mais **CD** du V donner.)

1 Voir § 334.

VIII - ACCORD DES NUMÉRAUX

Prérequis	Utilisations
• les sous-classes de mots, §§ 42 à 131	• la présentation de lettres, de textes techniques • le libellé d'ordres bancaires

Les numéraux appartiennent à différentes sous-classes de mots :

§334 | Noms numéraux

Ils **varient en nombre** de la même manière que les noms communs.

- **noms de nombres**
  - *millier(s), million(s), milliard(s), billion(s), trillion(s)...*
- **noms de quantités précises ou imprécises**
  - *huitaine(s), dizaine(s), douzaine(s), vingtaine(s), trentaine(s), cinquantaine(s), centaine(s)...*
  - *deux* ***douzaines*** *d'œufs* (quantité précise.)
  - *une* ***douzaine*** *de personnes* (quantité imprécise ou non, en fonction du contexte.)
- **noms dérivés par suffixation**
  - *quatrain(s), sizain(s) ou sixain(s), huitain(s)* (nombres de vers[1] contenus dans une strophe ou dans le poème complet.).
  - *quinquagénaire(s), octogénaire(s)* (âge approximatif.).
  - *cinquantenaire(s), centenaire(s)* (parfois adjectifs : *des arbres centenaires.*), *millénaire(s).*
- **noms multiplicatifs**
  - *simple(s), double(s), triple(s), quadruple(s), quintuple(s), sextuple(s), septuple(s), octuple(s), nonuple(s), décuple(s), centuple(s).*

  Remarque :

  Ils fonctionnent aussi comme ***adjectifs*** et forment des ***V dérivés en -er*** (*doubler, tripler...*) ainsi que des ***noms pluriels dérivés en -é(e)s*** (*des quintuplé(e)s...*).
- **noms désignant des fractions**
  - *demi(s), tiers, quart(s), cinquième(s), sixième(s), etc.*

1 Voir **Règles de la versification**, § 266.

§335 | Pronoms numéraux représentants ou nominaux

- Ils ont les ***formes*** et le ***comportement orthographique*** des **déterminants** et des **adjectifs** correspondants (qu'ils soient cardinaux ou ordinaux).
  - *Dix arbres bordent cette allée.* ***Les premiers*** *sont plus hauts.*

§336 | Adverbes

- **Invariables :**
  - *premièrement, deuxièmement, troisièmement...*
  - *primo, secundo, tertio, quarto, quinto, sexto, septimo.*

§337 | Déterminants[1] et adjectifs▼

- **Ordinaux : varient en *nombre*, et *parfois en genre*** (*premier, second, dernier*).
  - *Les* ***premières*** *neiges ne tiennent guère.*
  - *Les* ***deuxièmes*** *prix de chaque catégorie consistent en un superbe lecteur de DVD.*

- **Cardinaux : sont INVARIABLES, *sauf*** dans les cas suivants :

  - **ZÉRO :**
    - est **invariable** comme ***déterminant***
      - *Il a fait* ***zéro*** *faute.*
    - **varie** en tant que ***nom***
      - *Il collectionne les* ***zéros****.*

1 Rappel : cette sous-classe ne comprend normalement pas d'ordinaux, sauf dans ces tournures elliptiques particulières :
- ***Cinquième*** *enfant de la famille, il fut moins gâté que ses frères et sœurs.*
- *Il est* ***deuxième*** *prix de Conservatoire.*

▼ Les numéraux composés sont systématiquement reliés par des traits d'union (▸ *trente-deux-mille-sept-cent-quatre*).

❖ **UN** : **varie** en **genre.**

- *Je n'ai trouvé qu'**une** seule réponse.*

❖ **VINGT et CENT** : **varient** en **nombre**

- ***s'ils sont multipliés***

et • ***s'ils terminent le nombre***

▸ *vingt-deux*	*cent trois*
*quatre-vingt**s*** (4 x 20)	*trois cent**s*** (3 x 100)
quatre-vingt-huit	*trois cent vingt-huit*

❖ **MILLE** : est **invariable**,

- *J'ai payé deux mille euros.*

mais varient le nom désignant une ***mesure itinéraire*** (*trois milles marins* [= 1 852 m]) et le nom désignant la ***mesure anglo-saxonne*** (*trois miles* [= 1 609 m]).

Cardinaux employés comme ordinaux :

❖ Dans cet emploi, ***vingt*** et ***cent*** **ne varient pas :**

- *Page huit cent quatre-vingt.*
- *L'an mille huit cent.*

❖ Dans les ***dates***, **mille** peut s'écrire **mil** s'il est suivi d'un autre nombre :

- *L'an mil huit cent* **ou** *L'an mille huit cent.*
- *L'an deux mille.*
- *L'an mil ou mille* (hésitation pour cette date précise).

Marques de liaison :

Les règles suivantes sont valables pour les ***ordinaux*** comme pour les ***cardinaux*** :

❖ **Utilisation de ET**

- **pour ajouter UN aux dizaines**

▸ *cinquante **et** un*	*cinquante **et** unième*
*soixante **et** un*	*soixante **et** unième*

Exception :

▸ *quatre-vingt-un*	*quatre-vingt-unième*

- **pour ajouter onze à soixante**

▸ *soixante **et** onze*	*soixante **et** onzième*

❖ **Utilisation du trait d'union**▼ pour relier (sauf en cas d'utilisation de ET) les ***unités aux dizaines*** ou les ***dizaines aux unités***, ainsi que dans les séries ***soixante-dix*** et ***quatre-vingt-dix*** (c'est-à-dire, en pratique, **tous les éléments inférieurs à cent**)

▸ *vingt-huit*	*vingt-huitième*
quatre-vingt-huit	*quatre-vingt-huitième*
quatre-vingt-treize	*quatre-vingt-treizième*

MAIS :

trois cents trois centième

Remarque :

En Belgique et en Suisse, on utilise, d'une manière beaucoup plus logique : ***septante*** et ***nonante***.

En outre, les Suisses, plus logiques encore, emploient ***huitante*** ou ***octante***.

▼ Le trait d'union est généralisé pour tous les nombres complexes : *cinquante-et-un, cent-deux, deux-cent-soixante-et-onze, huit-mille-deux-cent-vingt-et-un...*

Synthèse 5 : l'orthographe

§§ 267 à 337

A- ORTHOGRAPHE D'USAGE

Il n'est pas possible de synthétiser l'orthographe d'usage. Les principaux problèmes rencontrés concernent les **affixes** et leur agglutination au mot, l'**homophonie**, la **finale du PPé** masculin singulier, les **doubles lettres** internes aux mots, les **accents** et le **tréma**. Les principes suivants permettent toutefois de résoudre de nombreux cas repris dans le **tableau du § 271** :

- **mettre au féminin** ou **chercher un dérivé** pour découvrir les lettres finales non prononcées;
- **analyser une forme verbale** pour distinguer les finales homophones *(-er, -é, -ai, -ez)*;
- lier l'orthographe au **sens d'un suffixe**;
- retrouver l'**origine étrangère** d'un mot;
- analyser le **rattachement d'un préfixe ou d'un suffixe**.

Rappelons aussi que les rectifications de 1990 (indiquées par le signe▼) ont fort heureusement tendance à entrer progressivement dans l'usage.

B- ORTHOGRAPHE GRAMMATICALE

⁂ **Les homophones grammaticaux** peuvent se distinguer en réfléchissant à la signification précise du mot ou en recourant à un petit truc (par ex., changer le temps du V). Voir **tableau du § 272**.

⁂ **Le féminin des adjectifs et des noms** s'obtient par adjonction d'un **e** final, mais de nombreux mots procèdent ou non au redoublement de la consonne finale, modifient leur suffixe ou subissent encore d'autres modifications. Des formes spéciales existent, notamment pour les noms d'animaux *(bélier ▸ brebis)*.

Rem. : - certains mots ont un double genre, avec des sens différents *(le manche ≠ la manche)*;
- les noms de métiers, de fonctions se féminisent selon différents principes.

⁂ **Le pluriel des adjectifs et des noms** s'obtient en principe par adjonction d'un **s** final, mais de nombreux mots ont une finale en **-x** *(-eux, -aux, -eaux)* et il existe aussi une série d'exceptions.

- **Mots de couleurs :** seul l'adjectif simple s'accorde.
- **Noms étrangers, empruntés à d'autres langues :** ils conservent leur pluriel d'origine ou bien (tendance actuelle) se comportent comme les noms français *(+ s)*.
- **Certains noms sont ordinairement singuliers** *(le courage)* **ou toujours pluriels** *(les fiançailles)*.
- **Le pluriel peut être modificateur de sens** *(la vacance ≠ les vacances)*.
- **Les noms composés** s'accordent comme les noms simples s'ils sont écrits en un seul mot; sinon, seuls les adjectifs et les noms qui les composent prennent ou non la marque du pluriel selon le sens.
- **Les noms propres** ne prennent généralement pas la marque du pluriel.

Synthèse 5 : l'orthographe

✲ **L'accord du verbe et du groupe nominal sujet : le (ou les) sujets commandent l'accord, en personne et en nombre, du (ou des) verbes.** Mais il convient d'éviter quelques pièges dus à l'inversion du sujet, à sa séparation du verbe, ou encore à l'utilisation du pronom « on » qui requiert le singulier.

- **Cas particuliers d'accord du V avec un seul sujet:**
  - **V impersonnel :** accord avec le sujet **IL**.
  - **Pronom CE sujet :** accord avec le **GN ou le pronom qui suit** l'expression, **sauf** en cas de gallicisme *(c'est ... qui)* ou de détachement *(ce que, c'est/ce sont)* qui laissent souvent le choix. Singulier obligatoire avec **nous** et **vous**, dans certaines **expressions figées** et si un **déterminant numéral** précède une quantité considérée dans son ensemble.
  - **Pronom relatif QUI sujet :** en général, accord en nombre et en personne avec l'**antécédent.** Accord avec le **pronom sujet de la P matrice** si l'antécédent est ***attribut***, qu'il n'est pas précédé de ***le*** ou ***ce*** et qu'il exprime une ***idée de pluralité.***
  - **Déterminant quantifiant, plus d'un ..., moins de deux ... :** accord avec l'**expansion**.
  - **Collectif ou le peu de :** accord selon le **sens**.
- **Cas particuliers d'accord du V avec plusieurs sujets :**
  - **Sujets de personnes différentes :** au **pluriel**, à la **« plus petite » personne**.
  - **Énumérations : pluriel**, sauf si l'énumération est résumée par un mot singulier, si elle présente des éléments en gradation ou si elle comprend des noms plus ou moins synonymes.
  - **Complétives ou infinitifs unis par ET :** selon le **sens**.
  - **Sujets unis par AINSI QUE, COMME, OU, NI, L'UN ... L'AUTRE :** selon le **sens**.
  - **Collectif ou déterminant chiffré : cf. § 299** (fraction, pourcentage, nom numéral).

✲ **L'accord du participe passé :**

- **Sans auxiliaire : accord** en genre et en nombre **avec le nom** ou le pronom auquel il se rapporte (sauf cas particuliers où il peut avoir une valeur de préposition ou d'adverbe).
- **Avec ÊTRE : accord** en genre et en nombre **avec le sujet**.
- **Avec AVOIR : accord** en genre et en nombre **avec le CD s'il précède** le participe.
  - **V impersonnels :** PPés toujours **invariables**.
  - **PPé précédé de EN : si EN est CD** du V, PPé **invariable**.
  - **PPé précédé de L' : si remplaçable par CELA, invariable.**
  - **PPé entre 2 marqueurs d'enchâssement : invariable**, sauf si la 2e enchâssée est CI de V.
  - **PPé suivi de ÊTRE ou AVOIR ÉTÉ : invariable.**
  - **PPé suivi d'un infinitif : cf. règle générale avec AVOIR**, mais **seulement si le CD** peut être considéré comme **GNS de l'infinitif**. Sinon, invariable.

Synthèse 5 : l'orthographe

- **DIT, DÛ, CRU ... : invariables si infinitif ou enchâssée complétive sous-entendus.**
- **PPé des V tantôt transitifs directs tantôt intransitifs : cf. § 318.**

• **PPé des V pronominaux :**

❖ si le **pronom non sujet** a une **fonction** : **accord avec le CD** placé devant le V.

❖ si le **pronom non sujet** est **sans fonction** :

- **s'il y a un CD : cf. règle générale avec AVOIR,**
- **s'il n'y a pas de CD : accord avec le SUJET.**

❖ **certains PPés sont toujours invariables**, car jamais précédés d'un CD *(se plaire, se succéder, se faire mal...)*

✲ **L'accord de l'adjectif :** accord en **genre** et en **nombre** avec le **nom** ou le **pronom** auquel il se rapporte. Mais il faut tenir compte de cas particuliers liés à l'accord du GNS, de cas spécifiques (adj. pris adverbialement [§ 325], adj. composés [§ 327], adj. liés à des locutions superlatives [§ 328]) ainsi que de certaines particularités *(nu, plein, sauf, feu, avoir l'air... [§ 329])*.

✲ **Adjectif verbal (variable)** ou **participe présent (invariable)** : de nombreux moyens permettent de les distinguer. En outre, **certains adj. verbaux** subissent des particularités orthographiques (par ex., finale en **-ent**).

✲ **Accord de TOUT - MÊME - QUELQUE :** prière de se rapporter aux §§ 331 à 333.

✲ **Accord des numéraux :** ils varient selon leur classe grammaticale, mais en tenant compte de certaines particularités (cf. §§ 334 à 337).

Quatrième partie

La conjugaison

1 Notions de base

Prérequis	Utilisations
• les classes et les sous-classes de mots, §§ 42 à 131	• la syntaxe des modes et des temps, §§ 194 à 210 • la concordance des temps, §§ 211 et 212 • les constituants impératif et passif, §§ 164 et 167 • l'énoncé / l'énonciation, § 228 • le discours / le récit, § 229

§338 | Introduction

Avant de vouloir manipuler la conjugaison d'un verbe, il faut assimiler quelques notions fondamentales :

- de quoi un verbe est-il formé ?
- comment classer les verbes pour mieux retenir leur conjugaison ?
- quelle est la répartition des modes, des temps et des personnes ?

§339 | Les parties du verbe

Tout verbe, à quelque forme qu'il se présente, se compose de ***deux parties :***

❖ **le RADICAL** (symbolisé par le signe : **√**)

- C'est, en principe, la ***partie fixe*** de la forme verbale :
  - √ ***chant-*** (V chanter) : *je* ***chant****e, tu* ***chant****as, il* ***chant****era.*
  - √ ***condui-*** (V conduire) : *je* ***condui****s, tu* ***condui****sis, il* ***condui****ra.*
  - √ ***rend-*** (V rendre) : *je* ***rend****s, tu* ***rend****is, il* ***rend****ra.*
- Il s'obtient le plus souvent en ***supprimant la terminaison*** (*-er, -ir, -oir, -re*) ***de l'infinitif.***

- Toutefois, un même verbe peut utiliser ***plusieurs √ différents*** au cours de sa conjugaison, parfois au sein d'un même temps :
  - *nous recevons* (√ ***recev-)***, indicatif présent.
  - *elles reçoivent* (√ ***reçoiv-)***, indicatif présent.
  - *vous reçûtes* (√ ***reç-***), indicatif passé simple.
- ***L'indicatif présent*** regroupe ***souvent*** la plupart des radicaux qu'un verbe peut développer au cours de sa conjugaison. Dans ce cas, les 1re et 2e personnes du pluriel ont un radical propre, et la 3e personne du pluriel se distingue parfois des 3 personnes du singulier par un radical différent :
  - *je **reço**is, tu **reço**is, il **reço**it* (même √ à l'impératif présent singulier).
  - *nous **recev**ons, vous **recev**ez* (même √ à l'impératif présent pluriel, à l'indicatif imparfait, au subjonctif présent 1re et 2e pers. plur., et au participe présent).
  - *ils **reçoiv**ent* (même √ au subjonctif présent singulier et 3e pers. plur.)

  (On notera encore pour ce verbe, et ceux qui se conjuguent de la même manière que lui, un √ court (***reç-***) utilisé à l'indicatif passé simple, au subjonctif imparfait et au PPé.)

❖ la TERMINAISON

- C'est la **partie qui varie** en fonction du mode, du temps et de la personne auxquels on veut conjuguer.
- Les terminaisons sont donc les mêmes pour chaque catégorie de V :

  de même : { - chanter : *tu chant**es**, elles chant**èrent***. - opérer : *tu opèr**es**, elles opér**èrent***.

  de même : { - conduire : *tu condui**s**, ils conduis**irent***. - cuire : *tu cui**s**, ils cuis**irent***.
- Si certaines terminaisons *semblent* varier, c'est soit en raison de la ***rencontre avec un radical***, soit à cause d'un ***phénomène d'euphonie***[1].
  - *elle revê**t** :* coïncidence entre le **t** du √ et celui de la terminaison.
  - *il pren**d** :* absorption du **t** de la terminaison par le **d** du √.
  - *elle condui**s**ait :* ***infixe***[2] ajouté au √ pour raison d'euphonie.

1 ***Euphonie :*** série de sons harmonieux à l'audition.

2 ***Infixe :*** lettre(s) placée(s) à **l'intérieur** d'un mot (comparer : **in**fixe, **pré**fixe, **suf**fixe).

✲ Tableau des principales terminaisons :

Nous regroupons les temps pour faire apparaître▼ les terminaisons similaires, soulignées par une typographie particulière.

Temps	1re p. s.	2e p. s.	3e p. s.	1re p. pl.	2e p. pl.	3e p. pl.
indicatif présent	**e** **s** **x** [3]	**es** **s** **x** [3]	**e** t t Ø [4]	***ons***	***ez*** tes [1]	ENT nt [2]
impératif présent		e **s** **x** [5]		***ons***	***ez***	
subjonctif présent	**e**	**es**	**e**	*ions*	*iez*	ENT
indicatif imparfait	ais	ais	ait	*ions*	*iez*	aient
indic. condit. prés.	(e)**r**ais	(e)**r**ais	(e)**r**ait	(e)**r***ions*	(e)**r***iez*	(e)**r**aient
indic. futur simple	(e)**r**ai	(e)**r**as	(e)**r**a	(e)**r*ons***	(e)**r*ez***	(e)**r**ont
indic. passé simple	ai is us	as is us	a it ut	âmes îmes ûmes	âtes îtes ûtes	èrent irent urent
subjonctif imparfait	aSS**e** iSS**e** uSS**e**	aSS**es** iSS**es** uSS**es**	ât ît ût	aSS*ions* iSS*ions* uSS*ions*	aSS*iez* iSS*iez* uSS*iez*	aSSENT iSSENT uSSENT
PPé	é - i - u - s [6] - is - os [7] - t [8]					
participe présent	ant					
infinitif présent	er - ir - oir - re					

1 Pour (re)dire (*(re)di**tes***), faire (*fai**tes***)...
2 Pour certains verbes comme faire (*fo**nt***), aller (*vo**nt***)...
3 Pour certains verbes comme valoir (*vau**x***), vouloir (*veu**x***), pouvoir (*peu**x***)...
4 En cas d'absorption du **t** de la terminaison par le **d** du √ (*elle rend*).
5 Formes peu usitées de valoir et pouvoir.
6 Comme *absou**s***▼ (V absoudre).
7 Comme *clo**s*** (V clore).
8 *fai**t*** (V faire), *di**t*** (V dire), *confi**t*** (V confire), *cui**t*** (V cuire); avec les V en ***-indre*** : *pein**t*** (V peindre), *join**t*** (V joindre), *crain**t*** (V craindre); parfois avec un radical particulier, comme par exemple : *couver**t*** (V couvrir), *mor**t*** (V mourir).

▼ apparaitre.
▼ *absou**t***

Remarque :

La lecture de ce tableau permet de comprendre que **la conjugaison orale** contient beaucoup moins de formes en raison de fréquentes homophonies : [ʃɑ̃tə] (chante) peut traduire 9 formes (indicatif présent, 1re, 2e, 3e pers. sing. et 3e pers. plur.; impératif présent, 2e pers. sing.; subjonctif présent, 1re, 2e, 3e pers. sing. et 3e pers. plur.).

§340 | Classement des verbes

Aucun type de classement ne parvient à tenir compte de tous les éléments en jeu. La répartition des ***4 terminaisons de l'infinitif*** *(-er, -ir, -oir, -re)* en **trois groupes** en fonction du genre de conjugaison semble la plus pratique :

❖ **1°-V en -ER :** *amuser, conjuguer, préférer...*
= ***plus de 7 000 verbes***

❖ **2°-V en -IR** dont le **participe présent** a une forme en **-ISSANT** : *désobéir (désobéissant), fournir (fournissant)...*
= ***environ 300 verbes***

❖ **3°-Tous les autres V** qui ont une **conjugaison irrégulière :**
= ***environ 380 verbes***

- **le V aller** (seul véritable irrégulier en ***-er)***.
- **V en -ir** dont le **participe présent** a une forme en **-ant :** *sortir (sortant), fuir (fuyant), courir (courant) et ses 7 composés (accourir, concourir, discourir, encourir, parcourir, recourir, secourir)...*
- **V en -oir :** *savoir, apercevoir* (modèle pour 4 verbes : *recevoir, concevoir, décevoir, percevoir*)...
- **V en -re :**
  - *boire, dire...*
  - *rendre :* modèle pour 28 V en *-endre* ou *-andre* (mais **pas** pour ***prendre*** et ses composés), pour 19 V en *-ordre, -erdre, -ondre,* ainsi que pour *rompre, corrompre, interrompre* (ces 3 derniers formant l'indic. présent 3e pers. sing. avec t : *il rompt*).
  - *conduire :* modèle pour les 26 V en *-uire.*

Remarque :

Maudire, quoique terminé par ***-re***, se conjugue ***comme les V du 2e groupe***, mais son PPé se termine par **t** (*maudi**t***).

§341 | Répartition des modes, des temps et des personnes

La conjugaison française comprend **5 modes** qui contiennent chacun un certain nombre de temps.

- Il existe **3 modes personnels**, c'est-à-dire dont la conjugaison utilise différentes personnes, au singulier et au pluriel; et **2 modes non personnels** dont les formes ne varient éventuellement que pour marquer le genre et le nombre (c'est le cas du PPé).
- Parmi les modes personnels, ***l'INDICATIF*** est le plus développé (15 temps), s'insérant le plus souvent dans le ***monde de la réalité***[1]. Vient ensuite ***le SUBJONCTIF*** qui, avec ses 5 temps, marque un ***retrait par rapport à la réalité***[1]. ***L'IMPÉRATIF***, avec ses 2 temps, est le troisième mode personnel.
- Les 2 modes non personnels (***l'INFINITIF* et *le PARTICIPE***) ne comprennent chacun que 3 temps.

Tableau des modes et des temps

MODES	TEMPS SIMPLES	TEMPS COMPOSÉS	TEMPS SURCOMPOSÉS
MODES PERSONNELS			
INDICATIF	Présent Imparfait Passé simple Futur simple Condit. présent Ø	Passé composé Plus-que-parfait Passé antérieur Futur antérieur Condit. passé (1re forme) Condit. passé (2e forme)	Passé surcomposé Plus-que-parfait surcomposé Ø Futur antérieur surcomposé Condit. passé surcomposé Ø
IMPÉRATIF	Présent	Passé	Ø
SUBJONCTIF	Présent Imparfait	Passé Plus-que-parfait	Passé surcomposé Ø
MODES NON PERSONNELS			
INFINITIF	Présent	Passé	Passé surcomposé
PARTICIPE[2]	Présent	Passé	Passé surcomposé

1 Voir **Syntaxe des modes et des temps**, §§ 194 à 203, et §§ 205 à 208.

2 Certains grammairiens ajoutent **le gérondif** comme 3e mode non personnel. Or, pour la forme, ce n'est qu'une variante du participe présent (il est alors précédé de ***en***).

Remarques :

1) Le **mode impératif** ne se conjugue qu'à ***3 personnes*** différentes :
   - 2e personne du singulier : parle
   - 1re personne du pluriel : parlons
   - 2e personne du pluriel : parlez

   Pour exprimer un ordre qui ne s'adresse pas directement à l'interlocuteur, on peut notamment recourir à des ***formes du subjonctif :***
   - 3e personne du singulier : qu'il parle
   - 3e personne du pluriel : qu'elles parlent
2) **Les conditionnels sont rangés dans les temps de l'indicatif**. En effet, ils sont le plus souvent utilisés comme ***futurs du passé*** et appartiennent dès lors au ***mode de la réalité*** [1] (ils sont d'ailleurs constitués du -r- de l'indicatif futur simple et des désinences de l'imparfait !).
3) Si la plupart des V se conjuguent à tous les modes et à tous les temps, certains, par contre, sont appelés **DÉFECTIFS**, car ils n'utilisent que certains temps et/ou certaines personnes. En font partie, notamment, les ***V impersonnels*** utilisés seulement à la 3e personne du singulier. Ces particularités seront indiquées au moment où elles se présenteront.

1 Voir §§ 194 et 203.

§342 | Présentation des chapitres de conjugaison

2 Conjugaison active

I - LES TEMPS SIMPLES

Prérequis	Utilisations
• le radical et la terminaison, § 339 • les groupes de V, § 340 • la répartition des modes et des temps, § 341 • actif/passif (constituants), §§ 133, 162 et 167	• la P de base / la P matrice, §§ 133, 136 • les P dérivées, §§ 161 à 192 • la syntaxe des modes et des temps, §§ 194 à 210

§343 | Définition et tableaux

✳ ***Définition :*** Les temps simples sont ainsi nommés parce que le verbe ne s'y conjugue qu'au moyen d'***un seul mot*.**

- Nous donnons les **tableaux complets (§ 344)** pour la conjugaison active des 3 groupes de V, étant évident que les 4 modèles choisis pour le 3e groupe ne représentent qu'une partie (assez vaste, toutefois) des V irréguliers.
- La ***typographie particulière*** (caractères gras, italiques, majuscules, traits verticaux, encadrements, fonds tramés) est destinée à mettre en évidence les ***similitudes*** entre différents temps d'un même verbe.
- À la suite des tableaux, nous joignons des **commentaires** (**§ 345**) sur la formation de chaque temps simple : ils donnent l'occasion d'une étude plus réfléchie, permettant d'éviter un apprentissage purement mécanique uniquement lié à la mémoire.
- D'emblée, signalons que des correspondances peuvent être établies entre certaines formes ou certains temps, et notamment :
  - **impératif présent** et **indicatif présent**
  - **indicatif futur simple** et **indicatif conditionnel présent**
  - **indicatif passé simple** et **subjonctif imparfait**

§344 | Tableaux des temps simples

PREMIER GROUPE	DEUXIÈME GROUPE	
PARLER	FOURNIR	COURIR
Indicatif présent	***Indicatif présent***	***Indicatif présent***
je parle	je fournis	je cours
tu parles	tu fournis	tu cours
il parle	il fournit	il court
nous parlons	nous fourni**SS**ons	nous courons
vous parlez	vous fourni**SS**ez	vous courez
ils parlent	**ils fourniSSent**	**ils courent**
Indicatif imparfait	***Indicatif imparfait***	***Indicatif imparfait***
je parlais	je fourni**SS**ais	je courais
tu parlais	tu fourni**SS**ais	tu courais
il parlait	il fourni**SS**ait	il courait
nous parlions	nous fourni**SS**ions	nous courions
vous parliez	vous fourni**SS**iez	vous couriez
ils parlaient	ils fourni**SS**aient	ils couraient
Indicatif passé simple	***Indicatif passé simple***	***Indicatif passé simple***
je parl*ai*	je fourn*i*s	je cour*us*
tu parl*as*	tu fourn*i*s	tu cour*us*
il parl*a*	il fourn*i*t	il cour*ut*
nous parl*â*mes	nous fourn*î*mes	nous cour*û*mes
vous parl*â*tes	vous fourn*î*tes	vous cour*û*tes
ils parlèrent	ils fourn*i*rent	ils cour*u*rent
Indicatif futur simple	***Indicatif futur simple***	***Indicatif futur simple***
je ***parler***ai	je ***fournir***ai	je ***courr***ai
tu ***parler***as	tu ***fournir***as	tu ***courr***as
il ***parler***a	il ***fournir***a	il ***courr***a
nous ***parler***ons	nous ***fournir***ons	nous ***courr***ons
vous ***parler***ez	vous ***fournir***ez	vous ***courr***ez
ils ***parler***ont	ils ***fournir***ont	ils ***courr***ont

TROISIÈME GROUPE		
APERCEVOIR	RENDRE	CONDUIRE
Indicatif présent	***Indicatif présent***	***Indicatif présent***
j'aperçois	je rends	je conduis
tu aperçois	tu rends	tu conduis
il aperçoit	il rend	il conduit
nous apercevons	nous rendons	nous conduiSons
vous apercevez	vous rendez	vous conduiSez
ils aperçoivent	**ils rendent**	**ils conduiSent**
Indicatif imparfait	***Indicatif imparfait***	***Indicatif imparfait***
j'apercevais	je rendais	je conduiSais
tu apercevais	tu rendais	tu conduiSais
il apercevait	il rendait	il conduiSait
nous apercevions	nous rendions	nous conduiSions
vous aperceviez	vous rendiez	vous conduiSiez
ils apercevaient	ils rendaient	ils conduiSaient
Indicatif passé simple	***Indicatif passé simple***	***Indicatif passé simple***
j'aperç*u*s	je rend*i*s	je conduiS*i*s
tu aperç*u*s	tu rend*i*s	tu conduiS*i*s
il aperç*u*t	il rend*i*t	il conduiS*i*t
nous aperç*û*mes	nous rend*î*mes	nous conduiS*î*mes
vous aperç*û*tes	vous rend*î*tes	vous conduiS*î*tes
ils aperç*u*rent	ils rend*i*rent	ils conduiS*i*rent
Indicatif futur simple	***Indicatif futur simple***	***Indicatif futur simple***
j'***apercevr***ai	je ***rendr***ai	je ***conduir***ai
tu ***apercevr***as	tu ***rendr***as	tu ***conduir***as
il ***apercevr***a	il ***rendr***a	il ***conduir***a
nous ***apercevr***ons	nous ***rendr***ons	nous ***conduir***ons
vous ***apercevr***ez	vous ***rendr***ez	vous ***conduir***ez
ils ***apercevr***ont	ils ***rendr***ont	ils ***conduir***ont

Indicatif conditionnel présent	***Indicatif conditionnel présent***	***Indicatif conditionnel présent***
je ***parler***ais	je ***fournir***ais	je ***courr***ais
tu ***parler***ais	tu ***fournir***ais	tu ***courr***ais
il ***parler***ait	il ***fournir***ait	il ***courr***ait
nous ***parler***ions	nous ***fournir***ions	nous ***courr***ions
vous ***parler***iez	vous ***fournir***iez	vous ***courr***iez
ils ***parler***aient	ils ***fournir***aient	ils ***courr***aient
Subjonctif présent	***Subjonctif présent***	***Subjonctif présent***
qu(e) je parle	qu(e)je fourni**SS**e	qu(e)je coure
tu parles	tu fourni**SS**es	tu coures
il parle	il fourni**SS**e	il coure
nous parlions	nous fourni**SS**ions	nous courions
vous parliez	vous fourni**SS**iez	vous couriez
ils parlent	**ils fourniSSent**	**ils courent**
Subjonctif imparfait	***Subjonctif imparfait***	***Subjonctif imparfait***
qu(e)je parl***a*****SS**e	qu(e)je fourn***i*****SS**e	qu(e)je cour***u*****SS**e
tu parl***a*****SS**es	tu fourn***i*****SS**es	tu cour***u*****SS**es
il parl***â***t	il fourn***î***t	il cour***û***t
nous parl***a*****SS**ions	nous fourn***i*****SS**ions	nous cour***u*****SS**ions
vous parl***a*****SS**iez	vous fourn***i*****SS**iez	vous cour***u*****SS**iez
ils parl***a*****SS**ent	**ils fourn*i*SSent**	ils cour***u*****SS**ent
Impératif présent	***Impératif présent***	***Impératif présent***
parl**e**	fournis	cours
parlons	fourni**SS**ons	courons
parlez	fourni**SS**ez	courez
Infinitif présent	***Infinitif présent***	***Infinitif présent***
parler	***fournir***	***courir***
Participe présent	***Participe présent***	***Participe présent***
parlant	fourni**SS**ant	courant
PPé	***PPé***	***PPé***
parlé	fourn***i***	cour***u***

Indicatif conditionnel présent	***Indicatif conditionnel présent***	***Indicatif conditionnel présent***
j'***apercevr***ais	je ***rendr***ais	je ***conduir***ais
tu ***apercevr***ais	tu ***rendr***ais	tu ***conduir***ais
il ***apercevr***ait	il ***rendr***ait	il ***conduir***ait
nous ***apercevr***ions	nous ***rendr***ions	nous ***conduir***ions
vous ***apercevr***iez	vous ***rendr***iez	vous ***conduir***iez
ils ***apercevr***aient	ils ***rendr***aient	ils ***conduir***aient
Subjonctif présent	***Subjonctif présent***	***Subjonctif présent***
qu(e) j'aperçoive	qu(e)je rende	qu(e)je conduiSe
tu aperçoives	tu rendes	tu conduiSes
il aperçoive	il rende	il conduiSe
|| nous apercevions	|| nous rendions	|| nous conduiSions
|| vous aperceviez	|| vous rendiez	|| vous conduiSiez
ils aperçoivent	**ils rendent**	**ils conduiSent**
Subjonctif imparfait	***Subjonctif imparfait***	***Subjonctif imparfait***
qu(e) j'aperç***u***SSe	qu(e)je rend***i***SSe	qu(e)je conduiS***i***SSe
tu aperç***u***SSes	tu rend***i***SSes	tu conduiS***i***SSes
il aperç***û***t	il rend***î***t	il conduiS***î***t
nous aperç***u***SSions	nous rend***i***SSions	nous conduiS***i***SSions
vous aperç***u***SSiez	vous rend***i***SSiez	vous conduiS***i***SSiez
ils aperç***u***SSent	ils rend***i***SSent	ils conduiS***i***SSent
Impératif présent	***Impératif présent***	***Impératif présent***
aperçois	rends	conduis
apercevons	rendons	conduiSons
apercevez	rendez	conduiSez
Infinitif présent	***Infinitif présent***	***Infinitif présent***
apercevoir	***rendre***	***conduire***
Participe présent	***Participe présent***	***Participe présent***
apercevant	rendant	conduiSant
PPé	***PPé***	***PPé***
aperç***u***	rend**u**	conduit

§345 | Formation des temps simples

⁂ 1 INDICATIF PRÉSENT

- SINGULIER :
  - 1er groupe ▸ √ + terminaisons : *e - es - e*
  - 2e groupe ▸ √ + terminaisons : *is - is - it*
  - 3e groupe ▸ √ qui convient + terminaisons :
    - *s - s - t*
    - *s - s - Ø*
    - *e - es - e*[1]
    - *x - x - t*[2]
- PLURIEL : *ons - ez - ent* pour tous les groupes.
  (avec infixe **-ss-** pour les V du 2e groupe et infixe **-s-** pour les V en -uire)

⁂ 2 IMPÉRATIF PRÉSENT

- se conjugue comme la personne correspondante de *l'**indicatif présent***.
  - ▸ **mais les V du 1er groupe (et certains V du 3e groupe[1]) perdent le -s à la 2e personne du singulier** sauf devant **en** et **y** (*vas-y, manges-en*).
- utilisation ***au pluriel*** de l'infixe **-ss-** pour les V du 2e groupe et de l'infixe **-s-** pour les V en -uire.

⁂ 3 SUBJONCTIF PRÉSENT

- **1re et 2e pers. plur.** : TOUJOURS les **mêmes formes** que *l'**indicatif imparfait*** à ces personnes.
- **les 3 personnes du sing. et la 3e pers. plur. : mêmes terminaisons que pour *l'indicatif présent* du 1er groupe** (et **mêmes formes** qu'à *l'**indic. présent*** pour les V du 1er groupe et certains V du 3e groupe[1]).
- utilisation de l'infixe **-ss-** pour les V du 2e groupe et de l'infixe **-s-** pour les V en -uire.

⁂ 4 INDICATIF IMPARFAIT

- √ + terminaisons : *ais - ais - ait - ions - iez - aient*
- utilisation de l'infixe **-ss-** pour les V du 2e groupe et de l'infixe **-s-** pour les V en -uire.

---

1 Pour les V comme **cueillir, couvrir...** (voir tableau **n° 26**).

2 Pour les V comme **valoir, vouloir, pouvoir...** (voir tableau **n° 41**).

✲ 5 **INDICATIF PASSÉ SIMPLE**

- adjonction d'une « **lettre caractéristique** » au √ :
  - 1er groupe : **a** (sauf à la 3e pers. plur.)
  - 2e groupe : **i**
  - 3e groupe : **i** ou **u** (selon les V.)
- terminaisons du 1er groupe : ***ai - as - a - âmes - âtes - èrent***
- terminaisons du 2e groupe : ***is - is - it - îmes - îtes - irent*** (singulier toujours semblable à l'indicatif présent.)
- terminaisons du 3e groupe : comme le 2e groupe, ou bien (selon les V) : ***us - us - ut - ûmes - ûtes - urent***
- utilisation de l'infixe **-s-** pour les V en -uire.

✲ 6 **SUBJONCTIF IMPARFAIT**

- **même « *lettre caractéristique* »** qu'à l'indicatif passé simple.
- composition des ***formes*** : **√ + lettre caractéristique + infixe SS + terminaisons.**
- ***terminaisons :***
  - 1re et 2e pers. sing. et 3e pers. plur. : terminaisons de l'indicatif présent des V en -er.
  - 1re et 2e pers. plur. : terminaisons de l'indicatif imparfait.
- **3e pers. sing. :** TOUJOURS : lettre caractéristique avec ^ + **t** (pas d'infixe !)
- **V du 2e groupe :** mêmes formes qu'au subjonctif présent, sauf à la 3e pers. sing.
- utilisation de l'infixe **-s-** pour les V en -uire.

✲ 7 **PPé**

- la ***forme complète*** du PPé est une ***forme composée***[1] formée à partir du participe présent du V *avoir*, mais on n'utilise généralement que la forme simple.
- **3e groupe** : le PPé adopte **souvent la même lettre caractéristique** qu'à l'indicatif passé simple et au subjonctif imparfait (*couru, aperçu, conduit, sorti*), mais ce n'est pas toujours le cas : *rendu*.

✲ 8 **PARTICIPE PRÉSENT**

- utilisation de l'infixe **-ss-** pour les V du 2e groupe et de l'infixe **-s-** pour les V en -uire.

1 Par exemple : « *La cigale **ayant chanté** tout l'été…* » (La Fontaine.) (Voir **Formation des temps composés**, § 350.)

9 INDICATIF FUTUR SIMPLE

- **adjonction à l'INFINITIF de terminaisons semblables à celles du V avoir conjugué au présent de l'indicatif** (mais formes écourtées pour la 1re et la 2e pers. plur.) : ***ai - as - a - *ons - *ez - ont***
- Remarque : les V du 3e groupe en **-oir, -re** et une partie des V en **-ir** de ce même 3e groupe perdent la ou les voyelle(s) de la terminaison de l'infinitif :

  * je cour**i**rai ▸ je courrai
  * tu recev**oi**ras ▸ tu recevras
  * elle prendr**e**a ▸ elle prendra

10 INDICATIF CONDITIONNEL PRÉSENT

- **adjonction à l'INFINITIF des terminaisons de l'indicatif imparfait.**
- Remarque : même remarque que pour le futur simple.

11 RÉCAPITULATION DE L'EMPLOI DES INFIXES

❖ **INFIXE -S-**, pour les **V du *3e groupe en -uire***, aux formes suivantes :

- indicatif et impératif présent, au PLURIEL uniquement.
- indicatif imparfait et passé simple, subjonctif présent et imparfait, participe présent.

❖ **INFIXE -SS- :**

- 1° : au **subjonctif imparfait de *tous les V***, sauf à la 3e pers. sing.
- 2° : de plus, aux formes suivantes des ***V du 2e groupe*** (à la suite du **i** de l'infinitif) :
  - indicatif et impératif présent, au PLURIEL uniquement.
  - indicatif imparfait, subjonctif présent, participe présent.

II - CHOIX ET CONJUGAISON DES AUXILIAIRES

Prérequis	Utilisations
• le radical et la terminaison, § 339 • la répartition des modes et des temps, § 341 • les types de V, § 110	• la conjugaison des temps composés, § 350 • la conjugaison à la voix passive, § 352 • la conjugaison des temps composés des V pronominaux, § 353 • la conjugaison des temps surcomposés, § 351 • certaines nuances aspectuelles (état/résultat), §§ 102, 194, 204, 208 à 210

§346 | Préliminaires

✲ Les formes des auxiliaires sont à ce point irrégulières que l'on considère que ***être*** et ***avoir*** ne font partie d'aucun groupe de conjugaison.

❖ Pourtant, leur maîtrise▼ approfondie est essentielle, car **ils permettent de conjuguer :**

- les temps composés à la voix active (***avoir***, et parfois ***être***).
- les temps composés des V pronominaux (***être***).
- tous les temps de la voix passive (***être***).
- les temps surcomposés à la voix active (***avoir***, et parfois ***être***) et à la voix passive (***être***).

❖ **Ces 2 verbes ne sont *pas toujours des auxiliaires :***

- *Elle **est** studieuse.* (V copule.)
- *Nous **avons** une bonne grammaire.* (V transitif direct.)
- *« Je pense, donc je **suis**. »* (Descartes.) (V intransitif.)

❖ Nous ne donnons que les temps simples des deux verbes et des indications sur leur formation, leurs temps composés se conjuguant régulièrement comme tous les autres V d'après la formule générale expliquée au chapitre suivant.

▼ maitrise.

§347 | Tableau des auxiliaires

Remarque :

Les ***particularités typographiques*** (caractères gras, italiques) soulignent les points communs dans l'emploi des radicaux et certaines difficultés.

AVOIR		**ÊTRE**
	Indicatif présent	
j'ai		je suis
tu as		tu es
il a		il est
nous **av**ons		nous sommes
vous **av**ez		vous **êt**es
ils ont		ils sont
	Indicatif imparfait	
j'**av**ais		j'**ét**ais
tu **av**ais		tu **ét**ais
il **av**ait		il **ét**ait
nous **av**ions		nous **ét**ions
vous **av**iez		vous **ét**iez
ils **av**aient		ils **ét**aient
	Indicatif passé simple	
j'***eu***s		je ***fu***s
tu ***eu***s		tu ***fu***s
il ***eu***t		il ***fu***t
nous ***eû***mes		nous ***fû***mes
vous ***eû***tes		vous ***fû***tes
ils ***eu***rent		ils ***fu***rent
	Indicatif futur simple	
j'*aur*ai		je *ser*ai
tu *aur*as		tu *ser*as
il *aur*a		il *ser*a
nous *aur*ons		nous *ser*ons
vous *aur*ez		vous *ser*ez
ils *aur*ont		ils *ser*ont

	Indicatif conditionnel présent		
	j'*au*rais		je *se*rais
	tu *au*rais		tu *se*rais
	il *au*rait		il *se*rait
	nous *au*rions		nous *se*rions
	vous *au*riez		vous *se*riez
	ils *au*raient		ils *se*raient
	Subjonctif présent		
qu(e)	j'aie	qu(e)	je sois
	tu **aies**		tu **sois**
	il ait		il soit
	nous ayons		nous soyons
	vous ayez		vous soyez
	ils aient		ils soient
	Subjonctif imparfait		
qu(e)	j'***eu***sse	qu(e)	je ***fu***sse
	tu ***eu***sses		tu ***fu***sses
	il ***eû***t		il ***fû***t
	nous ***eu***ssions		nous ***fu***ssions
	vous ***eu***ssiez		vous ***fu***ssiez
	ils ***eu***ssent		ils ***fu***ssent
	Impératif présent		
	aie		**sois**
	ayons		soyons
	ayez		soyez
	Infinitif présent		
	avoir		**êt**re
	Participe présent		
	ayant		**ét**ant
	PPé		
	eu		**été**

§348 | Organisation de la conjugaison des auxiliaires

1 Les principales ***irrégularités*** résident dans l'**utilisation de √ multiples** :

√ av- : indic. prés. 1re et 2e pers. plur, indic. imparf., infin. prés.

√ eu- : indic.passé simple, subj. imparf., PPé.

√ aur- : indic. futur simple et indic. condit. présent.

√ ai- : subj. présent, impér. présent et partic. présent (mais **Y** aux 1re et 2e pers. plur. et au partic. présent).

√ et- : indic. prés. 2e pers. plur., indic. imparf., infin. présent, participe présent, PPé.

√ fu- : indic. passé simple et subj. imparf.

√ ser- : indic. futur simple et indic. condit. présent.

√ soi- : subj. présent et impér. présent (mais **Y** aux 1re et 2e pers. plur.)

2 ***Composition des formes :***

- **Indic. passé simple :** adjonction au √**eu**- ou au √**fu**- des mêmes terminaisons que pour les autres verbes.
- **Indic. futur simple et indic. condit. présent :** adjonction au √**aur**- ou au √**ser**- des mêmes terminaisons que pour les autres verbes.
- **Subjonctif présent :** noter que seules les 1re et 2e pers. plur. comportent un **Y**.
- **Subjonctif imparfait :** même √ qu'à l'indic. passé simple, suivi de l'infixe -ss- et des mêmes terminaisons que pour les autres verbes (sauf 3e pers. sing. : **^t**).
- **Impératif présent :** mêmes formes qu'au ***subjonctif présent*** (**sauf** : suppression du **s** - comme pour tous les impératifs en **-e** - pour *avoir,* 2e pers. sing. : ***aie***).
- **PPé :** ***été*** est **toujours** invariable.

§349 | Choix des auxiliaires

❊ En dehors des emplois généraux signalés ci-avant, il peut être difficile de **choisir convenablement l'auxiliaire** pour la conjugaison des ***temps composés et surcomposés*** de certains V à la ***voix active***.

❖ **AVOIR est utilisé pour**

- conjuguer les auxiliaires ***être*** et ***avoir*** eux-mêmes.
- tous les V transitifs (directs ou indirects).
- la plupart des V intransitifs.
- les V *essentiellement* impersonnels.

❖ ÊTRE est utilisé pour

- certains V intransitifs :

- ***indiquant un mouvement :***

aller	*partir*	*repartir*	*revenir*
arriver	*parvenir*	*ressortir*	*sortir*
entrer	*provenir*	*rester*	*survenir*
intervenir	*rentrer*	*retourner*	*venir* …

- ***indiquant un changement d'état***

décéder - *devenir* - *mourir* - *naître*▼ - *redevenir* - *reparaître*▼ - *retomber* - *tomber* - …

Remarque :

Si ces verbes sont ***employés transitivement***, ils se construisent avec ***avoir :***

- *J'**ai** sorti le chien à sept heures.*
- *J'**ai** retourné la crêpe dans la poêle.*

❖ AU CHOIX, avec ÊTRE ou AVOIR

- les V suivants, ***intransitifs ou employés intransitivement***, se conjuguent avec **avoir pour insister sur l'action**, avec **être pour marquer le résultat** provenant de cette action (dans ce dernier cas, le PPé est presque considéré comme un adjectif employé avec un V copule !) Nous faisons suivre d'un ° ceux qui se conjuguent ***presque toujours avec être :***

aborder	*croupir*	*échouer*	*rajeunir*
accoucher	*déborder*	*éclater*	*réapparaître*▼
accourir°	*décamper*	*éclore*	*redescendre*
accroître▼	*déchoir*	*embellir*	*remonter*
alunir	*décroître*▼	*empirer*	*reparaître*▼
apparaître°▼	*dégeler*	*enlaidir*	*ressortir*
atterrir	*dégénérer*	*expirer*	*ressusciter*°
augmenter	*déménager*	*faillir*	*résulter*°
baisser	*demeurer*	*finir*	*sonner*
camper	*dénicher*	*grandir*	*stationner*
cesser	*descendre*°	*grossir*	*tourner*
changer	*diminuer*	*maigrir*	*trébucher*
chavirer	*disconvenir*	*monter*°	*trépasser*°
convenir	*disparaître*▼	*paraître*▼	*vieillir*
crever	*divorcer*	*passer*°	…
croître▼	*échapper*	*pourrir*	

▼ nai**t**re.
▼ accroi**t**re.
▼ apparai**t**re.
▼ croi**t**re.
▼ décroi**t**re.
▼ disparai**t**re.
▼ parai**t**re.
▼ réapparai**t**re.
▼ reparai**t**re.

Remarque :

Une fois encore, si ces verbes sont employés ***transitivement***, c'est l'auxiliaire ***avoir*** qui est obligatoire :

- *Tu* **es** *monté dans ta chambre.* (intransitif.)
- *Les prix* **ont** *encore monté.* (intransitif.)
- *Elle* ***a*** *monté ses bagages dans sa chambre.* (transitif direct.)

Remarques :

1) Les ***V occasionnellement impersonnels*** se conjuguent avec l'auxiliaire utilisé par ces mêmes V en emploi personnel :
   - *Il* **est** *arrivé un grand malheur !*
   - *Il* ***a*** *paru sage de nous abstenir.*
2) L'utilisation de l'auxiliaire ***être*** suppose l'accord du PPé avec le GNS[1].
3) **Il faut bien se garder de confondre les *V conjugués avec être* avec des formes de la *voix passive :*** dans ce dernier cas, le sujet subit l'action exprimée et le V est susceptible d'être accompagné d'un ***complément d'agent*** (complément du V passif) !
   - *Elle* **est** *descendue par l'échelle.* (indic. passé composé de *descendre* + CP de moyen.)
   - *Il* **est** *battu par son adversaire.* (indic. présent ***passif*** de *battre* + complément d'agent.)

1 Sauf pour l'auxiliaire ***être*** utilisé dans la conjugaison des temps composés des ***V pronominaux***. Des règles spécifiques d'accord du PPé sont alors d'application (Voir § 320).

III - CONJUGAISON DES TEMPS COMPOSÉS

Prérequis	Utilisations
• la conjugaison des auxiliaires, §§ 346 à 349 • la répartition des modes et des temps, § 341 • l'orthographe finale du PPé, §§ 268 et 269 • l'accord du PPé, §§ 310 à 318	• la syntaxe des modes et des temps, §§ 194 à 210 • la concordance des temps, §§ 211 et 212

§350 | Correspondance des temps et formule de conjugaison

Définition : Les temps composés sont ainsi nommés parce que le verbe est ***composé de 2 mots :*** **l'auxiliaire et le PPé**.

❖ Nul n'est besoin d'étudier les temps composés dans de fastidieux tableaux de conjugaison. Il suffit :

- de maîtriser▼ parfaitement les auxiliaires ***avoir*** et ***être***.
- de connaître▼ les ***correspondances*** entre temps simples et temps composés.
- d'appliquer une petite ***formule*** toute simple.
- d'appliquer les règles spécifiques d'***accord du PPé.***

❖ **Tableau de correspondance des temps**

TEMPS SIMPLES		TEMPS COMPOSÉS
	Indicatif	
présent	▸	passé composé
imparfait	▸	plus-que-parfait
passé simple	▸	passé antérieur
futur simple	▸	futur antérieur
conditionnel présent	▸	conditionnel passé 1re forme
*(***subjonctif imparfait***)	▸	***conditionnel passé 2e forme***
	Subjonctif	
présent	▸	passé
imparfait	▸	**plus-que-parfait**
	Impératif	
présent	▸	passé
	Infinitif	
présent	▸	passé
	Participe	
présent	▸	passé

▼ maitriser.
▼ connaitre.

Remarque :

La 2e forme de l'***indicatif conditionnel passé***, assez rare et appartenant à la langue littéraire, est identique au subjonctif plus-que-parfait (sans le **que**); c'est pourquoi nous avons indiqué le subjonctif imparfait comme temps simple correspondant !

❖ Formule de conjugaison :

AUXILIAIRE AVOIR au TEMPS SIMPLE CORRESPONDANT + PPé.
(parfois être)

Remarque :

En ce qui concerne les temps composés de l'auxiliaire **avoir** lui-même, l'application de cette formule aboutit à ajouter uniquement aux temps simples le PPé **eu** (exemple : *tu eus* ***eu***).

❖ *Exemples :*

- connaître▼, indic. plus-que-parfait, 1re pers. plur.
  - ▸ *Nous* ***avions connu*** *un hiver rigoureux.*
- ramasser, indic. passé composé, 1re pers. sing.
  - ▸ *Les marrons que j'****ai ramassés*** *…*
- partir, indic. futur antérieur, 2e pers. sing.
  - ▸ *Tu* ***seras parti(e)*** *avant minuit.*
- être, indic. conditionnel passé 1re forme, 3e pers. plur.
  - ▸ *Elles* ***auraient été*** *en vacances, si…* (dans le sens d'***aller***.)
- avoir, subjonctif passé, 3e pers. sing.
  - ▸ *Qu'il* ***ait eu*** *raison m'étonne.*
- arriver, impératif passé, 2e pers. plur.
  - ▸ ***Soyez arrivé(e)(s)*** *avant midi.*
- tolérer, PPé
  - ▸ ***Ayant toléré*** *tout au plus deux fautes, le professeur corrigea les copies.*

▼ connaitre.

IV - CONJUGAISON DES TEMPS SURCOMPOSÉS

Prérequis	Utilisation
• la répartition des modes, des temps et des personnes, § 341 • le tableau de correspondance des temps, § 350 • l'accord du PPé, §§ 310 à 318	• nuancer l'aspect exprimé, §§ 102, 194, 204, 208 à 210

§351 | Définition et formule de conjugaison

Définition : Les temps surcomposés sont ainsi nommés parce que leur verbe est composé d'un double auxiliaire et du PPé. Ils sont surtout utilisés en langue orale pour marquer l'aspect achevé, mais sont assez peu élégants !

❖ Comme pour les temps composés, une **simple formule** permet de les conjuguer :

AUXILIAIRE AVOIR au TEMPS COMPOSÉ CORRESPONDANT + PPé.
(parfois être)

Remarques :

1) Pour les V conjugués avec l'auxiliaire avoir, l'application de cette formule revient à intercaler simplement le PPé ***eu*** entre l'auxiliaire simple et le PPé :
   - *Dès que j'ai **eu** suivi tes conseils, je me suis trouvé mieux.*
2) Les temps surcomposés sont inexistants à l'indic. passé antérieur, à l'indic. conditionnel passé 2e forme, à l'impératif passé, ainsi qu'au subjonctif plus-que-parfait (voir **§ 341**).

❖ ***Exemples :***

- avec l'**auxiliaire AVOIR**

• indic. passé surcomposé	(J'ai compris)	>	*J'ai eu compris.*
• indic. plus-que-parfait surcomposé	(J'avais compris)	>	*J'avais eu compris.*
• indic. futur antérieur surcomposé	(J'aurai compris)	>	*J'aurai eu compris.*
• indic. condit. passé surcomposé	(J'aurais compris)	>	*J'aurais eu compris.*
• subjonctif passé surcomposé	(Que j'aie compris)	>	*Que j'aie eu compris.*
• infinitif passé surcomposé	(Avoir compris)	>	*Avoir eu compris.*
• PPé surcomposé	(Ayant compris)	>	*Ayant eu compris.*

- avec l'**auxiliaire ÊTRE**
  - indic. passé surcomposé (Je suis rentré(e)) > *J'ai été rentré(e).*
  - indic. plus-que-parfait surcomposé (J'étais rentré(e)) > *J'avais été rentré(e).*
  - ...
  - infinitif passé surcomposé (Être rentré) > *Avoir été rentré.*
  - PPé surcomposé (Étant rentré) > *Ayant été rentré.*
- **temps surcomposés de l'auxiliaire ÊTRE**

  (Ils servent à former la ***conjugaison passive*** aux temps surcomposés.)
  - indic. passé surcomposé (J'ai été) > *J'ai eu été (puni(e)).*
  - infinitif passé surcomposé (Avoir été) > *Avoir eu été (puni).*
  - ...

❖ **Remarques :**

1) Les temps composés de l'auxiliaire *avoir* sont inusités :
   - * *J'ai eu eu.*
2) Dans les temps surcomposés, seul ***le dernier PPé*** se soumet aux règles habituelles d'accord. Les PPés **eu** ou **été** ne varient donc jamais :
   - *Les règles que tu as eu compris**es** n'étaient pas difficiles.*

3 Conjugaison passive

Prérequis	Utilisations
• les constituants, § 133 • les temps surcomposés, § 351 • l'accord du PPé, § 309 • la conjugaison de l'auxiliaire être, §§ 346 à 349	• la transformation passive, § 167 • la fonction expressive du langage, § 232

§352 | Définition et formule de conjugaison

La conjugaison à la voix passive permet de construire des phrases dans lesquelles le sujet et l'agent[1] de l'action ne coïncident pas. Nous renvoyons à ce propos à la leçon sur le constituant passif[2] et à la dernière remarque concernant le choix des auxiliaires[3].

Une **simple formule** correctement appliquée permet aussi de connaître▼ ce type de conjugaison sans mémorisation fastidieuse d'un tableau :

AUXILIAIRE ÊTRE AU TEMPS DEMANDÉ + PPé (à accorder).

❖ ***Exemples :***

- apprécier, indic. ***prés.***, 2e pers. sing.
  - *Tu* ***es*** *apprécié(e) par tes camarades.*
- aimer, indic. ***futur simple***, 3e pers. plur.
  - *Elles* ***seront*** *aimées de tous.*
- chagriner, indic. ***passé composé***, 3e pers. sing.
  - *Il* ***a été*** *chagriné par cette décision.*
- piloter, subjonctif ***passé***, 2e pers. plur.
  - *Que vous* ***ayez été*** *piloté(e)(s) par un bon guide vous a fait gagner du temps.*
- punir, indic. ***passé surcomposé***, 1re pers. sing.
  - ***J'ai eu été*** *puni(e) sans raison.*
- prendre, indic. ***futur antérieur surcomposé***, 1re pers. plur.
  - *Nous* ***aurons eu été*** *pris en flagrant délit.*

❖ ***Rappel :*** L'accord du PPé se fait en genre et en nombre avec le GNS.

1 Agent : au sens premier de « celui qui agit ».
2 Voir § 167.
3 Voir § 349, 3e remarque.

▼ connaitre.

4 Conjugaison pronominale

Prérequis	Utilisation
• l'accord du PPé des V pronominaux, §§ 319 et 320 • la conjugaison de l'auxiliaire être, §§ 346 à 349 • la conjugaison active des 3 groupes de V, §§ 343 à 345 • le tableau de correspondance des temps, § 350	• l'utilisation correcte des V pronominaux

§353 | Définition et indications pour la conjugaison

✲ Un V pronominal est un V ***immédiatement*** précédé d'un ***pronom non sujet de même personne et de même nombre*** que le sujet.

▸ ***Nous nous*** *promenons.*
**Nous te rencontrons.*

❖ ***Rappel :*** On distingue les V pronominaux dont le pronom non sujet ***a une fonction*** (V réfléchis et V réciproques) et ceux dont le pronom non sujet ***est sans fonction*** (V toujours pronominaux, V qui changent de sens en devenant pronominaux, V pronominaux à sens passif). Ces distinctions interviennent pour accorder correctement le PPé (voir cette leçon, **§§ 319** et **320**).

❖ ***Conjugaison :***

- **Temps simples : NORMAUX**, c'est-à-dire comme la conjugaison active, mais ***précédés du pronom non sujet*** de même personne et de même nombre que le sujet.

▸ *Tu **te** secoueras.* *Nous **nous** disputâmes.*
*Je **me** précipite.* *Qu'il **se** batte.*
***Se** méfiant.* *Que vous **vous** servissiez.*

- **Temps composés :**
  Une formule permet d'assembler les différents éléments :
  pronom sujet + pronom non sujet de même personne et de même nombre + auxiliaire être au temps simple correspondant[1] + PPé à accorder.

- se secouer, indic. futur antérieur ▸ *Tu* ***te seras*** *secoué(e).*
- se débattre, indic. passé antérieur ▸ *Elle* ***se fut*** *débattue.*
- se taire, subjonctif passé ▸ *Qu'ils* ***se soient*** *tus.*
- se dévoiler, indic. passé composé ▸ *Le projet* ***s'est*** *dévoilé.*
- s'éteindre, indic. plus-que-parfait ▸ *Toutes les lampes* ***s'étaient*** *éteintes.*
- se moquer, infinitif passé ▸ ***S'être*** *moqué.*

❖ **Remarques :**

1) La conjugaison pronominale n'admet ***pas les temps surcomposés.***
2) Toutes les grammaires s'accordent à dire que ***l'impératif passé pronominal*** est inusité. Pourtant, on rencontre parfois les formulations suivantes, qui sont correctes :
   ▸ *(?*)Sois-toi lavé avant l'arrivée de tes parents.*
   ▸ *(?*)Soyons-nous mis d'accord avant que le directeur n'impose son point de vue.*
3) ***Place du pronom non sujet à l'impératif[2]:***
   - **phrase sans constituant négatif :** il suit le V et est relié à celui-ci par un trait d'union :
     ▸ *Dépêchons-nous.* - *Habille-toi.*
   - **phrase sans constituant négatif + pronoms en ou y :**
     - **2e pers. sing. :** V + trait d'union + pronom élidé + en ou y :
       ▸ *Va-t'en.* (s'en aller)
     - **1re ou 2e pers. plur. :** V + trait d'union + pronom + trait d'union + en ou y :
       ▸ *Promenez-vous-y.* (s'y promener)
       ▸ *Allez-vous-en.* (s'en aller)
   - **phrase à constituant négatif :** pronom(s) avant le V, comme pour les autres modes de la conjugaison pronominale.
     ▸ *Ne vous en faites pas.* (s'en faire)
     ▸ *Ne te hâte pas.* (se hâter)
     ▸ *Ne t'y fie pas.* (s'y fier)

1 Voir tableau de correspondance des temps, § 350.
2 D'après Roger Gobbe et Michel Tordoir, ***Manuel de grammaire française.*** Éditions Plantyn, 1987, § 469.

5 Conjugaison des verbes irréguliers et défectifs

Prérequis	Utilisations
• la conjugaison active des 3 groupes de V, §§ 343 à 351	• la P de base (P matrice), § 136 • la syntaxe des modes et des temps, §§ 194 à 210 • la concordance des temps, §§ 211 et 212 • l'énoncé / l'énonciation, § 228 • le discours / le récit, § 229

§354 | Introduction

✲ La mauvaise réputation de ces verbes est surfaite.

Les verbes irréguliers, qui appartiennent essentiellement au 3e groupe, s'élèvent à environ 380 verbes : il ne s'agit donc que d'à peu près 5,5% des verbes existants. De plus, ce pourcentage ne reflète pas vraiment l'effort demandé, puisque les irréguliers se regroupent en moins de 60 verbes modèles et que la plupart des V composés se conjuguent comme le V simple correspondant (*Combattre* ▸ *battre*).

Remarques :

1) Nous n'envisageons ici ***que les temps simples***, les temps composés et surcomposés ainsi que les conjugaisons passive et pronominale n'étant pas affectés par les irrégularités.
2) Les ***V défectifs*** sont ceux qui présentent des tableaux de conjugaison incomplets quant aux modes, aux temps et/ou aux personnes. Selon le cas, il ne manquera qu'un ou deux temps, ou il n'existera qu'une seule forme. Les V défectifs appartiennent à la conjugaison régulière ou à la conjugaison irrégulière.
3) Un **MINI-INDEX**, situé à la suite de ce chapitre, permet de repérer rapidement les indications relatives à la conjugaison d'un V. Nous en avons toutefois écarté les V en -er qui ne présentent aucune particularité orthographique ou qui ne servent pas de modèle quelconque.
4) Avant d'envisager les V irréguliers proprement dits, nous examinerons les ***particularités orthographiques des V en -er.***

§355 | Méthode

Il existe ***deux manières*** d'aborder les irrégularités et de les mémoriser :

- **l'étude de tableaux** complets des V en question permet une meilleure vue d'ensemble des problèmes, mais nul n'est à l'abri d'un « trou de mémoire ».

- **l'explication raisonnée** d'une liste d'anomalies groupées le plus souvent selon l'emploi des radicaux permet une approche plus intelligente des phénomènes, mais demande un plus gros effort d'abstraction, les formes devant être recomposées à l'aide des indications données.

C'est pourquoi nous avons opté pour une ***méthode mixte*** : une explication raisonnée jumelée à un tableau partiel des formes irrégulières, groupant ainsi les avantages des deux démarches.

§356 | Plan de la progression envisagée

I - IRRÉGULARITÉ COMMUNE À DES V DE PLUSIEURS GROUPES AU FUTUR ET AU CONDITIONNEL[1]

§357

TABLEAU 1 **Règle des 2 « R »**

Plusieurs verbes (ainsi que leurs composés) présentent des formes d'indicatif futur simple et d'indicatif conditionnel présent contenant 2 « R ».

❖ pour les V en -IR ci-dessous, et leurs composés, il ne s'agit que d'une conséquence de la perte de la voyelle de la terminaison de l'infinitif, comme expliqué précédemment[1] : *acquérir, conquérir, courir, mourir.*

▸ *je requerrai.* (V requérir.) — *tu accourrais.*
nous concourrons. — *il mourrait.*
elles conquerront. — *vous acquerriez.*

❖ pour les suivants, l'irrégularité se double d'un ***changement de radical :*** *envoyer, pouvoir, voir.*

▸ *j'enverrai.* — *tu verrais.*
nous pourrons. — *il enverrait.*
elles verront. — *vous pourriez.*

❖ le verbe ***déchoir*** présente ***2 formes,***
l'une régulière : *je déchoirai.*
l'autre irrégulière (mais plus rare) : *je décherrai.*

1 Voir formation générale du futur simple et du conditionnel présent, § 345, 9 et 10.

II - V EN -ER : PARTICULARITÉS ORTHOGRAPHIQUES

§358

TABLEAU 2	**V en *-cer* et V comme recevoir**
Les V contenant un **c** en fin de √ obéissent à la règle générale de l'emploi de la cédille : **c > ç devant a, o, u.**	
C'est le cas :	
• à l'indic. présent :	*nous plaçons, nous acquiesçons, je reçois...*
• à l'impératif présent :	*plaçons...*
• à l'indic. imparfait :	*elle avançait, ils finançaient...*
• à l'indic. passé simple :	*je reçus, vous plaçâtes...*
• au subjonctif présent :	*que j'aperçoive, que tu conçoives...*
• au subjonctif imparfait :	*qu'elles reçussent, qu'il avançât...*
• au participe présent et au PPé :	*prononçant... / déçu...*

TABLEAU 3	**V en *-ger***
Le **g** du √ est immédiatement **suivi de e devant a ou o**, pour des raisons évidentes de prononciation.	
C'est le cas :	
• à l'indic. présent, 1re pers. plur. :	*nous nageons.*
• à l'impératif présent, 1re pers. plur. :	*nageons.*
• à l'indic. imparfait (**sauf** 1re et 2e pers. plur.) :	*je mangeais...*
• à l'indic. passé simple (**sauf** 3e pers. plur.) :	*nous envisageâmes...*
• au subjonctif imparfait :	*qu'il dévisageât...*
• au participe présent :	*plongeant.*

TABLEAU 4	**V en *-guer***
Ces V **conservent le u *dans toute leur conjugaison***, même devant **a** ou **o**, alors que dans ce cas la prononciation ne le justifie pas. Conséquence : ***l'adjectif verbal*** ne faisant pas partie de la conjugaison, **le u *disparaît*** ▼ dans cet emploi.	

Exemples :

- indic. présent : *je navigue, nous naviguons...*
- indic. imparfait : *tu fatiguais...*
- indic. passé simple : *vous vous fatiguâtes, elles se fatiguèrent...*
- indic. futur simple : *il bourlinguera...*
- subjonctif présent : *qu'ils baguent...*
- participe présent : *fatiguant...*
- **MAIS** adjectif verbal : *une journée **fatigante**.*

TABLEAU 5	**V en *-ier***
En raison de leur √ qui ***se termine par* i** : 1) ces V présentent **deux i** à la 1re et à la 2e pers. plur. de l'***indic. imparfait*** et du ***subjonctif présent***. 2) il faut veiller à ne ***pas oublier le* e**, qui ne s'entend guère à l'oral, à l'***indic. futur simple*** et à l'***indic. conditionnel présent.***	

Exemples :

1) indic. imparfait : *nous oubliions, vous criiez...*
   subjonctif présent : *que nous oubliions, que vous criiez...*
2) indic. futur simple : *tu plieras, ils polycopieront...*
   indic. conditionnel présent : *elle dévierait, nous nierions...*

▼ ***disparait.***

TABLEAU 6 **V en *-yer***

1) Trois cas sont à considérer, qui se rencontrent à l'indicatif et à l'impératif présent (**sauf** 1re et 2e pers. plur.), à l'indicatif futur simple et à l'indicatif conditionnel présent, au subjonctif présent (**sauf** 1re et 2e pers. plur.) :
   a) les V en **-OYER** et **-UYER** changent le **y** en **i** ***devant e muet*** [1].
   b) les V en **-EYER** ***conservent*** le **y** ***devant e muet*** et dans toute leur conjugaison. Le V **bayer** adopte la même règle.
   c) les V en **-AYER** laissent à l'utilisateur ***le choix*** entre les solutions a) et b).
2) Comme pour les V en **-ier**, il ne faut pas oublier le **i qui *suit* le y** à la 1re et à la 2e pers. plur. de l'indicatif imparfait et du subjonctif présent.

Exemples :

	employer **essuyer**	**grasseyer**	**payer**		
Indic. prés. :	*j'emploie*	*je grasseye*	*je paye*	**ou**	*je paie*
	tu essuies	*tu grasseyes*	*tu payes*	**ou**	*tu paies*
	il/elle emploie	*il/elle grasseye*	*il/elle paye*	**ou**	*il/elle paie*
	nous essuyons	*nous grasseyons*	*nous payons*		
	vous employez	*vous grasseyez*	*vous payez*		
	ils/elles essuient	*ils/elles grasseyent*	*ils/elles payent*	**ou**	*ils/elles paient*
Impératif prés. :	*emploie*	*grasseye*	*paye*	**ou**	*paie*
	essuyons, employez	*grasseyons, grasseyez*	*payons, payez*		
Indic. futur simple :	*j'emploierai...*	*je grasseyerai...*	*je payerai...*	**ou**	*je paierai...*
	nous essuierons...	*nous grasseyerons...*	*nous payerons...*	**ou**	*nous paierons...*
Indic. condit. prés. :	*j'emploierais...*	*je grasseyerais...*	*je payerais...*	**ou**	*je paierais...*
	nous essuierions...	*nous grasseyerions...*	*nous payerions...*	**ou**	*nous paierions...*
Subjonctif prés. :	*que j'emploie*	*que je grasseye*	*que je paye*	**ou**	*que je paie*
	que tu essuies	*que tu grasseyes*	*que tu payes*	**ou**	*que tu paies*
	qu'il/elle emploie	*qu'il/elle grasseye*	*qu'il/elle paye*	**ou**	*qu'il/elle paie*
	*que nous essuy**i**ons*	*que nous grassey**i**ons*	*que nous pay**i**ons*		
	*que vous employ**i**ez*	*que vous grassey**i**ez*	*que vous pay**i**ez*		
	qu'ils/elles essuient	*qu'ils/elles grasseyent*	*qu'ils/elles payent*	**ou**	*qu'ils/elles paient*
Indic. imparfait :	*nous essuy**i**ons*	*nous grassey**i**ons*	*nous pay**i**ons*		
	*vous employ**i**ez*	*vous grassey**i**ez*	*vous pay**i**ez*		

1 L'expression **e muet** désigne un **e** non accentué [ə] et dont l'environnement linguistique (par exemple, s'il est suivi de certaines consonnes) interdit une prononciation **é** [e] ou **è** [ɛ].

TABLEAU 7 **V comportant un *e muet* dans la dernière syllabe du √**

(ce **e** étant suivi d'une autre consonne que **l** ou **t**)

Le *e muet* se change en è si la *syllabe suivante* est *muette* (= avec un e muet).

Cette règle apparaît▼ à l'indicatif et à l'impératif présent (**sauf** 1re et 2e pers. plur.), à l'indicatif futur simple et à l'indicatif conditionnel présent, ainsi qu'au subjonctif présent (**sauf** 1re et 2e pers. plur.).

Exemples :

Indic. présent : *je sème*
tu sèmes
il/elle sème
nous semons
vous semez
ils/elles sèment

Impératif prés. : *sème,*
semons, semez

Indic. fut. simple : *je sèmerai...*
nous sèmerons...

Indic. condit. prés. : *je sèmerais...*
nous sèmerions...

Subjonctif prés. : *que je sème*
que tu sèmes
qu'il/elle sème
que nous semions
que vous semiez
qu'ils/elles sèment

TABLEAU 8 **V comportant *é* dans la dernière syllabe du √** ▼

Le é se change en è si la *syllabe suivante* est *muette* (= avec un e muet) **et finale**.

(donc **ni à l'indicatif futur simple, ni à l'indicatif conditionnel présent**, en raison de la règle de formation de ces temps sur l'infinitif !)

Cette règle apparaît▼ à l'indicatif et à l'impératif présent (**sauf** 1re et 2e pers. plur.), ainsi qu'au subjonctif présent (**sauf** 1re et 2e pers. plur.).

Exemples :

Indic. présent : *j'opère*
tu opères
il/elle opère
nous opérons
vous opérez
ils/elles opèrent

Impératif prés. : *opère,*
opérons, opérez

Indic. fut. simple : *j'opérerai*▼...
nous opérerons▼...

Indic. condit. prés. : *j'opérerais*▼...
nous opérerions▼...

▼ apparait.

▼ On aligne sur la règle l'indicatif futur simple et l'indicatif conditionnel présent, donc ***même lorsque la syllabe suivante n'est pas finale***.

▼ j'opèrerai... ▼ nous opèrerons... ▼ j'opèrerais... ▼ nous opèrerions...

Subjonctif prés. :	*que j'opère*	*que vous opériez*
	que tu opères	*qu'ils/elles opèrent*
	qu'il/elle opère	
	que nous opérions	

TABLEAU 9 **V en -*eler* et en -*eter*▼**

Un certain nombre de V en -eler et en -eter doublent le l ou le t si la *syllabe suivante* est *muette* (= avec un e muet), **sauf ceux de la liste suivante** dont le ***dernier e*** du √ se change en **è** si la syllabe suivante est muette[1] :

• ELER :	***ce**ler*	***é**carteler*	***sur**geler*
	***re**celer*	***ge**ler*	***mar**teler*
	***dé**celer*	***re**geler*	***mo**deler*
	***ci**seler*	***dé**geler*	***pe**ler*
	***dé**manteler*	***con**geler*	***re**modeler*
• ETER :	***a**cheter*	***cro**cheter*	***cor**seter*
	***ra**cheter*	***fu**reter*	***ha**leter*

Ces règles s'appliquent à l'indicatif présent et à l'impératif présent (**sauf** 1re et 2e pers. plur.), à l'indicatif futur simple et à l'indicatif conditionnel présent, ainsi qu'au subjonctif présent (**sauf** 1re et 2e pers. plur.).

Remarques :

1) un moyen mnémotechnique permet de retenir aisément la liste ci-dessus par la mémorisation du début (= souvent la 1re syllabe) de chaque verbe :
   - ceredécidé égeredéconsur marmopelre
   - aracrofu corhal
2) ***interpeller***▼, comportant deux **l** à l'infinitif, est parfaitement régulier.

1 Liste constituée des V sur lesquels l'ensemble des grammaires et des dictionnaires ***semblent*** d'accord, car nombre de cas relèvent d'une grande indécision.

▼ 1) Tous les V en -eler (**sauf** appeler et rappeler) et tous les V en -eter (**sauf** jeter et ses composés) changent le ***dernier e du*** √ en **è** si la syllabe suivante est muette : *j'ensorcèle, tu cachètes, il/elle grommèle, nous époussetons...*

2) **interpeler** ne prend plus qu'***un l*** et se conjugue ***comme appeler :*** *j'interpelle, nous interpelons, j'interpellerai, que tu interpelles, que nous interpelions...*

Exemples :

	ensorceler	celer	jeter	fureter	interpeller
Indic. présent :	*j'ensorcelle*	*je cèle*	*je jette*	*je furète*	*j'interpelle*
	tu ensorcelles	*tu cèles*	*tu jettes*	*tu furètes*	*tu interpelles*
	il/elle ensorcelle	*il/elle cèle*	*il/elle jette*	*il/elle furète*	*il/elle interpelle*
	nous ensorcelons	*nous celons*	*nous jetons*	*nous furetons*	*nous interpellons*
	vous ensorcelez	*vous celez*	*vous jetez*	*vous furetez*	*vous interpellez*
	ils/elles ensorcellent	*ils/elles cèlent*	*ils/elles jettent*	*ils/elles furètent*	*ils/elles interpellent*
Impératif présent :	*ensorcelle*	*cèle*	*jette*	*furète*	*interpelle*
	ensorcelons, ensorcelez	*celons, celez*	*jetons, jetez*	*furetons, furetez*	*interpellons, interpellez*
Indic. futur simple :	*j'ensorcellerai...*	*je cèlerai...*	*je jetterai...*	*je furèterai...*	*j'interpellerai...*
	nous ensorcellerons...	*nous cèlerons...*	*nous jetterons...*	*nous furèterons...*	*nous interpellerons...*
Indic. condit. prés. :	*j'ensorcellerais...*	*je cèlerais...*	*je jetterais...*	*je furèterais...*	*j'interpellerais...*
	nous ensorcellerions...	*nous cèlerions...*	*nous jetterions...*	*nous furèterions...*	*nous interpellerions...*
Subjonctif présent :	*que j'ensorcelle*	*que je cèle*	*que je jette*	*que je furète*	*que j'interpelle*
	que tu ensorcelles	*que tu cèles*	*que tu jettes*	*que tu furètes*	*que tu interpelles*
	qu'il/elle ensorcelle	*qu'il/elle cèle*	*qu'il/elle jette*	*qu'il/elle furète*	*qu'il/elle interpelle*
	que nous ensorcelions	*que nous celions*	*que nous jetions*	*que nous furetions*	*que nous interpellions*
	que vous ensorceliez	*que vous celiez*	*que vous jetiez*	*que vous furetiez*	*que vous interpelliez*
	qu'ils/elles ensorcellent	*qu'ils/elles cèlent*	*qu'ils/elles jettent*	*qu'ils/elles furètent*	*qu'ils/elles interpellent*

TABLEAU 10 **ARGUER**[1▼]

- **Le u se prononce dans toute la conjugaison.**
- la conjugaison est régulière (cf. V en -guer, tableau n° 4), mais certains grammairiens préconisent un tréma sur le e ou le i qui suit le u :

Exemples :

j'argue	ou	*j'arguë*	(indic. présent.)
nous arguions	ou	*nous arguïons*	(indic. imparfait.)

1 = tirer argument de.

▼ On place un **tréma** sur le **u** dans toute la conjugaison de ce verbe :

▸ *argüer, j'argüe, tu argüais, il/elle argüa, nous argüerons..., argüant.*

Comme l'Académie avait déjà adopté cette position en 1975, puis s'est rétractée en 1987, il peut être utile d'opter dès à présent pour la nouvelle graphie, afin d'éliminer toute confusion dans la prononciation.

III - V EN -ER : IRRÉGULIERS ET DÉFECTIFS

§359

TABLEAU 11 **ALLER**

- √ v- : indic. prés. (sauf 1re et 2e pers. plur.) et impér. prés. au SING.
- √ all- : indic. et impératif prés. 1re et 2e pers. plur., indic. imparfait et passé simple, subjonctif imparfait, subjonctif prés. 1re et 2e pers. plur., participe présent et PPé.
- *√ aill- : subjonctif présent (sauf 1re et 2e pers. plur.).
- √ ir- : indic. futur simple et indic. conditionnel présent.

Remarques :

1) impératif présent : **va** (+ **s** devant le pronom **y** : *vas-y*.).
2) aux temps composés, on utilise l'auxiliaire ***être***.

Exemples :

Indicatif prés. :	*je vais*	Subjonctif prés. :	*que j'aille...*
	tu vas		*que nous allions*
	il/elle va		*que vous alliez*
	nous allons		*qu'ils/elles aillent*
	vous allez	Subj. imparfait :	*que j'allasse...*
	ils/elles vont		*que nous allassions...*
Indic. imparfait :	*j'allais...*	Impér. prés. :	*va, allons, allez*
	nous allions...	Participe prés. :	*allant*
Indic. pas. simple:	*j'allai...*	PPé :	*allé*
	nous allâmes...		
Indic. fut. simple :	*j'irai...*		
	nous irons...		
Indic. cond. prés.:	*j'irais...*		
	nous irions...		

S'EN ALLER

- se conjugue comme ***aller*** (*tu t'en iras*).

Remarques :

1) ***impératif :*** va-t'en, allons-nous-en, allez-vous-en.
2) ***temps composés :*** l'auxiliaire ***être*** se place entre **en** et le PPé **allé** :
   - *il s'en fut allé.*
   - *qu'il s'en soit allé.*
   - *s'en étant allé.*

TABLEAU 12 **Les verbes décrivant les phénomènes météorologiques**

- **en -er :** brumasser, brumer, crachiner, dégeler, geler, grêler, grésiller (au sens du grésil qui tombe), neigeoter, neiger, pleuvasser, pleuviner, pleuvoter, pluviner, regeler, tonner, venter, verglacer.
- **en -oir :** pleuvoir, repleuvoir (voir tableau n° 40).
- **en -re :** faire + beau, chaud, froid... (voir tableau n° 61).

▸ ils sont **tous impersonnels** et ne se conjuguent donc qu'à la ***3e pers. sing.***

Remarques :

1) ***geler (dégeler, regeler), grésiller*** et ***tonner*** ont aussi une conjugaison personnelle complète.
2) ***neiger*** existe à la 3e pers. plur., au sens figuré (▸ *Les pétales des arbres fleuris neigeaient sur la pelouse.*).

Exemples :

Indic. présent :	*il pleuvine*	Subjonctif prés. :	*qu'il neigeote*
Indic. imparfait :	*il pleuvassait*	Subj. imparfait :	*qu'il regelât*
Indic. pas. simple:	*il pluvina*	Impératif prés. :	Ø
Indic. fut. simple :	*il fera beau*	Participe prés. :	*neigeant*
Indic. cond. prés.:	*il tonnerait*	PPé :	*crachiné (il a crachiné)*

TABLEAU 13 **(S') AVÉRER**

- ***avérer*** (= reconnaître▼ comme vrai) : seulement à l'infinitif et au PPé.
- ***s'avérer*** (= se révéler réellement) : conjugaison régulière (attention à l'accent, voir tableau n° 8).

Exemples :

- *Il nous semble* ***avéré*** *qu'il est monté en grade.* (PPé.)
- *Cette étude* ***s'avérera***▼ *difficile.* (indic. futur simple.)
- *Faire un bilan* ***s'est avéré*** *impossible.* (indic. passé composé.)

▼ reconnaitre.
▼ *s'av**è**rera.*

TABLEAU 14	**COURBATURER**

- utilise uniquement 2 participes passés (souvent employés comme adjectifs qualificatifs) :
  - courbaturé
  - courbatu

Remarque :

Courbatu s'emploie parfois comme PPé d'une forme verbale :

- *La fièvre vous a-t-elle courbatu ?* (R. Maran.) (indic. passé composé.)

TABLEAU 15	**(SE) FICHE(R)**

- conjugaison régulière complète.
- 2 infinitifs : ***fiche*** ou ***ficher*** (ce 2e seul, dans le sens d'inscrire sur une fiche ou d'enfoncer).
- 2 PPés : ***fichu*** (plus courant) ou ***fiché***.

  S'emploie dans de nombreuses expressions familières :

  - *Il n'a rien fichu.*
  - *Va te faire fiche.*
  - *Ils ont fichu le camp.*
  - *Tu t'es fichu de moi.*
  - *Il m'a fichu dedans.*
  - *Fiche-moi la paix.*
  - *Se fiche à l'eau.*
  - *Je ne suis pas fichu de m'en souvenir.*
- composé SE CONTREFICHER : uniquement pronominal.

TABLEAU 16	**RÉSULTER**

- se conjugue régulièrement, mais uniquement à la **3e pers.** (sing. ou plur.).

IV - V EN -IR (PARTICIPE PRÉSENT : -ISSANT)

§360

TABLEAU 17	**S'AGIR**

- conjugaison régulière comme **fournir.**

Mais :

1) N'existe qu'à la **3e pers. sing.**
2) Temps composés : auxiliaire **être** *(il s'est s'agi de...)* (indic. passé composé.)

TABLEAU 18	**BÉNIR**

- conjugaison régulière comme **fournir.**

Remarque :

Utilise 2 participes passés :

béni, féminin *béni**e***.

*béni**t***, féminin *béni**te*** (Ce dernier s'emploie uniquement dans le cas d'un rite religieux.).

TABLEAU 19	**FLEURIR**

1) = ***orner de fleurs*** : se conjugue régulièrement comme **fournir.**
2) = ***prospérer*** : se conjugue aussi comme **fournir**, mais **change de** √ à l'indic. imparfait et au participe présent :
√ **flor-** : il florissait, florissant.

Remarque :

L'adjectif verbal est ***florissant*** pour les 2 sens !

TABLEAU 20	HAÏR

▸ conjugaison régulière comme **fournir**.

Mais :

1) Tréma sur le **i** **(ï)** dans toute la conjugaison, ***sauf*** au singulier du présent de l'indicatif et de l'impératif.

2) Conséquence : le tréma ***remplace les*** ^ à l'indic. passé simple et au subjonctif imparfait.

Exemples :

Indic. présent :	*je hais*	Indic. fut. simple :	*je haïrai...*
	tu hais	Indic. condit. prés. :	*je haïrais...*
	il/elle hait	Subjonctif présent :	*que je haïsse...*
	nous haïssons		*que nous haïssions...*
	vous haïssez	Subjonctif imparfait :	*que je haïsse...*
	ils/elles haïssent		*qu'il/elle haït*
Indic. imparfait :	*je haïssais...*		*que nous haïssions...*
Indic. pas. simple:	*je haïs*	Impératif présent :	*hais, haïssons, haïssez*
	tu haïs	Participe présent :	*haïssant*
	il haït	PPé :	*haï*
	nous haïmes		
	vous haïtes		
	ils/elles haïrent		

TABLEAU 21	IMPARTIR

▸ ne se conjugue guère qu'à l'indicatif présent, à l'infinitif présent et au PPé (+ temps composés).

TABLEAU 22	RASSIR

(= devenir rassis)

Formé au départ sur le PPé ***rassis*** du V *rasseoir*▼, ce V n'existe qu'à l'infinitif et au PPé, et très accessoirement à certaines formes :

- de l'impératif présent : *rassissez.*
- de l'indicatif conditionnel présent : *elles se rassiraient.*

▼ *rasseoir.*

V - V EN -IR « HYBRIDES »

§361

TABLEAU 23 **REPARTIR - RÉPARTIR - RESSORTIR - SAILLIR - (DÉ) FAILLIR**

Ces verbes, selon leur sens, se conjuguent tantôt sur le modèle du 2e groupe, tantôt sur des modèles du 3e groupe :

2e groupe	3e groupe
▸ comme **fournir** :	▸ comme **partir** ou **sentir** (voir tableau n° 30):
RÉPARTIR (+ impartir)	**REPARTIR** (+ départir) a) = partir de nouveau : auxil. **être** aux temps composés. b) = répondre, répliquer : auxil. **avoir** aux temps composés.
RESSORTIR = être du ressort de (+ prép. à)	**RESSORTIR** = sortir à nouveau
▸ comme **fournir** :	▸ comme **assaillir** (voir tableau n° 26) :
SAILLIR = jaillir	**SAILLIR** = être en relief **Rem. :** indic. fut. s. et condit. prés. : il saill**era**(it).

Remarques :

1- Ces 2 verbes n'existent qu'aux **3es pers.** (sing. et plur.)

2- Ces 2 verbes n'ont **pas d'impératif.**

FAILLIR = faire faillite (rare)	**DÉFAILLIR**

Remarques :

1- Ces 2 verbes n'ont **pas d'impératif.**

2- **FAILLIR** = manquer, faire défaut, a d'anciennes formes parfois utilisées parallèlement :

- indic. prés. (très archaïque) : *je faux, tu faux, il/elle faut, nous faillons, vous faillez, ils/elles faillent.*
- indic. imparf. : *je faillais.*
- indic. fut. s. et condit. prés. : *je faudrai(s).*
- subj. prés. : *que je faille.*
- partic. prés. : *faillant.*

TABLEAU 24 **VÊTIR - DÉVÊTIR - REVÊTIR**

- √ vêt- + terminaisons des V du 3e groupe (*je vêts, tu vêtais...*).
- lettre caractéristique **« i »** à l'indic. passé simple et au subjonctif imparfait.
- PPé en **-u** : *vêtu.*

Remarque :

On rencontre parfois, mais ***pour vêtir uniquement***, des formes de V du ***2e groupe***, plus ou moins admises : *je vêtis* (forme commune, dans ce cas, à l'indic. présent et au passé simple), *je vêtissais, vêtissant...*

Exemples :

Indic. prés. :	*je vêts (vêtis)*	Indic. fut. simple :	*je vêtirai...*
	tu vêts (vêtis)	Indic. cond. prés. :	*je vêtirais...*
	il/elle vêt (vêtit)	Subjonctif prés. :	*que je vête...*
	nous vêtons (vêtissons)		*que nous vêtions...*
	vous vêtez (vêtissez)	Subj. imparfait :	*que je vêtisse...*
	ils/elles vêtent (vêtissent)		*que nous vêtissions...*
Indic. imparf.:	*je vêtais (vêtissais)...*	Impératif prés. :	*vêts, vêtons, vêtez.*
Indic. pas. s. :	*je vêtis...*	Participe prés. :	*vêtant (vêtissant)*
	nous vêtîmes...	PPé :	*vêt**u***

VI - V EN -IR (PARTICIPE PRÉSENT -ANT) D'USAGE COURANT

§362

TABLEAU 25 **ACQUÉRIR**

Plusieurs √ : partie commune **ACQU-**

- **acqu + ier :** indic. présent, impératif présent, subjonctif présent (sauf 1re et 2e pers. plur.).
- **acqu + ér :** - indic. présent, impératif présent et subjonctif présent à la 1re et à la 2e pers. plur.
  - indic. imparfait et participe présent.
- **acqu +** lettre caractéristique **« i »** à l'indic. passé simple, au subjonctif imparfait et au PPé.
- **acqu + err :** indic. futur simple et indicatif conditionnel présent (règle des **2 « R »**, voir tableau n° 1).

Rappel : é > è devant la dernière syllabe muette (voir tableau n° 8).

Se conjuguent ainsi :

5 « composés » d'**acquérir** : conquérir, s'enquérir, quérir (à l'infinitif seulement), reconquérir, requérir.

Exemples :

Indic. prés. :	*j'acquiers*	Subj. prés. :	*que j'acquière*
	tu acquiers		*que tu acquières*
	il/elle acquiert		*qu'il/elle acquière*
	nous acquérons		*que nous acquérions*
	vous acquérez		*que vous acquériez*
	ils/elles acquièrent		*qu'ils/elles acquièrent*
Indic. imparfait :	*j'acquérais…*	Subj. imparfait :	*que j'acquisse…*
Indic. pas. simple:	*j'acquis…*		*que nous acquissions…*
	nous acquîmes…	Impératif prés. :	*acquiers,*
Indic. fut. simple :	*j'acquerrai…*		*acquérons, acquérez*
Indic. cond. prés.:	*j'acquerrais…*	Participe prés. :	*acquérant*
		PPé :	*acquis*

TABLEAU 26 **ASSAILLIR - CUEILLIR - SOUFFRIR**

- indicatif présent, impératif présent et subjonctif présent :
  = **terminaisons des V en *-er*.**

  Remarque : donc **pas** de **s** à l'impératif présent, 2e pers. sing. !
- indicatif futur simple et indicatif conditionnel présent de **CUEILLIR** : comme si c'était un V en ***-er*** : cueillerai.
- lettre caractéristique **« i »** à l'indicatif passé simple, au subjonctif imparfait et au PPé. (sauf le PPé de SOUFFRIR : ***souffert***.)

Se conjuguent ainsi :

comme **souffrir** :	couvrir, découvrir, entrouvrir, offrir, ouvrir, recouvrir, rentrouvrir, rouvrir.
comme **assaillir** :	défaillir, tressaillir.
comme **cueillir** :	accueillir, recueillir.

Exemples :

Indic. présent :	*j'assaille*	Subj. présent :	*que j'assaille*
	tu assailles		*que tu assailles*
	il/elle assaille		*qu'il/elle assaille*
	nous assaillons		*que nous assaillions*
	vous assaillez		*que vous assailliez*
	ils/elles assaillent		*qu'ils/elles assaillent*
Indic. imparfait :	*j'assaillais...*	Subj. imparfait :	*que j'assaillisse...*
Indic. pas. simple:	*j'assaillis...*		*que nous assaillissions...*
	nous assaillîmes...	Impératif prés. :	*assaille,*
Indic. fut. simple :	*j'assaillirai.../*		*assaillons, assaillez.*
	je cueillerai...	Participe prés. :	*assaillant*
Indic. cond. prés.:	*j'assaillirais.../*	PPé :	*assailli* / ***souffert***
	je cueillerais...		

TABLEAU 27 **BOUILLIR - DORMIR**

- √ bou-, √ dor- (= **écourtés**) : indicatif présent et impératif présent au SING.
- ailleurs : √ de l'infinitif.
- lettre caractéristique **« i »** à l'indicatif passé simple, au subjonctif imparfait et au PPé.

Se conjuguent ainsi :

2 composés de **bouillir** :	débouillir, rebouillir.
3 composés de **dormir** :	endormir, redormir, rendormir.

Exemples :	**bouillir**	**dormir**
Indicatif présent :	*je bous*	*je dors*
	tu bous	*tu dors*
	il/elle bout	*il/elle dort*
	nous bouillons	*nous dormons*
	vous bouillez	*vous dormez*
	ils/elles bouillent	*ils/elles dorment*
Indicatif imparfait :	*je bouillais...*	*je dormais...*
Indic. passé simple :	*je bouillis...*	*je dormis...*
Indic. futur simple :	*je bouillirai...*	*je dormirai...*
Indic. condit. présent :	*je bouillirais...*	*je dormirais...*
Subjonctif présent :	*que je bouille...*	*que je dorme...*
	que nous bouillions...	*que nous dormions...*
Subjonctif imparfait :	*que je bouillisse...*	*que je dormisse...*
	que nous bouillissions...	*que nous dormissions...*
Impératif présent :	*bous, bouillons, bouillez.*	*dors, dormons, dormez.*
Participe présent :	*bouillant*	*dormant*
PPé :	*bouilli*	*dormi*

TABLEAU 28 **COURIR - MOURIR**

- lettre caractéristique **« u »** à l'indicatif passé simple, au subjonctif imparfait et au PPé.
- indicatif futur simple et indicatif conditionnel présent : règle des **2 « R »** (voir tableau n° 1).
- ***mourir*** :
  - √ meur- : indicatif présent, impératif présent et subjonctif présent, **sauf** à la 1re et à la 2e pers. plur.
  - PPé : mort.

Se conjuguent ainsi :

mourir

et 7 composés de **courir** : accourir, concourir, discourir, encourir, parcourir, recourir, secourir.

Exemples :

(pour ***courir***, voir conjugaison des temps simples, **§ 344.**)

Indic. présent :	*je meurs*	Subjonctif prés. :	*que je meure*
	tu meurs		*que tu meures*
	il/elle meurt		*qu'il/elle meure*
	nous mourons		*que nous mourions*
	vous mourez		*que vous mouriez*
	ils/elles meurent		*qu'ils/elles meurent*
Indic. imparfait :	*je mourais...*	Subj. imparfait :	*que je mourusse...*
Indic. passé simple :	*je mourus...*	Impératif prés. :	*meurs, mourons, mourez.*
Indic. futur simple :	*je mourrai...*	Participe prés. :	*mourant*
Indic. condit. prés. :	*je mourrais...*	PPé :	***mort***

TABLEAU 29 **FUIR**

- √ fui- quasi généralisé.
- lettre caractéristique **« i »** confondue avec le **« i »** du √ à l'indicatif passé simple, au subjonctif imparfait et au PPé.
- √ fuy- à l'indicatif imparfait et aux 2 premières pers. plur. de l'indicatif, de l'impératif et du subjonctif présent, ainsi qu'au participe présent (donc **yi** à l'indicatif imparfait et au subjonctif présent, 1re et 2e pers. plur.).

Se conjugue ainsi :

1 composé de **fuir** : s'enfuir.

Exemples:

Indic. présent :	*je fuis*	Indic. fut. simple :	*je fuirai...*
	tu fuis	Indic. condit. prés. :	*je fuirais...*
	il/elle fuit	Subjonctif présent :	*que je fuie...*
	nous fuyons		*que nous fu**y**ions*
	vous fuyez		*que vous fu**y**iez...*
	ils/elles fuient	Subj. imparfait :	*que je fuisse...*
Indic. imparfait :	*je fuyais...*		*que nous fuissions...*
	*nous fu**y**ions*	Impératif présent :	*fuis, fuyons, fuyez.*
	*vous fu**y**iez...*	Participe présent :	*fuyant*
Indic. pas. simple:	*je fuis*	PPé :	*fui*
	tu fuis		
	il/elle fuit		
	nous fuîmes		
	vous fuîtes		
	ils/elles fuirent		

TABLEAU 30 **SENTIR - PARTIR - SERVIR**

- √ sen-, √ par-, √ ser- (**= écourtés !**) : indicatif présent et impératif présent, au SING.
- lettre caractéristique **« i »** à l'indicatif passé simple, au subjonctif imparfait et au PPé.
- ailleurs : √ de l'infinitif.

Se conjuguent ainsi :

3 composés de **sentir** :	consentir, pressentir, ressentir.
1 composé de **mentir** :	démentir.
2 composés de **partir** :	(se) départir[1], repartir. (**Rem. : ré**partir fait partie du 2e groupe.)
1 composé de **sortir** :	ressortir. (***sauf*** dans le sens de ***être du ressort de***, voir tableau n° 23.)
2 composés de **servir** :	desservir, resservir. (**Rem. : asservir** appartient au 2e groupe.)

et **se repentir.**

Exemples :

Indic. présent :	*je sens*	Subjonctif prés. :	*que je sente...*
	tu sens		*que nous sentions...*

1 On trouve quelquefois aussi des formes issues du 2e groupe : *il se départit* (indic. prés.), *elle se départissait, se départissant.*

	il/elle sent	Subj. imparfait :	*que je sentisse...*
	nous sentons		*que nous sentissions...*
	vous sentez	Impératif prés. :	*sens, sentons, sentez.*
	ils/elles sentent	Participe prés. :	*sentant*
Indic. imparfait :	*je sentais...*	PPé :	*senti*
Indic. pas. simple:	*je sentis...*		
Indic. fut. simple :	*je sentirai...*		
Indic. cond. prés.:	*je sentirais...*		

TABLEAU 31 **TENIR - VENIR**

- √ tien - : indicatif présent et impératif présent, au SING.
- √ tienn- : subjonctif présent, et indicatif présent à la 3e pers. plur.
- √ tiendr- : indicatif futur simple et indicatif conditionnel présent.
- √ tin- : indicatif passé simple et subjonctif imparfait.
  - PPé ten**u** change de « lettre caractéristique » et de √ par rapport au passé simple.
- ailleurs : √ de l'infinitif.

Se conjuguent ainsi :

9 composés de **tenir** :

s'abstenir, appartenir, contenir, détenir, entretenir, maintenir, obtenir, retenir, soutenir.

17 composés de **venir** :

advenir (seulement aux 3es personnes, voir tableau n° 32), circonvenir, contrevenir, convenir, devenir, disconvenir, intervenir, obvenir, parvenir, prévenir, provenir, redevenir, se ressouvenir, revenir, se souvenir, subvenir, survenir.

Exemples :

Indic. présent :	*je tiens*	Indic. fut. simple :	*je tiendrai...*
	tu tiens	Indic. condit. prés. :	*je tiendrais...*
	il/elle tient	Subjonctif présent :	*que je tienne...*
	nous tenons		*que nous tenions*
	vous tenez		*que vous teniez*
	ils/elles tiennent		*qu'ils/elles tiennent*
Indic. imparfait :	*je tenais...*	Subj. imparfait :	*que je tinsse...*
Indic. passé simple :	*je tins...*		*que nous tinssions...*
	nous tînmes	Participe présent :	*tenant*
	vous tîntes	PPé :	*ten**u***
	ils/elles tinrent		

VII - V EN -IR (PARTICIPE PRÉSENT : -ANT) D'USAGE MOINS COURANT

§363

TABLEAU 32	ADVENIR
▸ se conjugue comme **tenir** (voir tableau n° 31). **Remarque :** N'existe qu'à la ***3e pers. du sing.*** (rarement la 3e pers. du plur.)	

TABLEAU 33	FÉRIR
▸ seulement	• à l'infinitif (expression : « sans coup férir »)
et	• au PPé : **féru(e)** de = épris(e) de.

TABLEAU 34	GÉSIR
▸ ***uniquement*** aux formes suivantes :	
• indicatif présent :	*je gis, tu gis, il/elle gît*▼*, nous gisons, vous gisez, ils/elles gisent.*
• indicatif imparfait :	√ gis- ▸ *je gisais... etc.*
• participe présent :	*gisant.*
Remarque : Dans les inscriptions funéraires : *ci-gît*▼ *Untel.*	

TABLEAU 35	*ISSIR
▸ n'existe qu'au PPé : **issu(e)(s)** (et aux temps composés, avec l'auxiliaire ***être***).	

▼ il/elle git (sans accent circonflexe).

▼ ci-git.

TABLEAU 36	**OUÏR**
▸ employé surtout à l'infinitif présent et au PPé : **ouï(e)** (temps composés). Les formes archaïques vivent encore dans quelques expressions :	
• indicatif présent :	*j'ois, tu ois, il/elle oit, nous oyons, vous oyez, ils/elles oient.*
• indicatif imparfait :	*j'oyais...*
• indicatif passé simple :	*j'**ouïs**, nous ouïmes* (pas d'^!)...
• indic. futur simple et indic. conditionnel présent :	*j'ouïrai(s), j'orrai(s) ou j'oirai(s)...*
• subjonctif présent :	*que j'oie, que nous oyions...*
• subjonctif imparfait :	*que j'ouïsse...*
• impératif présent :	*ois, oyons, **oyez**.*
• participe présent :	*oyant.*

Exemples :

*Qu'**ouïs**-je ?* - ***Oyez**, bonnes gens !* - *J'ai **ouï** dire que...*

VIII - V EN -OIR D'USAGE COURANT

§364

TABLEAU 37 **(S') ASSEOIR▼**

- **Conjugaison unique :** à l'indic. passé simple, au subjonctif imparfait, au PPé (√ ass- + lettre caractéristique **i**).
- **Double conjugaison :** à l'indic. présent, imparfait, futur simple, cond. présent, au subjonctif présent, à l'impératif présent et au participe présent :
  - √ **assoy**- ou √ **assoi**-
  - *et*
  - √ **assey**- ou √ **assie(d)**
- √ assey- ou √ assoy- : indic. présent et impératif présent, au PLUR. (**sauf** 3e pers. plur. pour √ assoy-); indic. imparfait; subjonctif présent (*uniquement* 1re et 2e pers. plur. pour √ assoy-); participe présent.
- √ assié- ou √ assoi- **+ r** : indic. futur simple et indic. conditionnel présent.
- √ assied- ou √ assoi- : indic. présent et impératif présent au singulier (+ 3e pers. plur. pour √ assoi-); subjonctif présent au SING. et à la 3e pers. plur., et ce pour √ assoi- *uniquement*.

Remarques :

1) Seul l'infinitif présent garde le **e** avant **o** (asseoir)▼.
2) Pour ***surseoir***, voir tableau n° 50.

Se conjugue ainsi :

rasseoir▼

Exemples :

Indicatif présent :	*j'assieds*	ou :	*j'assois*
	tu assieds	ou :	*tu assois*
	il/elle assied	ou :	*il/elle assoit*
	nous asseyons	ou :	*nous assoyons*
	vous asseyez	ou :	*vous assoyez*
	ils/elles asseyent	ou :	*ils/elles assoient*

▼ assoir.

▼ assoir et rassoir (***disparition*** du **« e »** à l'infinitif, seule forme où il apparaissait).

▼ rassoir.

Indicatif imparfait :	*j'asseyais...*	ou :	*j'assoyais...*
	nous asseyions...	ou :	*nous assoyions...*
Indicatif pas. simple :	*j'assis...*		
	nous assîmes...		
Indicatif fut. simple :	*j'assiérai...*	ou :	*j'assoirai...*
Indicatif cond. prés. :	*j'assiérais...*	ou :	*j'assoirais...*
Subjonctif présent :	*que j'asseye...*	ou :	*que j'assoie...*
	que nous asseyions	ou :	*que nous assoyions*
	que vous asseyiez	ou :	*que vous assoyiez*
	qu'ils/elles asseyent	ou :	*qu'ils/elles assoient*
Subjonctif imparfait :	*que j'assisse...*		
	que nous assissions...		
Impératif présent :	*assieds*	ou :	*assois*
	asseyons	ou :	*assoyons*
	asseyez	ou :	*assoyez*
Participe présent :	*asseyant*	ou :	*assoyant*
PPé :	*assis*		

TABLEAU 38 **DEVOIR**

Plusieurs radicaux :

- √ doi- : indicatif présent au singulier.
- √ dev- : indicatif imparfait; indicatif présent et subjonctif présent aux 2 premières pers. plur.; participe présent.
- √ d- + lettre caractéristique **u** : indicatif passé simple, subjonctif imparfait et PPé.
- √ doiv- : subjonctif présent (sauf 1re et 2e pers. plur.), indicatif présent 3e pers. plur.
- √ devr- : indicatif futur simple et indicatif conditionnel présent.

Remarques :

1) PPé **dû** (accent circonflexe ***seulement au masc. sing.)***.
2) L'impératif est quasi inusité.

Se conjugue ainsi :
redevoir

Exemples :

Indicatif présent :	*je dois*	Indic. cond. prés. :	*je devrais...*
	tu dois	Subjonctif présent :	*que je doive...*
	il/elle doit		*que nous devions*
	nous devons		*que vous deviez*
	vous devez		*qu'ils/elles doivent*
	ils/elles doivent	Subjonctif imparfait :	*que je dusse...*
Indicatif imparfait :	*je devais...*		*que nous dussions...*
Indic. pas. simple :	*je dus...*	Impératif présent :	*(dois),*
	nous dûmes...		*(devons), (devez).*
Indic. fut. simple :	*je devrai...*	Participe présent :	*devant*
		PPé :	**dû** *(due, dus, dues)*

TABLEAU 39 **FALLOIR**

- V impersonnel (3e pers. sing. uniquement) et pas de participe présent ni d'impératif présent.
- √ court : indicatif présent : *il faut.*
- √ de l'infinitif : indicatif imparfait : *il fallait.*
- √ de l'infinitif + lettre caractéristique **u** : indicatif passé simple, subjonctif imparfait et PPé : *il fallut, qu'il fallût, fallu.*
- indicatif futur simple et indicatif conditionnel présent : *il faudra, il faudrait.*
- subjonctif présent : *qu'il faille.*

TABLEAU 40 **PLEUVOIR**

- V impersonnel (3e pers. sing. uniquement).
- √ court : indicatif présent; indicatif passé simple, subjonctif imparfait et PPé avec lettre caractéristique **u** : *il pleut; il plut, qu'il plût, plu.*
- √ de l'infinitif : indicatif imparfait; subjonctif présent et participe présent : *il pleuvait, qu'il pleuve, pleuvant.*
- indicatif futur simple et indicatif conditionnel présent : *il pleuvra, il pleuvrait.*

Remarque :

La 3e pers. plur. existe parfois au sens figuré : *les coups pleuvent.*

Se conjugue ainsi :

repleuvoir.

TABLEAU 41 **POUVOIR - MOUVOIR▼ - VOULOIR - VALOIR**

- √ consonne initiale + **eu** (**au** pour valoir) : indicatif présent et impératif présent, au SING. (terminaisons : **-x, -x, -t,** sauf ***mouvoir*** : **-s, -s, -t**).
- √ consonne initiale + **eu** + **v** ou **l** : indicatif présent 3e pers. plur. de pouvoir, mouvoir, vouloir (+ le subjonctif présent de mouvoir, **sauf** 1re et 2e pers. plur.)
- √ consonne initiale + **u** : indicatif passé simple, subjonctif imparfait et PPé pour ***pouvoir*** et ***mouvoir***.
- √ de l'infinitif + lettre caractéristique **u** : indicatif passé simple, subjonctif imparfait et PPé pour ***vouloir*** et ***valoir***.
- indicatif futur simple et indicatif conditionnel présent : √pourr- (règle des **2 « R »**, voir tableau n° 1), √mouvr-, √voudr-, √vaudr-.
- subjonctif présent : √puiss- à toutes les personnes.
  √meuv- (**sauf** 1re et 2e pers. plur.)
  √veuil- (**sauf** 1re et 2e pers. plur.)
  √vail- (**sauf** 1re et 2e pers. plur.)
- impératif présent : ***pouvoir*** : inexistant.
  vouloir : *veuille ou veux* [1].
  veuillons ou voulons [1].
  veuillez ou voulez [1].
  mouvoir : *meus, mouvons, mouvez.*
- √ de l'infinitif : **partout ailleurs.**
- PPé masc. sing. de mouvoir : **mû▼** (*mue, mus, mues*).
- ***valoir*** : comme ***vouloir***, mais n'a **que la 2e** possibilité à l'impératif présent.

Remarques :

1) ***pouvoir***, indicatif présent, 1re pers. sing. : une 2e forme, **je puis**, est plus distinguée.
2) ***prévaloir***, subjonctif présent : *que je prévale..., que nous prévalions...*

Se conjuguent ainsi :

pouvoir.

comme **mouvoir**, sauf l'accent circonflexe du PPé : émouvoir, promouvoir.

comme **vouloir**/**valoir** : équivaloir, prévaloir (sauf subjonctif prés., voir remarque 2 supra), revaloir.

1 La forme basée sur l'indicatif présent est rare. Elle s'emploie avec une négation ou pour exhorter :
▸ *Ne voulons pas le mal.* - *Voulez votre réussite.*

▼ Le PPé perd son ^ au masc. sing. : **mu** (mue, mus, mues).
▼ Voir note ci-dessus.

Exemples :

	mouvoir	**pouvoir**	**vouloir**	**valoir**
Indicatif présent :	*je meus*	*je peux/puis*	*je veux*	*je vaux*
	tu meus	*tu peux*	*tu veux*	*tu vaux*
	il/elle meut	*il/elle peut*	*il/elle veut*	*il/elle vaut*
	nous mouvons	*nous pouvons*	*nous voulons*	*nous valons*
	vous mouvez	*vous pouvez*	*vous voulez*	*vous valez*
	ils/elles meuvent	*ils/elles peuvent*	*ils/elles veulent*	*ils/elles valent*
Indicatif imparfait :	*je mouvais...*	*je pouvais...*	*je voulais...*	*je valais...*
Indicatif pas. simple :	*je mus...*	*je pus...*	*je voulus...*	*je valus...*
	nous mûmes...	*nous pûmes...*	*nous voulûmes...*	*nous valûmes...*
Indicatif fut. simple :	*je mouvrai...*	*je pou**rr**ai...*	*je voudrai...*	*je vaudrai...*
Indic. condit. prés. :	*je mouvrais...*	*je pou**rr**ais...*	*je voudrais...*	*je vaudrais...*
Subjonctif présent :	*que je meuve...*	*que je puisse...*	*que je veuille...*	*que je vaille...*
	que nous mouvions	*que nous puissions*	*que nous voulions*	*que nous valions*
	que vous mouviez	*que vous puissiez*	*que vous vouliez*	*que vous valiez*
	qu'ils/elles meuvent	*qu'ils/elles puissent*	*qu'ils/elles veuillent*	*qu'ils/elles vaillent*
Subjonctif imparfait :	*que je musse...*	*que je pusse...*	*que je voulusse...*	*que je valusse...*
	que nous mussions...	*que nous pussions...*	*que nous voulussions...*	*que nous valussions...*
Impératif présent :	*meus*	*Ø*	*veuille (veux)*	*vaux*
	mouvons	*Ø*	*veuillons (voulons)*	*valons*
	mouvez	*Ø*	*veuillez (voulez)*	*valez*
Participe présent :	*mouvant*	*pouvant*	*voulant*	*valant*
PPé :	***mû***▼ *(mue, mus, mues)*	*pu*	*voulu*	*valu*

▼ Le PPé perd son ^ au masc. sing. : **mu** (mue, mus, mues).

TABLEAU 42	RECEVOIR

Plusieurs radicaux :

- √reçoi- : indicatif présent et impératif présent, au SING.
- √reçoiv- : subjonctif présent; et indicatif présent 3e pers. plur.
- √recev- :
  - indicatif présent, impératif présent, subjonctif présent : aux 2 premières pers. plur.
  - indicatif imparfait.
- √reç- : indicatif passé simple, subjonctif imparfait, PPé (lettre caractéristique : **u**).
- √recevr- : indicatif futur simple et indicatif conditionnel présent.

Se conjuguent ainsi :

apercevoir, concevoir, décevoir, entr'apercevoir[1], percevoir.

Exemples :

(voir conjugaison active, temps simples, V apercevoir, **§ 344**.)

TABLEAU 43	SAVOIR

Plusieurs radicaux :

- √sai- : indicatif présent singulier.
- √sav- : indicatif présent pluriel, indicatif imparfait.
- √sach- : subjonctif présent et impératif présent.
- √s- + lettre caractéristique **u** : indicatif passé simple, subjonctif imparfait, PPé.
- √saur- : indicatif futur simple et indicatif conditionnel présent.

Exemples :

Indicatif présent :	*je sais...*	Subjonctif prés. :	*que je sache...*
	nous savons		*que nous sachions*
	vous savez		*que vous sachiez*
	ils/elles savent		*qu'ils/elles sachent*
Indicatif imparfait :	*je savais...*	Subj. imparfait :	*que je susse...*
Indic. passé simple :	*je sus...*		*que nous sussions...*
	nous sûmes...	Impératif prés. :	*sache, sachons, sachez*
Indic. futur simple :	*je saurai...*	Participe présent :	*sachant*
Indic. condit. prés. :	*je saurais...*	PPé :	*su*

1 S'écrit également sans apostrophe : *entrapercevoir*.

TABLEAU 44 **VOIR - POURVOIR**

- √voy- : indicatif imparfait, participe présent, et les 2 premières pers. plur. du présent de l'indicatif, de l'impératif et du subjonctif.
- √v- + lettre caractéristique **i** : indicatif passé simple et subjonctif imparfait.
- PPé : **vu.**

Remarques :

1) √v- + lettre caractéristique **u** : indicatif passé simple, subjonctif imparfait et PPé pour ***pourvoir*** et ***dépourvoir.***
2) √verr- : indicatif futur simple et indicatif conditionnel présent, seulement pour ***voir, revoir, entrevoir*** (règle des **2 " R "**, voir tableau n° 1).
3) ***dépourvoir*** existe ***seulement*** à l'indicatif passé simple, à l'infinitif, au PPé, aux temps composés et à la conjugaison pronominale.

Se conjuguent ainsi : (compte tenu des différentes remarques)

5 composés de **voir** : entrevoir, revoir, prévoir, pourvoir, dépourvoir.

Exemples :

	voir	**prévoir**	**pourvoir**
Indicatif présent :	*je vois*	*je prévois*	*je pourvois*
	tu vois	*tu prévois*	*tu pourvois*
	il/elle voit	*il/elle prévoit*	*il/elle pourvoit*
	nous voyons	*nous prévoyons*	*nous pourvoyons*
	vous voyez	*vous prévoyez*	*vous pourvoyez*
	ils/elles voient	*ils/elles prévoient*	*ils/elles pourvoient*
Indicatif imparfait :	*je voyais...*	*je prévoyais...*	*je pourvoyais...*
Indic. pas. simple :	*je vis...*	*je prévis...*	*je pourv**u**s...*
	nous vîmes...	*nous prévîmes...*	*nous pourv**û**mes...*
Indic. fut. simple :	*je ve**rr**ai...*	*je prévoirai...*	*je pourvoirai...*
Indic. condit. prés. :	*je ve**rr**ais...*	*je prévoirais...*	*je pourvoirais...*

Subjonctif présent :	*que je voie*	*que je prévoie*	*que je pourvoie*
	que tu voies	*que tu prévoies*	*que tu pourvoies*
	qu'il/elle voie	*qu'il/elle prévoie*	*qu'il/elle pourvoie*
	*que nous vo**yi**ons*	*que nous prévo**yi**ons*	*que nous pourvo**yi**ons*
	*que vous vo**yi**ez*	*que vous prévo**yi**ez*	*que vous pourvo**yi**ez*
	qu'ils/elles voient	*qu'ils/elles prévoient*	*qu'ils/elles pourvoient*
Subjonctif imparfait :	*que je visse...*	*que je prévisse...*	*que je pourv**u**sse...*
	que nous vissions...	*que nous prévissions...*	*que nous pourv**u**ssions...*
Impératif présent :	*vois,*	*prévois,*	*pourvois,*
	voyons, voyez	*prévoyons, prévoyez*	*pourvoyons, pourvoyez*
Participe présent :	*voyant*	*prévoyant*	*pourvoyant*
PPé :	*vu*	*prévu*	*pourvu*

IX - V EN -OIR D'USAGE MOINS COURANT

§365

TABLEAU 45 **APPAROIR**

(= être évident.) (V impersonnel.)

- **uniquement** indicatif présent, 3e pers. sing. : *il appert.*

TABLEAU 46 **CHALOIR - COMPAROIR**

- **chaloir** (= importer) : **uniquement** indicatif présent, 3e pers. sing., dans l'expression : *peu me chaut.*
- **comparoir** (comparaître▼ en justice) : **uniquement**[1] infinitif présent et participe présent : *comparant* (langage juridique).

TABLEAU 47 **CHOIR - ÉCHOIR - DÉCHOIR**

Existent, mais pas à toutes les personnes : à l'indicatif présent, passé simple, futur simple, conditionnel présent; au subjonctif présent et imparfait; au PPé.

De plus : au participe présent pour ***échoir.***

- lettre caractéristique **u** : indicatif passé simple, subjonctif imparfait et PPé.
- indicatif présent et subjonctif présent : comme les ***V en -oyer,*** voir tableau n° 6.

Remarque :

Échoir avait un indicatif imparfait, devenu rare :

- *il/elle échéait* ou *échoyait.*
- *ils/elles échéaient* ou *échoyaient.*

Exemples :

	choir	**échoir**	**déchoir**
Indicatif présent :	*je chois*	Ø	*je déchois*
	tu chois	Ø	*tu déchois*
	il/elle choit	*il/elle échoit ou échet*	*il/elle déchoit ou déchet*
	Ø	Ø	*nous déchoyons*
	Ø	Ø	*vous déchoyez*
	ils/elles choient	*ils/elles échoient ou échéent*	*ils/elles déchoient*

1 Pour les autres formes, on utilise donc *comparaître*▼.

▼ comparaitre.

Indic. pas. simple :	*je chus*	Ø	*je déchus*
	tu chus	Ø	*tu déchus*
	il/elle chut	*il/elle échut*	*il/elle déchut*
	nous chûmes	Ø	*nous déchûmes*
	Ø	Ø	*vous déchûtes*
	ils/elles churent	*ils/elles échurent*	*ils/elles déchurent*
Indic. fut. simple :	*je choirai ou cherrai*	Ø	*je déchoirai ou décherrai*
	tu choiras ou cherras	Ø	*tu déchoiras ou décherras*
	il/elle choira ou cherra[1]	*il/elle échoira ou écherra*	*il/elle déchoira ou décherra*
	nous choirons ou cherrons	Ø	*nous déchoirons ou décherrons*
	vous choirez ou cherrez	Ø	*vous déchoirez ou décherrez*
	ils/elles choiront ou cherront	*ils/elles échoiront ou écherront*	*ils/elles déchoiront ou décherront*
Indic. condit. prés. :	formé comme le futur simple		
Subjonctif présent :	Ø	Ø	*que je déchoie*
	Ø	Ø	*que tu déchoies*
	qu'il/elle choie	*qu'il/elle échoie*	*qu'il/elle déchoie*
	Ø	Ø	*que nous décho**yi**ons*
	Ø	Ø	*que vous décho**yi**ez*
	Ø	Ø	*qu'ils/elles déchoient*
Subjonctif imparfait :	Ø	Ø	*que je déchusse*
	Ø	Ø	*que tu déchusses*
	qu'il/elle chût	*qu'il/elle échût*	*qu'il/elle déchût*
	Ø	Ø	*que nous déchussions*
	Ø	Ø	*que vous déchussiez*
	Ø	Ø	*qu'ils/elles déchussent*
Participe présent :	Ø	*échéant*	Ø
PPé :	*chu, chue*	*échu, échue*	*déchu, déchue*

1 Cf. « *Tire la chevillette, la bobinette* ***cherra***. » (Ch. Perrault, *Le petit chaperon rouge.*).

TABLEAU 48 **RAVOIR**

- en dehors de l'infinitif, **uniquement** l'indicatif futur simple et l'indicatif conditionnel présent : *je raurai...* - *je raurais...* (langue familière.)

TABLEAU 49 **SEOIR - MESSEOIR**

(= convenir) (= ne pas convenir)

- **seulement** les 3es personnes (sing. et plur.)
- **seulement** l'indicatif présent, imparfait, futur simple, conditionnel présent; le subjonctif présent; l'infinitif présent et le participe présent (***pas de temps composés !***).
- empruntent leurs formes à ***asseoir***▼ (voir tableau n° 37), mais uniquement au **√assey-** et au **√assie(d)**.
- formes différentes d'asseoir▼ :
  - subjonctif présent, 3e pers. sing. : *qu'il siée.*
  - indicatif et subjonctif présent, 3e pers. plur. : *(qu') ils siéent.*
  - participe présent : - *séant ou seyant.*
    - *messéant*

Remarque :
***Seoir* (= être assis, situé)** n'existe qu'au participe présent (*séant*) et au PPé (*sis, sise*).

Exemples :

Indicatif présent :	*il/elle sied*	Subjonctif présent :	*qu'il/elle siée*
	ils/elles siéent		*qu'ils/elles siéent*
Indicatif imparfait :	*il/elle seyait...*	Participe présent :	*seyant* (*séant*, adj. verbal.)
Indic. fut. simple :	*il/elle siéra...*		*messéant*
Indic. condit. prés. :	*il/elle siérait...*		

▼ *assoir*.

TABLEAU 50	**SURSEOIR**▼		
▸ se conjugue comme **asseoir**▼ (voir tableau n° 37), mais : • n'utilise que les formes en **-oi.** • **rétablit le e avant o** à l'indicatif futur simple et à l'indicatif conditionnel présent (sauf rectif. orthogr.▼).			
Exemples :			
Indicatif présent :	*je sursois*	Subjonctif présent :	*que je sursoie*
	tu sursois		*que tu sursoies*
	il/elle sursoit		*qu'il/elle sursoie*
	nous sursoyons		*que nous sursoyions*
	vous sursoyez		*que vous sursoyiez*
	ils/elles sursoient		*qu'ils/elles sursoient*
Indicatif imparfait :	*je sursoyais…*	Subjonctif imparfait :	*que je sursisse…*
Indic. pas. simple :	*je sursis…*		*que nous sursissions…*
	nous sursîmes…	Impératif présent :	*sursois,*
Indic. fut. simple :	*je surseoirai*▼…		*sursoyons, sursoyez*
Indic. condit. prés. :	*je surseoirais*▼…	Participe présent :	*sursoyant*
		PPé :	*sursis*

▼ Suppression du **e** (comme pour l'infinitif assoir) dans toutes les formes où il apparaissait : ***sursoir*** (infinitif présent), ***je sursoirai …*** (indicatif futur simple) et ***je sursoirais …*** (indicatif conditionnel présent).

▼ **assoir.**

X - V EN -RE D'USAGE COURANT

§366

TABLEAU 51 **ABSOUDRE▼ - DISSOUDRE▼ - RÉSOUDRE**

- √résou- : indicatif présent et impératif présent, au SING.
- √résolv- : indicatif présent et impératif présent, au PLUR.; indicatif imparfait; subjonctif présent; participe présent.
- √résoudr- : indicatif futur simple et indicatif conditionnel présent.
- √résol- + lettre caractéristique **u** : indicatif passé simple, subjonctif imparfait, PPé.
- **Remarque :**

absoudre et ***dissoudre*** : 1) PPé absous▼/absoute et dissous▼/dissoute.
2) indicatif passé simple et subjonctif imparfait ***très rares***.

Exemples :

	résoudre	**absoudre**
Indicatif présent :	*je résous*	*j'absous*
	tu résous	*tu absous*
	il/elle résout	*il/elle absout*
	nous résolvons	*nous absolvons*
	vous résolvez	*vous absolvez*
	ils/elles résolvent	*ils/elles absolvent*
Indicatif imparfait :	*je résolvais...*	*j'absolvais...*
Indic. pas. simple :	*je résolus...*	*(j'absolus...)*
	nous résolûmes...	*(nous absolûmes...)*
Indic. fut. simple :	*je résoudrai...*	*j'absoudrai...*
Indic. condit. prés. :	*je résoudrais...*	*j'absoudrais...*
Subjonctif présent :	*que je résolve...*	*que j'absolve...*
	que nous résolvions...	*que nous absolvions...*
Subjonctif imparfait :	*que je résolusse...*	*(que j'absolusse...)*
	que nous résolussions...	*(que nous absolussions...)*
Impératif présent :	*résous, résolvons, résolvez*	*absous, absolvons, absolvez*
Participe présent :	*résolvant*	*absolvant*
PPé :	*résolu*	***absous*** ▼, *absoute*

▼ Le PPé perd son irrégularité : absou**t**, absoute; dissou**t**, dissoute.

TABLEAU 52 **BATTRE - METTRE**

- √bat- : indicatif et impératif, au SING. (3e pers. sing. : **pas** de terminaison après le **t** du √).
- lettre caractéristique **« i »** à l'indicatif passé simple et au subjonctif imparfait, mais **« u »** au PPé.
- ***Mettre*** : même conjugaison, ***SAUF*** :
  - radical court (**√m-**) à l'indicatif passé simple, au subjonctif imparfait et au PPé.
  - lettre caractéristique **« i »** à ces **3** mêmes temps !

Se conjuguent ainsi :

8 composés de **battre** :

abattre, combattre, contrebattre, débattre, (s')ébattre, emba(t)tre▼, rabattre, rebattre.

15 composés de **mettre** :

admettre, commettre, compromettre, décommettre, démettre, émettre, (s')entremettre, omettre, permettre, promettre, réadmettre, remettre, retransmettre, soumettre, transmettre…

Exemples :

	battre		
Indicatif présent :	*je bats*	Subonctif présent :	*que je batte…*
	tu bats		*que nous battions…*
	il/elle bat	Impératif présent :	*bats, battons, battez*
	nous battons	Indic. fut. simple :	*je battrai…*
	vous battez	Indic. condit. prés. :	*je battrais…*
	ils/elles battent	Participe présent :	*battant*
Indicatif imparfait :	*je battais…*		

Différences liées au changement de radical :

	battre	**mettre**
Indic. pas. simple :	*je battis…*	*je mis…*
	nous battîmes…	*nous mîmes…*
Subjonctif imparfait :	*que je battisse…*	*que je misse…*
	que nous battissions…	*que nous missions…*
PPé :	*battu*	*mis*

▼ embattre (uniquement avec 2 t).

TABLEAU 53	**BOIRE**

- √boi- : indicatif présent et impératif présent, au SING.
- √boiv- : indicatif présent 3e pers. plur.; subjonctif présent SING ***et*** 3e pers. plur.
- √buv- : indicatif et subjonctif présent 1re et 2e pers. plur.; impératif présent PLUR.; indicatif imparfait; paticipe présent.
- √b- + lettre caractéristique **u** : indicatif passé simple, subjonctif imparfait, PPé.
- √boir- : indicatif futur simple et indicatif conditionnel présent.

Se conjugue ainsi :
(s') emboire.

Exemples :

Indicatif présent :	*je bois*	Indic. condit. prés. :	*je boirais...*
	tu bois	Subjonctif présent :	*que je boive...*
	il/elle boit		*que nous buvions*
	nous buvons		*que vous buviez*
	vous buvez		*qu'ils/elles boivent*
	ils/elles boivent	Subjonctif imparfait :	*que je busse...*
Indicatif imparfait :	*je buvais...*		*que nous bussions...*
Indic. pas. simple :	*je bus...*	Impératif présent :	*bois, buvons, buvez*
	nous bûmes...	Participe présent :	*buvant*
Indic. fut. simple :	*je boirai...*	PPé :	*bu*

TABLEAU 54	**CONCLURE**

- √conclu- : ***tous les temps*, sauf** indicatif futur simple et indicatif conditionnel présent.
- √conclur- : indicatif futur simple et indicatif conditionnel présent.
- PPé : concl**u**, excl**u**.
- **Remarques :**

  1) ***reclure*** : seulement infinitif présent et PPé.

  2) ***inclure, occlure, reclure*** : PPé inclu**s**, occlu**s**, reclu**s**.

Se conjuguent ainsi : (en tenant compte des 2 remarques)
4 « composés » de **conclure** : exclure, inclure, occlure, reclure.

Exemples :

Indicatif présent :	*je conclus*	Indic. fut. simple :	*je conclurai...*
	tu conclus	Indic. condit. prés. :	*je conclurais...*
	il/elle conclut	Subjonctif présent :	*que je conclue...*
	nous concluons		*que nous concluions...*
	vous concluez	Subjonctif imparfait :	*que je conclusse...*
	ils/elles concluent		*que nous conclussions...*
Indicatif imparfait :	*je concluais...*	Impératif présent :	*conclus,*
	nous concluions...		*concluons, concluez*
Indic. pas. simple :	*je conclus...*	Participe présent :	*concluant*
	nous conclûmes...	PPé :	*conclu*

TABLEAU 55 **CONDUIRE**

Un **infixe**[1] **S** est introduit en fin de √ pour des raisons d'euphonie[2] aux temps suivants :

- indicatif présent et impératif présent, au PLUR.
- indicatif imparfait, subjonctif présent, participe présent.
- indicatif passé simple, subjonctif imparfait (lettre caractéristique **« i »**).

- √condui- : indicatif présent et impératif présent, au SING.; PPé (condui**t**).
- √conduir- : indicatif futur simple et indicatif conditionnel présent.

Remarques :

1) (re)luire : un 2e indicatif passé simple tend à remplacer le passé simple régulier : *je luis..., nous luîmes..., ils luirent...*
2) PPé **invariable** : ***lui***, ***nui*** et leurs composés.

Se conjuguent ainsi :

15 « composés » de **conduire** : déduire, éconduire, enduire, induire, introduire, produire, reconduire, réduire, réintroduire, renduire, reproduire, retraduire, séduire, surproduire, traduire.

1 composé de **cuire** : recuire.

3 « composés » de **construire** : détruire, instruire, reconstruire.

1 composé de **luire** : reluire.

1 composé de **nuire** : s'entre-nuire.

Exemples :

(voir conjugaison active, temps simples, **§ 344**.)

1 Rappel : lettre(s) ou élément qui s'insère(nt) à l'intérieur d'un mot. (comparer : **in**fixe, **pré**fixe, **suf**fixe.)

2 Rappel : suite harmonieuse à l'oral.

TABLEAU 56 **CONNAÎTRE▼ - NAÎTRE▼ - PAÎTRE▼ - PARAÎTRE▼**

- √connai- : indicatif et impératif présent, au SING.
- √connaiss- : indicatif et impératif présent, au PLUR. ; indicatif imparfait ; subjonctif présent ; participe présent.
- √conn- + lettre caractéristique **u** : indicatif passé simple, subjonctif imparfait, PPé.
- √connaîtr-▼ : indicatif futur simple et indicatif conditionnel présent.

Remarques :

1) **^ sur le i du √ devant t** (indicatif présent à la 3e pers. sing., indicatif futur simple et indicatif conditionnel présent) (voir▼).
2) ***naître*** : - √naqu- + lettre caractéristique **« i »** à l'indicatif passé simple et au subjonctif imparfait.
   - PPé : **né**.
3) ***paître*** : - **n'**existe **pas** à l'indicatif passé simple et au subjonctif imparfait, ni aux temps composés.
   - PPé : **pu** (très rare).

Se conjuguent ainsi :

2 composés de **connaître** :	méconnaître, reconnaître.
7 composés de **paraître** :	apparaître, comparaître, disparaître, réapparaître, recomparaître, reparaître, transparaître.
1 composé de **naître** :	renaître (PPé et temps composés rares).
1 composé de **paître** :	repaître (existe aux temps composés, ainsi qu'à l'indicatif passé simple, au subjonctif imparfait et au PPé [√rep- + lettre caractéristique **u**]).

Exemples :

	connaître▼	**naître▼**
Indicatif présent :	*je connais*	*je nais*
	tu connais	*tu nais*
	il/elle connaît▼	*il/elle naît*▼
	nous connaissons	*nous naissons*
	vous connaissez	*vous naissez*
	ils/elles connaissent	*ils/elles naissent*
Indicatif imparfait :	*je connaissais...*	*je naissais...*

▼ Disparition, pour tous ces V, de l'accent circonflexe sur le **i** du √ devant **t** : *connaitre, il/elle connait, je connaitrai, je connaitrais...*

Indicatif pas. simple :	*je connus...*	*je naquis...*
	nous connûmes...	*nous naquîmes...*
Indic. futur simple :	*je connaîtrai*▼...	*je naîtrai*▼...
Indic. condit. prés. :	*je connaîtrais*▼...	*je naîtrais*▼...
Subjonctif présent :	*que je connaisse...*	*que je naisse...*
	que nous connaissions...	*que nous naissions...*
Subjonctif imparfait :	*que je connusse...*	*que je naquisse...*
	que nous connussions...	*que nous naquissions...*
Impératif présent :	*connais,*	*nais,*
	connaissons, connaissez	*naissons, naissez*
Participe présent :	*connaissant*	*naissant*
PPé :	*connu*	*né*

TABLEAU 57 **COUDRE - MOUDRE**

- √coud- ou √moud- : indicatif présent et impératif présent, au SING. (3e pers. sing. : pas de terminaison après le **d** du √).
- √cous- ou √moul- : indicatif présent et impératif présent, au PLUR.; indicatif imparfait; subjonctif présent; indicatif passé simple et subjonctif imparfait; participe présent; PPé.
- √coudr- ou √moudr- : indicatif futur simple et indicatif conditionnel présent.
- - coudre : lettre caractéristique **« i »** à l'indicatif passé simple et au subjonctif imparfait (**« u »** au PPé).
  - moudre : lettre caractéristique **« u »** à l'indicatif passé simple, au subjonctif imparfait et au PPé.

Se conjuguent ainsi :

2 composés de **coudre** : découdre, recoudre.

2 composés de **moudre** : émoudre, remoudre.

moudre

Indicatif présent :	*je mouds*	Subjonctif présent :	*que je moule*
	tu mouds		*que tu moules*
	il/elle moud		*qu'il/elle moule*
	nous moulons		*que nous moulions*
	vous moulez		*que vous mouliez*
	qu'ils/elles moulent		*qu'ils/elles moulent*

▼ Idem que page précédente.

Indicatif imparfait :	*je moulais...*	Impératif présent :	*mouds,*
Indic. fut. simple :	*je moudrai...*		*moulons, moulez*
Indic. condit. prés. :	*je moudrais...*	Participe présent :	*moulant*

Différences liées à la « lettre caractéristique » :

	moudre	**coudre**
Indicatif pas. simple :	*je moulus...*	*je cousis...*
	nous moulûmes...	*nous cousîmes...*
Subjonctif imparfait :	*que je moulusse...*	*que je cousisse...*
	que nous moulussions...	*que nous cousissions...*
PPé :	*moulu*	*cousu*

TABLEAU 58 **CRAINDRE - PEINDRE - JOINDRE**

- √court (√pein-, √join-, √crain-) : indicatif et impératif présent, au SING.; PPé (√court + **t**).
- √de l'infinitif + r : indicatif futur simple et indicatif conditionnel présent.
- √ en -gn- (√peign-, √joign-, √craign-) : partout ailleurs.
- lettre caractéristique **« i »** à l'indicatif passé simple et au subjonctif imparfait.

Se conjuguent ainsi :

- V en ***-aindre*** : craindre, contraindre, plaindre.
- V en ***-eindre :*** peindre, dépeindre, repeindre; astreindre, étreindre, restreindre, rétreindre; atteindre; ceindre, enceindre; empreindre, épreindre; enfreindre, feindre; geindre; teindre, déteindre, éteindre, reteindre.
- V en ***-oindre :*** - 5 composés de **joindre** : adjoindre, conjoindre, disjoindre, enjoindre, rejoindre.
  - oindre, poindre (défectifs, voir tableau n° 73).

Exemples :

Indicatif présent :	*je crains*	Indic. fut. simple :	*je craindrai...*
	tu crains	Indic. condit. prés. :	*je craindrais...*
	il/elle craint	Subjonctif présent :	*que je craigne...*
	nous craignons		*que nous craignions...*
	vous craignez	Subjonctif imparfait :	*que je craignisse...*
	ils/elles craignent		*que nous craignissions...*
Indicatif imparfait :	*je craignais...*	Impératif présent :	*crains,*
	nous craignions...		*craignons, craignez*
Indic. pas. simple :	*je craignis...*	Participe présent :	*craignant*
	nous craignîmes...	PPé :	*craint*

TABLEAU 59 **CROÎTRE ▼ - CROIRE**

❖ **Formes communes aux 2 verbes :**

- √croi- : indicatif et impératif présent, au SING. (sauf ^, v. ci-dessous).
- √cr- + lettre caractéristique **u** : indicatif passé simple, subjonctif imparfait et PPé (sauf ^, v. ci-dessous).

❖ **Formes distinctes :**

croître

- √croiss- : indicatif et impératif présent au PLUR., indicatif imparfait, subjonctif présent, participe présent.
- √croîtr- ▼ : indicatif futur simple et indicatif conditionnel présent.

croire

- indicatif et impératif présent au PLUR, indicatif imparfait, subjonctif présent et participe présent : **comme les V en *-oyer* !**
- √croir- : indicatif futur simple et indicatif conditionnel présent.

❖ **Accent circonflexe :**

- croître et ses composés ▼ : ^ sur le **i** du √ suivi de **t** (il croît, tu croîtras).
- croître seul : ^ à toutes les formes de l'indicatif passé simple et du subjonctif imparfait, ainsi qu'à l'indicatif présent 1re et 2e pers. sing. (ils crûrent, je croîs).
- PPé : ***crû*** et ***recrû*** ▼ (pas d'^ pour les autres V).

Remarque :

L'accent circonflexe a pour but de distinguer les formes communes de ***croître*** et ***croire***.

Se conjuguent ainsi :

3 composés de **croître** :	recroître, accroître, décroître (sauf, pour ces 2 derniers, le PPé : accru, décru).
1 composé de **croire** :	accroire (défectif : uniquement l'infinitif présent).

▼
- ***Accroitre, décroitre, recroitre :*** suppression de l'accent circonflexe à l'infinitif présent ainsi qu'à l'indicatif présent 3e pers. sing. (*il accroit*), à l'indicatif futur simple (*je décroitrai...*) et à l'indicatif conditionnel présent (*je recroitrais...*).
- Le PPé ***recru*** perd également son accent circonflexe.
- ***Croitre*** ne garde ses accents qu'aux formes où ils permettent d'éviter les confusions avec celles de ***croire*** (interprétation donnée par A. Goosse dans « *La nouvelle orthographe* » Éd. Duculot, 1991, p. 54).

Exemples :

	croître▼	**croire**
Indicatif présent :	*je croîs*	*je crois*
	tu croîs	*tu crois*
	il/elle croît	*il/elle croit*
	nous croissons	*nous croyons*
	vous croissez	*vous croyez*
	ils/elles croissent	*ils/elles croient*
Indicatif imparfait :	*je croissais...*	*je croyais...*
Indic. pas. simple :	*je crûs, tu crûs*	*je crus, tu crus*
	il/elle crût	*il/elle crut*
	nous crûmes	*nous crûmes*
	vous crûtes	*vous crûtes*
	ils/elles crûrent	*ils/elles crurent*
Indic. futur simple :	*je croîtrai* ▼...	*je croirai...*
Indic. condit. prés. :	*je croîtrais* ▼...	*je croirais...*
Subjonctif présent :	*que je croisse...*	*que je croie...*
	que nous croissions	*que nous croyions*
	que vous croissiez	*que vous croyiez*
	qu'ils/elles croissent	*qu'ils/elles croient*
Subjonctif imparfait :	*que je crûsse...*	*que je crusse...*
	que nous crûssions...	*que nous crussions...*
Impératif présent :	*croîs,*	*crois,*
	croissons, croissez	*croyons, croyez*
Participe présent :	*croissant*	*croyant*
PPé :	*crû, crue, crus, crues*	*cru, crue, crus, crues*

TABLEAU 60 **ÉCRIRE**

- √de l'infin., écri- : indicatif et impératif présent au SING., PPé.
- √écriv- : indicatif et impératif présent au PLUR.; indicatif imparfait; subjonctif présent; participe présent; indicatif passé simple et subjonctif imparfait (avec la lettre caractéristique **« i »**).
- √écrir- : indicatif futur simple et indicatif conditionnel présent.

▼ Voir note précédente.

Se conjuguent ainsi :

10 composés d'**écrire** :	circonscrire, décrire, inscrire, prescrire, proscrire, ré(é)crire, réinscrire, retranscrire, souscrire, transcrire.

Exemples :

Indicatif présent :	*j'écris*	Indic. condit. prés. :	*j'écrirais...*
	tu écris	Subjonctif présent :	*que j'écrive...*
	il/elle écrit		*que nous écrivions...*
	nous écrivons	Subjonctif imparfait :	*que j'écrivisse...*
	vous écrivez		*que nous écrivissions...*
	ils/elles écrivent	Impératif présent :	*écris,*
Indicatif imparfait :	*j'écrivais...*		*écrivons, écrivez*
Indic. pas. simple :	*j'écrivis...*	Participe présent :	*écrivant*
	nous écrivîmes...	PPé :	*écrit*
Indic. futur simple :	*j'écrirai...*		

TABLEAU 61 **FAIRE**

Radicaux multiples :

- √fais- : indicatif et impératif présent (**au plur.**, seulement pour la **1re pers.**), indicatif imparfait et participe présent.
- indicatif présent et impératif présent, 2e pers. plur. : *(vous)* ***faites***.
- indicatif présent, 3e pers. plur. : *ils/elles* ***font***.
- √f- + lettre caractéristique **« i »** : indicatif passé simple et subjonctif imparfait.
- √fass- : subjonctif présent.
- √fer- : indicatif futur simple et indicatif conditionnel présent.
- PPé : fait.

Remarques :

1) **fai** suivi d'un **s** se prononce **fe** [fə] (indicatif imparfait, participe présent et indicatif présent 1re pers. plur.).
2) ***forfaire, malfaire, méfaire, parfaire*** : rares en dehors de l'infinitif présent et des temps composés.
3) ***parfaire*** se rencontre toutefois à l'indicatif présent.

Se conjuguent ainsi :

10 composés de **faire** :	contrefaire, défaire, forfaire, malfaire, méfaire, parfaire, redéfaire, refaire, satisfaire, surfaire.

Exemples :

Indicatif présent :	*je fais*	Subjonctif présent :	*que je fasse...*
	tu fais		*que nous fassions...*
	il/elle fait	Subjonctif imparfait :	*que je fisse...*
	nous faisons		*que nous fissions...*
	vous ***faites***	Impératif présent :	*fais,*
	ils/elles ***font***		*faisons,* ***faites***
Indicatif imparfait :	*je faisais...*	Participe présent :	*faisant*
Indic. pas. simple :	*je fis...*	PPé :	*fait*
	nous fîmes...		
Indic. futur simple :	*je ferai...*		
Indic. condit. prés. :	*je ferais...*		

TABLEAU 62 **LIRE - PRÉDIRE - RIRE**

- √de l'infinitif : li- / prédi- : indicatif présent et impératif présent, au SING.
- √préd- + lettre caractéristique **« i »** : indicatif passé simple, subjonctif imparfait et PPé (pour ***prédire***).
- √court : l- + lettre caractéristique **« u »** : indicatif passé simple, subjonctif imparfait et PPé (pour ***lire***).
- √li**s**- ou √prédi**s** : indicatif présent et impératif présent, au PLUR.; indicatif imparfait; subjonctif présent; participe présent.
- √lir- ou √prédir- : indicatif futur simple et indicatif conditionnel présent.

Remarques :

1) **dire et redire** : indicatif et impératif présent 2e pers. plur. : **(re)dites**.
2) **rire** : comme prédire, sauf la ***suppression*** du **s** au √ et PPé **ri**.
3) **maudire** : se conjugue comme les V du ***2e groupe*** (mais : PPé maudi**t**).
4) **circoncire** et **suffire** : PPés circonci**s**/**-ise** et suffi.
5) **frire** : n'existe qu'à l'indicatif et à l'impératif présent au SING., au PPé (temps composés complets), rarement à l'indicatif futur simple et à l'indicatif conditionnel présent.
6) **déconfire** : seulement PPé (auxiliaire ***être***).

Se conjuguent ainsi :

3 composés de **lire** :	élire, réélire, relire.
6 composés de **dire** :	contredire, dédire, interdire, médire, prédire, redire.
1 composé de **rire** :	sourire.

confire, déconfire, circoncire, frire, suffire.

Exemples :

	lire	dire	prédire	rire
Indicatif présent :	*je lis*	*je dis*	*je prédis*	*je ris*
	tu lis	*tu dis*	*tu prédis*	*tu ris*
	il/elle lit	*il/elle dit*	*il/elle prédit*	*il/elle rit*
	nous lisons	*nous disons*	*nous prédisons*	*nous rions*
	vous lisez	*vous* ***dites***	*vous prédisez*	*vous riez*
	ils/elles lisent	*ils/elles disent*	*ils/elles prédisent*	*ils/elles rient*
Indicatif imparfait :	*je lisais...*	*je disais...*	*je prédisais...*	*je riais...*
Indic. passé simple :	*je lus...*	*je dis...*	*je prédis...*	*je ris...*
	nous lûmes...	*nous dîmes...*	*nous prédîmes...*	*nous rîmes...*
Indic. futur simple :	*je lirai...*	*je dirai...*	*je prédirai...*	*je rirai...*
Indic. condit. prés. :	*je lirais...*	*je dirais...*	*je prédirais...*	*je rirais...*
Subjonctif présent :	*que je lise...*	*que je dise...*	*que je prédise...*	*que je rie...*
	que nous lisions	*que nous disions*	*que nous prédisions*	*que nous riions*
	que vous lisiez	*que vous disiez*	*que vous prédisiez*	*que vous riiez*
	qu'ils/elles lisent	*qu'ils/elles disent*	*qu'ils/elles prédisent*	*qu'ils/elles rient*
Subjonctif imparfait :	*que je lusse...*	*que je disse...*	*que je prédisse...*	*que je risse...*
	que nous lussions...	*que nous dissions...*	*que nous prédissions...*	*que nous rissions...*
Impératif présent :	*lis, lisons, lisez*	*dis, disons,* ***dites***	*prédis, prédisons, prédisez*	*ris, rions, riez*
Participe présent :	*lisant*	*disant*	*prédisant*	*riant*
PPé :	*lu*	*dit*	*prédit*	*ri*

TABLEAU 63

PLAIRE▼

- √plais- : indicatif présent (sauf 3e pers. sing. : il plaît▼), impératif présent, indicatif imparfait, subjonctif présent, participe présent.
- √pl- + lettre caractéristique **u** : indicatif passé simple, subjonctif imparfait et PPé (***invariable***, sauf celui de taire).
- √plair- : indicatif futur simple et indicatif conditionnel présent.

Attention : ^ sur le i du √ devant t : il plaît, **sauf taire** : il ***tait*** (voir▼).

Se conjuguent ainsi :

2 composés de **plaire** : déplaire et se complaire.

taire.

▼ Suppression de l'accent circonflexe : *il/elle plait - il/elle déplait - il/elle complait.*

Exemples :

Indicatif présent :	*je plais*	Indic. condit. prés. :	*je plairais...*
	tu plais	Subjonctif présent :	*que je plaise...*
	il/elle plaît▼		*que nous plaisions...*
	nous plaisons	Subjonctif imparfait :	*que je plusse...*
	vous plaisez		*que nous plussions...*
	ils/elles plaisent	Impératif présent :	*plais,*
Indicatif imparfait :	*je plaisais...*		*plaisons, plaisez*
Indic. passé simple :	*je plus...*	Participe présent :	*plaisant*
	nous plûmes...	PPé :	*plu*
Indic. futur simple :	*je plairai...*		

TABLEAU 64 **PRENDRE**

- √de l'infinitif : indicatif et impératif présent, au SING.
- √prendr- : indicatif futur simple et indicatif conditionnel présent.
- √pr- + lettre caractéristique **« i »** : indicatif passé simple, subjonctif imparfait et PPé.
- √pren- : à toutes les autres formes.

Remarques :

1) **On double le n :** - à l'indicatif et au subjonctif présent, 3e pers. plur.
   - au SING. du subjonctif présent.
2) Indicatif présent, 3e pers. sing. : pas de terminaison après le **d** du √.

Se conjuguent ainsi :

10 composés de **prendre** : apprendre, comprendre, déprendre, désapprendre, entreprendre, s'éprendre, se méprendre, réapprendre, reprendre, surprendre.

Exemples :

Indicatif présent :	*je prends*	Subjonctif présent :	*que je pre**nn**e*
	tu prends		*que tu pre**nn**es*
	il/elle prend		*qu'il/elle pre**nn**e*
	nous prenons		*que nous prenions*
	vous prenez		*que vous preniez*
	*ils/elles pre**nn**ent*		*qu'ils/elles pre**nn**ent*

▼ Suppression de l'accent circonflexe : *il/elle plait* - *il/elle déplait* - *il/elle complait.*

Indicatif imparfait :	*je prenais...*	Subjonctif imparfait :	*que je prisse...*
Indic. passé simple :	*je pris...*		*que nous prissions...*
	nous prîmes...	Impératif présent :	*prends,*
Indic. futur simple :	*je prendrai...*		*prenons, prenez*
Indic. condit. prés. :	*je prendrais...*	Participe présent :	*prenant*
		PPé :	*pris*

TABLEAU 65 **TENDRE (+ V en -andre, -ondre, -erdre, -ordre, -ompre...)**

- √ de l'infinitif généralisé.
- Lettre caractéristique **« i »** à l'indicatif passé simple et au subjonctif imparfait.
- PPé : **u.**
- Indicatif présent 3e pers. sing. : pas de terminaison après le **d** du √.

Remarques :

1) V en **-ompre** : indicatif présent, 3e pers. sing. : **t *après*** le **p** du √.
2) **foutre** et **(se) contrefoutre** :
   - impératif présent singulier et indicatif présent 1re et 2e pers. sing. : seulement **s** (suppression du **t** du √).
   - pas d'indicatif passé simple, d'indicatif passé antérieur; pas de subjonctif imparfait ni plus-que-parfait.

Se conjuguent ainsi :

- les V en ***-endre*** (sauf prendre et ses composés, v. tableau 64 !) : **défendre**, **descendre**, condescendre, redescendre, **fendre**, pourfendre, refendre, **pendre**, appendre, dépendre, rependre, suspendre, **rendre**, **tendre**, attendre, détendre, distendre, entendre, étendre, prétendre, réentendre, retendre, sous-entendre, sous-tendre, **vendre**, mévendre, revendre.
- les V en ***-andre*** : épandre, répandre.
- les V en ***-ondre*** : **fondre**, confondre, (se) morfondre, parfondre, refondre, **pondre**, répondre, correspondre, **tondre**, retondre.
- les V en ***-erdre*** : perdre, reperdre.
- les V en ***-ordre*** : **mordre**, démordre, remordre, **tordre**, détordre, distordre, retordre.
- les V en ***-ompre*** (v. remarque 1) : rompre, corrompre, interrompre.
- foutre et (se) contrefoutre (v. remarque 2).

Exemples :

rendre : voir conjugaison active, temps simples, **§ 344**.

	répondre	**perdre**	**mordre**	**rompre**	**foutre**
Indicatif présent :	*je réponds*	*je perds*	*je mords*	*je romps*	*je fous*
	tu réponds	*tu perds*	*tu mords*	*tu romps*	*tu fous*
	il/elle répond	*il/elle perd*	*il/elle mord.*	*il/elle rompt*	*il/elle fout*
	nous répondons	*nous perdons*	*nous mordons*	*nous rompons*	*nous foutons*
	vous répondez	*vous perdez*	*vous mordez*	*vous rompez*	*vous foutez*
	ils/elles répondent	*ils/elles perdent*	*ils/elles mordent*	*ils/elles rompent*	*ils/elles foutent*
Indicatif imparfait :	*je répondais...*	*je perdais...*	*je mordais...*	*je rompais...*	*je foutais...*
Indic. passé simple :	*je répondis...*	*je perdis...*	*je mordis...*	*je rompis...*	Ø
	nous répondîmes...	*nous perdîmes...*	*nous mordîmes...*	*nous rompîmes...*	Ø
Indic. futur simple :	*je répondrai...*	*je perdrai...*	*je mordrai...*	*je romprai...*	*je foutrai...*
Indic. condit. prés. :	*je répondrais...*	*je perdrais...*	*je mordrais...*	*je romprais...*	*je foutrais...*
Subjonctif présent :	*que je réponde...*	*que je perde...*	*que je morde...*	*que je rompe...*	*que je foute...*
	que nous répondions...	*que nous perdions...*	*que nous mordions...*	*que nous rompions...*	*que nous foutions...*
Subjonctif imparfait :	*que je répondisse...*	*que je perdisse...*	*que je mordisse...*	*que je rompisse...*	Ø
	que nous répondissions...	*que nous perdissions...*	*que nous mordissions...*	*que nous rompissions...*	Ø
Impératif présent :	*réponds,*	*perds,*	*mords,*	*romps,*	*fous,*
	répondons, répondez	*perdons, perdez*	*mordons, mordez*	*rompons, rompez*	*foutons, foutez*
Participe présent :	*répondant*	*perdant*	*mordant*	*rompant*	*foutant*
PPé :	*répondu*	*perdu*	*mordu*	*rompu*	*foutu*

TABLEAU 66 **TRAIRE - DISTRAIRE - BRAIRE - ATTRAIRE**

- √trai- : indicatif et impératif présent au SING. (terminaisons -**s**, -**s**, -**t**) et PPé (trai**t**).
- subjonctif présent, indicatif présent pluriel, impératif présent pluriel : comme les V en **-oyer** ou **-uyer**.
- √tray- : indicatif imparfait et participe présent.
- indicatif passé simple et subjonctif imparfait ***n'existent pas*** .

Remarques :

1) ***attraire*** : seulement l'infinitif présent et l'adjectif verbal (attrayant).

2) ***braire*** : seulement aux 3es personnes de l'indicatif présent, futur simple, conditionnel présent, et au PPé pour les temps composés. Rare à l'indicatif imparfait et au participe présent.

Se conjuguent ainsi :

abstraire, attraire, braire, distraire, extraire, retraire, soustraire, traire.

Exemples :

Indicatif présent :	*je distrais*	Indic. condit. prés. :	*je distrairais…*
	tu distrais	Subjonctif présent :	*que je distraie*
	il/elle distrait		*que tu distraies*
	nous distrayons		*qu'il/elle distraie*
	vous distrayez		*que nous distra**yi**ons*
	ils/elles distraient		*que vous distra**yi**ez*
Indicatif imparfait :	*je distrayais…*		*qu'ils/elles distraient*
Indic. passé simple :	Ø	Subjonctif imparfait :	Ø
Indic. futur simple :	*je distrairai…*	Impératif présent :	*distrais, distrayons, distrayez*
		Participe présent :	*distrayant*
		PPé :	*distrait*

TABLEAU 67 **VAINCRE**

Remarques :

1) indicatif présent 3e pers. sing. : pas de terminaison après le **c** du √.
2) **c > qu** devant une voyelle (**a, e, i, o)** ***sauf*** **u** (PPé : vaincu).
3) lettre caractéristique **« i »** à l'indicatif passé simple et au subjonctif imparfait.

Se conjuguent ainsi :

vaincre et **convaincre.**

Exemples :

Indicatif présent :	*je vaincs*	Indic. condit. prés. :	*je vaincrais...*
	tu vaincs	Subjonctif présent :	*que je vainque...*
	*il/elle vain***c**		*que nous vainquions...*
	nous vainquons	Subjonctif imparfait :	*que je vainquisse...*
	vous vainquez		*que nous vainquissions...*
	ils/elles vainquent	Impératif présent :	*vaincs,*
Indicatif imparfait :	*je vainquais...*		*vainquons, vainquez*
Indic. passé simple :	*je vainquis...*	Participe présent :	*vainquant*
	nous vainquîmes...	PPé :	*vaincu*
Indic. futur simple :	*je vaincrai...*		

TABLEAU 68 **VIVRE - SUIVRE**

- √court : sui-/ vi- : indicatif présent et impératif présent, au SING.
- √suiv- ou √viv- :
  - indicatif présent et impératif présent, au PLUR.; indicatif imparfait; subjonctif présent; participe présent.
  - indicatif passé simple, subjonctif imparfait et PPé pour ***suivre*** (lettre caractéristique **« i »**).
- √véc- + lettre caractéristique **« u »** : indicatif passé simple, subjonctif imparfait et PPé.
- √suivr- ou √vivr- : indicatif futur simple et indicatif conditionnel présent.

Se conjuguent ainsi :

2 composés de **vivre** : revivre, survivre.

2 composés de **suivre** : s'ensuivre (3es pers. uniquement, voir tableau n° 71), poursuivre.

Exemples :

	vivre	**suivre**
Indicatif présent :	*je vis*	*je suis* [1]
	tu vis	*tu suis*
	il/elle vit	*il/elle suit*
	nous vivons	*nous suivons*
	vous vivez	*vous suivez*
	ils/elles vivent	*ils/elles suivent*
Indicatif imparfait :	*je vivais...*	*je suivais...*
Indic. passé simple :	*je vécus...*	*je suivis...*
	nous vécûmes...	*nous suivîmes...*
Indic. futur simple :	*je vivrai...*	*je suivrai...*
Indic. condit. prés. :	*je vivrais...*	*je suivrais...*
Subjonctif présent :	*que je vive...*	*que je suive...*
	que nous vivions...	*que nous suivions...*
Subjonctif imparfait :	*que je vécusse...*	*que je suivisse...*
	que nous vécussions...	*que nous suivissions...*
Impératif présent :	*vis, vivons, vivez*	*suis, suivons, suivez*
Participe présent :	*vivant*	*suivant*
PPé :	*vécu*	*suivi*

1 Forme homonyme de *« je suis »*, indicatif présent de l'auxiliaire ***être***.

XI - V EN -RE D'USAGE MOINS COURANT

§367

TABLEAU 69 **BRUIRE**

▸ se conjugue (tout comme maudire), sur le modèle du 2e groupe, mais seulement aux 3es personnes des temps suivants :

Indicatif présent :	*il/elle bruit*	*ils/elles bruissent*
Indicatif imparfait :	*il/elle bruissait*	*ils/elles bruissaient*
Indic. futur simple :	*il/elle bruira*	*ils/elles bruiront*
Indic. condit. prés. :	*il/elle bruirait*	*ils/elles bruiraient*
Subjonctif présent :	*qu'il/elle bruisse*	*qu'ils/elles bruissent*
Participe présent :	*bruissant*	Adjectif verbal : *bruyant*
PPé :	*brui* (temps composés rares)	
[Indic. pas. simple :	*il/elle bruit* (rare)	*ils/elles bruirent* (rare)]

TABLEAU 70 **CLORE**

Remarques :

1) Série assez particulière, avec **formes manquantes** variant ***selon le composé du V*** et ***selon les dictionnaires*** !
2) Les temps composés fonctionnent **normalement**.
3) Indicatif présent 3e pers. sing. : il clôt (selon les sources, les composés de clore ont ou n'ont pas l' ^ à cette même forme !).

TEMPS SIMPLES EXISTANTS

TEMPS	clore	éclore	enclore	déclore
indicatif présent	sing. + 3e p.pl.	3e p.s. + 3e p.pl.	toutes les pers.	sing. + 3e p.pl.
indicatif imparfait	Ø	3e p.s. + 3e p.pl.	toutes les pers.	Ø
ind. passé simple	Ø	Ø	Ø	Ø
ind. f. s.+ cond. prés.	toutes les pers.	3e p.s. + 3e p.pl.	toutes les pers.	toutes les pers.
impératif présent	sing.	Ø	toutes les pers.	sing. (***rare !***)
subjonctif présent	toutes les pers.	3e p.s. + 3e p.pl.	toutes les pers.	toutes les pers.
subjonctif imparfait	Ø	Ø	Ø	Ø
PPé	oui	oui	oui	oui
participe présent	***rare***	***rare***	oui	***rare***

- √clos- : indicatif présent, impératif présent, indicatif imparfait, subjonctif présent, participe présent, PPé.
- √clor- : indicatif futur simple et indicatif conditionnel présent.
- ***forclore*** : seulement à l'infinitif présent et au PPé.
- ***reclore*** : se conjugue comme ***clore***.

Exemples :

	clore	**éclore**	**enclore**	**déclore**
Indicatif présent :	*je clos*	*Ø*	*j'enclos*	*je déclos*
	tu clos	*Ø*	*tu enclos*	*tu déclos*
	il/elle clôt	*il/elle éclôt*	*il/elle enclôt*	*il/elle déclot*
	Ø	*Ø*	*nous enclosons*	*Ø*
	Ø	*Ø*	*vous enclosez*	*Ø*
	ils/elles closent	*ils/elles éclosent*	*ils/elles enclosent*	*ils/elles déclosent*
Indicatif imparfait :	*Ø*	*Ø*	*j'enclosais*	*Ø*
	Ø	*Ø*	*tu enclosais*	*Ø*
	Ø	*il/elle éclosait*	*il/elle enclosait*	*Ø*
	Ø	*Ø*	*nous enclosions*	*Ø*
	Ø	*Ø*	*vous enclosiez*	*Ø*
	Ø	*ils/elles éclosaient*	*ils/elles enclosaient*	*Ø*
Indic. passé simple :	*Ø*	*Ø*	*Ø*	*Ø*
Indic. futur simple :	*je clorai, etc.*	*il/elle éclora*	*j'enclorai, etc.*	*je déclorai, etc.*
	...	*ils/elles écloront*	...	...
Indic. condit. prés. :	*je clorais, etc.*	*il/elle éclorait*	*j'enclorais, etc.*	*je déclorais, etc.*
	...	*ils/elles écloraient*	...	...
Impératif présent :	*clos*	*Ø*	*enclos, enclosons, enclosez*	*(déclos)*
Subjonctif présent :	*que je close*	*Ø*	*que j'enclose*	*que je déclose*
	que tu closes	*Ø*	*que tu encloses*	*que tu décloses*
	qu'il/elle close	*qu'il/elle éclose*	*qu'il/elle enclose*	*qu'il/elle déclose*
	que nous closions	*Ø*	*que nous enclosions*	*que nous déclosions*
	que vous closiez	*Ø*	*que vous enclosiez*	*que vous déclosiez*
	qu'ils/elles closent	*qu'ils/elles éclosent*	*qu'ils/elles enclosent*	*qu'ils/elles déclosent*
Subjonctif imparfait :	*Ø*	*Ø*	*Ø*	*Ø*
PPé :	*clos*	*éclos*	*enclos*	*déclos*
Participe présent :	*(closant)*	*(éclosant)*	*enclosant*	*(déclosant)*

TABLEAU 71	S'ENSUIVRE

▸ se conjugue comme ***suivre*** (voir tableau n° 68), avec les particularités suivantes :

- n'existe qu'aux 3es personnes.
- 3 tournures cohabitent aux temps composés :

  il s'est ensuivi

  il s'en est ensuivi

  il s'en est suivi (de loin, la plus élégante !)

TABLEAU 72	FORFAIRE - OCCIRE - STUPÉFAIRE

▸ tous défectifs, n'existent qu'à l'infinitif présent, au PPé (et aux temps composés) :

- ***forfaire*** : *forfait.*
- ***occire*** : *occis.*
- ***stupéfaire*** : *stupéfait.*

TABLEAU 73	OINDRE - POINDRE

▸ se conjuguent comme ***joindre*** (voir tableau n° 58), mais en tenant compte des remarques suivantes :

- ***oindre*** : **surtout** utilisé à l'infinitif et au PPé (*oint, ointe*), parfois à l'impératif présent 2e pers. plur. (voir l'exemple ci-dessous) et à l'indicatif futur simple.
- ***poindre*** : a) = **commencer à paraître▼, pointer :** ***seulement*** à l'infinitif présent et aux 3es personnes de l'indicatif présent, imparfait, futur simple.

  b) = **blesser, faire souffrir, stimuler :** ***seulement*** à l'infinitif présent et aux 3es personnes de l'indicatif présent, imparfait, passé simple et futur simple (le participe présent ***poignant*** n'est utilisé que sous la forme de l'***adjectif verbal***).

  c) = **piquer :** ***seulement*** dans le vieux proverbe :

  « ***Oignez*** *vilain, il vous* ***poindra***; ***poignez*** *vilain, il vous* ***oindra***. » (= il faut traiter rudement les gens grossiers pour en être respecté.)

▼ **paraitre.**

TABLEAU 74	**SOURDRE**	
▸ se conjugue uniquement à l'infinitif présent et aux 3es personnes des temps suivants :		
Indicatif présent :	*il/elle sourd*	*ils/elles sourdent*
Indicatif imparfait :	*il/elle sourdait*	*ils/elles sourdaient*
Indic. passé simple :	*il/elle sourdit*	*ils/elles sourdirent*
Indic. futur simple :	*il/elle sourdra*	*ils/elles sourdront*
Indic. condit. prés. :	*il/elle sourdrait*	*ils/elles sourdraient*
Subjonctif présent :	*qu'il/elle sourde*	*qu'ils/elles sourdent*
Subjonctif imparfait :	*qu'il/elle sourdît*	*qu'ils/elles sourdissent*
Participe présent :	*sourdant*	
PPé :	*sourdi*	

TABLEAU 75 **TI(S)TRE**

- *tistre ou *tître▼ : seulement le PPé (**tissu**) et les temps composés.

  Remarque :

  Le PPé ***tissé*** est celui du V tisser.

▼ Titre.

6 Mini-index de conjugaison

§368 | Mode d'emploi

❖ 1- Cet index concerne les paragraphes **340** à **367** de notre ouvrage, dont les tableaux n[os] **1** à **75.**

❖ 2- Nous n'indiquons pas les V réguliers en -**er** ou en -**ir** (participe présent -***issant***).
Quant aux V en -**er** pour lesquels des tableaux indiquent des ***particularités orthographiques***, nous nous contenterons de signaler ceux cités comme exemples dans ces mêmes tableaux. Les indications sont en effet suffisantes pour permettre de repérer la conjugaison d'un autre verbe rencontré.

❖ 3- En principe, nous ne donnons que le numéro du ou des tableaux, **en caractères gras.** À défaut (pour les V mentionnés hors des tableaux), nous signalons le paragraphe, *en caractères italiques.*

❖ 4- Le signe ▼ rappelle que le verbe est concerné par les rectifications orthographiques de 1990.

Synthèse 6 : la conjugaison

√+

§§ 338 à 368

A- NOTIONS DE BASE.

Les verbes se composent d'une partie fixe, **le radical** (√) et d'une partie variable, **la terminaison**. On peut les classer en **3 groupes** :

1- **V en -ER** (plus de 7 000 verbes)

2- **V en -IR** dont le **participe présent** a une forme en **-ISSANT** (± 300 verbes)

3- **Tous les autres V** qui ont une conjugaison irrégulière (± 380 verbes) :

- V aller
- V en -IR dont le participe présent a une forme en -ANT
- V en -OIR
- V en -RE

La conjugaison comprend **3 modes personnels** (**indicatif, impératif et subjonctif**) et **2 modes impersonnels** (**infinitif et participe**). **Les conditionnels**, très souvent utilisés comme futurs du passé, sont rangés dans les temps de l'indicatif, mode de la réalité.

B- CONJUGAISON ACTIVE :

* **Les temps simples :** leurs V se conjuguent au moyen d'**un seul mot**. Des similitudes et des correspondances peuvent être établies entre certaines formes et certains temps, de manière à les appréhender plus facilement (**voir tableaux, § 344**). Des principes logiques régissent la formation des temps simples (§ 345).
* **Choix et conjugaison des auxiliaires : être** et **avoir** (**voir tableaux, § 347**) permettent de conjuguer tous les temps composés et surcomposés, ainsi que la **voix passive** (uniquement **être**).

  Choix de l'auxiliaire aux temps composés et surcomposés :

  AVOIR pour tous les V transitifs, la plupart des intransitifs, les V essentiellement impersonnels et les auxiliaires eux-mêmes;

  ÊTRE pour les V pronominaux, et pour certains V intransitifs indiquant un mouvement (*entrer, partir...*) ou un changement d'état (*devenir, tomber...*);

  ÊTRE ou AVOIR : une série de V (§ 349), intransitifs ou employés intransitivement, se conjuguent avec **avoir** pour insister sur l'***action*** ou avec **être** pour marquer le *résultat* (*Les prix ont monté.* ≠ *Tu es monté.*).
* **Conjugaison des temps composés : auxiliaire AVOIR (parfois être) au temps simple correspondant (v. Tableau § 350) + PPé à accorder éventuellement.**
* **Conjugaison des temps surcomposés : auxiliaire AVOIR (parfois être) au temps composé correspondant + PPé à accorder éventuellement.** Rem. : ils n'existent pas à tous les temps.

C- CONJUGAISON PASSIVE :

Auxiliaire ÊTRE au temps demandé + PPé à accorder.

Synthèse 6 : la conjugaison √+

D- CONJUGAISON PRONOMINALE :

✲ **Conjugaison des temps simples :** ce sont les **temps normaux**, mais **précédés d'un pronom non sujet** de même personne et de même nombre que le sujet (*me, te, se, nous, vous*).

✲ **Conjugaison des temps composés : pronom sujet + pronom non sujet + auxiliaire ÊTRE au temps simple correspondant (cf. Tableau § 350) + PPé à accorder.**

E- CONJUGAISON DES VERBES IRRÉGULIERS ET DÉFECTIFS :

- Les **V défectifs** sont ceux qui présentent des tableaux de conjugaison **incomplets** (par ex. : *(s')avérer, courbaturer, résulter, (se) ficher, neiger, pleuvoir...*)
- Les **V irréguliers** ne le sont qu'aux **temps simples** : une soixantaine de tableaux (modèles) permettent de conjuguer les quelque 380 verbes irréguliers (**§§ 359 à 367**).

AUTRES IRRÉGULARITÉS :

✲ **Règle des 2 « R » :** elle affecte l'**indicatif futur simple** et l'**indicatif conditionnel présent** de quelques V en -er, -ir et -oir (*j'enve**rr**ai, nous concou**rr**ons, il mou**rr**ait, nous pou**rr**ions...*).

✲ **Particularités orthographiques de certains V en -er :**

- **V en -cer et V comme recevoir : ç** devant **a, o, u.**
- **V en -ger : g du** √ suivi de **e** devant **a** ou **o.**
- **V en -guer : conservation du u** dans toute la conjugaison (mais supprimé pour l'adj. verbal : *une journée fatigante*).
- **V en -ier :** - **deux « i »** se suivent à l'indic. imparf. et au subj. prés., 1re et 2e pers. plur.
  - **garder le « e »** à l'indic. futur simple et à l'indic. condit. présent (*tu plieras*).
- **V en -yer :** - les V en **-OYER** et **-UYER** changent le **y** en **i devant e muet**.
  - les V en **-EYER conservent le y devant e muet** dans toute la conjugaison.
  - les V en **-AYER** laissent le **choix** (y ou i devant e muet).
  - **y + i** à la 1re et à la 2e pers. plur. de l'indic. imparfait et du subj. prés.
- **V avec e muet dans la dernière syllabe du √ : e muet > è si syllabe suivante muette.**
- **V avec é dans la dernière syllabe du √ : é > è si syllabe suivante muette et finale▼.**
- **V en -eler et -eter : doublent** le **l** ou le **t si syllabe suivante muette▼**, **sauf** *celer, receler, déceler, ciseler, démanteler, écarteler, geler, regeler, dégeler, congeler, surgeler, marteler, modeler, peler, remodeler; acheter, racheter, crocheter, fureter, corseter, haleter.*

▼ Y compris à l'indic. futur simple et à l'indic. condit. présent (syllabe muette non finale).

▼ **Tous les V en -eler et -eter** (sauf appeler et rappeler, sauf jeter et ses composés) changent le **dernier e du** √ en **è** si la syllabe suivante est muette (ex. *j'ensorcèle*).

Cinquième partie

Questions de sens

1 Les mots, sens et origines

I - ORIGINE DES MOTS

Prérequis	Utilisations
• Ø	• les familles de mots • la graphie des mots • la compréhension des mots dérivés et/ou composés • la création de néologismes

§369 | Les Romains...

Lors de la conquête de la Gaule, les légionnaires romains véhiculèrent **le *latin populaire*** jusque dans nos régions. Au contact avec les dialectes gaulois, ce latin populaire deviendra **le roman** :

hospitale (latin) ↘ *ops'tel* → *ostel* (langue parlée) ↗ *hôtel - hostellerie* (français)

§370 | Les invasions...

Au Ve siècle, lors des invasions germaniques, de nombreux mots étrangers se mêlent à la langue :

brochet	<	**broc*	(mot celtique)
bac	<	**back*	(mot germanique)

§371 | Évolution...

Les dialectes romans établis sur le sol de la Gaule se divisèrent en deux grandes familles :

- ***la langue d'oc*** (au sud),
- ***la langue d'oïl*** (au nord).

Oc et oïl sont les deux manières de dire « oui » selon que l'on est au sud ou au nord.

Hugues Capet accède à la royauté. Sous son action, l'Île-de-France devient plus importante et le français est plus usité. Ainsi, au XVIe siècle, le français devient une langue littéraire.

Remarque :

Dès le XIVe siècle, de nombreux ***doublets*** se forment sur le latin classique :

- ***gracilem*** (latin) → *grêle* (formation populaire) ; → *gracile* (formation savante)
- ***rigidum*** (latin) → *raide* (formation populaire) ; → *rigide* (formation savante)

§372 | Et les sciences...

Avec le développement des sciences, au XIXe siècle surtout, les savants puisèrent dans le grec les éléments nécessaires à la création de nouveaux mots :

- *téléphone :* têlé (= loin) + phonê (= la voix).
- *taximètre :* taxis (= tri, taxe) + metron (= mesure).

§373 | Emprunts...

À des époques diverses, selon les relations entretenues par la France avec les autres pays, le français a aussi emprunté des mots à la plupart des langues étrangères.

Ainsi, **l'allemand** a fourni des termes de guerre et de cuisine :

▸ *blocus, arquebuse, bière...*

l'espagnol a fourni des termes de marine et de cour :

▸ *aviso, canot, duègne...*

l'italien a fourni des termes de commerce, d'art, de guerre, de marine :

▸ *banque, opéra, embuscade, escale...*

l'arabe a fourni des termes divers :

▸ *bazar, café, almanach, alcool, amiral, algèbre...*

Remarques :

1) D'autres apports émanent des langues orientales, africaines...
   - *thé* (chinois)
   - *zèbre* (africain)
   - *chocolat* (aztèque)
   - *banane* (hindou)
   - *bambou* (malais)
2) Encore aujourd'hui, **l'anglais** apporte de nombreux mots nouveaux; **mais** le nombre de mots anglais fait penser à une invasion :

   ▸ *tuner, drugstore, parking...*

De nombreux mots anglais pourraient cependant être supprimés :

- parking > *aire de stationnement.*
- bifteck (beef + steak) > *tranche de bœuf.*
- pin's > *épinglette.*
- skateboard > *planche à roulettes.*
- e-mail > *courriel.*

Toutefois, le phénomène d'économie du langage favorise le recours au « franglais ».

§374 | Emprunts d'autres natures

Nombre de noms de choses sont empruntés à des noms de pays ou de personnes en relation avec l'origine de ces choses :

- *mousseline* < Mossoul
- *gaze* < Gaza
- *mansarde* < Mansart

§375 | Formation onomatopéique

- *cliquetis, crincrin, glouglou, croasser, bêler, babiller, zézayer...*

Une **onomatopée** est un mot qui ***imite*** :

- ***un son, un bruit :***
  - *boum ! - crac ! - chut ! - aïe !*
- ***un cri d'animal :***
  - *coucou - meuh - cocorico*
- à partir d'une onomatopée, certains mots ont été créés par adjonction de **suffixes**[1] :
  - *hennir - pépier - claquer - chuchoter*

Remarque :

L'onomatopée n'est qu'une imitation pas toujours très proche de la réalité. Un canard, qu'il soit français, danois, allemand, roumain, italien, anglais ou russe pousse toujours le même cri. Pourtant, son cri n'est pas reproduit de la même manière dans ces différents pays[2] :

Ainsi,	en France , ce son donne :	couin, couin
	au Danemark	rap, rap
	en Allemagne	gack, gack
	en Roumanie	mac, mac
	en Italie	qua, qua
	en Angleterre	quack
	en Russie	kriak

1 Voir §§ 378 et 380.

2 D'après Nyrop, *Grammaire Historique de la Langue française,* Gyldendalske Boghandel.

II - LA FORMATION DES MOTS

§376 | Classement

Du point de vue de leur formation, les mots français se répartissent en trois catégories :

- **les mots simples**
  Ils sont issus de l'ancien fonds latin ou de diverses autres langues (voir Origine des mots, **§§ 369 à 375**).
- **les mots assemblés**
  Ce sont ceux formés par l'assemblage de mots simples. Celui-ci peut être réalisé :
  - par ***agglutination***[1] ▸ *aérogare, portemanteau...*
  - en ***agglutinant*** entre eux des ***racines*** ou des ***radicaux grecs ou latins*** (voir ci-après, **§ 377**) ▸ *héliotrope, géologie, géographie...*
  - à l'aide du ***trait d'union***[2] ▸ *après-midi, arc-en-ciel...*
  - par simple ***juxtaposition*** ▸ *manche à air, manche à balai...*
  - par emploi nominal d'une ***phrase figée*** ▸ *un laissez-passer, le garde-à-vous...*
- **les mots dérivés ou composés**
  Ces derniers sont des mots issus de l'adjonction d'un ou de deux ***affixes*** à un mot simple de la langue (voir ci-après, **§ 378**)

§377 | Quelques radicaux latins ou grecs

Origine latine	sens	exemples
agri-	champ	*agricole, agriculture...*
-cide	qui tue	*régicide, suicide...*
-cole	relatif à la culture	*floricole, horticole, sylvicole...*
-culture	action de cultiver	*floriculture, horticulture...*
-fère	qui porte	*mammifère, aurifère...*
-fique	qui produit	*calorifique, honorifique...*
-fuge	qui fuit ou met en fuite	*centrifuge, ténifuge, fébrifuge...*
-grade	degré, palier	*rétrograde, centigrade...*
omni-	tout	*omnipotent, omnivore...*
-pare	qui produit	*primipare, ovipare...*
-pède	pied	*bipède, vélocipède, palmipède...*
-vore	qui mange	*herbivore, fructivore, granivore...*

1 Celle-ci tend à se généraliser au détriment de l'usage du trait d'union. Subsistent cependant des problèmes de chocs intervocaliques qui font perdurer dans ces cas le trait d'union (ex. : un porte-avions▼ ▸ un *porteavions▼ ou un *portavions▼).

2 Voir §§ 36 et 285.

▼ porte-avion - *porteavion - *portavion

⁂ *Origine grecque*	sens	exemples
aéro-	air	*aérodrome, aérodynamique...*
-algie	douleur	*névralgie, lombalgie...*
(-)anthropo(-)	homme	*anthropophage, anthropomorphe, philanthrope...*
archéo-	ancien	*archétype, archéologie, synchroniser...*
auto-	soi-même	*autographe, automobile...*
biblio-	livre	*bibliophile, bibliothèque...*
bio-	vie	*biologie, biographie...*
(-)céphal(e)-	tête	*bicéphale, céphalée...*
(-)chromo-, (-)chrome	couleur	*chromosome, monochrome...*
chrono-, -chrone	temps	*chronographe, chronologie, synchroniser...*
cosmo-, -cosme	monde	*cosmogonie, microcosme...*
-cratie, -crate	pouvoir	*aristocratie, démocrate...*
(-)dactylo-, -dactyle	doigt	*ptérodactyle, dactylographe...*
dynamo-	force	*dynamomètre...*
gast(é)r(o)-	ventre	*gastérologie, gastéropode...*
-gène	qui génère	*anxiogène, criminogène, cancérigène...*
géo-	terre	*géologie, géomètre...*
(-)gramme-	poids ou écriture	*télégramme, hectogramme...*
grapho-, -graphie, -graphe	écrit ou étude	*biograph(i)e, télégraphe, graphologue...*
hydr(o)-, -hydre	eau	*hydrologue, anhydre...*
logo-, -logie, -logue	discours, science	*logopède, géologie...*
-mane, -manie	passion, folie	*bibliomanie, héroïnomane...*
mégal(o)-	grand	*mégalithe, mégalomanie...*
mono-	seul	*monogame, monographie...*
morpho-, -morphe	forme	*polymorphe, morphologie...*
nécro-	mort	*nécrologie, nécrophage...*
neuro-, névr(o)-	nerf	*neurologie, névralgie...*
-nome, -nomie	règle	*métronome, astronomie...*
ortho-	droit, exact	*orthographe, orthopédie...*
paléo-	ancien	*paléograph(i)e...*
patho-, -pathe, -pathie	maladie	*pathogène, pathologie, névropathe...*
phago-, -phagie, -phage	nourriture, qui mange	*anthropophage, phagocyte, aérophagie...*
phil(o)-, -phile	ami	*philosophie, bibliophile...*

-phobe, -phobie	peur, crainte, haine	*agoraphobie, germanophobe...*
phono-, -phone, -phonie	son, voix	*phonographe, téléphone, euphonie...*
photo-	lumière	*photographe...*
ptéro-, -ptère	aile	*hélicoptère, ptérodactyle...*
-scope, -scopie	vue	*périscope, radioscopie...*
télé-	loin	*télévision, téléphone...*
-thérapie	soin	*hydrothérapie...*
thermo-, -therme	chaleur	*thermographe, thermomètre, isotherme...*

§378 | Les affixes

Ils sont porteurs de sens, mais ne peuvent s'actualiser qu'en étant joints à un mot simple. On distingue les **préfixes** et les **suffixes**.

- Un **préfixe** est ***une*** ou ***plusieurs syllabes*** qui, placée(s) **devant** un mot (nom, adjectif, adverbe, verbe), ajoute(nt) une idée supplémentaire au sens de ce mot.
- Un **suffixe** est ***une*** ou ***plusieurs syllabes*** qui, ajoutée(s) **à la fin** du mot, en modifie(nt) la signification.

Remarque :

L'ajout d'un préfixe s'appelle une **composition**.

L'ajout d'un suffixe s'appelle une **dérivation**.

La ***composition*** et la ***dérivation*** autour du même radical forment une **famille de mots**.

- *clair, éclair, clarté, éclairement, éclairage, éclairer...*

§379 | Sens de quelques préfixes

• *issus du latin*	sens	exemples
a- ou **ad-**	direction	*adjoindre, abattre...*
anté-	avant ou devant	*antécédent, antédiluvien...*
bi-	deux	*bipède...*
circon-, circum-	autour	*circonférence, circonvolution, circumterrestre...*
con-	avec	*compatriote, convivialité...*
dé-	séparation	*décharger, défaire...*
en-, em-	éloignement	*enlever, emmener...*
en-, em-	dans	*enfermer...*
entr(e)-, inter-	au milieu, à demi, l'un envers l'autre	*entrecouper, s'entraider, interlocuteur...*

ex-	hors de	*extraire, exporter...*
in-	dans	*inscrire...*
in-	ne ... pas	*inodore, irréalisable...*
par-	à travers	*parfumer...*
post-	après	*postposer...*
pro-	devant	*projeter, proposer...*
pré-	en avant	*préétablir, préavis, préfixe...*
re-	répétition	*relire, revoir...*
super-	au-dessus de	*superposer...*
sur-	au-dessus	*surélever, surjeter...*
trans-	à travers, au-delà	*transmettre, transpercer...*

• *issus du grec*	**sens**	**exemples**
a-, an-	privation	*amoral, anhydride...*
amphi-	autour, double	*amphibie, amphithéâtre...*
ana-	renversement, rupture	*anagramme, anacoluthe...*
anti-, anté-	opposition	*antidote, antéchrist...*
épi-	sur	*épiderme, Épiphanie...*
eu-	bien	*euphonie, euthanasie...*
hémi-	demi	*hémisphère, hémicycle...*
hyper-	au-dessus de	*hyperthrophie, hyperbole...*
hypo-	au-dessous	*hypoglycémie, hypogée...*
méta-	changement	*métamorphose, métaphore...*
péri-	autour de	*périmètre, périphérique...*
syn-	avec	*synthèse, synergie...*

§380 | Sens de quelques suffixes

Remarque :
Les suffixes varient selon qu'ils aboutissent à la formation de noms, d'adjectifs, de verbes ou d'adverbes.

• *pour former des noms*	sens	exemples
-ade	action	*glissade, ruade...*
-age	action, produit, état, ensemble	*cirage, lavage, feuillage...*
-aie, -eraie	plantation	*hêtraie, palmeraie...*
-ain, -an, -ien, -ois	habitant	*Ronquiérois, Alsacien, Persan, châtelain...*
-aison	action, résultat	*fenaison, livraison...*
-ance, -ence	action, résultat	*plaisance, dissidence...*
-ard	relatif à, péjoratif	*campagnard, fêtard...*
-asse	péjoratif	*paperasse...*
-at	état, institution	*patriarcat, orphelinat...*
-ateur	objet, profession	*transformateur, ordinateur, cultivateur...*
-atoire	lieu	*observatoire, laboratoire, oratoire...*
-ature, -ure	action, résultat, état	*ossature, préfecture, dorure, chevelure...*
-eau, -elle, -ceau, -ereau, -eteau, -isseau	diminutifs	*damoiseau, demoiselle, ruelle, lionceau, lapereau, louveteau, arbrisseau...*
-ée	contenu	*cuillerée, lampée...*
-(e)ment	action, résultat	*changement, hébergement...*
-er, -ier, -ière	agent, arbre	*mercier, mercière, poirier...*
-et, -ette, -elet(t)e	diminutifs	*fourchette, levrette, châtelet...*
-eur	qualité (ou défaut)	*froideur, aigreur...*
-eur, -euse	agent, instrument	*travailleur, travailleuse, percolateur...*
-ille	diminutif	*brindille...*
-in	diminutif	*tambourin...*
-isme	disposition, croyance, doctrine	*égoïsme, athéisme...*
-iste	métier	*pompiste, journaliste...*
-ite	maladie	*pharyngite, otite...*
-itude	qualité	*longitude, platitude...*
-té	qualité, propriété	*soluté, saleté...*

• *pour former des adjectifs*	**sens**	**exemples**
-able, -ible	actif ou passif	*viable, loisible, éligible...*
-aire	qui a rapport à	*suicidaire...*
-ais, -ois, -an, -ien	qui habite	*orléanais, bruxellois, persan, parisien...*
-ard, -âtre	péjoratif	*faiblard, vantard, bellâtre...*
-esque	qui a rapport à	*romanesque, titanesque...*
-et, -elet	diminutifs	*aigrelet, propret...*
-eur, -eux	caractère	*rageur, ombrageux...*
-er, -ier	caractère	*primesautier...*
-if	caractère	*tardif, attentif...*
-issime	superlatif	*richissime...*
-iste	caractère,	*égoïste,*
	relatif à une doctrine	*maoïste...*
-ot	diminutif	*vieillot...*

• *pour former des adverbes*

▸ emploi du suffixe -**ment** : voir **§ 115**.

• *pour former des verbes*

Les suffixes de verbes sont : **-er, -ir, -oir, -re.**

Les ***nouveaux*** verbes se forment généralement à l'aide de -**er** ou -**ir.**

De plus, pour apporter des ***nuances péjoratives, diminutives ou fréquentatives*** (voir ***aspect itératif***, **§ 102)**, les suffixes suivants sont employés :

-ailler	: criailler	**-eyer**	: grasseyer
-asser	: rêvasser	**-(i)fier**	: vivifier
-ayer	: zézayer	**-iller**	: tortiller
-eler	: marteler	**-oter**	: vivoter
-eter	: voleter	...	

III - LE SIGNIFIANT ET LE SIGNIFIÉ

Prérequis	**Utilisations**
• les mots, §§ 37 à 41 • le sens d'un mot, §§ 39 et 389	• définir le sens d'un mot • rapports de formes et de sens entre les mots (homonymes, synonymes, antonymes, paronymes), §§ 382 à 384 • l'agencement du thème, §§ 217 à 219

§381 | Signifiant / Signifié - Dénotation / Connotation

Tout mot a deux aspects très liés entre eux : le signifiant et le signifié.

- **Le signifiant**, c'est la ***représentation graphique*** (le signe) ou **l'image vocale** d'un mot.
- **Le signifié** est **l'image mentale** d'un mot, ***ce qu'il signifie*** dans l'esprit du locuteur et du destinataire.

Table = signifiant
[tabl]

= signifié

Chat = signifiant
[ʃa]

= signifié

Remarques :

1) Pour désigner le **signifié** d'un **signifiant**, on procède en 2 étapes :
   - 1- citer la ***catégorie*** à laquelle appartient le signifié.
   - 2- citer les ***différences*** par rapport aux éléments de cette catégorie.

   Il faut éviter de :
   - définir le signifié d'un mot par un membre de sa famille :
     - *rangement : *action de ranger.*
   - définir par la négation :
     - *un arbre, *ce n'est pas une maison.*

2) **Le signifié d'un signifiant** peut prendre des sens différents en fonction du contexte linguistique et de la situation de communication. Il peut avoir un ***sens dénoté*** et un ***sens connoté*** :

- la **dénotation** est la ***signification*** du mot telle qu'elle apparaît▼ pour tous les usagers de la langue.
- la **connotation** est ce que ***suggère*** ou ***implique*** un mot pour un individu ou un groupe. C'est la ***valeur affective*** de ce terme.

La connotation peut être renforcée :

- par l'adjonction de ***suffixes***[1] : *tristounet, faiblard...*
- par l'emploi de ***périphrases***[2] : *l'objet de mon désir, l'astre de lumière...*
- par la ***métaphore***[3] :
  - ▸ *Mon père a toujours été un adjudant et ma mère un soldat.*
- par ***l'accumulation*** de mots choisis :
  - ▸ *Ce livre est un envol, un élan vers la liberté, un souffle d'air frais.*
- par un ***langage spécifique*** : *papa, toutou, mamy...*
- ...

1 Voir §§ 378 et 380.
2 Voir § 411.
3 Voir § 392.

▼ apparait

IV - HOMONYMES - SYNONYMES - ANTONYMES - PARONYMES

La comparaison entre signifiants et et signifiés des mots du lexique français aboutit à établir différents rapports :

§382 | Rapport de similitude du signifiant (Homonymes - Paronymes)

- Similitude presque complète du signifiant : les **HOMONYMES**.

  Un homonyme, c'est un mot qui **se prononce** – et parfois **s'écrit** – **de la *même manière*** qu'un autre, mais dont **le sens est *différent*** (signifiants identiques, mais signifiés différents) :

  ▸ *le thym - le teint - le tain - ...*

  On distingue :

  - les homonymes **homophones** (signifiants identiques à l'oral, mais différents à l'écrit) :
    - ***lexicaux :*** *sein - saint - sain - seing - (cinq) - ...*
    - ***grammaticaux***[1] ***:*** *sont/son - ces/ses - à/a - ...*
  - les homonymes **homographes**[2] (signifiants identiques à l'oral **et** à l'écrit) :

    ▸ *le mousse - la mousse*
    le voile - la voile
    un aide - une aide
    un moule - une moule

- Similitude partielle du signifiant : les **PARONYMES**.

  Un paronyme, c'est un mot qui **ressemble** à un autre par sa forme, par sa prononciation. Il faut éviter de les confondre.

  ▸ *écharpe/écharde – colorer/colorier – éruption/irruption – poison/poisson – vin/fin – populeux/populaire – ...*

  Remarque :

  Il arrive qu'une graphie identique n'entraîne▼ pas une identité phonique. Soit « *couvent* » dans la phrase .

  ▸ *Les poules du **couvent*** [kuvɑ̃] ***couvent*** [kuvə].

1 Voir § 272.
2 Voir § 276.

▼ entraine.

§383 | Rapport de similitude du signifié (Synonymes)

Un **SYNONYME**, c'est un mot qui a un **sens proche** d'un autre.

- ***bavarder :*** ▸ *papoter - babiller - jaboter - jaser - caqueter - jacasser - …*

Il existe des dictionnaires des synonymes qui permettent d'éviter des répétitions du même mot dans les écrits, *mais un **synonyme parfait** est rare.* Il faut donc bien choisir le mot en fonction du reste du texte (= contexte).

Remarque :

Le choix d'un mot, d'un synonyme de ce mot relève du niveau de langue du locuteur, du registre de parole de ce dernier.

▸ *policier – flic – pandore – agent de police*

Ces mots, bien que synonymes, ne seront pas employés au même moment par la même personne ayant le même interlocuteur (voir niveaux de langue, **§ 386** et connotation, **§ 381**, rem. 2).

§384 | Rapport de signifiés contraires (Antonymes)

Un **ANTONYME**, c'est un mot qui a le **sens contraire** d'un autre :

- ***silence :*** ▸ *bruit - tintamarre - tapage - boucan - …*

Très souvent, les antonymes d'un mot sont synonymes entre eux !

§385 | Signifié et structure grammaticale

Un signifiant peut se voir préciser le signifié ou prendre des signifiés différents.

⁂ Précision du signifiant par le contexte grammatical (**la mise en degré**).

- ❖ ***L'adjectif*** peut être mis en degré (voir **§§ 77 à 78**).
- ❖ ***L'adverbe***, lui aussi, peut prendre des degrés de signification (voir **§ 116**).

⁂ **Sens du signifiant de l'adjectif en relation avec sa place[1] dans la phrase.**

Normalement, l'adjectif épithète peut se situer :

- ***entre le déterminant et le nom*** ▸ *un grand chien.*

ou • ***juste après le nom*** ▸ *un livre comique.*

Les principes suivants sont appliqués pour choisir **la place de l'épithète** :

❖ **Elle est placée APRÈS le nom :**

- si l'adjectif possède un ***complément*** autre que l'adverbe
  ▸ *un homme fier de lui - un livre riche en images*

1 Voir § 79.

- si l'adjectif est ***dérivé*** d'un nom
  - *une sportive belge - une erreur rédactionnelle*
- si l'adjectif est un ***participe*** fonctionnant comme un adjectif
  - *un plafond tendu - une plante grimpante*
- si l'adjectif est ***polysyllabique***[1] et le nom monosyllabique[2] (à l'oral)
  - *un jet exceptionnel - un rite habituel*
- si l'adjectif a une ***valeur objective*** (exprimant la forme, la couleur, la taille, le prix...)
  - *un ballon rond - une sonorité grave - un livre onéreux*

❖ **Elle est placée AVANT le nom :**

- si l'adjectif est ***monosyllabique***[2] (à l'oral) et le nom polysyllabique[1]
  - *une belle carrosserie - un long convoi*
- si l'adjectif **et** le nom sont ***monosyllabiques***[2] (à l'oral)
  - *un beau cas - un long mur - un brave loup*
- si l'adjectif est ***numéral***
  - *les trois cas - les quatre saisons*
    le troisième homme - le premier geste
- si l'adjectif est ***indéfini***
  - *de telles filles - les mêmes oiseaux*
- si l'adjectif a une ***valeur subjective*** (exprimant un avis, un sentiment, un jugement...)
  - *un admirable tableau - un remarquable projet*

Remarque :

Des ***écarts*** par rapport aux principes énumérés ci-dessus entraînent▼ des **variations de sens** :

- *un admirable tableau* (subjectif) ≠ *un tableau admirable* (objectif)
- *un bel homme* (subjectif) ≠ *un homme beau* (objectif)
- *un brave homme ≠ un homme brave*
- *un honnête homme ≠ un homme honnête*
- *un triste seigneur ≠ un seigneur triste*
- *mes propres livres ≠ mes livres propres*
- *une sacrée histoire ≠ une histoire sacrée*

1 C'est-à-dire s'il comprend ***plusieurs*** syllabes.
2 C'est-à-dire s'il ne comprend qu'***une seule*** syllabe.

▼ entrainent.

V - LES NIVEAUX DE LANGUE

Prérequis	Utilisation
• le signifié, § 381 • les structures grammaticales, notamment § 186	• adapter le ton du langage au contexte de communication

§386 | Les registres de parole

Selon le milieu culturel et social de celui qui parle et/ou de celui qui écoute, la langue est diversement employée. On parle alors de **niveaux de langue**.

Il y a autant de niveaux que de *catégories sociales ou culturelles*, mais on peut en dégager 3 grands par rapport à la langue courante :

- **niveau familier, peu soigné**
- **niveau soigné**
- **niveau élevé, littéraire**

Par exemple :

- niveau peu soigné ▸ *Amène le sel !*
- niveau courant ▸ *Veux-tu me donner le sel ?*
  ▸ *Passe-moi le sel !*
- niveau soigné ▸ *Pourrais-tu me donner le sel ?*
- niveau élevé ▸ *Pourriez-vous, je vous prie, me présenter la salière ?*

Le niveau de langue peut se marquer :

- ***par le choix des mots***
  - ▸ *Tu possèdes une superbe automobile !*
  - ▸ *Tu as une belle voiture !*
  - ▸ *Tu as une belle auto !*
  - ▸ *Tu as une chouette auto !*
  - ▸ *Tu as une chouette caisse !*
- ***par les structures syntaxiques***
  - ▸ *Tu as une superbe voiture !*
  - ▸ ***T'as** une superbe voiture !*
  - ▸ ***T'as** une chouette caisse !*

Remarques :

1) La ***prononciation***, elle aussi, permet de distinguer des registres de langue.
2) La ***variation en temps*** joue le même rôle : moins le registre est élevé, moins sont employés le passé simple, le passé antérieur...

VI - CHAMP LEXICAL ET CHAMP SÉMANTIQUE

Prérequis	Utilisations
• les sous-classes de mots, §§ 42 à 131	• la grammaire de texte (organisation du récit, utilisation du terme précis), §§ 219, 248, 249....
• les familles de mots, § 378 • les synonymes, § 383	• la connotation, § 381

Champ lexical

§387 | Définition

Un champ lexical est un ***ensemble de mots*** ou de groupes de mots qui se rapportent à une ***idée commune***.

- *auxiliaire, abri, secourir, soutien, assistance publique, adjoint, collaborer, appui, appel...*
  = ***champ lexical de l'aide ou du secours***
- *ligne, abonné, allô, Graham Bell, récepteur, cabine, sonnerie, appel...*
  = ***champ lexical du téléphone***
- *rage, bouillonner, gronder, irascible, courroux, bilieux, déchaîner▼, emportement...*
  = ***champ lexical de la colère***

§388 | Fonctionnement

1- Un champ lexical peut être enrichi de mots appartenant à des ***classes différentes*** :
- *manger* (V) - *nourriture* (nom) - *mangeable* (adjectif) - *voracement* (adverbe) - ...

2- Le champ lexical ne se limite pas à une énumération. Il consiste en plusieurs mots ***répartis*** et ***intégrés*** habilement ***au texte***. Ce n'est que dans cette mesure qu'on parviendra à créer une atmosphère particulière ou à préciser de manière originale une description ou un portrait.

3-
- Les ***synonymes*** d'un mot constituent une partie de son champ lexical.
- Une ***métaphore filée*** peut constituer également un champ lexical original (voir **§ 392**).
- Un champ lexical peut être au service d'une ***connotation*** particulière[1].

1 Ainsi, les trois commentaires écrits par le réalisateur Chris Marker pour son reportage cinématographique intitulé *Lettre de Sibérie* utilisent chacun un champ lexical différent pour faire émerger une prise de position ***optimiste***, ***pessimiste*** ou enfin une ***tendance à l'objectivité***.

▼ déchainer.

❖ 4- La consultation d'un ***dictionnaire analogique*** et d'un ***dictionnaire des synonymes*** aide à choisir les termes d'un champ lexical.

❖ 5- Un terme peut appartenir simultanément à plusieurs champs lexicaux (on rejoint alors la notion de champ sémantique[1]) :

- **massacre**, selon le contexte, et parfois dans un même texte, appartiendra aux champs lexicaux de :
  - *la guerre*
  - *la destruction*
  - *la maladresse* (dans l'exécution d'un travail, d'une œuvre musicale...)
  - *le succès* (cf. l'expression populaire : « faire un massacre »)

  ... et ses différents champs lexicaux composent son champ sémantique (voir ci-après, **§ 389**).

❖ 6- Plusieurs champs lexicaux dans un même texte peuvent se renforcer, s'opposer, créer des rapports dominants.

- ***Exemple :***

Le texte suivant, au moyen de quatre champs lexicaux principaux, parvient à présenter une rue commerçante antipathique, sale à en provoquer la nausée :

Gérard les dépassa et rejoignit le trottoir *grouillant* des magasins. Il *n'aimait pas* cette rue bruyante, secouée, ourlée d'un ***rempart*** de victuailles. La vue de ce *déballage alimentaire* lui *soulevait le cœur*. Ces blocs de beurre d'un **jaune malade**, couronnés d'une voilette ***dérisoire***. Ces poissons aux **ventres pâles**, jetés sur des branches de sapin. Ces légumes empilés en ***barricades***. Ces *monstrueuses* ***montagnes*** de viande, à grandes **plaies** ovales et qui ne saignaient plus : une exposition de **moignons** proprets, sur un fond blanc, ébloui, de **clinique**. Un camion était arrêté entre deux boucheries. Un ***gaillard***, enturbanné d'une serviette *maculée de brun*, hissait un quartier de bœuf en travers de son épaule et l'apportait, d'une démarche fléchie, jusqu'au centre de la boutique, où des crochets libres attendaient. Et cette énorme *masse de chair* pendait contre l'homme, *s'accolait* à l'homme, voluptueusement.

Une foule de ménagères se bousculaient autour des étalages, telles des *mouches* sur une flaque de miel. Elles avançaient, reculaient, clabaudaient[2], le porte-monnaie serré contre le ventre, la tête occupée de calculs infimes, l'œil ***pilleur***. Dans ce *fade relent de* ***mangeaille***, elles préparaient de quoi ***bourrer*** leur famille pour le soir. Leur *laideur*, leur indigence, leur empressement de poules ***voraces*** lui giclaient au visage. D'où lui venait ce *dégoût*▾ peureux de la ***populace*** ?

H. Troyat, *L'Araigne*.
Éd. Plon

1 Voir ci-après, § 389, et le nom « appel » dans les exemples du § 387.

2 clabauder : aboyer, crier sans motif, criailler.

▾ *dégout*.

(• en caractères *italiques* : champ lexical du dégoût▼)
(• en caractères **gras** : champ lexical de la médecine)
(• en caractères ***italiques et gras*** : champ lexical de termes péjoratifs)
(• mots soulignés : champ lexical du désordre)

Champ sémantique

§389 | Définition

Un champ sémantique est l'***ensemble des sens*** que peut évoquer un mot (= **polysémie**).

- La **détermination des sens** d'un mot se fera **en tenant compte notamment**
  - ***du contexte*** où il est placé
    - ***chapiteau*** n'évoque pas la même réalité pour un archéologue et pour un amateur de cirque.
    - ***rossignol*** ne représente pas la même réalité pour un oiselier, un cambrioleur ou un bouquiniste.
    - le ***gorille*** d'Afrique ne ressemble pas vraiment à ceux qui gardent le Président de la République.
  - **de *l'époque* du texte** (le sens évolue en effet à travers l'histoire)
    - ***loupe :*** En 1328, pierre précieuse assez transparente.
      En 1450, masse de fer informe.
      En 1676, terme d'optique.
- La connaissance d'un champ sémantique permet de choisir le vocabulaire avec plus de précision.

▼ dégout.

❖ Un champ sémantique peut concerner un mot
- dans l'absolu
- dans le contexte d'un article, d'une page...
- dans l'œuvre d'un écrivain[1]
- au sein d'un mouvement littéraire[2]

Exemples :

1) champ sémantique de ***corps***
   - *cadavre, organisme, tronc, caractère d'imprimerie (dimension d'un ~), texte central (corps d'une lettre), astre (corps céleste), régiment (corps d'armée)...*
2) champ sémantique de ***note***
   - *son figuré, son musical, apostille (note en marge d'un écrit), avis, touche de clavier, détail (une note gaie... dans la décoration d'un intérieur), facture...*
3) De plus, la consultation des dictionnaires permet de relever, pour des verbes courants, une ***multitude de sens*** qui constituent leur champ sémantique. Par exemple, environ 40 acceptions pour le V *aller*, 50 pour *mettre*, 60 pour *battre*, 80 pour *prendre* et pour *faire* !

1 Par exemple, les sens du mot « soleil » dans la poésie de G. Apollinaire.
2 Par exemple, le champ sémantique de « l'amour » à l'époque romantique...

Synthèse 7 : les mots, sens et origines

§§ 369 à 389

A- ORIGINE DES MOTS

Le **latin populaire** est à la source du **roman.** Au départ, ce dernier se décompose en deux familles de dialectes (langue d'**oc**, au sud; langue d'**oïl**, au nord). Le dialecte de **langue d'oïl**, le **français**, va, pour des motifs politiques, s'étendre à toute la France.

Au XIVe siècle, vont apparaître▼ de nouveaux mots doublant ceux obtenus par création populaire : ils seront formés sur le latin classique.

Le français, qui a adopté des mots d'origine allemande suite aux invasions germaniques du Ve siècle, s'est toujours enrichi **d'emprunts à d'autres langues** (anglais, arabe, espagnol, italien...), parfois même africaines ou orientales. De nombreux mots français découlent aussi de noms géographiques ou de personnes. D'autres résultent d'une **formation onomatopéique** (selon le bruit de l'objet ou le cri de l'animal, par exemple).

B- LA FORMATION DES MOTS

Les mots français se répartissent en trois catégories.

✲ 1) **Les mots simples :** issus de l'ancien fonds latin ou, pour certains mots, de diverses autres langues .

✲ 2) **Les mots assemblés :**

- par **agglutination** (collage de plusieurs mots en un seul ou assemblage de racines et/ou de radicaux grecs et latins)
- à l'aide du **trait d'union**
- par **juxtaposition**
- par la **nominalisation de phrases figées**

✲ 3) **Les mots dérivés ou composés :** ils forment une famille de mots. Il existe :

- des dérivés par **ajout d'un préfixe** issu du latin ou du grec
- des dérivés par **ajout d'un suffixe**

C- LE SIGNIFIANT ET LE SIGNIFIÉ

Chaque mot a deux aspects :

- **le signifiant :** sa **représentation graphique** ou son **image vocale**
- **le signifié :** son **sens.**

Le signifié a un **sens dénoté** (commun à chaque usager) ou **connoté** (sens particulier pour un individu ou un groupe). La connotation indique la valeur affective du terme.

▼ apparaître.

Synthèse 7 : les mots, sens et origines

D- HOMONYMES - SYNONYMES - ANTONYMES - PARONYMES

Entre eux, les mots peuvent entretenir des rapports :

- **d'homonymie** (**homophonie** - même prononciation - et/ou **homographie** - même image graphique)
- **de paronymie** (**ressemblance** avec un autre mot, soit par sa forme soit par sa prononciation)
- **de synonymie** (**sens proche** d'un autre mot)
- **d'antonymie** (**sens contraire** à celui d'un autre mot)

Par ailleurs, certains mots servent à préciser ou à nuancer le sens d'autres mots (par ex., la mise en degré).

Enfin, **la place** d'un mot, et **de l'adjectif** en particulier, peut aboutir à l'expression d'un sens bien spécifique (un homme grand ≠ un grand homme).

E- LES NIVEAUX DE LANGUE

Le choix des mots et l'usage des structures syntaxiques varient selon le milieu social et culturel, tout comme la prononciation.

D- CHAMP LEXICAL ET CHAMP SÉMANTIQUE

- **Le champ lexical** est un **ensemble de mots** ou de groupes de mots qui se rapportent à une **idée commune.** Composé de mots de classes différentes, il émaille un texte et peut contribuer à évoquer un climat, une atmosphère (colère, tristesse...).
- **Le champ sémantique** est **l'ensemble des sens** que peut évoquer un mot. Certains mots sont polysémiques : à un même signifiant correspondent plusieurs signifiés possibles.

2 Les figures de style

Prérequis	**Utilisations**
• le signifiant et le signifié, § 381 • les marqueurs, §§ 118 à 131 et 238 à 244 • l'ordre des mots, §§ 132, 136 • les constituants, §§ 133, et 161 à 168	• l'enrichissement d'un texte • l'agencement du thème, § 219 • thème/rhème, §§ 217 et 218 • les fonctions du langage, §§ 230 à 237 • la typologie des textes, §§ 245 à 266

Afin de mieux exprimer un sens, il est possible de recourir aux figures de style. Celles-ci peuvent se présenter de différentes manières.

I - LES FIGURES BASÉES SUR UNE IMAGE

§390 | Comparaison - Métaphore - Métonymie - Allégorie

Ce sont quatre figures de rhétorique, c'est-à-dire qu'elles rendent plus vive l'expression de la pensée en agissant sur sa forme. Elles se distinguent par le rapport qu'elles ont avec l'idée exprimée.

§391 | La comparaison

✻ Deux signifiés (le **comparé** et le **comparant**) sont **unis par un terme comparatif** pour obtenir une analogie :

- **une partie du signifié A = une partie du signifié B**
  - *Bernard est fort comme un lion.*
    (la force de Bernard = la force du lion.)
  - *Ce livre est beau comme un poème.*
    (la beauté de ce livre = la beauté d'un poème.)
  - *Simon se tenait dans le fond de la pièce, comme un meuble. (Ayguesparse.)*
    (l'immobilité du meuble et le fait qu'il ne joue aucun rôle actif = l'attitude de Simon.)

§392 | La métaphore

Un signifié A est substitué à un signifié B sans outil grammatical comparatif (mais la comparaison signifié A / signifié B reste possible) :

- *Écoute le chat qui rugit.*
  (le chat fait le même bruit que le lion : comparaison.)
  (Mais il faut donc, à partir de « rugit », que le lecteur comprenne le mot « lion » absent de l'énoncé. On procède donc par analogie.)
- *Personne n'essaiera de refaire un visage avec ce masque de cire tendu sur les os d'un squelette.* (De Keyser.)
  (le masque de cire est inhumain et impassible, livide comme celui du corps en question.)

Remarque :

Si l'image se prolonge à travers plusieurs métaphores issues d'un même champ lexical, on parlera de ***métaphore filée*** :

- *Son discours est **un flot** de mots nobles où voguent de superbes **voiliers**.*

§393 | La métonymie[1]

Un signifié A est substitué à un signifié B sans outil comparatif ET le signifié A entretient un rapport logique ou habituel avec le signifié B.

On peut dire aussi que c'est l'expression d'une idée par un mot qui désigne ***une autre idée en liaison nécessaire* avec la première.**

Ainsi, le fait de désigner :

- **la partie pour le tout** ▸ *Il aperçut une voile à l'horizon.*
- **le tout pour la partie** ▸ *Cirer le salon.*
- **le contenant pour le contenu** ▸ *Boire un verre.*
- **le contenu pour le contenant** ▸ *Passe-moi le litre.* (pour la bouteille.)
- **la cause pour l'effet** ▸ *Vivre de son travail.* (pour : du produit de son travail.)
- **l'effet pour la cause** ▸ *Verser la mort.* (pour : le poison qui entraîne▼ la mort.)
- **l'inventeur pour l'invention** ▸ *Quelle belle Citroën !*
- **la région/le lieu pour le produit ou la chose** ▸ *Boire du champagne.*

1 Nous ne distinguerons pas à ce niveau-ci la synecdoque de la métonymie, réservant aux spécialistes la caractérisation de ces deux figures de contiguïté▼.

▼ contigüité. ▼ entraine.

- **le signe pour la chose signifiée**
  - ‣ *Je frémis à la vue d'une guillotine.* (guillotine = signe de la mort.)
  - ‣ *À la fin, j'ai quitté la robe pour l'épée.* (Corneille.) (= la magistrature pour l'armée.)[1]

❖ ***Effet :*** attirer l'attention du lecteur par ***une désignation inhabituelle (mise en relief, effet imagé)***.

§394 | L'allégorie

Une ***idée abstraite*** est **représentée symboliquement** par un être vivant, un animal ou une chose :

‣ *Je préfère les colombes aux faucons.* (symboles de la paix et de la guerre.)

‣ *La rose, comme symbole de l'amour.*

Le même procédé s'utilise dans les arts graphiques :

‣ *La représentation de la justice par une femme aux yeux bandés, portant une balance et une épée.*

II - LES FIGURES BASÉES SUR UN TRAVAIL GRAMMATICAL

(ÉCARTS PAR RAPPORT À LA P DE BASE)

§395 | La mise en évidence (emphase[2])

Un mot ou un groupe de mots est mis en valeur en le situant ***ailleurs qu'à sa place habituelle*** dans la phrase :

‣ *Là-bas,* ***tout fier mais épuisé****, sommeille le héros au grand cœur.*

§396 | Le chiasme

Deux ***termes*** (ou deux idées) sont ***croisés***, repris dans l'***ordre inverse*** afin d'éviter la monotonie ou d'indiquer une notion précise (éternité, répétition...), et avec un effet esthétique :

‣ *Il faut manger pour vivre*

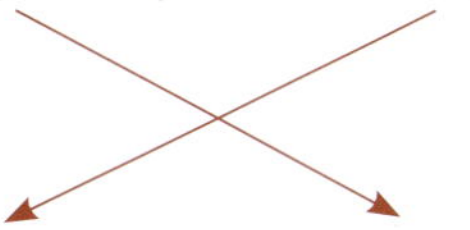

et non vivre pour manger.

---

1 Ce dernier exemple est assez proche de l'allégorie (voir § 394).

2 Voir §§ 166 et 423.

▸ *Plus vous souriez, plus vous souffrez*

Plus vous souffrez, plus vous souriez.

(Prévert, *Le désespoir est assis sur un banc.*)

§397 | La duplication

La duplication, c'est-à-dire le fait de présenter un double, apparaît▼ sous deux figures, chacune d'elles développant un aspect fautif et un procédé correct :

1- La répétition :

❖ Elle est généralement une **faute de style**, notamment quand elle contrevient aux règles d'expression de la progression thématique[1]. Elle peut être évitée par :

- la pronominalisation
- l'emploi de mots ou d'expressions[2] synonymes
- l'utilisation de procédés stylistiques (métaphore, métonymie...)

❖ Elle est considérée comme un **procédé stylistique correct**[3] :

- au service du ***lyrisme*** (insistance sur un sentiment)
  ▸ *Waterloo, Waterloo, Waterloo, morne plaine !* (Victor Hugo.)
- au service du ***rythme*** (fonction poétique, voir **§ 236**)
  ▸ *Ô triste, triste était mon âme*
  À cause, à cause d'une femme. (...) (Paul Verlaine.)
- pour marquer les ***étapes d'une réflexion***
  ▸ *Et pourtant, ces petites anecdotes étaient vraies pour une bonne part. Pour quelle part exactement, je n'oserais le dire (...).* (Italo Svevo.)
- au service de la ***syntaxe*** (pour éviter une équivoque ou un déséquilibre au niveau de la structure de la phrase)
  ▸ *Victorieuse, la lumière se déverse dans l'âme, la lumière semblable aux eaux d'une cataracte.* (G. Duhamel.)
  (évite, au sein d'un GNS, une trop longue épithète homérique[4], en la renvoyant en construction indépendante.)

1 Voir partie **Grammaire de texte**, §§ 217 à 219.
2 Voir la périphrase, § 411.
3 Autre nom du procédé : la **redondance**, dans le cas où les mots répétés exercent la même fonction grammaticale dans la même phrase.
4 À la manière d'Homère, c'est-à-dire au moyen d'une **périphrase** le plus souvent comparative (voir § 411).

▼ apparait.

- *La soirée passa, la soirée de solitude habituelle.* (Lemonnier.)
  (permet d'éviter un déséquilibre en rejetant le complément du nom à la fin.)

- au service de ***toute insistance justifiée*** (fonction phatique, voir **§ 234**.)
  - *Les pieds dans les glaïeuls, il* ***dort***. ***Souriant*** *comme*
    Sourirait *un enfant malade, il fait un* ***somme*** *: (...)* (A. Rimbaud, *Le dormeur du val.*)
    (permet d'insister sur une comparaison doublée ici d'un chiasme[1].)
  - *Mais tout dort, et l'armée, et les vents, et Neptune.* (Racine.)

2- Le pléonasme :

C'est une répétition qui n'est pas purement lexicale, mais qui porte sur des mots qui ont le même sens ou qui font double emploi.

❖ Le pléonasme[2] est parfois utilisé pour donner ***plus de force, plus de relief*** à une expression :
- *Là, je t'assure que je l'ai* ***vu, de mes yeux vu*** *!*
- *En ce milieu du jour,* ***l'azur*** *toujours plus* ***bleuissant*** *conférait à la voûte*▼ *céleste un poids particulier.*

❖ Le plus souvent, involontaire, il traduit une incorrection et est appelé ***« pléonasme vicieux »***.
On évitera donc les expressions suivantes :

- *un petit nain* — *une fausse perruque*
  un grand géant — *une panacée universelle*
  un ours blanc polaire — *une viande indigène du pays*

- *préparer ou prévenir à l'avance* — *collaborer ensemble*
  prévoir à l'avance, avant — *construire une maison neuve*
  monter en haut — *se réunir ensemble*
  descendre en bas — *s'entraider mutuellement*
  marcher à pied — *reculer en arrière*
  puis ensuite — *suivre derrière*
  préférer plutôt — *se dépêcher bien vite*
  car en effet — ...

---

1 Voir ci-dessus, § 396.
2 Parfois appelé **tautologie**.

▼ *voute.*

III - LES FIGURES BASÉES SUR UNE RUPTURE DE CONSTRUCTION DE LA PHRASE

§398 | L'ellipse

En ***supprimant les mots inutiles*** au sens de la phrase (souvent le verbe), émerge une expression plus frappante, plus énergique :

- *Dix heures du matin. Pas un souffle d'air. Au travail.*
- *Le tragique est important chez Corneille.* (= l'aspect tragique.)

§399 | La syllepse

Les ***accords*** grammaticaux se font ***selon le sens*** et non selon les règles orthographiques :

- *L'élégance de Paris et de Londres l'ont poussé au plaisir du luxe.* (Simenon.)

§400 | L'asyndète

Les outils de liaison, les ***marqueurs*** sont ***supprimés*** :

- *Ils demandent le chef, je me nomme, ils se rendent.* (Corneille.)

§401 | L'anacoluthe

Il s'agit d'une ***rupture syntaxique*** :

- *S'étant cabrés à cause du feu, il fut impossible de retenir les chevaux.*
  (on attendrait plutôt : *S'étant cabrés à cause du feu, les chevaux ne purent être retenus.*)
  On la distinguera de la faute maladroite :
- **En vous remerciant, veuillez…*

IV - LES FIGURES BASÉES SUR L'EXPRESSION D'UN SENS CONTRAIRE

(OU D'UNE ATTÉNUATION DE SENS)

§402 | L'antithèse

L'antithèse, comme de nombreuses autres figures de style, est basée sur un écart. Ici, il consiste en l'***association de termes, de phrases de sens opposés*** :

	Si B	**=**	**non A**
▶	**A + B**	**=**	**antithèse**

L'antithèse est un procédé d'insistance permettant un ***contraste***.

- *À vaincre sans péril, on triomphe sans gloire.* (Corneille.)

§403 | La litote

« C'est l'art d'exprimer le plus en disant le moins. » (André Gide, *Incidences.*).
On suggère une idée en niant son contraire :

Si	**A**	**><**	**B**	**:**	**- A**	**=**	**B**
	(si haïr	**><**	**aimer)**	**:**	**ne pas haïr**	**=**	**aimer**

- *Va, je ne te hais point.* (Corneille.) (sous-entendu : *donc, je t'aime.*)
- *Ce n'est pas mal pour un débutant.* (sous-entendu : *donc, c'est bien.*)

On l'utilisera :
- par politesse
- par prudence
- par désir de frapper le lecteur

§404 | L'euphémisme[1]

Expression atténuée de quelque chose qui pourrait choquer, paraître▼ trop brutal ou trop désagréable. On emploie dès lors un synonyme ou une périphrase, imagés ou non :

- *Ils ne sont pas nombreux.* (= très peu nombreux.)
- *Il s'est endormi pour l'éternité.* (= il est mort.)
- *Ce gâteau n'est pas trop réussi.* (= il est raté.)

On l'utilisera :
- par courtoisie
- par pudeur
- par souci de décence

Effets :
- adoucir l'idée
- permettre d'exprimer plus facilement des choses pénibles

§405 | L'antiphrase

Elle exprime le **contraire de ce que l'on veut dire**, de ce que l'on pense.

- *Quel charmant bambin !* (pour : Quel sale gosse !)

1 Du grec euphèmia (ευφημια) = parole de bon augure.

▼ paraitre.

§406 | L'ironie

- Les différents procédés ci-dessus permettent l'ironie, qui a pour but de **rendre une situation comique** ou de **pratiquer la raillerie**.
  - ***On la créera :***
    - par un contraste
    - par une litote
    - par un euphémisme
    - par une image inattendue
    - …
  - ***On l'utilisera :***
    - par raillerie
    - par colère
    - par désespoir
    - pour blâmer
  - ***Effets :***
    - style plaisant
    - indignation
    - sarcasme, moquerie

V - AUTRES FIGURES

§407 | L'hyperbole

- Cette figure est basée sur ***l'exagération***. Elle vise ainsi à mettre l'idée en relief.
  - L'hyperbole est courante en langue parlée :
    - *manger comme quatre.*
    - *avancer comme une tortue.*
  - Elle doit éviter le grotesque et aboutir à plus d'expressivité :
    - Cyrano, parlant de son nez :
      C'est un roc !… c'est un pic !… c'est un cap !
      Que dis-je, c'est un cap ?… C'est une péninsule ! (…)
      C'est la Mer Rouge quand il saigne ! (E. Rostand.)
    - *Je suis mort, dit-il en franchissant la ligne, épuisé.*

§408 | L'énumération

- Des termes ou des groupes de même nature et de même fonction sont ***juxtaposés*** pour créer un ***effet d'accumulation*** :
  - *New York ne se révèle qu'à une certaine hauteur, à une certaine distance, à une certaine vitesse.*

§409 | La personnification

✲ On attribue à des noms de trait [– humain] des qualités généralement attribuées à des noms de trait [+ humain][1] :

- *Cette maison est douce, gentille et souriante.*
- *Le vent pleurait entre les rochers.*

§410 | La symétrie de construction

✲ Des constructions identiques de phrases sont reprises avec ou sans opposition dans le sens des mots :

- *C'est un pays plat. C'est un pays vert. C'est un pays riant.*

§411 | La périphrase

✲ Elle remplace le terme propre par une ***expression de plusieurs mots*** qui le définit et l'explique. Un seul mot est remplacé par plusieurs :

• la belette	▸	*la dame*	*au*	*nez*	*pointu*	(La Fontaine.)
1		1	2	3	4	
		↓		↓		
		caractéristique + humaine		caractéristique physique		

• Athena	▸	*la déesse*	*aux*	*yeux*	*de*	*vache*[2]
1		1	2	3	4	5
		↓		↓		↓
		caractéristique divine		caractéristique physique		caractéristique complémentaire

(ici, sous forme de comparaison.)

❖ La périphrase doit être originale et apporter plus de valeur au signifié. Sinon, elle est inutile.

1 Cette figure peut souvent être considérée comme très proche de la métaphore (cf. le 2e exemple).

2 Périphrase appelée « ***épithète homérique*** » (type de périphrase utilisée par Homère dans *L'Iliade et l'Odyssée*).

§412 | La question oratoire

Lié à l'agencement général du texte, ce procédé donne à la pensée une tournure interrogative (emploi du constituant interrogatif), ***non pour poser* réellement *une question***, mais pour :

- interpeller le lecteur (ou faire pression sur lui) (= fonction conative[1])
- (r)éveiller l'attention, à l'oral (= fonction phatique[2])
- mieux souligner un argument important
- prévoir une objection à réfuter
- permettre une explication (= fonction métalinguistique[3])
- traduire une délibération interne du locuteur

▸ *Le mathématicien n'a pas besoin de reconnaître*▼ *le passé (...) Cependant, avec quels moyens opère-t-il ?*

(Fichant, *Sur l'histoire des sciences*. Éd. Maspero.)

(= ***Je vais vous expliquer avec quels moyens il opère.***)

▸ *Qui nierait après coup que l'illustration en cause est tout cela en même temps et... pas mal d'autres choses encore ?*

(Hubert Nyssen, *Sémantique à bâtons rompus.*)

(= ***Personne n'oserait nier...***)

▸ *Mais d'où vient donc une si étrange disproportion ? Faut-il, Chrétiens, que je vous le dise, et ces mesures mal assorties avec ces fondements si magnifiques ne crient-elles pas assez haut que l'ouvrage n'est pas en son entier ?*

(Bossuet, *Sermon sur la mort.*)

(***Ici, la 1re question est bien réelle, mais la 2e double question est oratoire, pour soutenir l'attention [fonction conative et/ou phatique].***)

▸ *N'est-il pas naturel en effet que dans la création d'œuvres d'une structure nouvelle on se serve de moyens nouveaux appropriés ?*

(Revue *Nord-Sud*, n° 8, oct. 1917.)

(= ***Il est tout à fait naturel que... [le constituant interrogatif est pratiquement détruit par « en effet ».]***)

▸ *Vous me suivez ?*
(***Permet de « raccrocher » l'attention [fonction phatique].***)

▸ *Où trouver meilleure défense des droits de l'homme ?*
(***Insiste sur la validité d'un argument qui précède.***)

1 Voir § 233.
2 Voir § 234.
3 Voir § 235.

▼ *reconnaitre.*

Remarques :

1) Le but n'est donc certes pas de poser une question pour connaître▼ une réponse. Bien souvent cette dernière est d'ailleurs contenue implicitement dans la question.
2) Ce type de formulation peut servir d'***argument***[1] pour que le destinataire admette la pertinence d'une idée : il devient en quelque sorte le prisonnier de ce qui est impliqué !
3) La question oratoire est donc l'un des outils possibles pour développer la ***fonction conative*** du langage (voir **§ 233**.).
4) Dans l'analyse textuelle, il peut parfois s'avérer difficile de faire la part entre question réelle et question oratoire. Une étude sérieuse de tout le contexte doit permettre de déceler l'intention de l'auteur.

§413 | La subjection[2]

C'est une variante de la question oratoire : ***on répond soi-même*** à une interrogation formulée - ce qui diminue sa portée - avec approximativement les mêmes objectifs et les mêmes conséquences que pour la question oratoire :

- *Où est la solution à ce problème écologique ? Elle réside dans une meilleure conscientisation des peuples.*
  (**Une formulation en une seule phrase aurait en effet permis la suppression du constituant interrogatif :** « La solution à ce problème écologique réside dans... »)

1 À rapprocher de l'argument « ad hominem », voir ***Typologie de textes***, ***Texte argumentatif,*** § 255.
2 Voir M. Hougardy, *La parole en public*. Éd. Baude, 1962, p. 128.

▼ connaitre.

3 Comment exprimer... ?

Prérequis	Utilisations
• les groupes dans la phrase, § 134 • les phrases dérivées, §§ 136, 161 à 192 • les fonctions des mots, §§ 137 à 160 • les classes de mots, §§ 42 à 131 • les réductions d'enchâssées, § 192	• l'expression des rapports logiques • la variété syntaxique

§414 | L'expression du temps

✲ Différentes structures permettent l'expression du temps :

❖ **des GN ou des GNP** (CP ou compléments du nom)

(La préposition est liée au sens exprimé par la circonstance.)

- ***Le matin****, il lit son journal.*
- ***Dès le matin****, il lit son journal.*
- *Son journal* ***du matin*** *est arrivé.*

❖ **des Gadv.** (CP)

- *Il veille* ***tard****.*
- ***Souvent****, il lit son journal.*

❖ **des infinitifs** (précédés d'une préposition)

- ***Après avoir mangé****, il lit son journal.*
- ***Après avoir été nommé****, il remercie ses électeurs.*

❖ **des enchâssées** (circonstancielles)

- ***Dès qu'il se lève****, il lit son journal.*
- ***Quand il pleut****, je dors.*

❖ **des participes**

- ***Levé****, il lit son journal.*
- *Une fois* ***épuisé****, il arrête.*
- ***En se levant****, il lit son journal.*

(***En*** + participe présent = **gérondif.** Mais le GNS doit être le même que le GNS de P matrice.)

- ❖ **des épithètes détachées ou non**
  - ***Calme****, il accepte d'écouter.* (= quand il est calme…)
  - *Sa veillée* ***tardive*** *l'a épuisé.*
- ❖ **la juxtaposition**
  - ***Papa se lève****, il lit son journal.*
  - ***Le repas est fini****, elles vont dormir.*
- ❖ **la coordination**
  - ***Papa se lève et*** *il lit son journal.*
  - ***Le repas est fini, alors*** *elles vont dormir.*

§415 | L'expression du lieu

La notion de lieu peut apparaître▼ selon les variantes suivantes :

- ❖ **des GNP**
  - *Les enfants dessinent* ***sur la rue/à l'école/sur le tableau****.*
  - *Mes voisins vont* ***à Paris****/font route* ***vers Nice****.*
- ❖ **des adverbes**
  - ***Ici****, c'est un portrait de clown.*
  - *Mes amis habitent* ***là****.*
- ❖ **préposition + pronom**
  - *Je mange* ***chez moi/avec lui*** *le matin.* (CP)
- ❖ **des enchâssées circonstancielles**
  - ***Là où ils dessinent****, l'asphalte est lisse.*
  - ***Où vous vivez****, le bon air ne manque pas.*
- ❖ **des enchâssées complétives**
  - *Nous irons* ***où vous voudrez.***
  - *Nous nous rendons* ***où vous êtes allés l'an dernier.***

§416 | L'expression de la comparaison

Les structures suivantes permettent d'établir une comparaison :

- ❖ **les adjectifs *pareil, semblable, tel,* suivis d'un complément de l'adjectif**
  - *Les vaches,* ***pareilles*** *à des spectateurs devant la T.V., regardaient le train passer.*
  - *Certains hommes,* ***tels*** *des abeilles, travaillent sans réfléchir.*
- ❖ **les GNP introduits par *à la différence de, à l'instar de…***
  - ***À l'instar du*** *lièvre, tu es parti trop tard.*
  - ***À la différence de*** *ton père, tu portes les cheveux longs.*

▼ apparaitre.

❖ **les enchâssées circonstancielles introduites par *ainsi que, comme, de même que, autant que, tout comme, au même titre que...***

- ***Ainsi que la chatte garde jalousement ses chatons,*** *cette mère veille sur ses enfants.*
- ***Tout comme le vin nuit à la santé****, le tabac détruit le fumeur.*

Remarque :

Ces enchâssées peuvent parfois être réduites :

- ***Ainsi que ton père,*** *tu portes les cheveux courts.*
- ***Comme toi,*** *j'aime travailler.*

❖ **deux coordonnées jointes par des corrélatifs *tel ... tel, plus ... plus, moins ... moins, autant ... autant, plus ... moins, moins ... plus...***

- ***Plus*** *Annie travaille,* ***plus*** *Christine se plaint.*
- ***Autant*** *ce livre me plaît*▼, ***autant*** *celui-ci m'ennuie.*

❖ **l'apposition détachée** (notamment sous forme de ***métaphore***)

- *Avez-vous déjà vu des lévriers,* ***superbes structures de course*** *?*
- *Voici du miel pur,* ***nectar des dieux****.*

Remarques :

1) Certains **verbes** expriment, par leur sens, la comparaison :
   - *paraître*▼*, sembler, ressembler, différer, avoir l'air...*
2) Il en est de même pour certaines **locutions verbales** :
   - *on dirait, on croit voir, on aurait dit...*

§417 | L'expression de l'addition

✲ Trois structures permettent notamment de marquer l'addition :

❖ Pour insister sur l'addition de faits allant dans le même sens, vers la même conclusion, il suffit d'**énumérer les faits en les juxtaposant** simplement :

- *Cette voiture roule vite. Elle consomme peu. Sa tenue de route et son freinage sont fiables...*

❖ Toutefois, pour mieux faire percevoir ce lien logique, il est utile d'avoir recours à une série de **mots coordonnants** qui indiquent ce sens d'addition : *ainsi que, aussi, de plus, de surcroît*▼*, du reste, encore, en outre, en plus (de), et, non seulement ... mais aussi, non seulement ... mais encore, outre, qui plus est, voire (même)...*

- ***Non seulement*** *tu as reçu ta part,* ***mais encore*** *tu veux obtenir davantage !*
- *Elle est peu expérimentée,* ***en outre*** *ses stages ne sont pas terminés.*

▼ *plait.*
▼ *paraitre.*
▼ *surcroit.*

❖ **L'enchâssée circonstancielle d'addition**, qui se construit ***avec l'indicatif***, concourt à cette expression à l'aide des marqueurs : *en plus de ce que, sans compter que, outre le fait que...*

- *Il est gentil,* ***sans compter qu'****il est intelligent.*
- ***Outre qu'il*** *était très riche, il descendait en ligne directe de Jean sans Terre.* (M. Aymé.)

§418 | L'expression de la condition

On peut définir la condition comme un ***fait dont l'existence est indispensable pour qu'un autre fait existe***. Elle peut s'exprimer à l'aide des structures suivantes :

❖ **un GNP introduit par *sans, avec, en cas de, sauf...***

- ***Sans*** *son aide, nous étions perdu(e)s.*
- ***Avec*** *lui, nous aurions réussi.*

❖ **une juxtaposée • interrogative**

- ***Sa mère est en retard,*** *Anne-Sophie s'inquiète.*
- ***Un nuage passe,*** *il craint la pluie.*

• impérative

- ***Offrez-lui des fleurs,*** *elle se moque de vous.*
- ***Servez-lui un verre,*** *il ne vous quitte plus.*

❖ **une circonstancielle introduite par *à condition que, à moins que, à supposer que, au cas où, dans la mesure où, en admettant que, des fois que, quand bien même, si, si tant est que, pour peu que...***

- ***Dans la mesure où*** *il le désire, nous pourrons l'aider.*
- *Écoute,* ***des fois qu'****on t'interrogerait.*

❖ **une réduction[1] de la circonstancielle à l'infinitif introduit par *à, de, à condition de, à moins de, sans...***

- ***À condition d'****écouter, tout paraît*▼ *possible.*
- ***À*** *l'entendre, il est le meilleur.*

❖ **une réduction[1] de la circonstancielle à l'adjectif**

- ***Fertile****, ce terrain produirait beaucoup de légumes.*
- ***Nuisible****, un insecte doit être détruit.*

❖ **une réduction[1] de la circonstancielle au participe**

- **avec GNS propre**
  - ***Son travail fini****, il trouverait autre chose à faire.*
  - ***La moisson étant terminée,*** *tu pourrais partir pour l'Italie.*

1 Voir § 192.

▼ *parait.*

- **sans GNS propre**
  - ***En n'avouant pas*** (gérondif), *tu t'attirerais la colère de tes parents.*
  - ***En te taisant*** (gérondif), *tu causerais bien des ennuis à tes voisins.*

❖ **un simple GN suivi de *et***
  - ***Un cri et*** *il s'enfuyait.*
  - ***Un mot et*** *vous êtes mort.*

Remarques :

1) **L'ellipse**[1] **au nom, à l'adjectif**, peut exprimer la condition :
   - ***Facteur****, il perdrait le courrier.*
   - ***Coupable****, il se serait enfui.*
2) ***Sinon, sans quoi, faute de quoi, autrement,*** peuvent exprimer la condition en reliant P_1 et P_2 pourtant séparées par un point :
   - *Tais-toi.* ***Sinon****, je me fâche.*
   - *Avouez.* ***Faute de quoi****, nous prendrons une sanction grave.*
3) ***N'étai(en)t, n'eût été, n'eussent été*** [2], formules figées, introduisent aussi la condition (irréelle du présent - irréelle du passé) :
   - ***N'eût été*** *sa vantardise, il aurait fait un excellent compagnon.*
   - ***N'eussent été*** *son ivrognerie et sa violence, il paraissait un fort gentilhomme.*

§419 | L'expression de l'opposition et de la concession

L'OPPOSITION :

Il y a opposition quand ***un fait B vient contredire un fait A***.

Elle peut s'exprimer grâce à :

❖ **deux phrases juxtaposées**
  - *Marie travaille, Cécile dort.*
  - *Alain est timide, Anne-Sophie est volontaire.*

❖ **deux phrases coordonnées par *mais, or, (et)***
  - *Marie travaille,* ***mais*** *Cécile dort.*
  - *Il dit avoir vingt ans,* ***or*** *il est étudiant dans l'enseignement secondaire.*

❖ **une enchâssée introduite par *alors que, au lieu que, (bien) loin que, tandis que, pendant que, quand...***
  - ***Alors que*** *Marie travaille, Cécile dort.*
  - ***Tandis que*** *tout était calme, Pierre s'agitait dans le salon.*

---

1 Voir § 398.

2 Voir **Accord du GNS et du V,** § 304.

❖ **un infinitif (réduction[1] d'une enchâssée d'opposition) précédé de *loin de, au lieu de***

- ***Loin de*** *guérir, il s'éteint.*
- ***Au lieu de*** *se taire, elle crie sans cesse.*

❖ **un GNP introduit par *au lieu de, à l'inverse de...***

- ***À l'inverse de*** *la consigne, il ne consulte pas le dictionnaire.*
- ***Au lieu de*** *son air triste habituel, elle manifestait une certaine gaieté.*

Remarque :

SI + indicatif peut marquer l'opposition :

- ***Si*** *cette voiture-là est rapide, celle-ci est solide.*
- ***Si*** *ce fromage vient de Hollande, ce vin est français.*

LA CONCESSION :

Il y a concession quand ***un fait A a pour conséquence contraire un fait B*** (il s'agit d'une ***cause ayant un effet inverse à celui attendu***). Elle peut s'exprimer grâce à :

❖ **deux phrases coordonnées par *pourtant, néanmoins, (et)***

- *La voiture a été révisée,* ***pourtant*** *elle ne démarre pas.*
- *Il ne fume pas,* ***néanmoins*** *il est vite essoufflé.*

❖ **une enchâssée introduite par *bien que, encore que, quoique...* (+ subjonctif)**

- ***Bien que*** *la voiture ait été révisée, elle ne démarre pas.*
- ***Quoiqu'****il soit sportif, il manque de souplesse.*

❖ **un participe (réduction[1] d'une enchâssée circonstancielle de concession)**

- *Quoique* ***connaissant*** *l'anglais, il ne comprenait pas cet Américain.*
- ***Encore que*** *partant tôt, il est souvent en retard.*

❖ **un adjectif (réduction[1] d'une enchâssée circonstancielle de concession)**

- ***Fatigué****, il ne trouve pas vite le sommeil.*
- ***Surpris****, il ne crie pas.*
- ***Gaie de nature****, elle ne parvenait pas à sourire ce jour-là.*

❖ **un infinitif (réduction[1] d'une enchâssée circonstancielle de concession)**

- *Pour* ***être*** *heureux, il n'en oubliait pas moins nos malheurs.*
- *Pour* ***avoir triché****, elle n'en a pas moins réussi.*

❖ **un GNP introduit par *malgré, en dépit de, contre...***

- ***Malgré*** *la révision, la voiture ne démarre pas.*
- ***Contre*** *toute attente, il a réussi son année.*

1 Voir § 192.

§420 | L'expression de la cause, de la conséquence et du but

* Par rapport au fait, il existe trois rapports distincts :

Cause ▸	**Fait**	
	Fait	▸ **But** *(incertitude)*
	Fait	▸ **Conséquence** *(certitude)*

La cause précède le fait, le but et la conséquence suivent le fait, mais le premier est incertain (il ne sera peut-être pas atteint), la seconde se réalise toujours.

LA CAUSE (fait ou acte qui produit un effet.)

Ce rapport logique est rendu par :

- **un GNP introduit par *à cause de, en raison de, étant donné, de, vu, attendu, grâce à...***
  - ▸ ***En raison de** son retard, il a été puni.*
  - ▸ ***Vu** ton exactitude, tu seras récompensé.*
  - ▸ ***De** rage, il a quitté l'assemblée en claquant la porte.*
- ***de* ou *à* suivi d'un infinitif présent**
  - ▸ *Je riais **à** voir mes voisins s'arroser mutuellement.*
  - ▸ *Nous étions fâchés **de** le voir arriver.*
- ***de* ou *pour* suivi d'un infinitif passé**
  - ▸ ***Pour** avoir oublié ses clefs, elle passa la nuit dehors.*
  - ▸ ***D'**avoir trop travaillé, il était fatigué.*
- **une P juxtaposée**
  - ▸ *Dépêche-toi, **mon père attend.***
  - ▸ *Tu as soif, **tu parles trop.***
  - ▸ *Silence, **on tourne.***
- **une P coordonnée introduite par *car, en effet...***
  - ▸ *Elle est fâchée, **en effet** son train est en retard.*
  - ▸ *Philippe est fier **car** il porte un nouveau costume.*
- **une enchâssée relative**
  - ▸ *Bernard, **qui avait trop couru**, était essoufflé.*
  - ▸ *Sylvette, **dont nous fuyons la compagnie**, ne nous aime pas.*
- **une enchâssée circonstancielle introduite par *attendu que, comme, du fait que, étant donné que, puisque, parce que, vu que, surtout que...* (+ indicatif)**
  - ▸ ***Vu que** tu es malade, repose-toi.*
  - ▸ ***Comme** il était ivre, il s'est endormi.*

- **une réduction[1] d'une circonstancielle à l'épithète détachée**
  - ***Peu courageuse***, *elle se couchera tôt.*
  - ***Fragile***, *ce meuble a été vite abîmé▼ par les enfants.*
- **une réduction[1] d'une circonstancielle au participe** (avec ou sans sujet exprimé)
  - ***Ayant trop couru***, *Nathalie était essoufflée.*
  - ***L'été fini***, *les blés sont fauchés.*
  - ***Étant malade***, *Alain est au lit.*
  - ***Alain étant malade***, *il est au lit.*

Remarque :

L'indicatif est le mode de la circonstancielle de cause :

- ***Vu qu'****il* ***pleuvait***, *je suis restée au lit.*
- ***Comme*** *tu* ***annonçais*** *ton arrivée, j'ai préparé un bon repas.*

SAUF avec les marqueurs *faute que, soit que … soit que, non (pas) que* après lesquels on trouve **le subjonctif** :

- *Ce livre me plaît▼*, ***non qu'****il* ***soit*** *bien écrit, mais parce qu'il parvient à me distraire.*
- *Il part plus tôt,* ***soit qu'****il ne se* ***plaise*** *pas ici,* ***soit qu'****il n'****ait*** *plus d'argent.*

LA CONSÉQUENCE (suite entraînée▼ par une action ou un fait.)

Elle est signifiée par :

- **un GNP introduit par *jusqu'à***
  - *Remuez* ***jusqu'à*** *obtention d'une sauce lisse.*
  - *Arrose cette plante* ***jusqu'à*** *reprise totale.*
- **une P juxtaposée**
  - *Céline est malade :* ***son absence est excusée***.
  - *Le temps est lourd :* ***des orages vont se déclarer***.
- **une P coordonnée introduite par *donc, aussi, par conséquent, ainsi, c'est pourquoi, dès lors, en conséquence...***
  - *Céline est malade,* ***c'est pourquoi*** *elle est absente.*
  - *Jean-François est charmant,* ***dès lors*** *il n'a que des amis.*
- **une enchâssée circonstancielle introduite par *au point que, de façon que, de sorte que, tellement … que, si … que...***
  - *Géraldine est malade* ***de sorte qu'****elle est absente.*
  - *Il est têtu* ***au point qu'****il refuse d'admettre une évidence.*

Remarque :

Sauf rares exceptions, l'enchâssée circonstancielle de conséquence se trouve toujours en ***fin de phrase.***

1 Voir § 192.

▼ *abimé.*
▼ *plait.*
▼ **entrainée.**

- **une réduction[1] d'une circonstancielle à l'infinitif, introduite par *au point de, assez ... pour, de façon à, en sorte de...***
  - *Jacqueline est malade **au point d'**être absente.*
  - *Francis est **assez** malin **pour** réussir.*

Remarques :

1) L'enchâssée ciconstancielle de conséquence utilise généralement **l'indicatif.** MAIS **le subjonctif** s'emploie notamment après les marqueurs ***sans que, trop ... pour que, assez ... pour que*** :
   - *Elle est **trop** maligne **pour qu'**elle se perde.*
   - *Il est **assez** fourbe **pour qu'**il s'en sorte.*
2) Il existe d'autres formes plus rares pour marquer la conséquence (plus figurée) : ***à + en + infinitif :***
   - *Elle a travaillé **à en** mourir.*
   - *Il est amoureux **à en** devenir fou.*

LE BUT (conséquence voulue, recherchée.)

Ce dernier est rendu par :

- **un GNP introduit par *pour, de peur de, en vue de...***
  - *Ils se préparent **en vue des** examens.*
  - *Elles téléphonent **pour** les réservations.*
- **une enchâssée circonstancielle introduite par *afin que, de peur que, de crainte que, de façon à ce que, de manière que, pour que, de sorte que...* (+ subjonctif)**
  - *Il se cache **pour que** les oiseaux ne s'envolent pas.*
    ***de crainte que** les oiseaux s'envolent.*
    ***de sorte qu'**on ne le trouve pas.*
- **une réduction[1] de la circonstancielle à l'infinitif, introduite par *pour, afin de, de crainte de, de peur de, en vue de...***
  - *Elle acheta du lait **afin d'**en faire du fromage.*
  - *Il se tait **de peur d'**être puni.*

Remarques :

1) Il existe des groupes infinitifs prépositionnels marquant le but et ne résultant pas d'une réduction. Ils sont introduits par ***dans le but de, à, histoire de...*** :
   - *Marie s'étendit **en vue d'**attraper l'oiseau.*
     **Marie s'étendit en vue qu'elle attrapât l'oiseau.*
2) La circonstancielle de but se met au **mode subjonctif**, le but étant toujours un résultat incertain.

1 Voir § 192.

§421 | Tableau synoptique

✲ Quelles structures permettent d'exprimer… ?

	le temps	le lieu	la comparaison	l'addition	la condition	l'opposition	la concession	la cause	le but	la conséquence
GN ou GNP	X	X	X	–	X	X	X	X	X	X
Gadv.	X	X	–	–	–	–	–	–	–	–
Infinitif	X	–	–	–	X	X	X	X	X	X
Préposition + pronom	–	X	–	–	–	–	–	–	–	–
Enchâssées	circonst.	• circonst. • complétive	circonst.	circonst.	circonst.	circonst.	circonst.	• circonst. • relative	circonst.	circonst.
Participes	X	–	–	–	X	–	X	X	–	–
Épithète détachée	X	–	X	–	X	–	X	X	–	–
Apposition détachée	–	–	X	–	–	–	–	–	–	–
Juxtaposition	X	–	–	X	X	X	–	X	–	X
Coordination	X	–	X	X	(X)	X	X	X	–	X

§422 | L'expression de l'ordre, de la défense

Voici quelques manières d'exprimer l'ordre. L'intonation, particulièrement l'exclamation, vient souvent en appui.

✲ ***Domaine de la langue :***

❖ **Jeu sur les modes et les temps**

- **emploi de l'impératif**
  - *Tais-toi.*
  - *Ne parle pas.*
  - *Ouvrez-moi.*

- **emploi du subjonctif indépendant (ordre à la 3e personne)**
  - *Qu'elle se taise.*
  - *Qu'elle ne parle pas.*
  - *Qu'il ouvre la porte.*
- **emploi de l'indicatif présent**
  - *Tu te tais !*
  - *Tu ne parles pas !*
  - *Tu ouvres la porte !*
- **emploi de l'indicatif futur simple**
  - *Tu te tairas !*
  - *Tu ne parleras pas !*
  - *Tu ouvriras la porte !*

❖ **Jeu sur les structures**

- **le constituant interrogatif (avec l'indicatif présent ou futur simple)**
  - *Te tais-tu ? - Te tairas-tu ?*
  - *Ne parleras-tu pas ?* (**Rem. :** la défense marque parfois l'ordre !)
  - *Ouvriras-tu ?*
- **les semi-auxiliaires** { **aller + infinitif, pour l'ordre** / **arrêter, cesser..., pour la défense** }
  - *Vous allez vous taire !*
  - *Vous allez ne plus parler !*
  - *Tu vas ouvrir !*

❖ **Emploi de verbes particuliers auxquels sont jointes des enchâssées au subjonctif :** ***vouloir, ordonner, commander, veiller, exiger...***

- *J'exige que tu te taises.*
- *J'exige que tu ne parles pas.*
- *J'ordonne que tu ouvres.*

❖ **Emploi de « *Il faut que* » + enchâssée au subjonctif**

- *Il faut que tu te taises.*
- *Il faut que tu ne parles pas.*
- *Il faut que tu ouvres.*

❖ **Emploi de cris, d'interjections (P non verbales)**

- *Stop ! - Ah ! - En avant !*

❖ **Emploi de l'infinitif (à l'écrit, uniquement !)**

- *Secouer avant usage.*
- *Ne pas enflammer.*
- *Ouvrir ici.*

Remarque :

La défense sera souvent la simple négation d'un ordre.

- ***Domaine non verbal :***
  - **des dessins**
  - **des gestes**
  - **des couleurs** (le feu rouge pour l'interdiction de passer, par exemple)

§423 | L'emphase[1]

- Pour appliquer l'emphase à un groupe de mots, à une idée, plusieurs moyens sont possibles :
  - **les modifications de la structure de la phrase**
    - **le déplacement (surtout pour les CP)**
      - *Le soir, elle dort.*
      - *Dans le jardin, l'harmonie règne.*
    - **le déplacement avec reprise pronominale (surtout pour les compléments de verbe)**
      - *(À) Jacques, je lui tire mon chapeau !*
      - *Les pommes, je les préfère vertes.*

      Remarque :

      Le déplacement est parfois lié à ***quant à, pour ce qui est de*** + reprise pronominale :
      - ***Quant à*** *Julie, je lui pardonne.*
      - ***Pour ce qui est de*** *ton chef, il est charmant.*
    - **l'encadrement**

      - par ***c'est ... qui, c'est ... que, ce sont ... qui, ce sont ... que :***
      - ***C'est*** *le repas* ***qui*** *a rendu Sylvie malade.*
      - ***C'est*** *ce livre* ***que*** *je préfère.*

      - par ***ce qui ... c'est (que), ce que ... c'est (que), celui (celle) qui ... c'est... :***
      - ***Ce qui*** *a rendu Françoise malade,* ***c'est*** *le dessert.*
      - ***Celui qui*** *a gagné l'an dernier,* ***c'est*** *un coureur québécois.*
    - **la permutation**

      - attribut/sujet
      - *Précieuse est cette loi.*
      - *Sombre est la nuit.*

      - complément/sujet
      - *À son obstination s'ajoute sa bêtise.*
      - *À la vie succède la mort.*

1 Voir aussi § 166.

❖ **l'énumération**

- *Il mange de tout, du pain blanc ou noir, du fromage, du beurre, des charcuteries, de la confiture...*
- *Il ne veut rien, ni du sucré, ni du salé, ni de l'épicé.*

❖ **l'intonation**

(surtout ***l'exclamation***)

- *Vous avez tort !*

(mais aussi le ***haussement de voix***, l'***épellation***...)

- *Demain ! D.E.M.A.I.N.*

❖ **des procédés graphiques**

- ***écarts orthographiques***
  - *Moâ, j'oze ! - Vive la viiiie !*
- ***choix des caractères***
  - *Oui, MOI, j'ai raison ! - C'est LUI.*

Remarque :

La restriction par ***ne ... que*** est aussi une forme d'emphase.

- *Il **n'**est heureux **que** quand il mange.*

Synthèse 8 : figures de style & comment exprimer ?

§§ 369 à 423

A- LES FIGURES DE STYLE

Grâce à elles, l'expression d'un sens peut être rendue plus forte en se basant

✲ **sur une image :**

- **comparaison** (comparé - outil de comparaison - comparant)
- **métaphore** (comparant prenant la place du comparé)
- **métonymie** (comparant prenant la place du comparé, mais ayant un rapport logique ou habituel avec le comparé)
- **allégorie** (recours à un symbole représentant une idée abstraite)

✲ **sur un travail grammatical :**

- **mise en évidence (emphase)** (mot ou groupe de mots occupant une place inhabituelle)
- **chiasme** (croisement de deux termes repris en ordre inverse)
- **duplication** (usage d'un double par ***répétition*** ou ***pléonasme***)

✲ **sur une rupture de construction de phrase :**

- **ellipse** (suppression de mots inutiles)
- **syllepse** (accord selon le sens et non selon l'usage)
- **asyndète** (suppression de marqueurs)
- **anacoluthe** (rupture syntaxique forte)

✲ **sur l'expression d'un sens contraire :**

- **antithèse** (association de termes, de phrases de sens opposés)
- **litote** (suggestion d'une idée en niant son contraire)
- **euphémisme** (atténuation de l'expression)
- **antiphrase** (exprimer le contraire de ce que l'on veut dire)

On peut également utiliser ces figures de style par **ironie.**

Existent aussi d'**autres figures de style** :

- **hyperbole** (exagération)
- **énumération** (accumulation)
- **personnification** (attribution de qualités humaines à un objet ou à un animal)
- **symétrie de construction** (reprise d'exactement la même structure dans des phrases qui se suivent)
- **périphrase** (un mot remplacé par plusieurs)
- **question oratoire** (usage du constituant interrogatif à d'autres fins qu'interroger)
- **subjection** (réponse par l'émetteur à sa propre question)

Synthèse 8 : figures de style & comment exprimer ?

B- COMMENT EXPRIMER... ?

De nombreuses structures enrichissent la langue pour exprimer **le temps, le lieu, la comparaison, l'addition, la condition, l'opposition, la concession, la cause, le but et la conséquence** : GN ou GNP, Gadv., infinitif, préposition + pronom, enchâssées, participes, épithète ou apposition détachées, juxtaposition, coordination. Se référer au tableau récapitulatif du **§ 421**.

L'expression de **l'ordre**, de **la défense** joue sur

- **les modes et les temps :** impératif, subjonctif indépendant, indic. présent, indic. futur simple, infinitif
- **les structures :** semi-auxiliaires, constituant interrogatif + indic. présent ou futur simple
- **le sens de verbes particuliers** (+ enchâssées au subjonctif) : vouloir, commander, exiger, il faut que...
- **des P non verbales :** cris, interjections.

L'emphase peut parfois se marquer par une énumération, une intonation, certains procédés graphiques, mais elle joue principalement sur des **modifications de structure de la phrase** : déplacement, encadrement, permutation.

Bibliographie

- ANCOURT (W.) et DENUITE (Chr.), *Grammaire pratique, le français de A à Z.* Liège, Éd. Dessain, 1992.
- ARGUMENTER, dans « Recherches », revue régionale de l'Association Française des Enseignants de Français, n° 9. Lille, novembre 1988.
- ARRIVÉ (M.), GADET (F.), GALMICHE (M.), *La grammaire aujourd'hui.* Paris, Éd. Flammarion, 1986.
- BAILLY (V. et V.), KREUTZ (G.), MALO (S.A.M.), *Répertoire de conjugaison.* Bruxelles, Éd. Plantyn, 1985.
- BARDIAUX (L.) et GALLET (R.), *Nouveau cours de grammaire française,* révisé par A. MARIQUE. Namur, Éd. Wesmael-Charlier, 1949.
- BÉLANGER (J.), *Technique et pratique de l'argumentation.* Éd. Dunod, 1970.
- BESCHERELLE, *L'Art de conjuguer, dictionnaire de douze mille verbes.* Paris, Éd. Didier-Hatier, 1980.
- BLACKBURN (P.), *Logique de l'argumentation.* Ottawa, Éd. du Renouveau Pédagogique, 1989.
- BLED (E. et O.), *Cours supérieur d'orthographe.* Paris, Librairie Hachette, 1954.
- BLOCH (O.) et VON WARTBURG (W.), *Dictionnaire étymologique de la langue française,* 4e éd. Paris, Presses Universitaires de France, 1964.
- BLOIS (J.) et BAR (M.), *Notre langue française. Grammaire.* Bruxelles, Montréal, Paris, Éd. Didier, 1972.
- BRAUN (A.) et CABILLAU (J.F.), *De la langue ... à l'expression,* volumes 1 à 4. Bruxelles, Éd. Plantyn, 1989 à 1991.
- BRAUN (A.) et CABILLAU (J.F.), *Petite Grammaire alphabétique pour le premier degré.* Bruxelles, Éd. Plantyn, 1995.
- BRAUN (A.) et CABILLAU (J.F.), *Compétences ... en séquences,* volumes 1 à 3. Bruxelles, Éd. Plantyn, 2001 à 2002.
- BRECKX (M.), *Grammaire française.* Bruxelles - Louvain, Éd. De Boeck-Duculot, 1989.
- BRÉMOND (C.), *La logique du récit,* coll. Poétique. Paris, Éd. du Seuil, 1973.
- CASTEILLA (A.), *Aide-mémoire pour l'orthographe.* Paris, Agence de vente et d'édition, s.d.
- CHERDON (C.) et DENYER-CHANTRENNE (M.), *Guide du verbe français.* Bruxelles, Paris, Louvain-la-Neuve, Éd. De Boeck-Duculot, 1991.
- COLSON (J.), *Le dissertoire.* Bruxelles, Éd. De Boeck - Wesmael, 1988.
- COMBETTES (B.), *Pour une grammaire textuelle - La progression thématique.* Paris, Gembloux, Éd. De Boeck-Duculot, 1988.
- COMBETTES (B.), *Ordre des éléments de la phrase et linguistique du texte,* in *Pratique,* 13, 91-101, 1977.
- COMBETTES (B.), FRESSON (J.), TOMASSONE (R.), *De la phrase au texte,* classes de 3e et de 4e. Collection G. Belloc, Paris, Éd. Delagrave, 1979-1980.
- CONSEIL SUPÉRIEUR DE LA LANGUE FRANÇAISE, *Les rectifications de l'orthographe.* Paris, Journal officiel de la République française, édition des documents administratifs, 6 décembre 1990.
- COMMUNAUTÉ FRANÇAISE DE BELGIQUE, Conseil supérieur de la langue française, *Mettre au féminin, Guide de féminisation des noms de métier, fonction, grade ou titre,* Bruxelles, 1994.

- Dalcq (A.-E.), Van Raemdonck (D.), Wilmet (B.), *Le français et les sciences*. Paris, Louvain-la-Neuve, Éd. Duculot, 1989.
- Darcos (X.), Hasselot (H.), Tartayre (B.), *BAC 2de/1re Terminales, Français*. Paris, Éd. Hachette, 1988.
- Dubois (J.), Jouannon (G.), Lagane (R.), *Grammaire française*. Paris, Librairie Larousse, 1961.
- Ducrot (O.), Todorov (T.), *Dictionnaire encyclopédique des sciences du langage*. Paris, Éd. du Seuil, 1972.
- Dumortier (J.L.), *Persuader*, Coll. « *Le français : modes d'emploi* ». Bruxelles, Éd. Labor, 1986.
- Dumortier (J.L.), *Pour aborder la persuasion aux premier et deuxième degrés*. Publication du Centre de formation continue de Huy, 1989/90.
- Dumortier (J.L.), Plazanet (Fr.), *Pour lire le récit*. Bruxelles, Paris, Louvain-la-Neuve, Éd. De Boeck-Duculot, 1980.
- Français 2000, *revue de l'Association belge des professeurs de français* :
  - n° 122/123 : *Et la grammaire ? Hommage à Joseph Hanse*. Bruxelles, 1990.
  - n° 124 : *L'orthographe en question*. Bruxelles, 1990.
  - n° 133/134 : *De l'argumentation à la dissertation*. Bruxelles, 1992.
- Galichet (G.et R.), *Grammaire française expliquée*, 6e édition. Paris, Éd. Charles-Lavauzelle & Cie, 1964.
- Gob (J.), *Précis de littérature française, à l'usage de l'enseignement secondaire du degré supérieur.* Bruxelles, Éd. De Boeck, 1963.
- Gobbe (R.) et Tordoir (M.), *Manuel de Grammaire française, (Grammaire de phrase)*. Bruxelles, Éd. Plantyn, 1984.
- Goosse (A.), *La « nouvelle » orthographe*. Paris - Louvain-la-Neuve, Éd. Duculot, 1991.
- Grammaire de l'Académie française. Paris, Éd. Firmin-Didot et Cie, 1932.
- Grevisse (M.), *Le bon usage, Grammaire française avec des remarques sur la langue française d'aujourd'hui*, 8e édition. Gembloux, Éd. Duculot, 1964.
- Grevisse (M.), *Le bon usage, Grammaire française*, 12e édition refondue par A. Goosse. Paris - Gembloux, Éd. Duculot, 1988.
- Grevisse (M.), *Le français correct. Guide pratique*. Gembloux, Éd. Duculot, 1973.
- Grevisse (M.), *Précis de grammaire française*, 26e édition. Gembloux, Éd. Duculot, 1957.
- Grevisse (M.) et Goosse (A.), *Nouvelle grammaire française*, 2e édition. Paris, Louvain-la-Neuve, Éd. Duculot, 1989.
- Grillaert (H.), *La langue française, de la grammaire au style*. Bruxelles, Éd. De Boeck, 1976.
- Hanse (J.), *Car, comme, parce que, puisque*. Communication à l'Académie Royale de Langue et de Littérature Françaises. Bruxelles, Palais des Académies, 1973.
- Hanse (J.), *Nouveau dictionnaire des difficultés du français moderne*, 2e édition. Paris - Gembloux, Éd. Duculot, 1987.
- Henry (A.), *Linguistique et stylistique du français moderne*, notes de cours, U.L.B. Bruxelles, Faculté de Philosophie et Lettres, 1968.
- Hougardy (M.), *La parole en public. Essai sur la rhétorique et l'éloquence aujourd'hui et dans le passé*. 3e édition, Bruxelles, Éd. Baude, 1962.

- Laurent (J.P.), *Apprendre à utiliser les organisateurs textuels*, dans « *Enjeux* », n° 17. Namur, juin 1989.
- Laurent (J.P.), *Rédiger pour convaincre*. Paris - Gembloux, Éd. Duculot, 1989.
- Liaisons-Heso, *Recherche et réforme*. N. Catach, *Les rectifications de 1990,* n° 19/20. Paris, CNRS, 1992.
- Maquet (Ch.), *Dictionnaire analogique*. Paris, Librairie Larousse, 1936.
- Martinet (A.), *La linguistique*. Paris, Éd. Denoël, 1969.
- Meyer (J.C.) et Phélut (J.L.), *Apprendre à écrire le français au collège*. Lyon, Éd. Chronique Sociale, 1989.
- Ministère de l'éducation nationale, *Code de terminologie grammaticale*. Bruxelles, Direction générale de l'organisation des études, 1986.
- Niquet (G.), *Structurer sa pensée, structurer sa phrase*. Paris, Éd. Hachette, 1987.
- Noël (A.), *Étude du participe passé*, 4e édition. Namur, Éd. de « Vers l'Avenir », 1927.
- Nyrop, *Grammaire Historique de la langue française*. Gyldendalske Boghandel.
- Perelman (Ch.), *Cours de logique*, 3e fascicule. *Théorie de l'argumentation*. Bruxelles, P.U.B., 1964.
- Petit Larousse illustré 2002. Paris, Librairie Larousse, 2001.
- Pinchon (J.), Couté (B.), *Le système verbal du français*. Paris, Éd. Nathan, 1981.
- Plantin (Chr.), *Argumenter,* collection « Autrement dit ». Paris, Centre National de Documentation Pédagogique, 1989.
- Pohl (J.), *Forme et pensée, Esquisse d'une Grammaire française fonctionnelle*. Paris, Namur, Éd. Wesmael-Charlier, 1958.
- Propp (V.), *La morphologie du Conte*, Coll. Points. Paris, Éd. du Seuil, 1970.
- Renouvo, *Le millepatte sur un nénufar, Vadémécum de l'orthographe recommandée*, 2005.
- Robert (P.), *Dictionnaire alphabétique et analogique de la langue française*. Paris, Société du Nouveau Littré - Dictionnaire Le Robert, 1970.
- Rougerie (A.), *L'acquisition méthodique de l'orthographe*. Paris, Éd. Dunod, 1966.
- Ruwet (N.), *Introduction à la grammaire générative*. Paris, Éd. Plon, 1967.
- Schoonejans (M.), *Apprendre à relier les informations*, dans le recyclage *Expliquer et Argumenter, Écriture de textes au premier degré*. Namur, CEDOCEF, 1992.
- Souché (A.) et Lamaison (J.), *La grammaire nouvelle et le français*, classes de 6e, 5e, 4e et 3e. Paris, Éd. Fernand Nathan, 1964 - 1969.
- Todorov (T.), *Les catégories du récit littéraire*, in *Communications*, n° 8. Paris, Éd. du Seuil, 1966.
- Vanoye (F.), *Expression et Communication*. Paris, Éd. Armand Colin, 1973.
- Willem (A.), *Principes de rhétorique et de dissertation*. Bruxelles, Éd. De Boeck, 1962.
- Wilmet (M.), *Grammaire critique du français*. Bruxelles, 3e éd. Louvain-la-Neuve, Éd. Duculot, 2003.
- Zakhartchouk (J.M.), *Lecture d'énoncés et de consignes*. Le CRAP - Cahiers pédagogiques, Académie d'Amiens, 1987.

Index

(Les chiffres renvoient aux numéros des **paragraphes**, les **caractères en couleur** indiquant les références principales.)

A

B

C

D

▼ enchainement.

H

I

J

L

M

N

▼ enchainement.

O

P

Q

R

S

▼ enchainement.

T

U

V

Y

Z

Table des matières

TROISIÈME PARTIE

L'ORTHOGRAPHE

▼ maitrisés.

QUATRIÈME PARTIE

LA CONJUGAISON

CINQUIÈME PARTIE

QUESTIONS DE SENS

CINQUIÈME PARTIE

QUESTIONS DE SENS